北京大學中國語言學研究中心

早期北京話珍稀文獻集成
主編 劉雲

清代滿漢合璧文獻萃編
漢文主編 劉雲 陳曉
滿文主編 王碩 [日]竹越孝

卷三

滿漢成語對待

[清]劉順 編著
[日]竹越孝 陳曉 校注

国家出版基金项目
NATIONAL PUBLICATION FOUNDATION

北京大學出版社
PEKING UNIVERSITY PRESS

影印本

滿漢成語對待

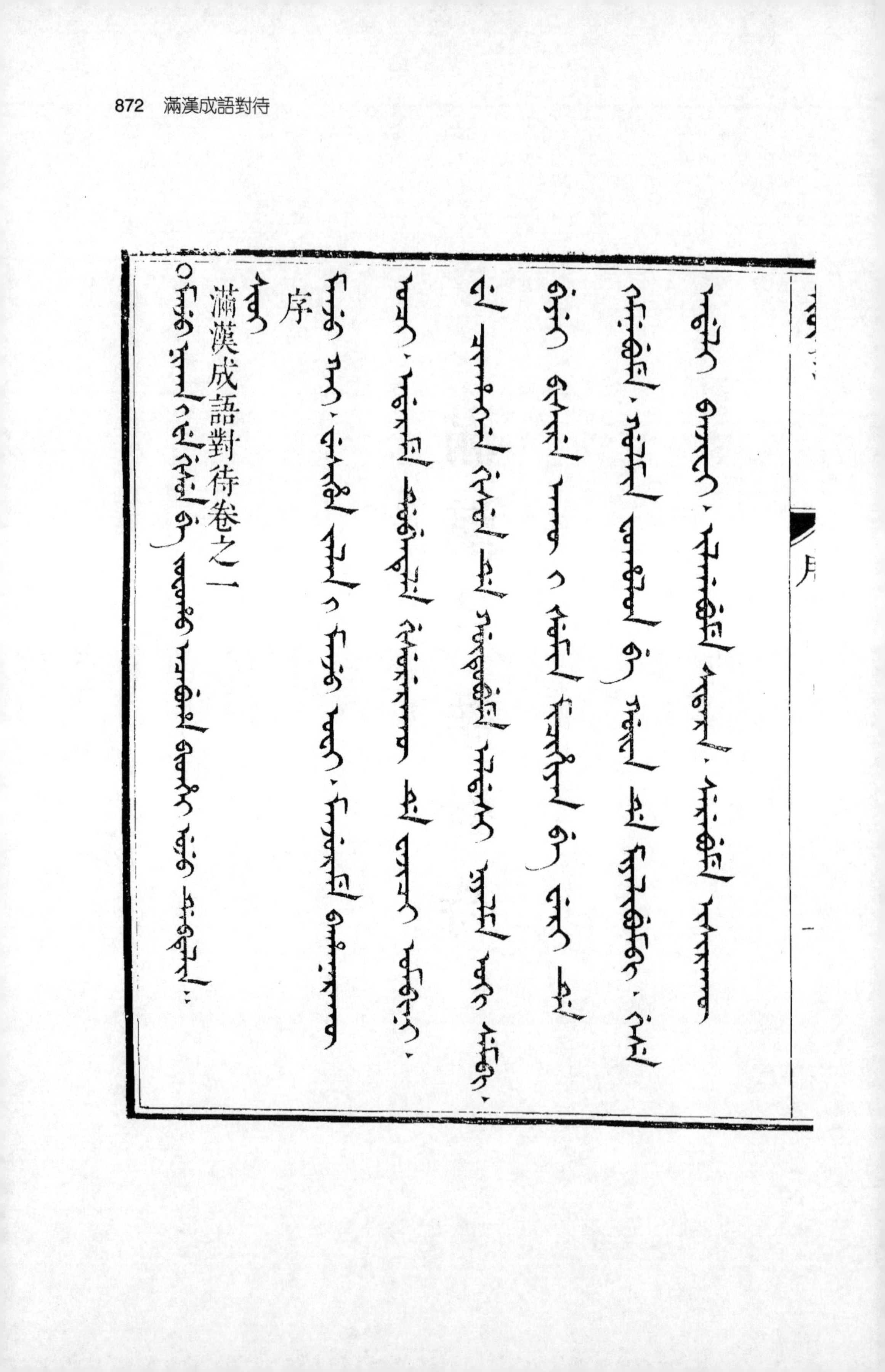

滿漢成語對待卷之一

序

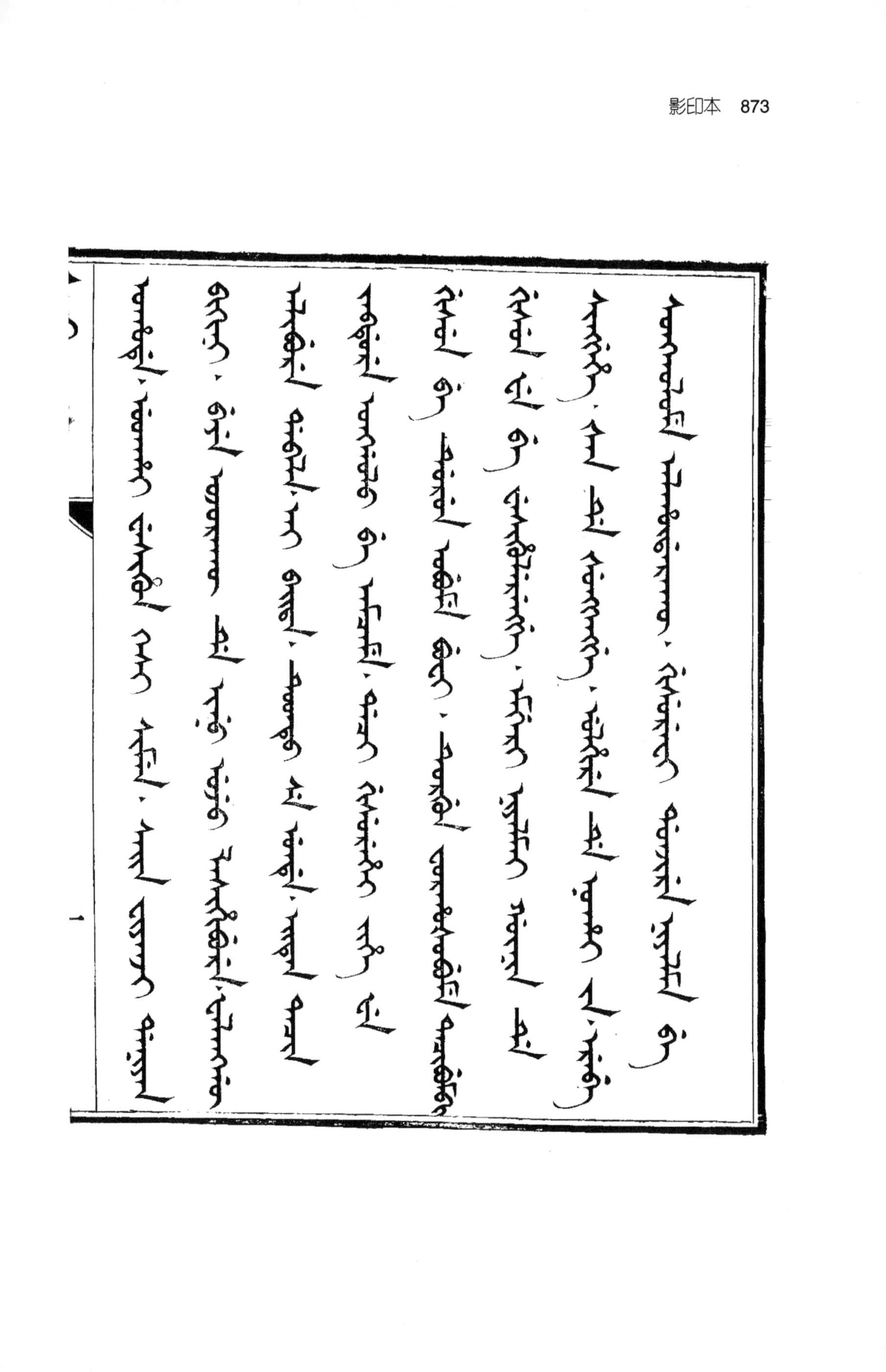

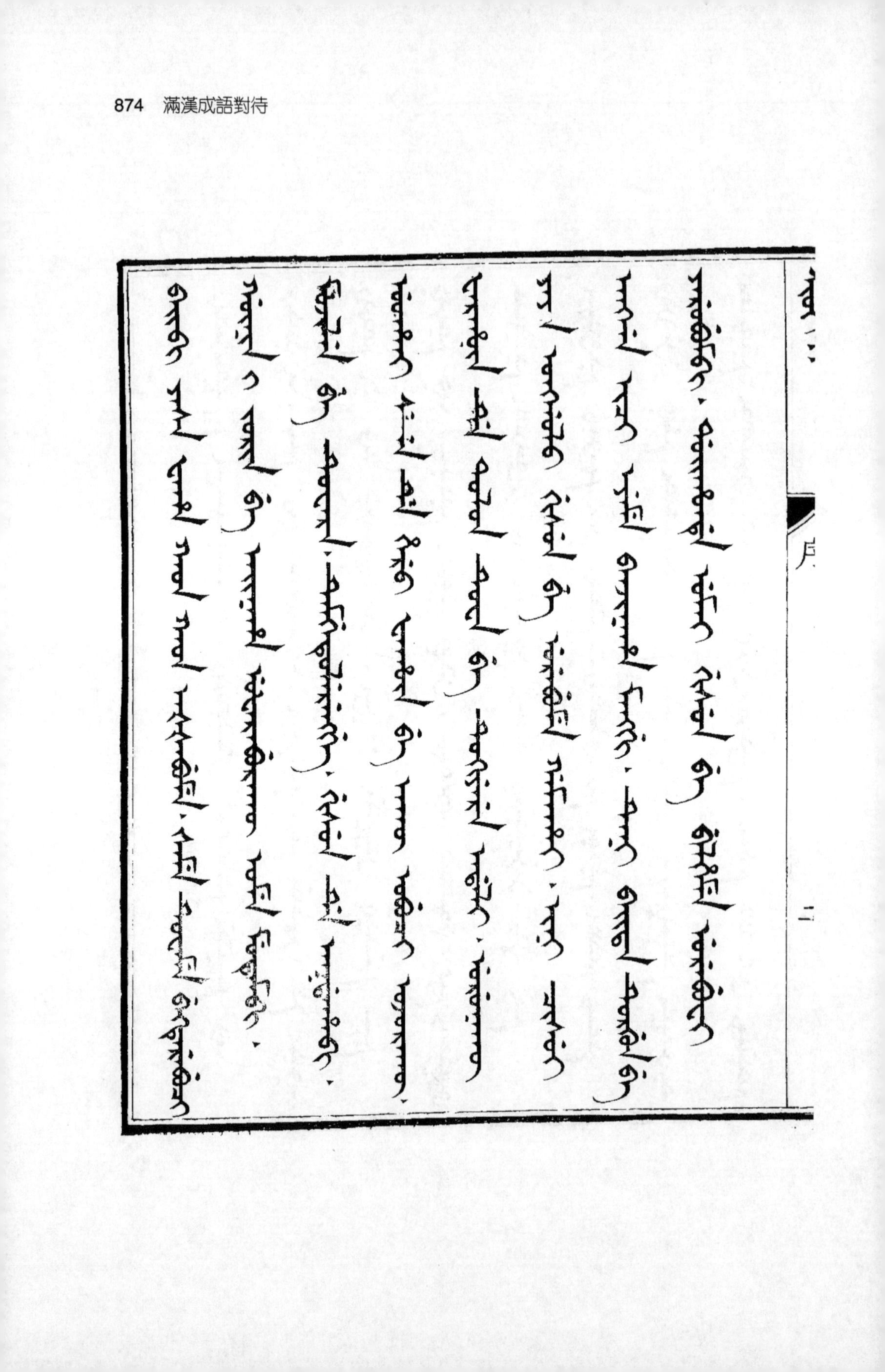

[illegible]

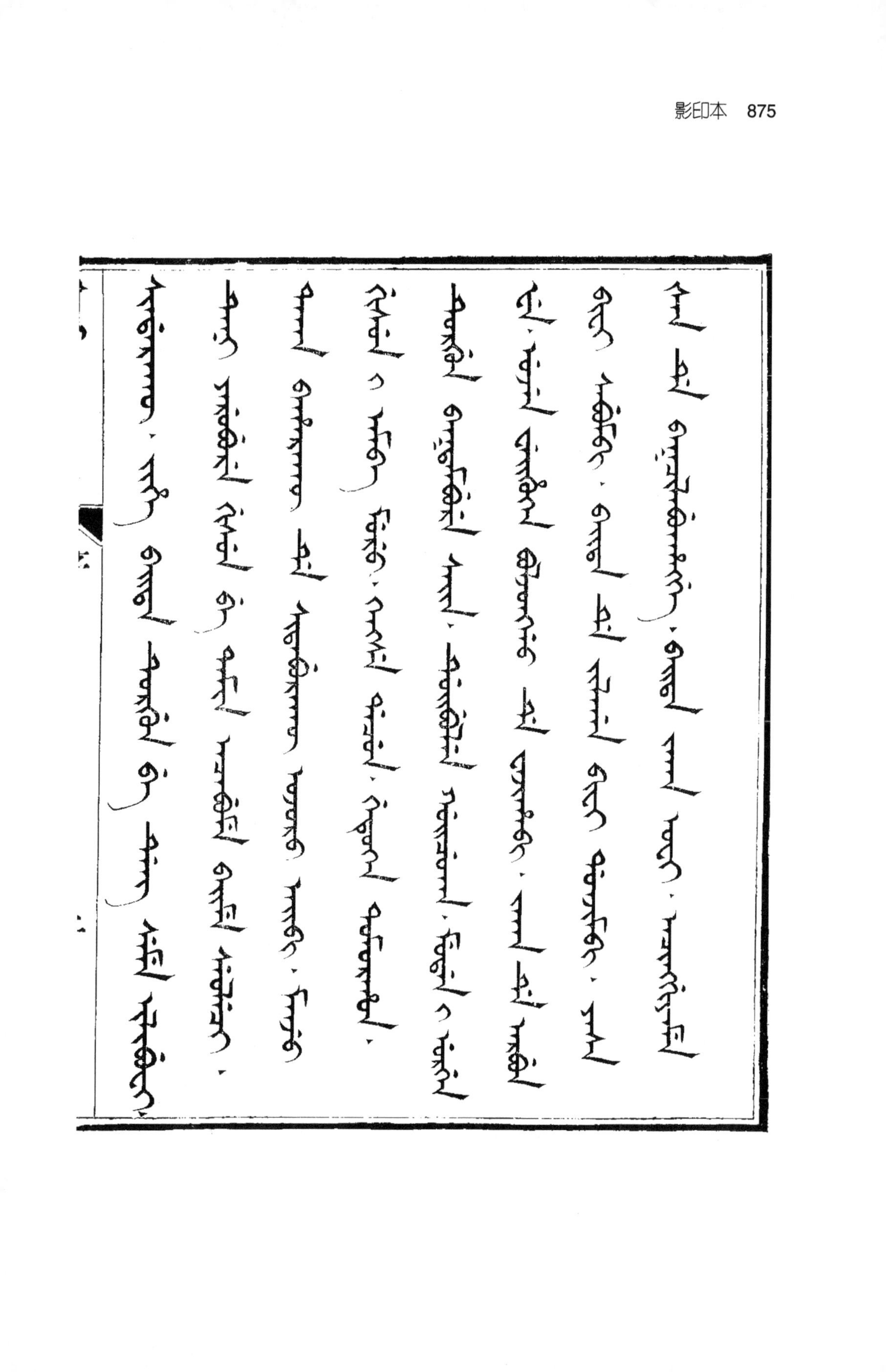

[illegible]

[illegible]

[illegible]

[illegible]

[illegible]

[illegible]

[illegible]

[illegible]

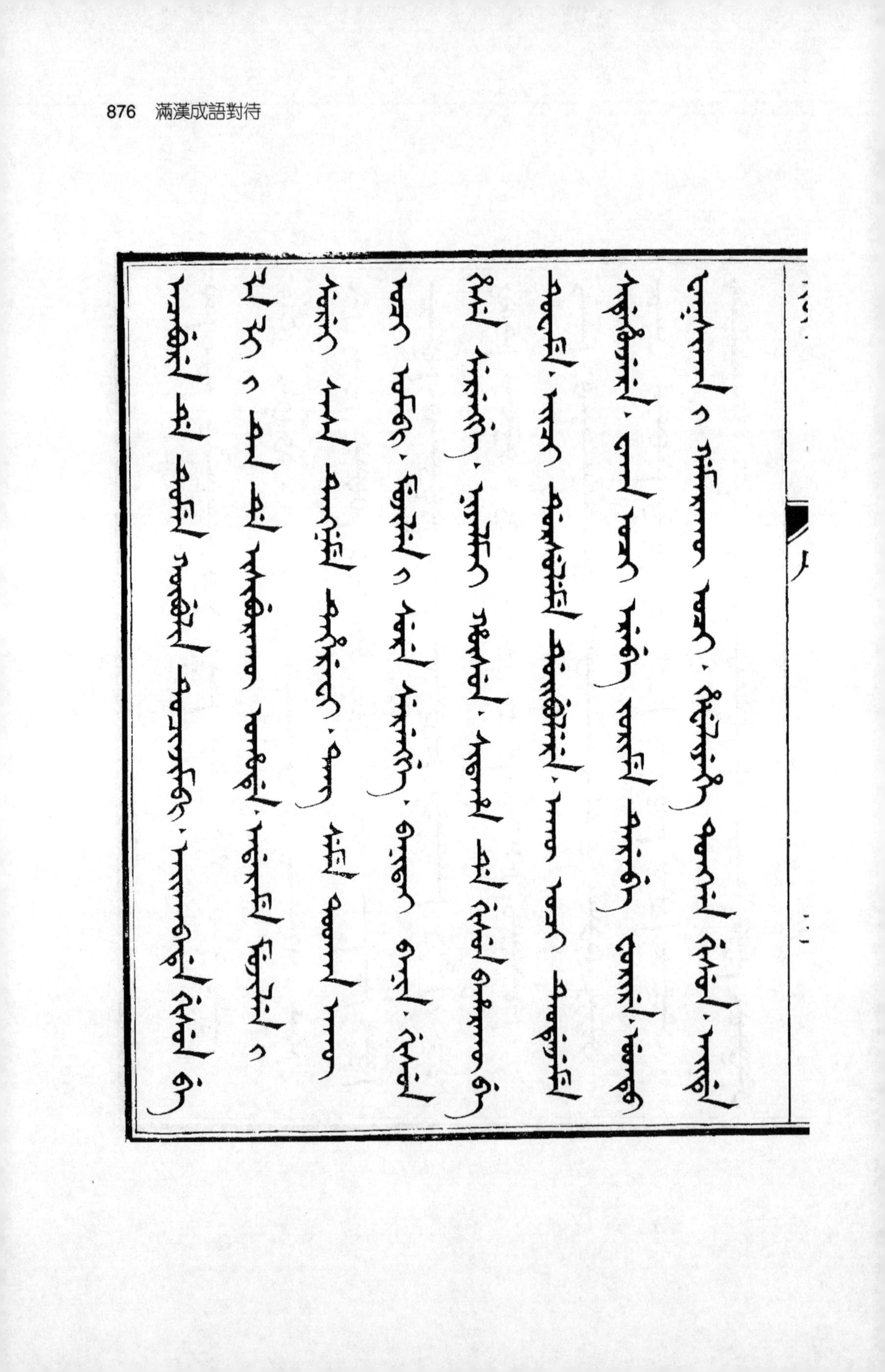

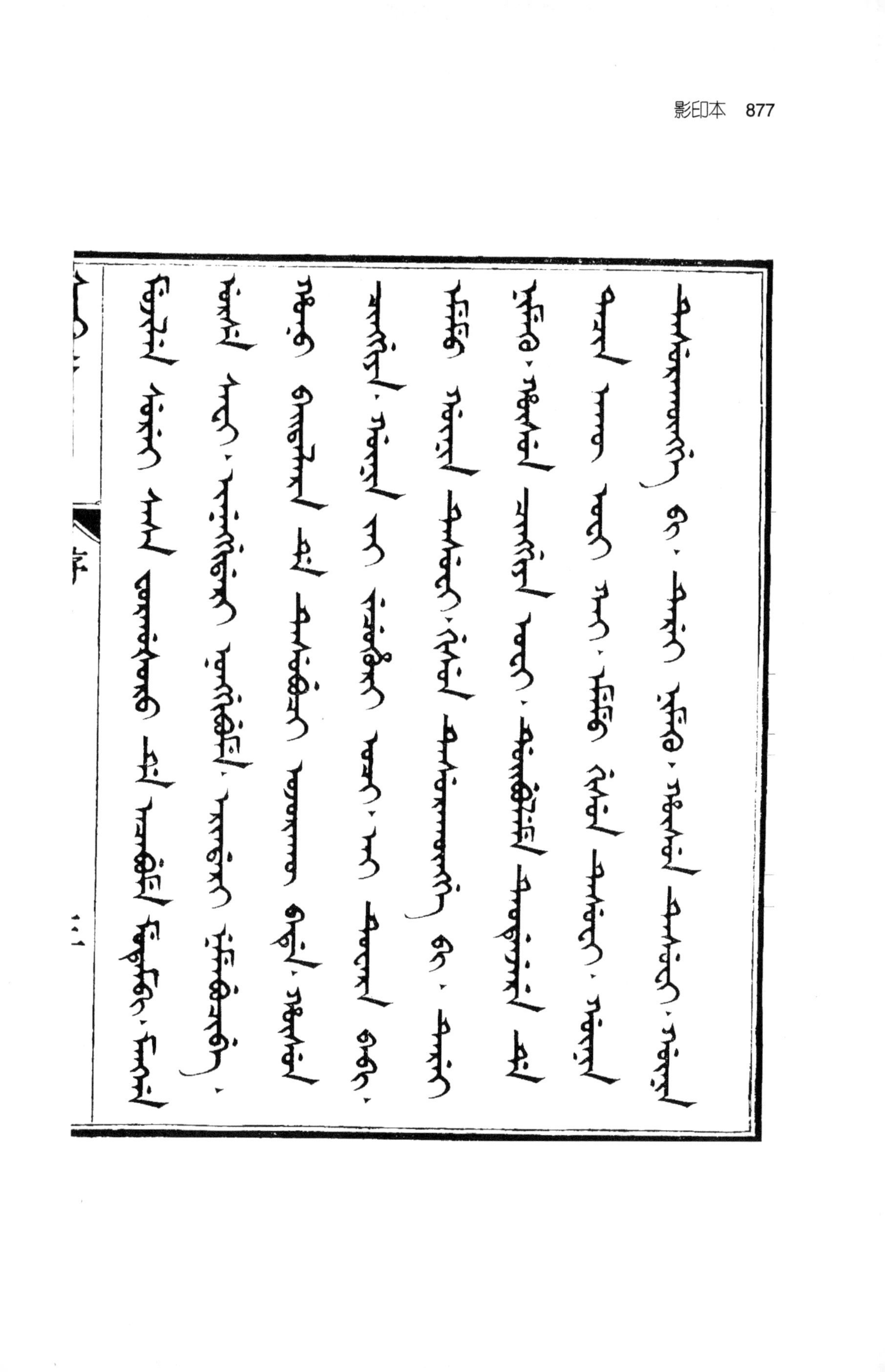

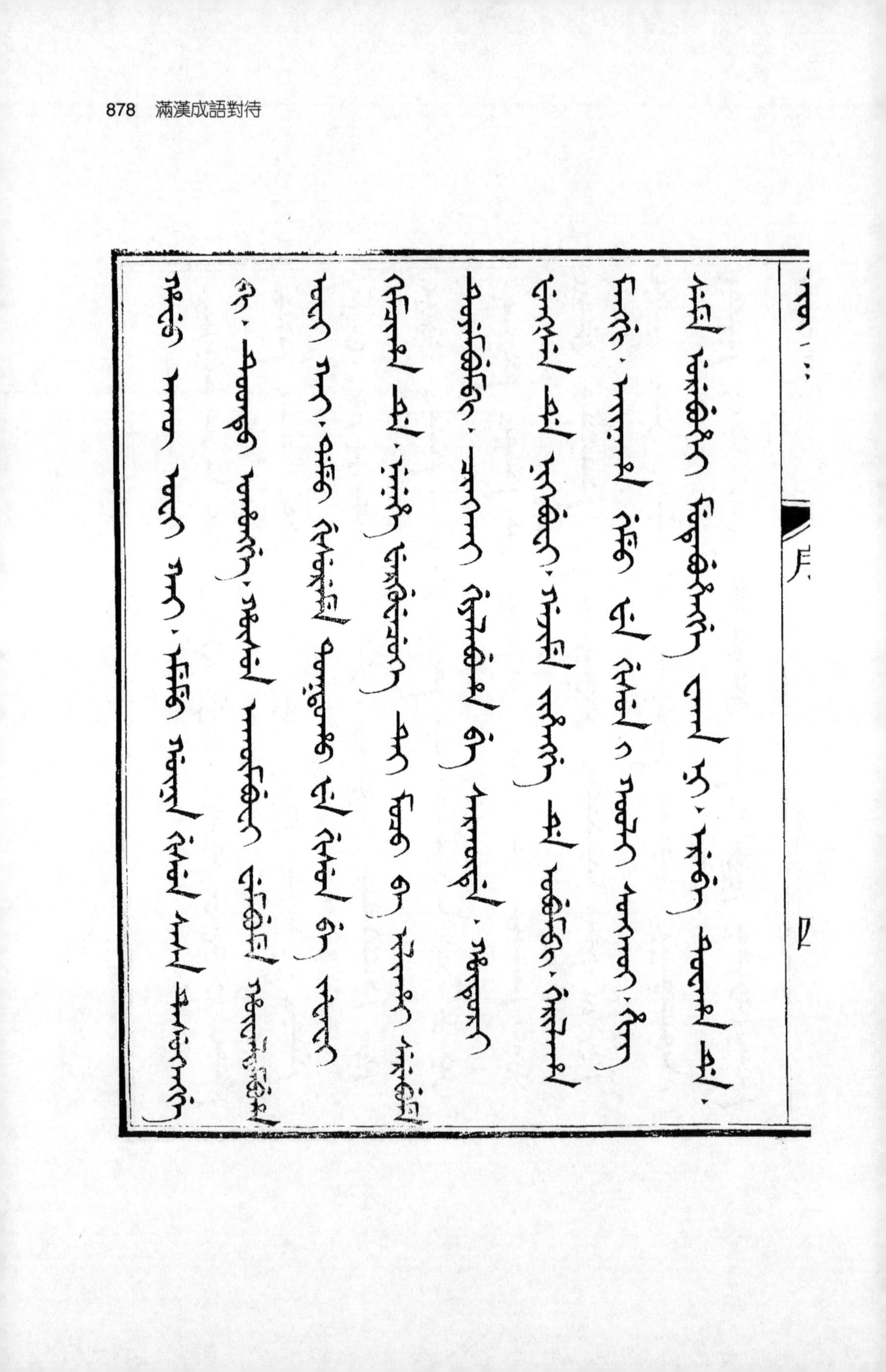

[illegible]

[illegible]

[illegible]

[illegible]

[illegible]

[illegible]

[illegible]

[illegible]

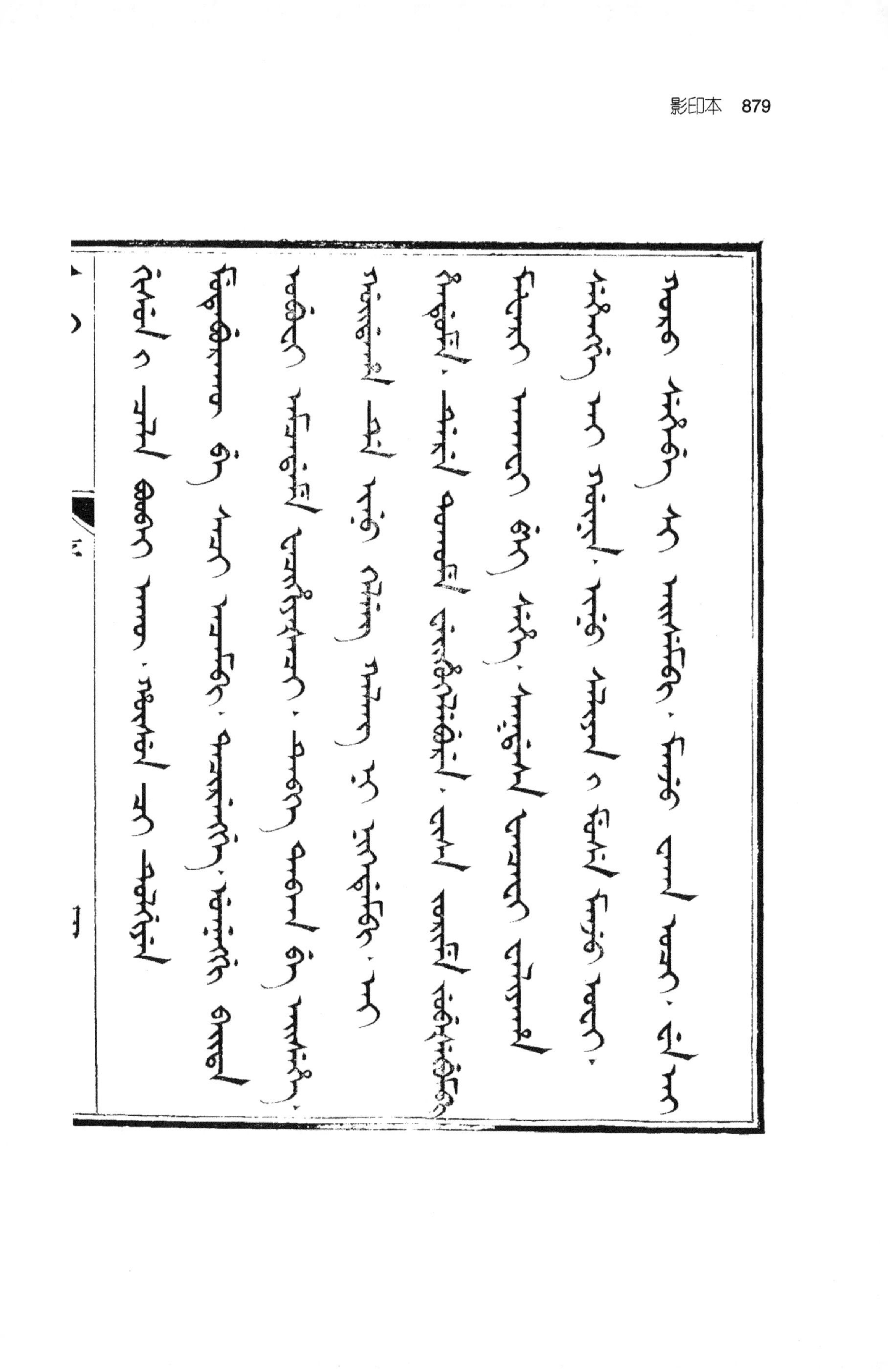

ᡨᡠᠸᠠᠪᡠᡥᠠᠩᡤᡝ ᠪᠣᠳᠣᠴᡳ ᠠᡳ ᠪᠣᠳᠣᡵᠣ᠉

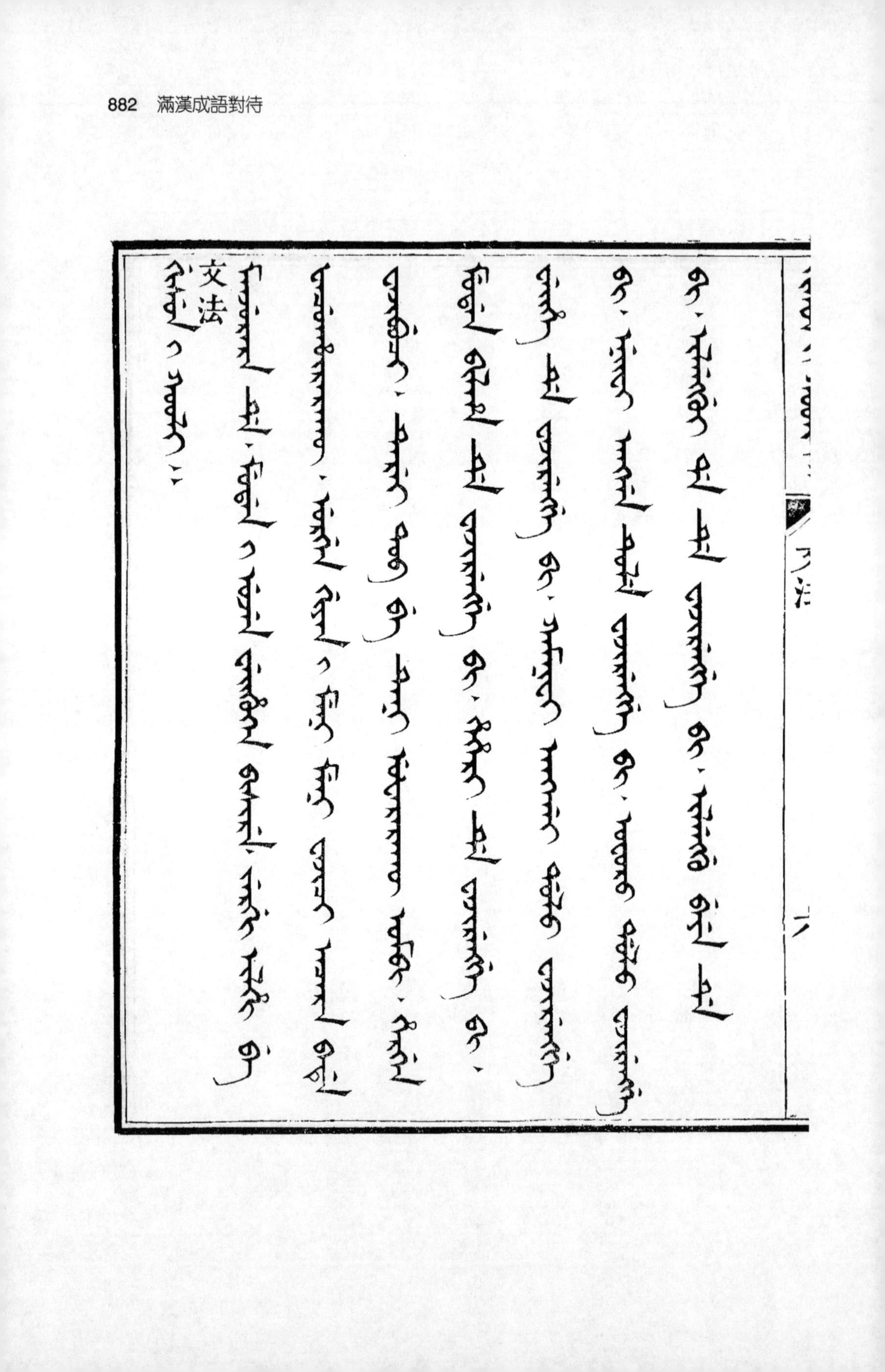

文法

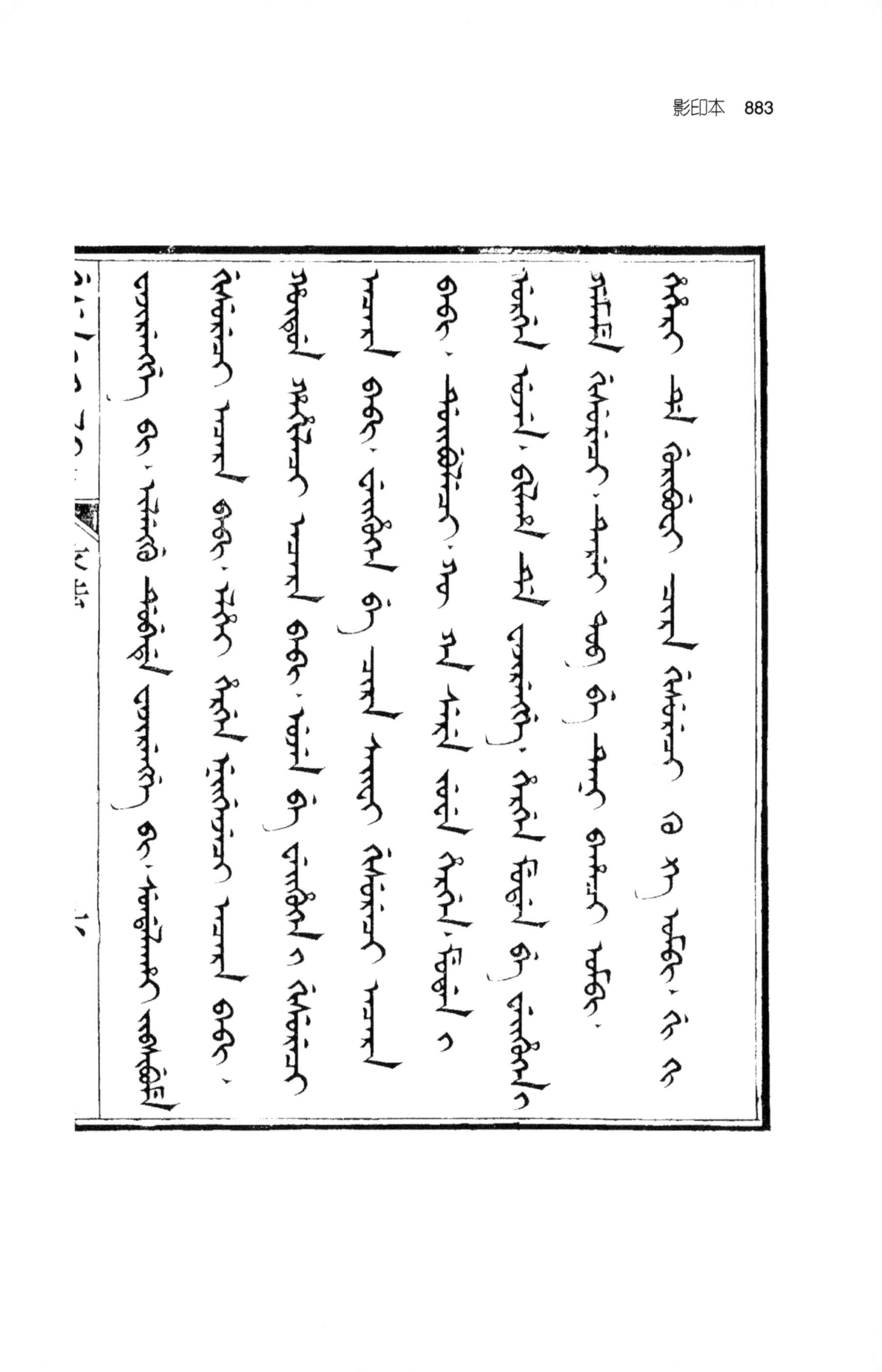

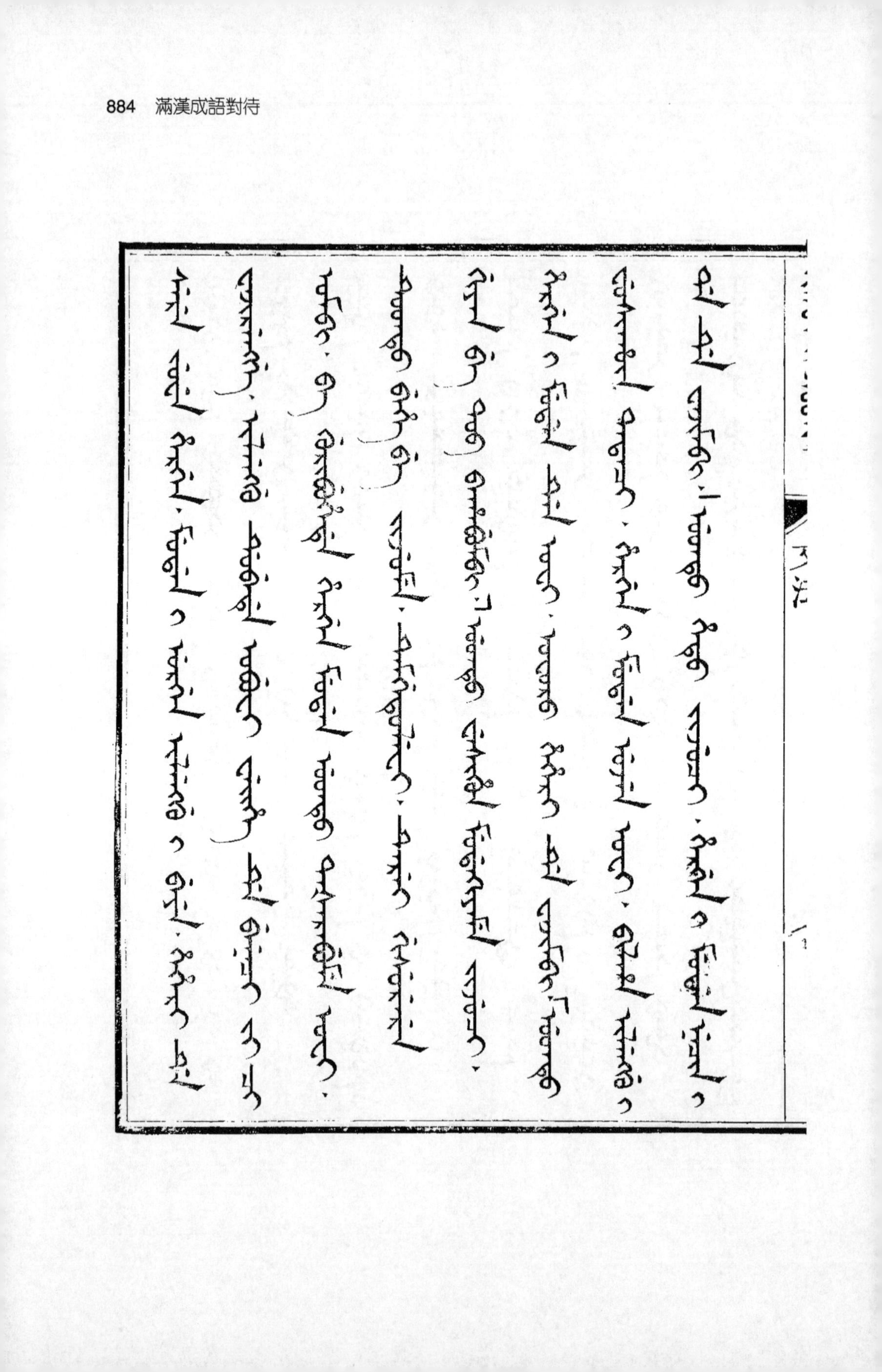

[illegible]

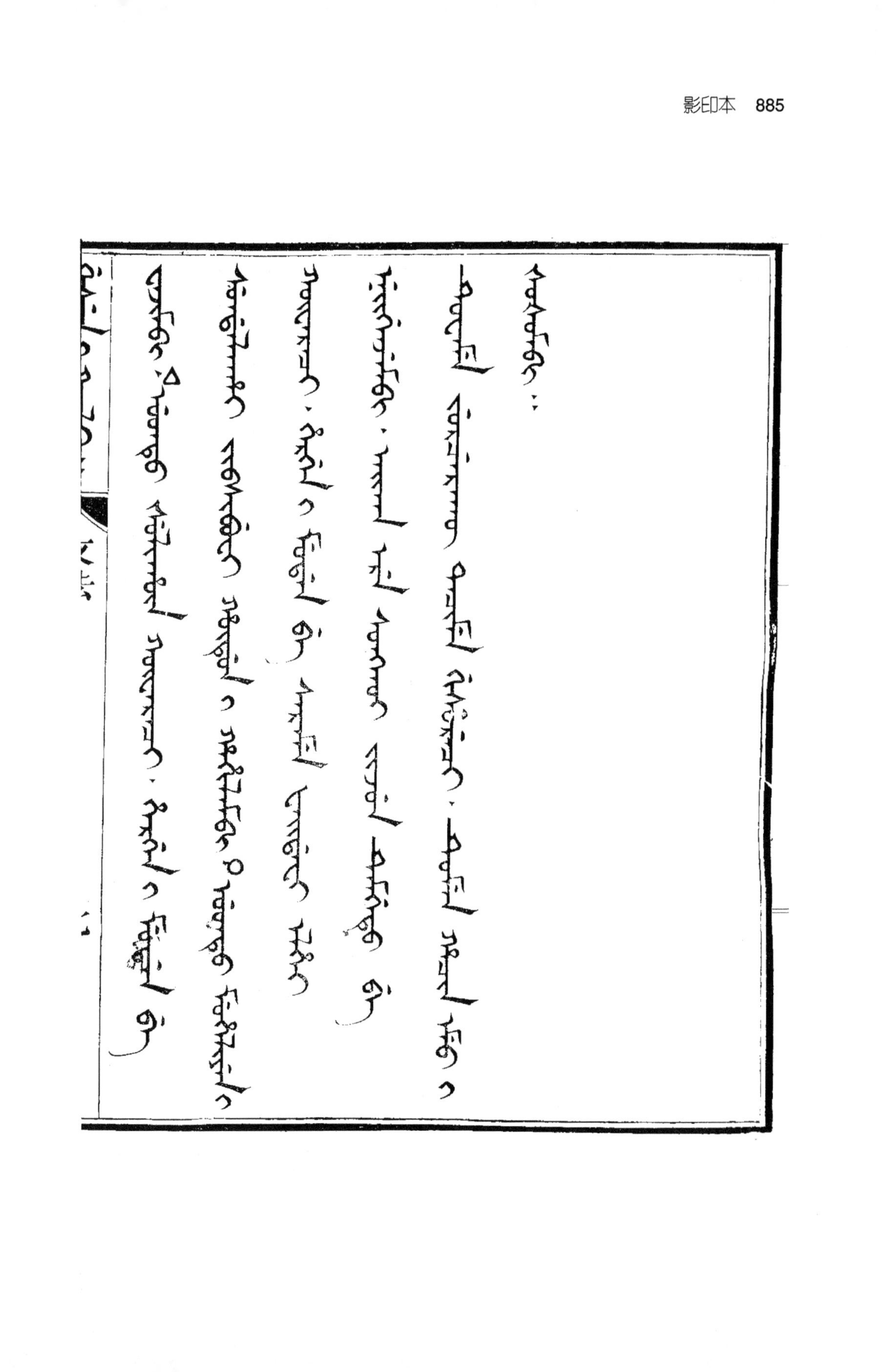

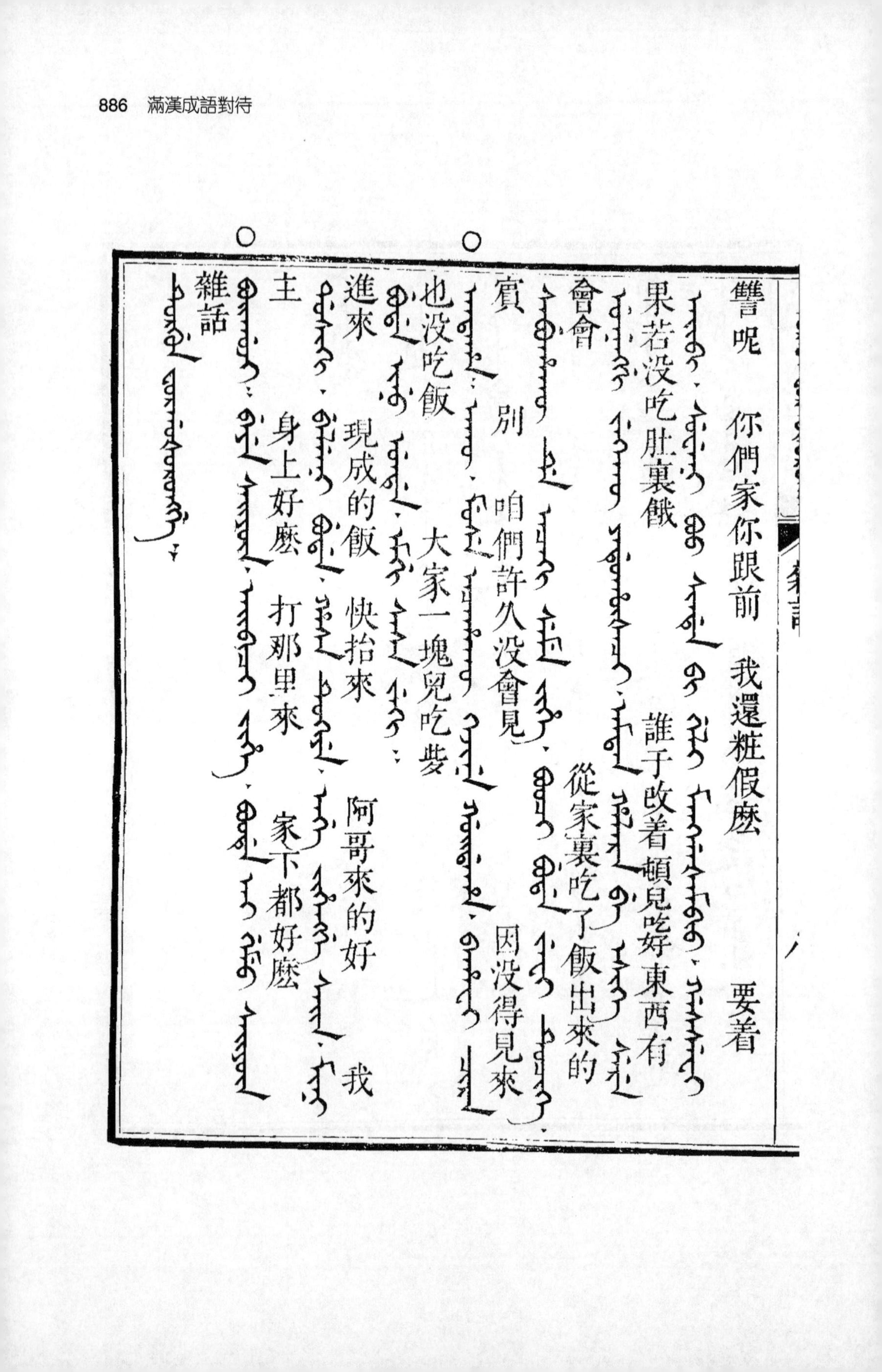

譬呢 你們家你跟前 我還粧假麽 要着

果若没吃肚裏餓 誰于改着頓兒吃好東西有

會會 從家裏吃了飯出來的

賓 別 咱們許久没會見 因没得見來

也没吃飯 大家一塊兒吃些

進來 現成的飯 快抬來 阿哥來的好 我

主 身上好麽 打那里來 家下都好麽

雜話

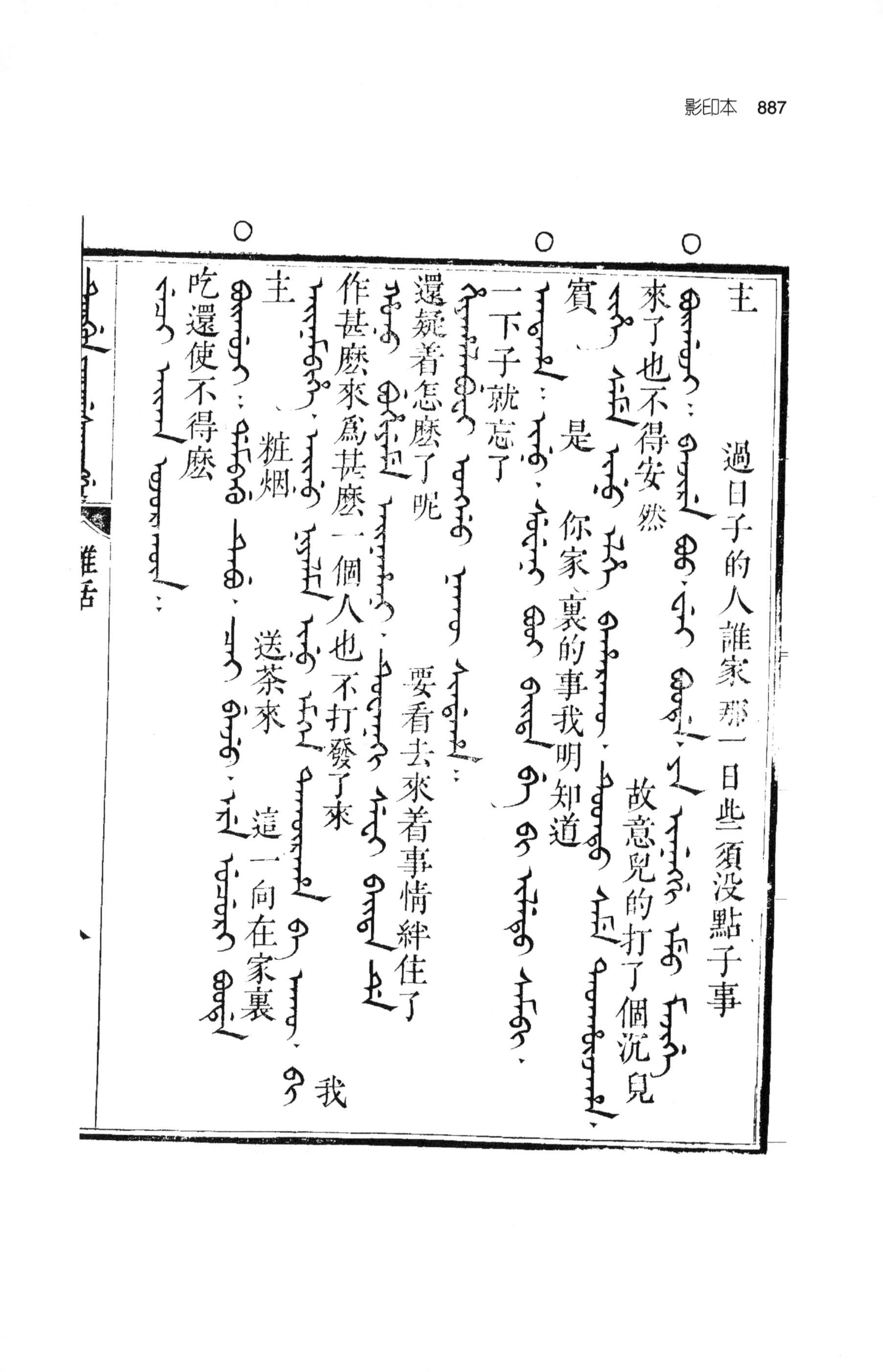

主 過日子的人誰家那一日些須没點子事

來了也不得安然 故意兒的打了個沉兒

實 是 你家裏的事我明知道

一下子就忘了

還窺着怎麽了呢 要看去來着事情絆住了

作甚麽來爲甚麽一個人也不打發了來 我

主 粧烟 送茶來 這一向在家裏

吃還使不得麽

我有脫不得的事　我是咱的了　就

主　阿哥外道我罷哩　果然

會不得　因白會悞了事甚麽道理

賓　不是那們說　咱們會的日子多　那一日

把事情撩在一邊子騰個空兒罷了

只管來　事情狠不要緊　管他呢

推着事故就不會人麽　來的

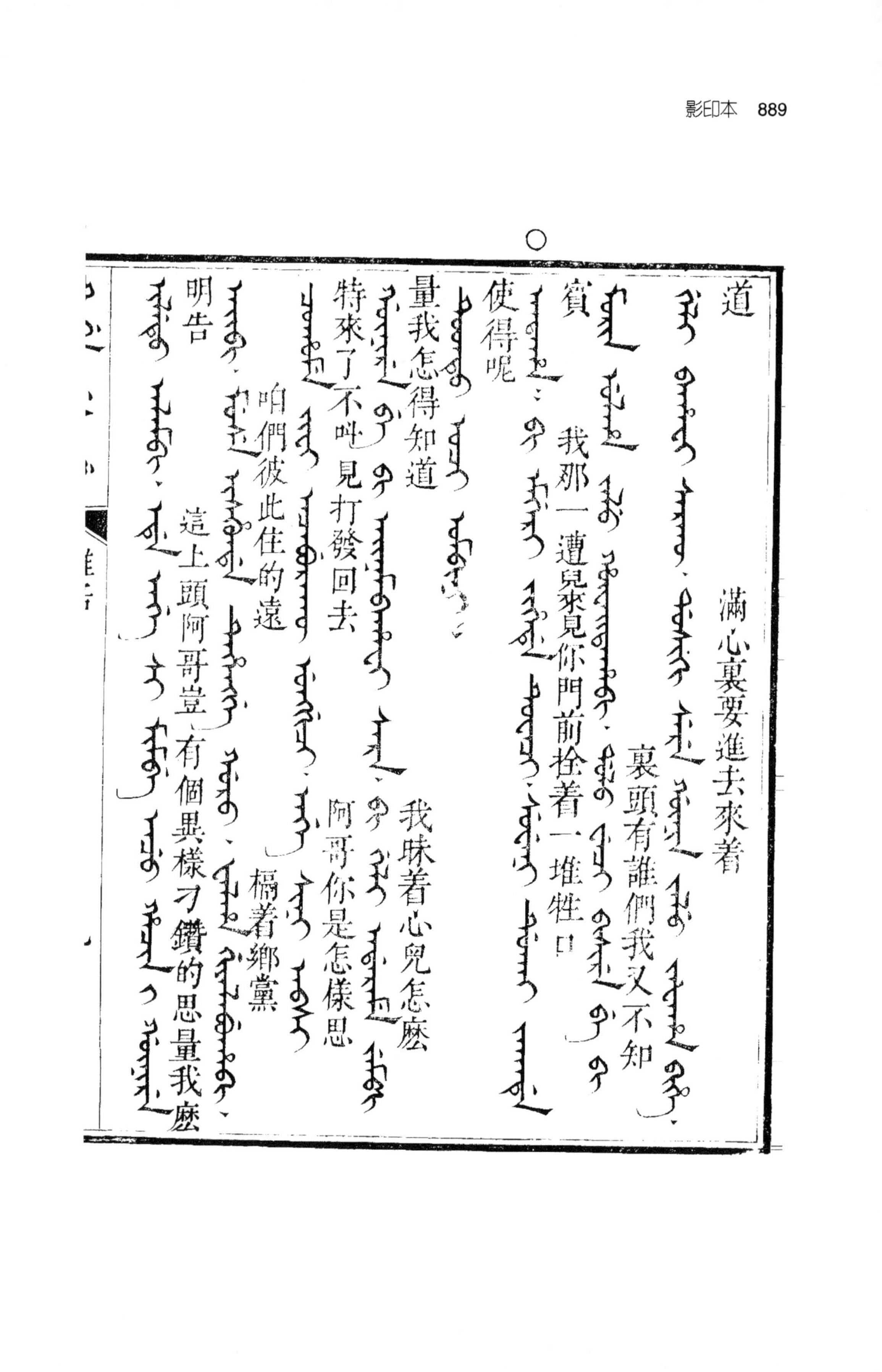

道
滿心裏要進去來着
裏頭有誰們我又不知
賓
我那一遭見來見你門前拴着一堆牲口
使得呢
量我怎得知道
我昧着心兒怎麽
特來了不叫見打發回去
阿哥你是怎樣思
咱們彼此住的遠
槅着鄉黨
明告
這上頭阿哥豈有個異樣刁鑽的思量我麽

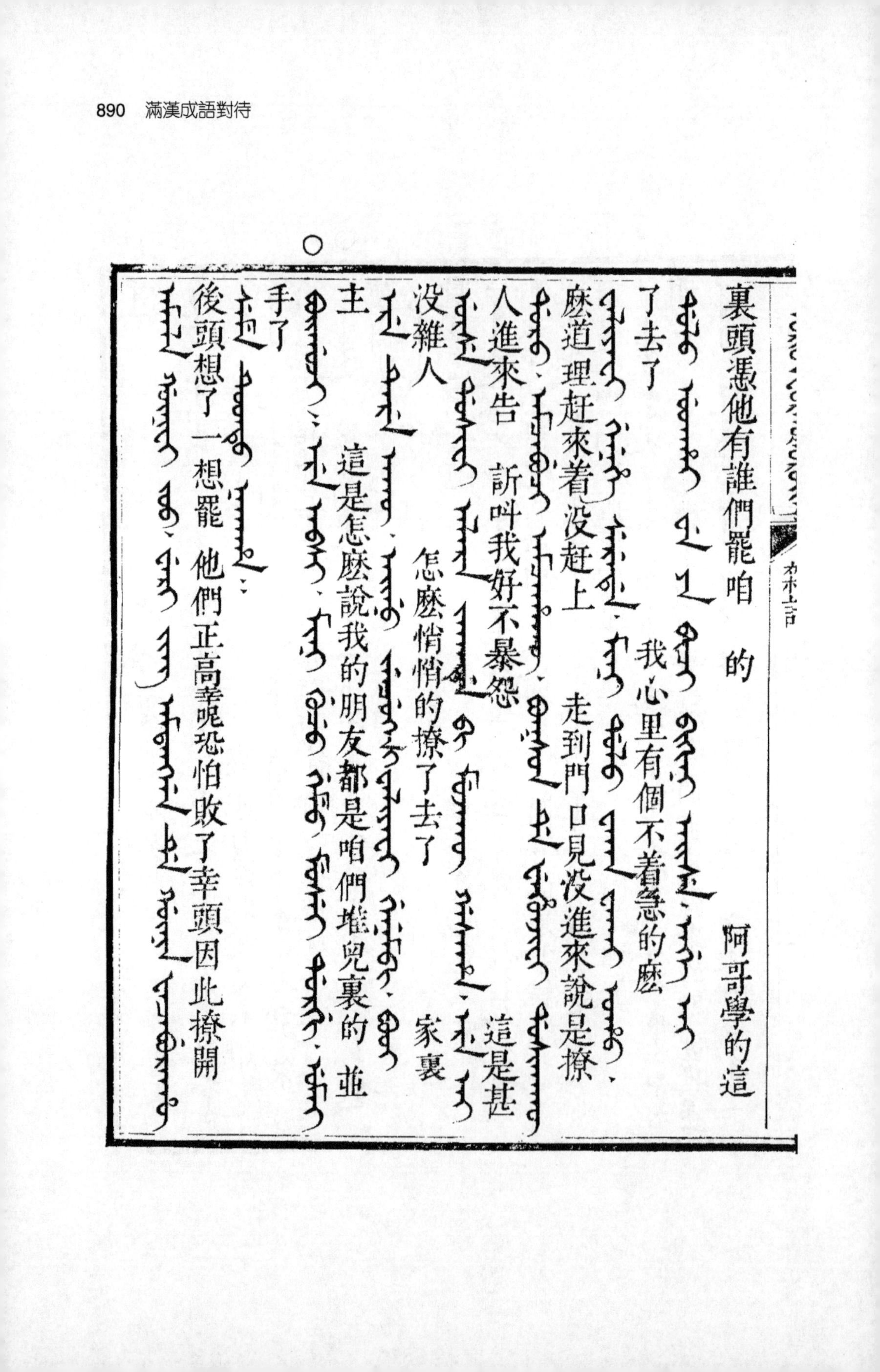

裏頭憑他有誰們罷咱　的　阿哥學的這

了去了　我心里有個不着急的麼

麽道理赶來着没赶上　走到門口見没進來說是撩

人進來告　訴叫我好不暴怨　這是甚

没雜人　怎麽悄悄的撩了去了　家裏

主　這是怎麽說我的朋友都是咱們堆兒裏的　並

手了

後頭想了一想罷　他們正高𦍒呢恐怕敗了𦍒頭因此撩開

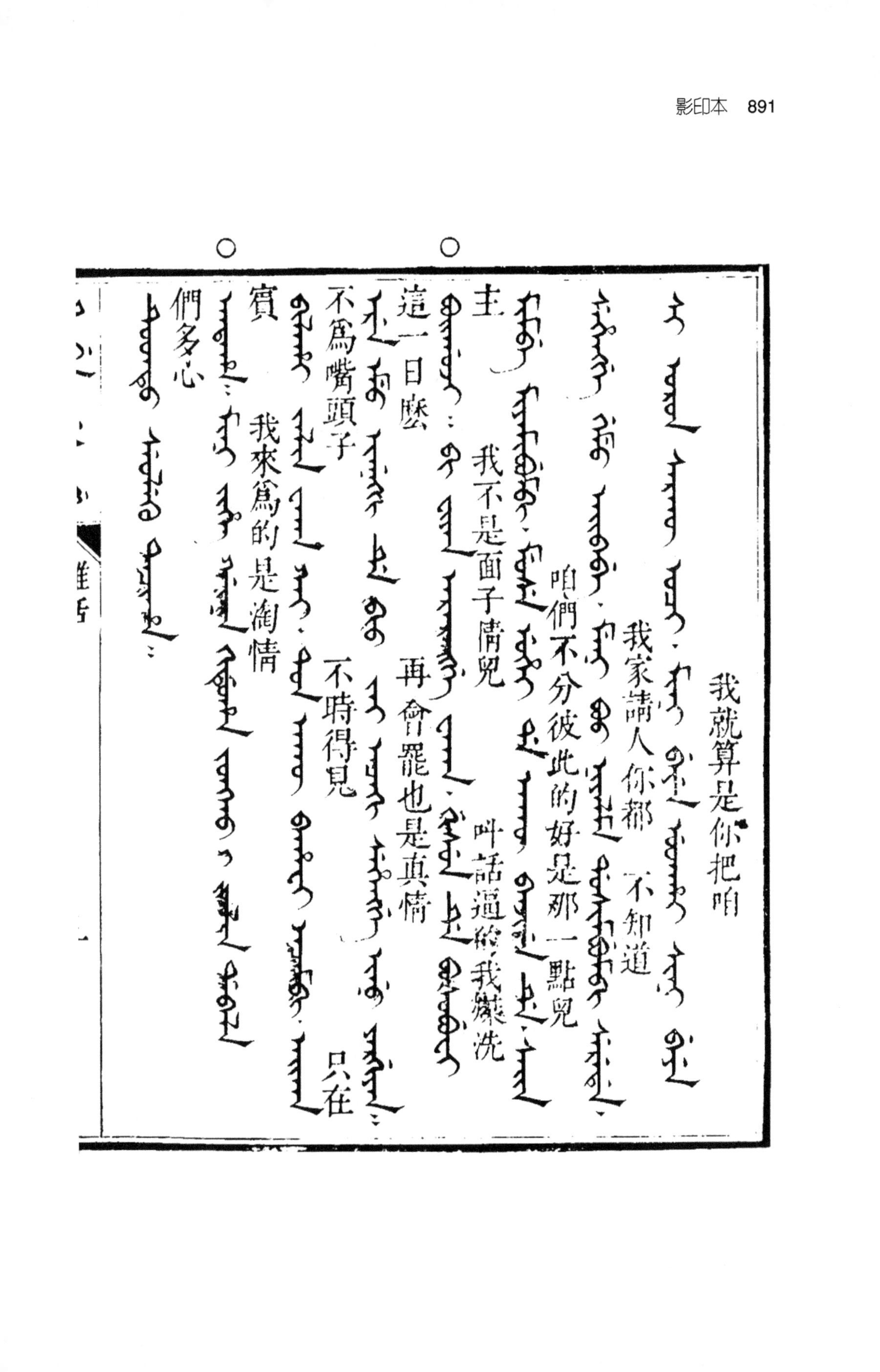

我就算是你把咱

我家請人你都 不知道

咱們不分彼此的好是那一點兒

主

我不是面子情兒

叫話遍給我灑洗

這一日麼

再會罷也是真情

不為嘴頭子

不時得見

只在

賓

我來為的是淘情

們多心

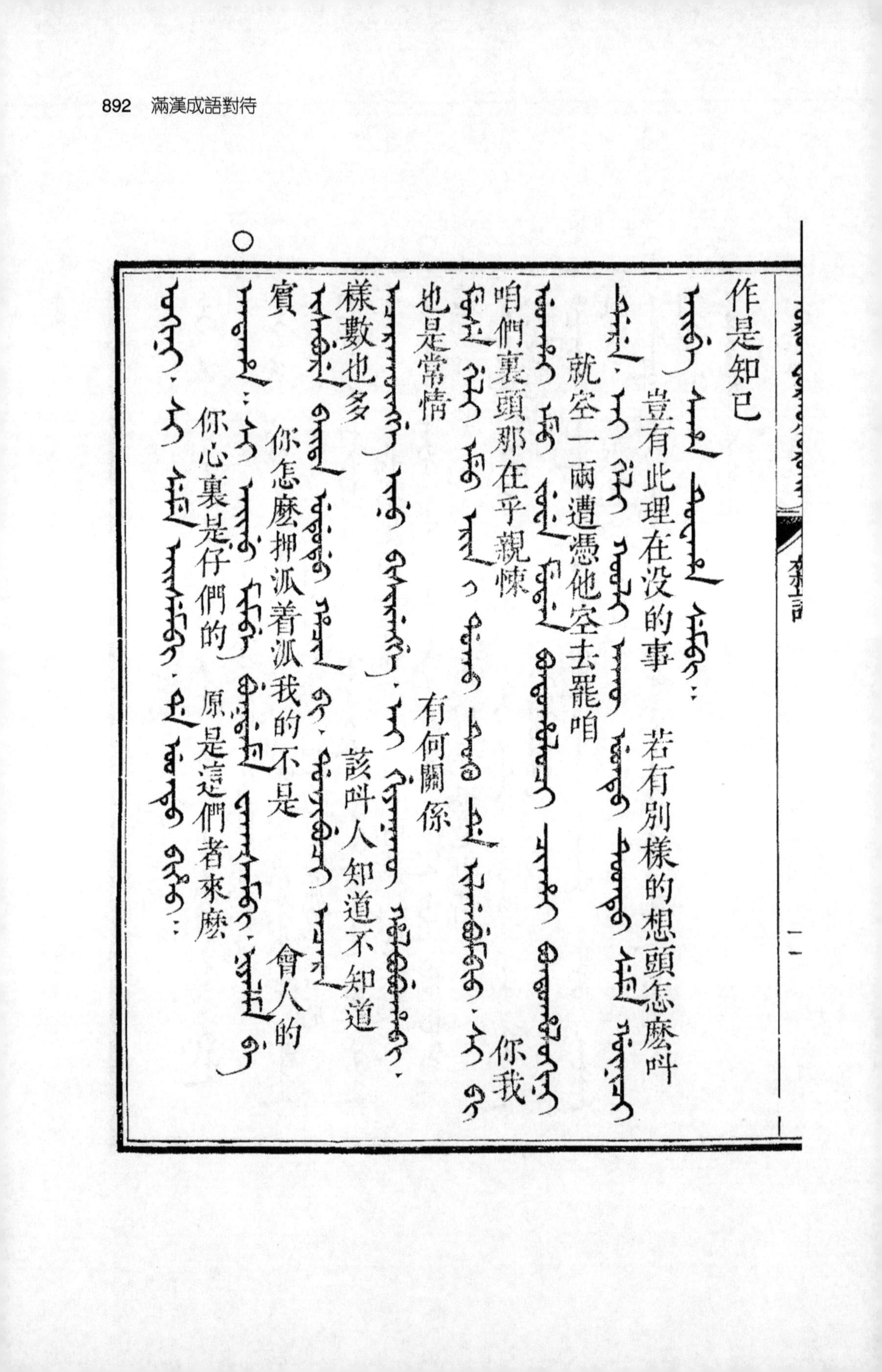

作是知巳

豈有此理在没的事　若有别樣的想頭怎麽叫

就空一兩遭憑他空去罷咱

咱們裏頭那在乎親悚　你我

也是常情　有何關係

樣數也多　該叫人知道不知道

賓　你怎麽押泒着泒我的不是　會人的

你心裏是仔們的　原是這們者來麽

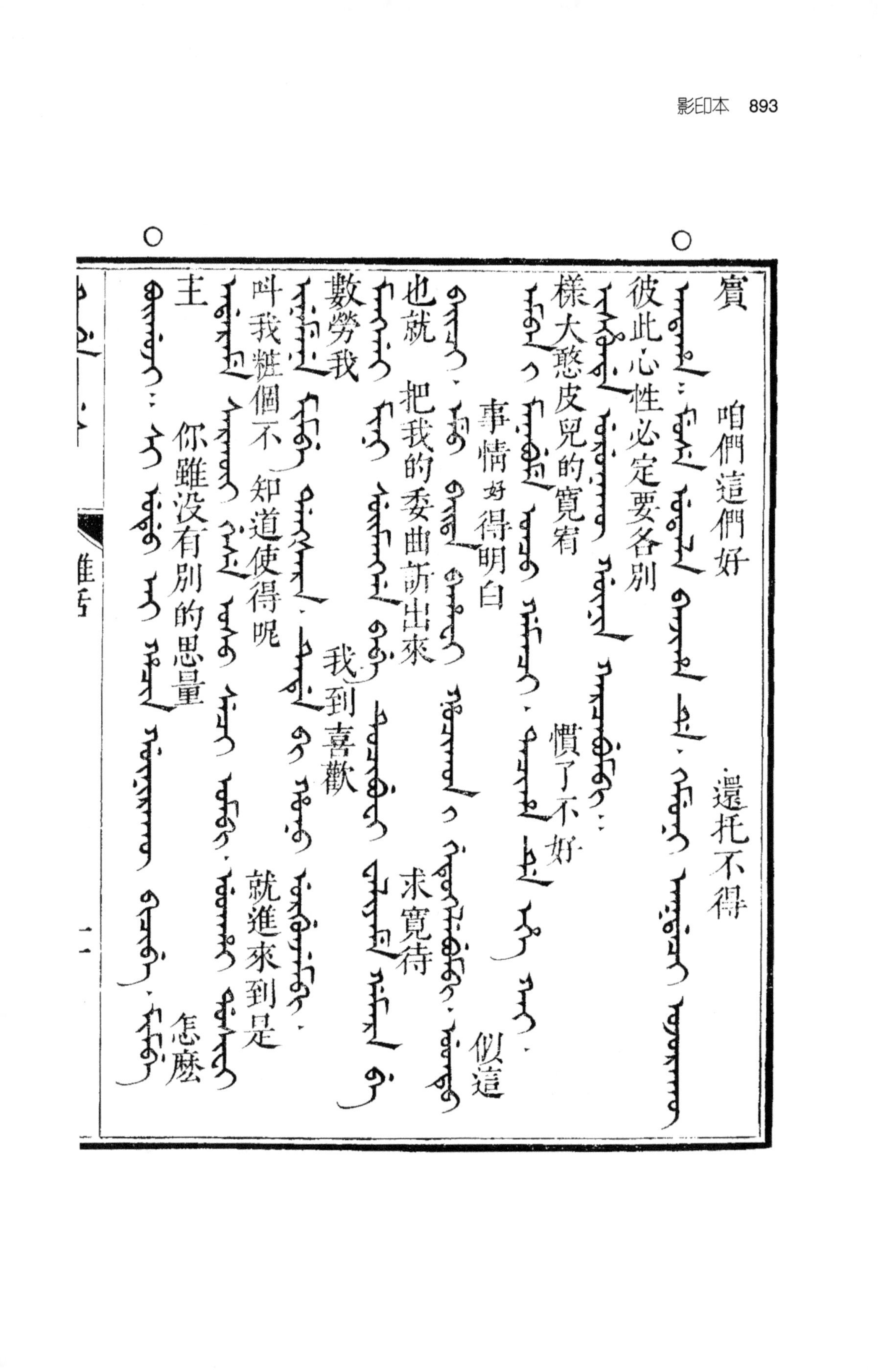

實 咱們這們好 還托不得

彼此心性必定要各別

様大憨皮兒的寬宥 慣了不好

事情好得明白 似這

也就 把我的委曲訢出來 求寬待

數勞我 我到喜歡

叫我糙個不 知道使得呢 就進來到是

主 你雖没有別的思量 怎麼

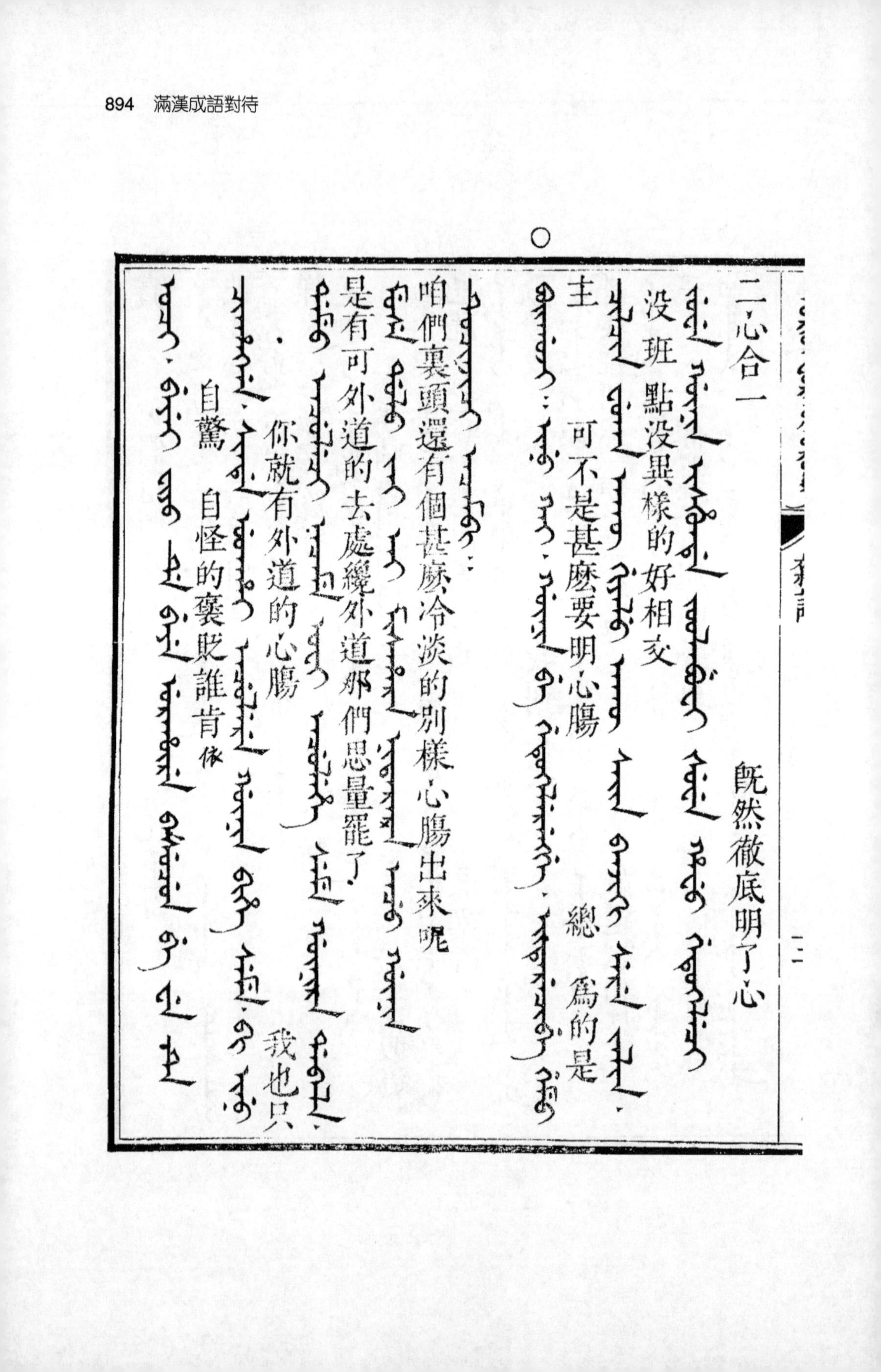

二心合一

既然徹底明了心

没班點没異樣的好相交

總爲的是

主

可不是甚麼要明心腸

咱們裏頭還有個甚麼冷淡的別樣心腸出來呢

是有可外道的去處纔外道那們思量罷了

你就有外道的心腸

我也只

自驚

自恠的褎貶誰肯依

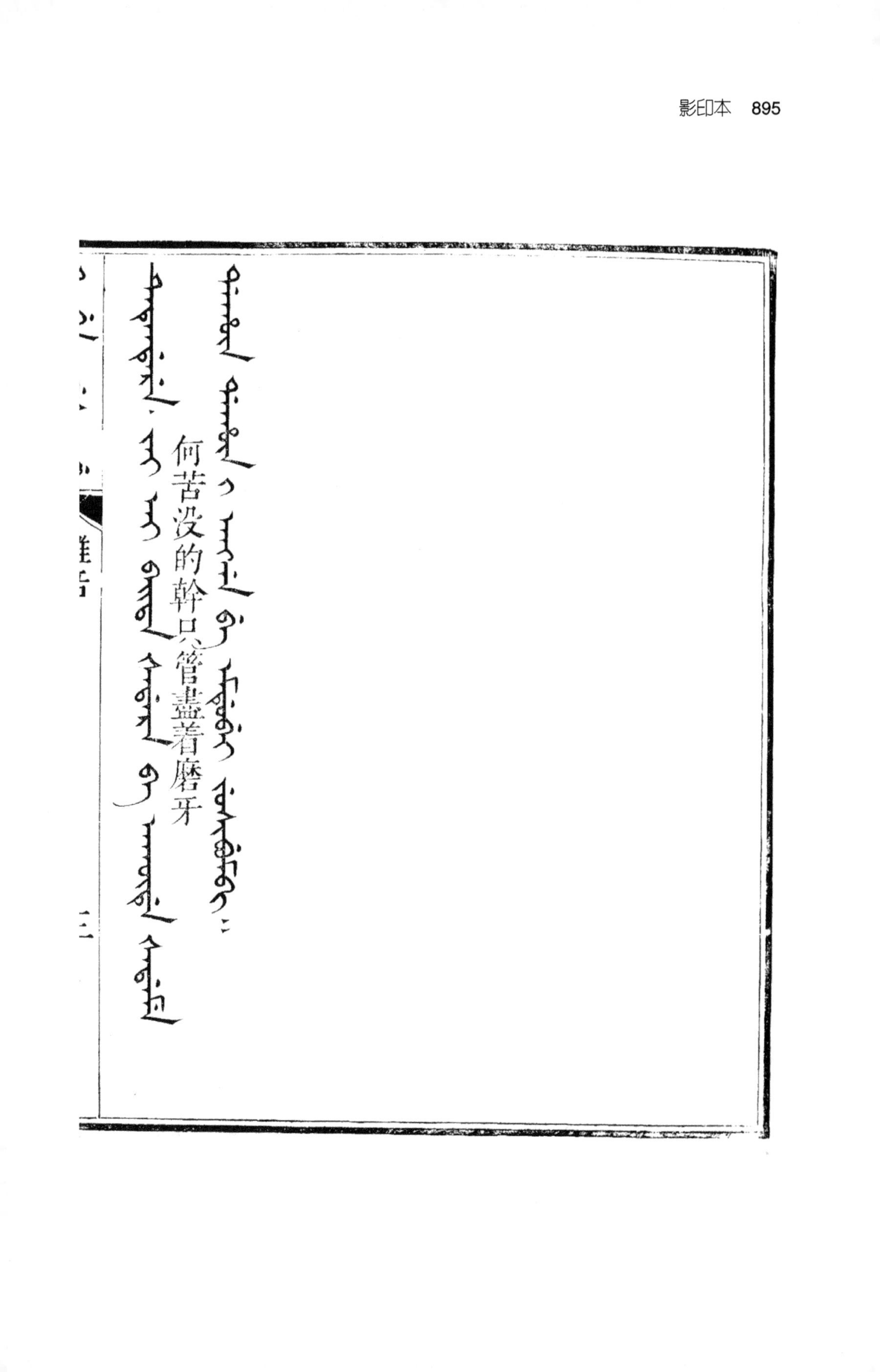

何苦没的斡只管盡着磨牙

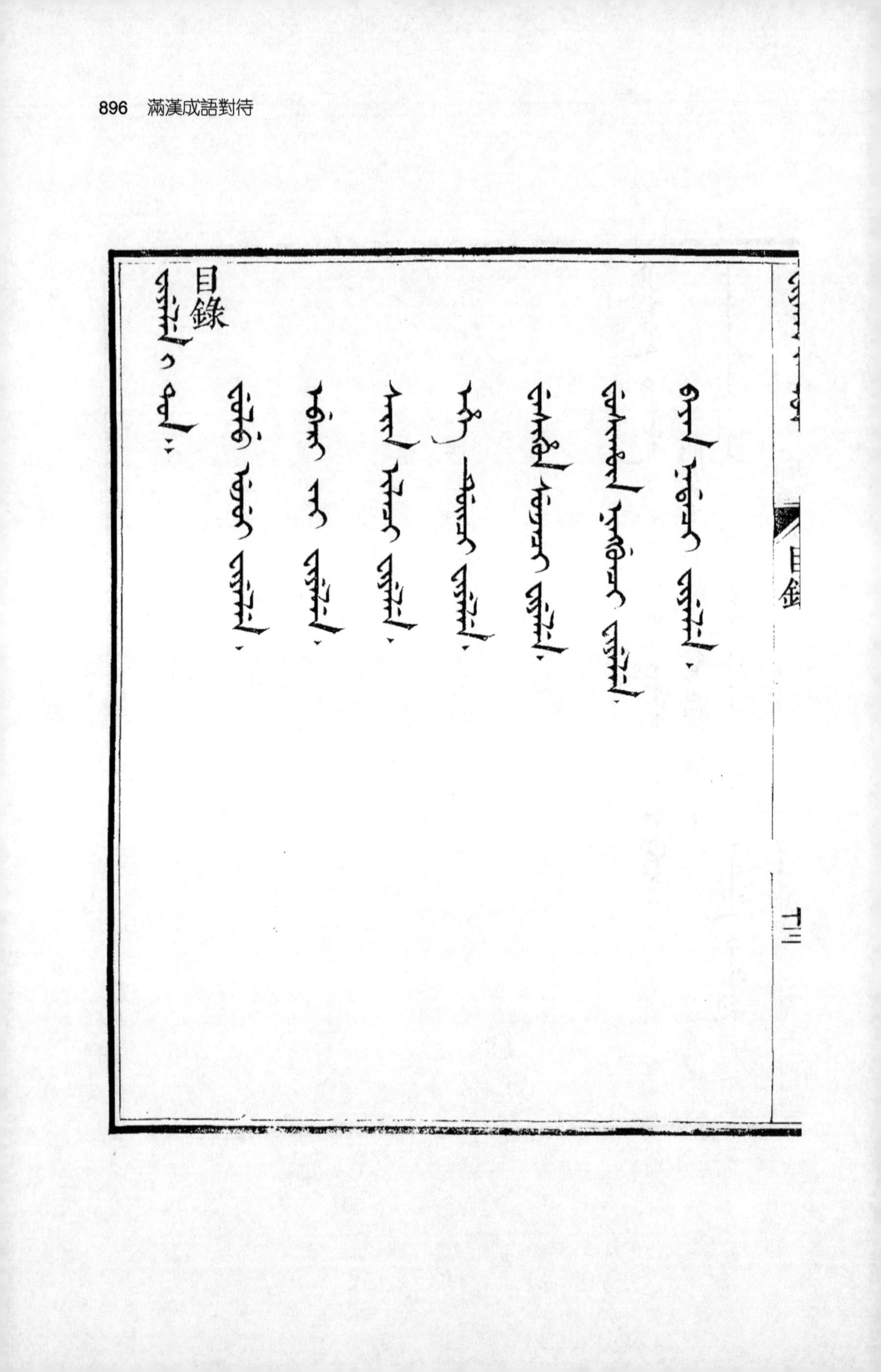

目錄

ᠠᠨ ᡠᠶᡠᠨ ᠵᠠᡴᡡᠨ

ᠪᠣᠯᠣ ᡠᠶᡠᠨ ᠵᠠᡴᡡᠨ

ᠨᡳᠩᡤᡠᠨ ᠨᡳᠶᠠᠨ ᠵᠠᡴᡡᠨ

目录

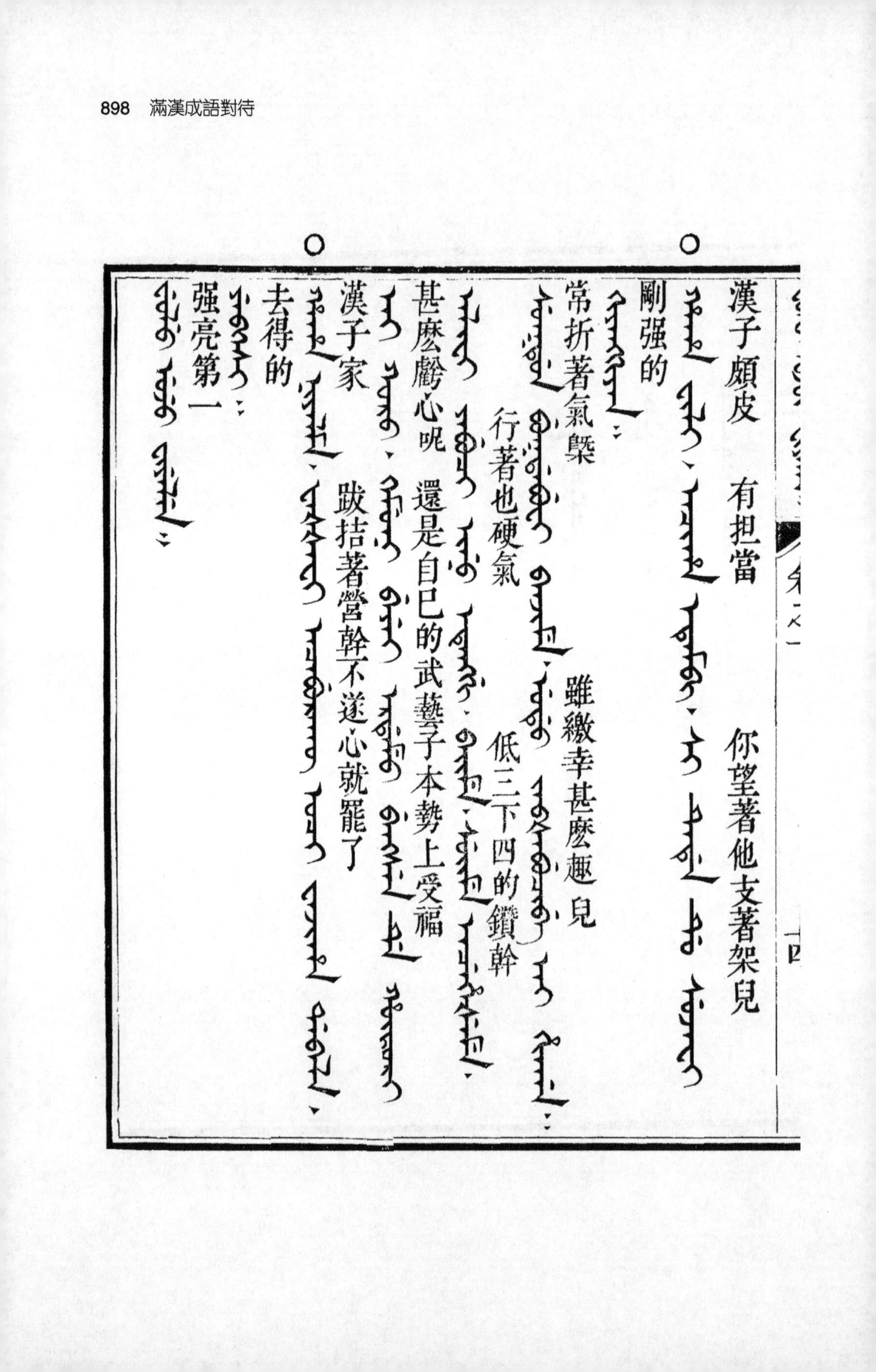

漢子頗皮 有担當 你望著他支著架兒

剛强的

常折著氣槩 雖繳幸甚麼趣兒

行著也硬氣 低三下四的鑽幹

甚麼齾心呢 還是自已的武藝子本勢上受福

漢子家 跋拮著營幹不遂心就罷了

去得的

强亮第一

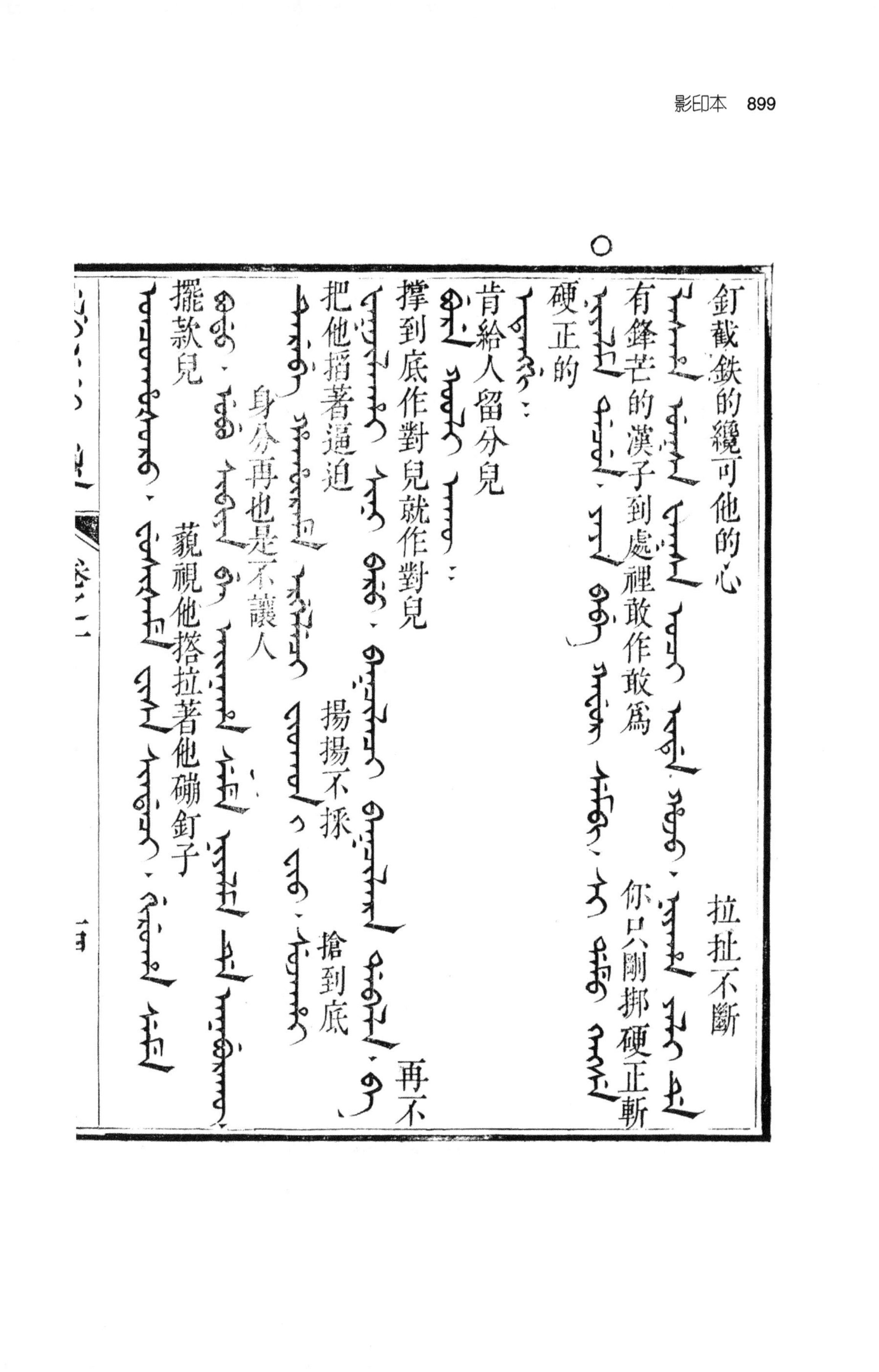

釘截鉄的纔可他的心　拉扯不斷

有鋒芒的漢子到處裡敢作敢爲　你只剛捓硬正斬

硬正的

肯給人留分兒

撐到底作對兒就作對兒　再不

把他掐著逼迫　揚揚不揉　搶到底

身分再也是不讓人

擺款兒　藐視他搭拉著他磞釘子

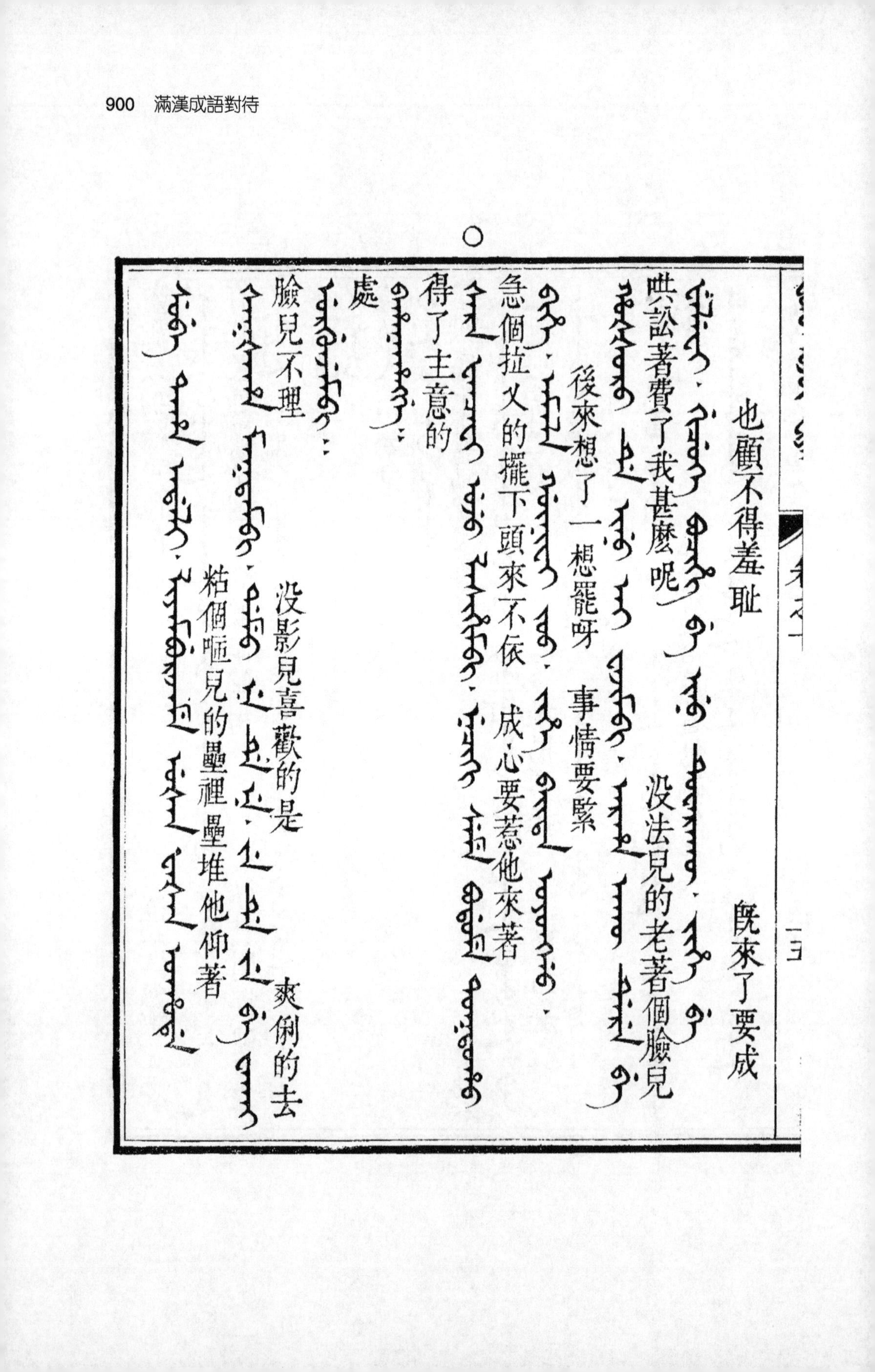

○

也顧不得羞耻　既來了要成

哄詥著費了我甚麼呢　没法見的老著個臉兒

後來想了一想罷呀　事情要緊

急個拉乂的攞下頭來不依　成心要惹他來著

得了主意的

處

臉兒不理　没影兒喜歡的是　爽俐的去

粘個咂兒的壘裡壘堆他仰著

走的也只是他對的著的幾家兒

爲人體面

再不胡行亂走

活托兒

件件兒都應

經過

信得

不管甚麼你只管去問他

拿的隱

正道的

看景兒

討好兒

纔給了個好臉兒

幹敝著性兒

這樣的

事

任他施威

事可怎麽樣呢

脖子肭跳　麻了爪兒了　比這個再大些兒的

個没了當到相立刻就死的是的　多大点子個事　都嘈的

的個屁放没了主意　攢的一堆兒変頭接耳的嚌喳了

不咱的　個人兒没胆子　怎麽那們肯胆怯　那裡來

亂了線兒的

窮就窮死罷了有志氣

没有遍數的常去　凡有指望的地方不傍影兒

比先大抽抽了

就脫得幹淨麼

悖廻了

只圖輕省自己

那們着

反把不好挪給別人

抖底子都賀盡了

促促的槽頓了

在他跟前有的沒的心

他先是個可仰望的個人來著

如今

抱怨人的

化了寃家的路兒窄　該　可昏了麼　一遭兒跳的坑裡

有要没緊巴巴兒的你可往那裡作甚麼去　穪盡了弔了造

着了事的

事情說原故呢

知根底着落我　你可叫我把甚麼當

起根發覺我還　不知道　強泒着說我

起初可没有我來着　後頭趕了個臨期末尾兒

不管閑事的

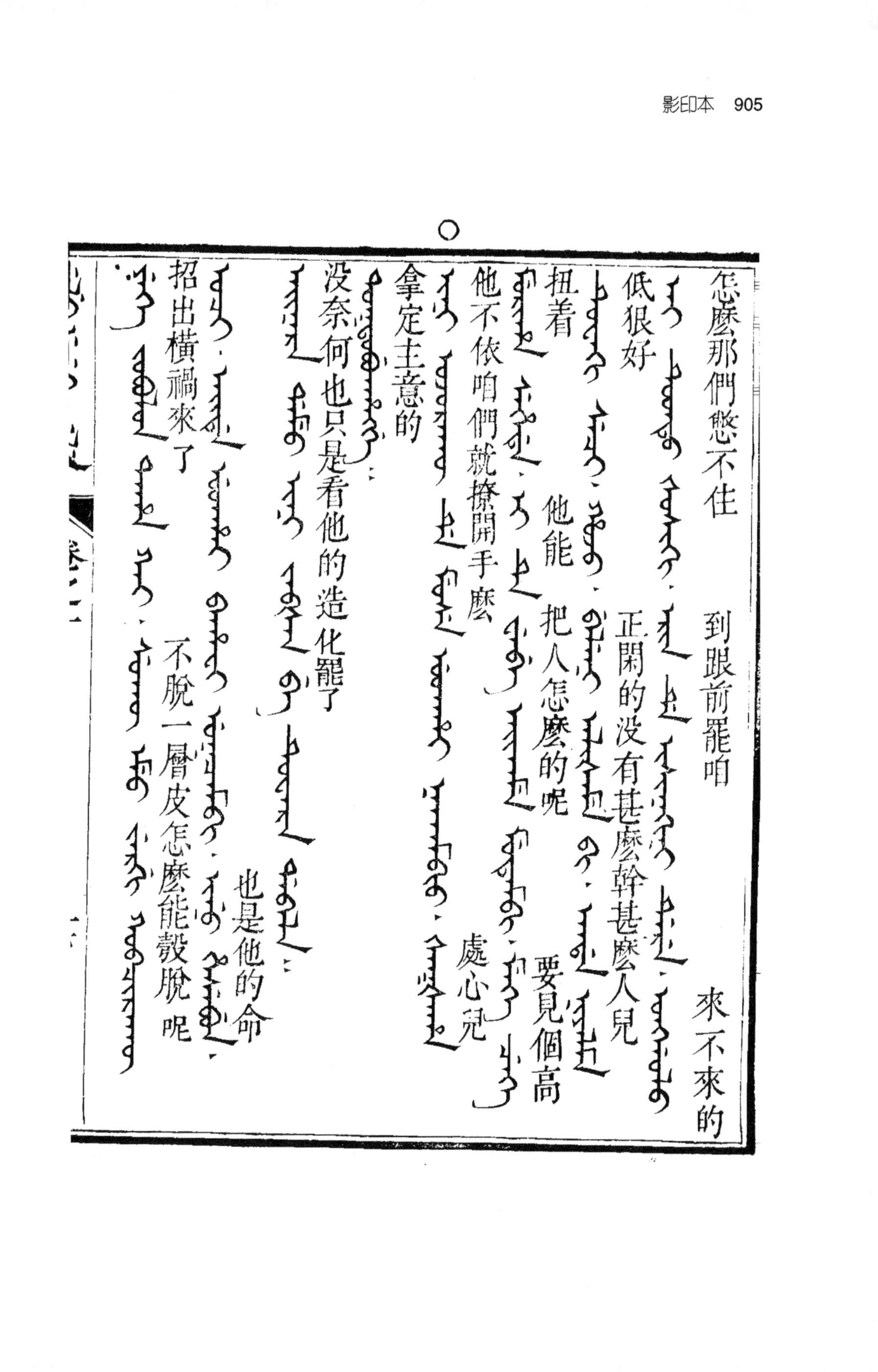

怎麽那們憋不住　到跟前罷咱　來不來的

低狠好　正閙的没有甚麽幹甚麽人兒

扭着　他能　把人怎麽的呢　要見個高

他不依咱們就撩開手麽　處心兒

拿定主意的

没奈何也只是看他的造化罷了

也是他的命

招出横禍來了　不脱一層皮怎麽能彀脱呢

准備的

呸 把死仔們都當頑兒了

掿巴舞手的作怪 受罪的呀 這們那們的

渾了個没分兒 打那裡看出 甚麽亮兒來了 那們樣的

累他把 没造化的 糊塗行子心裡

咱們那一潑兒的性氣可到的那裡

性氣的

唧唧咕咕的作甚麽

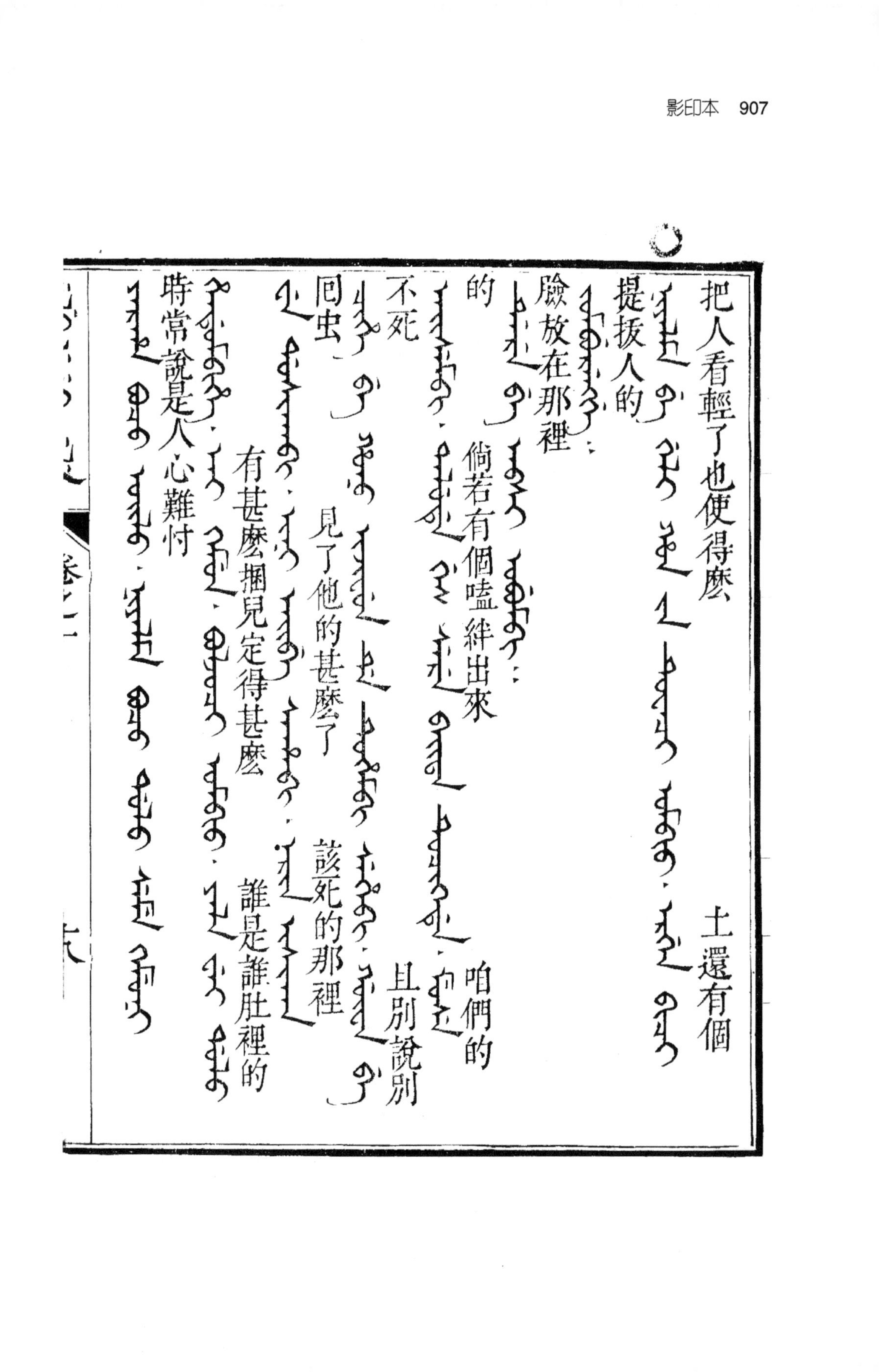

把人看輕了也使得麽　土還有個
提拔人的
臉放在那裡
的　倘若有個嗑絆出來　咱們的
不死　且別說別
回虫　見了他的甚麽了　該死的那裡
有甚麽捆見定得甚麽　誰是誰肚裡的
時常說是人心難忖

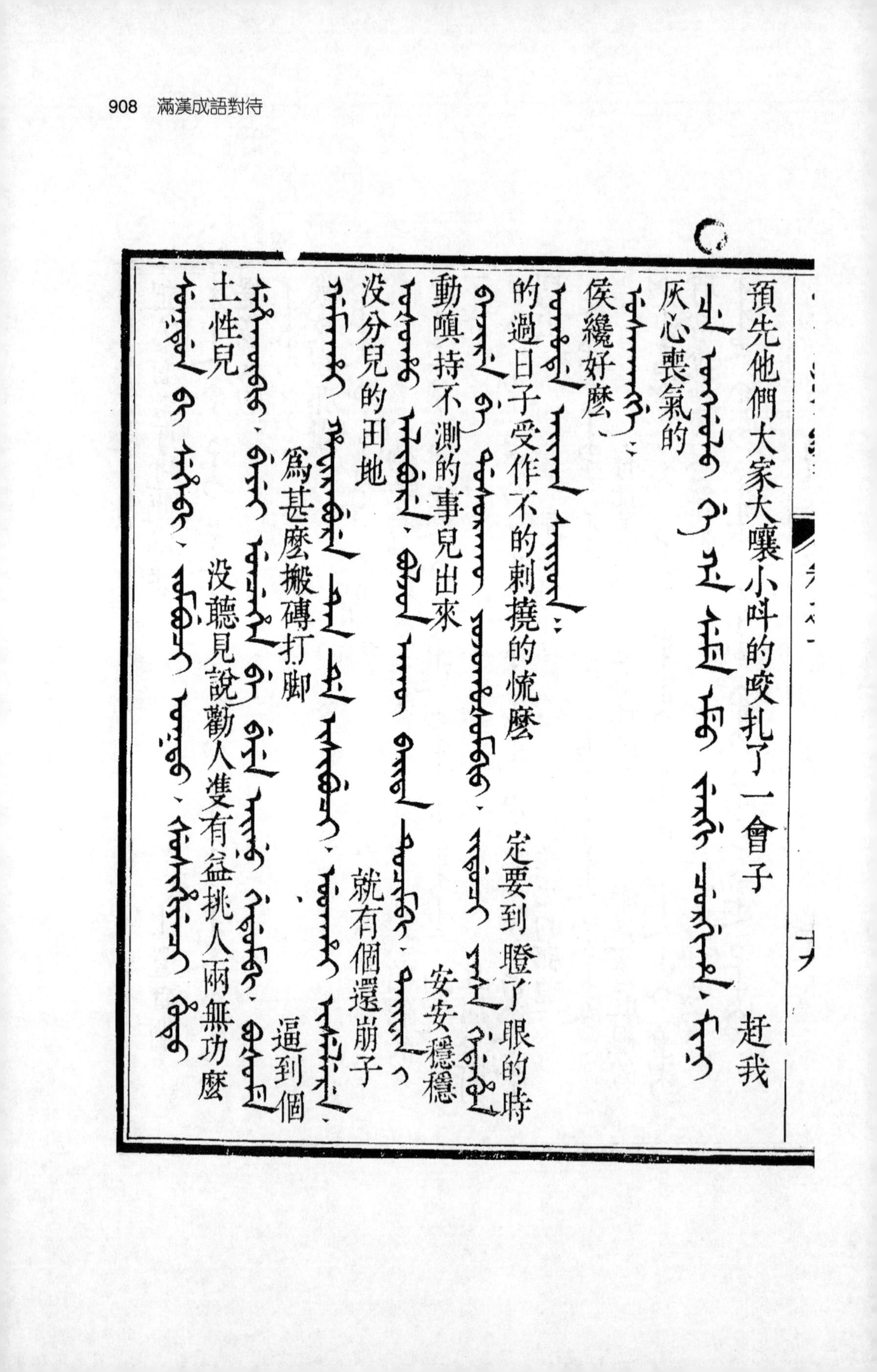

預先他們大家大嚷小叫的咬扎了一會子　趕我

灰心喪氣的

候纔好麼

的過日子受作不的剌撓的慌麼　定要到瞪了眼的時

動嗔持不測的事兒出來　安安穩穩

沒分兒的田地　就有個還崩子

爲甚麼搬磚打脚　逼到個

土性兒　沒聽見說勸人婁有益挑人兩無功麼

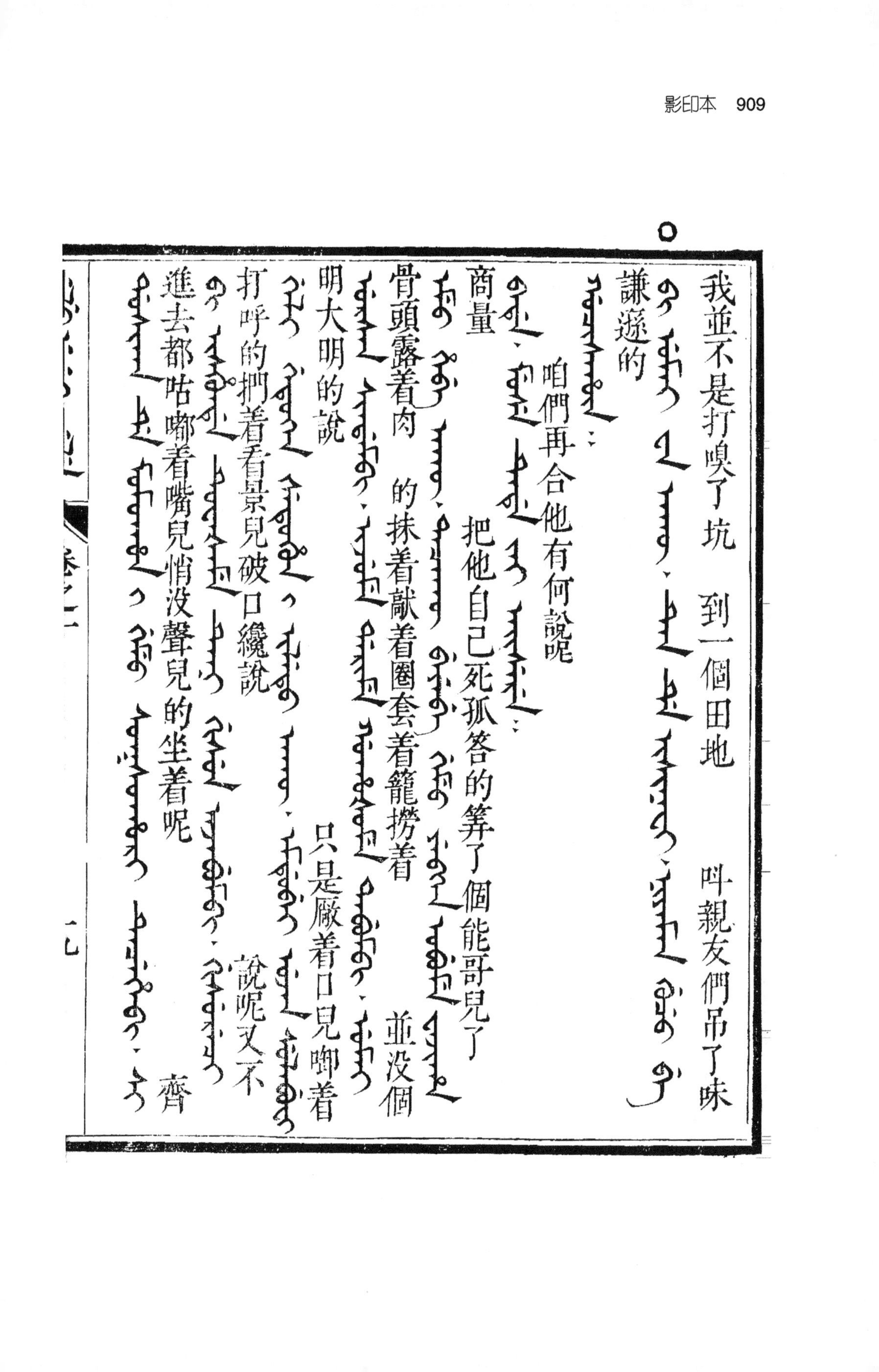

我並不是打嗅了坑　到一個田地　叫親友們吊了味

謙遜的

咱們再合他有何說呢

商量　把他自己死孤咨的算了個能哥兒了

骨頭露着肉　的抹着猷着圈套着籠撈着　並沒個

明大明的說　只是厰着口兒唧着

打呼的拁着看景兒破口纔說　說呢又不

進去都咕嘟着嘴兒悄沒聲兒的坐着呢　齊

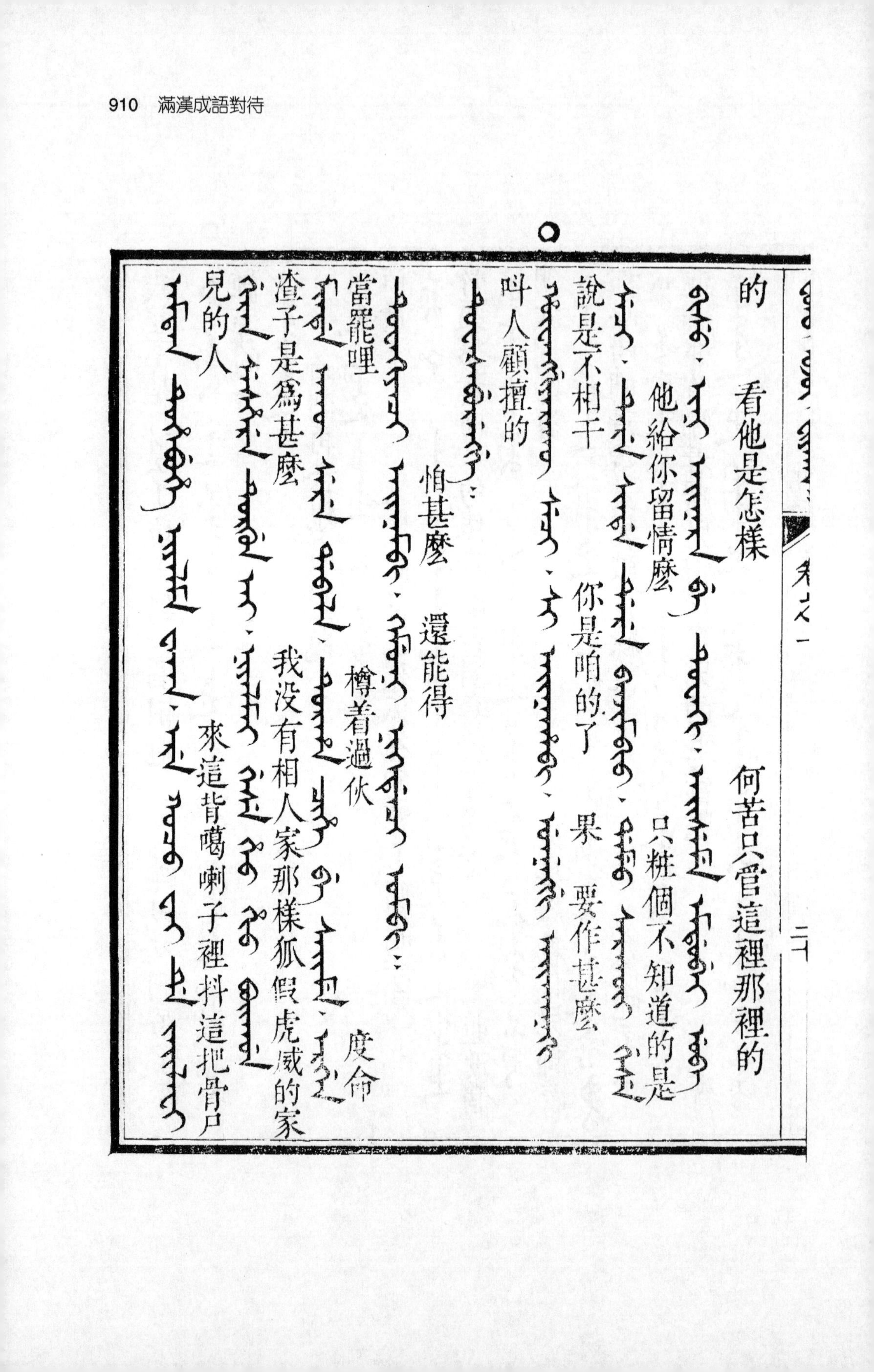

的 看他是怎樣 何苦只管這裡那裡的

他給你留情麽 只粧個不知道的是

說是不相干 你是咱的了 果 要作甚麽

叫人顧擅的

怕甚麽 還能得

當罷哩 樽着過伙 度命

渣子是為甚麽 我沒有相人家那樣狐假虎威的家

兒的人 來這背噶喇子裡抖這把骨戶

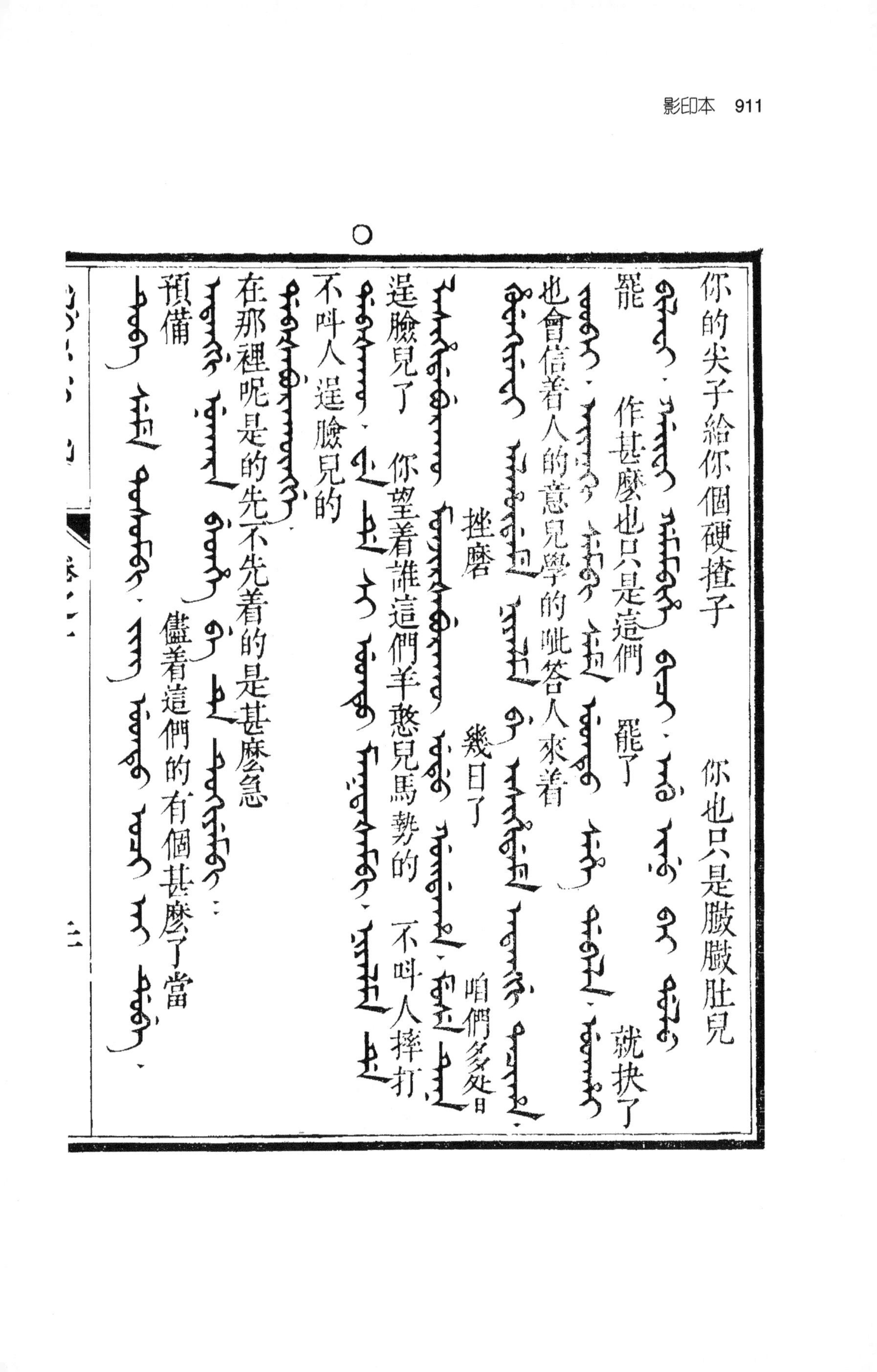

你的尖子給你個硬揸子　你也只是臌臌肚兒

罷　作甚麼也只是這們　罷了　就抉了

也會信着人的意兒學的呲答人來着

挫磨　幾日了　咱們多咱

逞臉兒了　你望着誰這們羊憨兒馬勢的　不叫人捽打

不叫人逞臉兒的

在那裡呢是的先不先着的是甚麽急

預備　儘着這們的有個甚麽了當

捫着的

誰掌着你的腰眼子長了公鷄翎兒了　這們發兕

要來就來　氣性上誰肯讓誰　認錯了盆兒了

那裡的閑帳　誰不死　在世上儘着活着呢

爲甚麼當個事兒儘着閣在心裡

生氣的

罷了

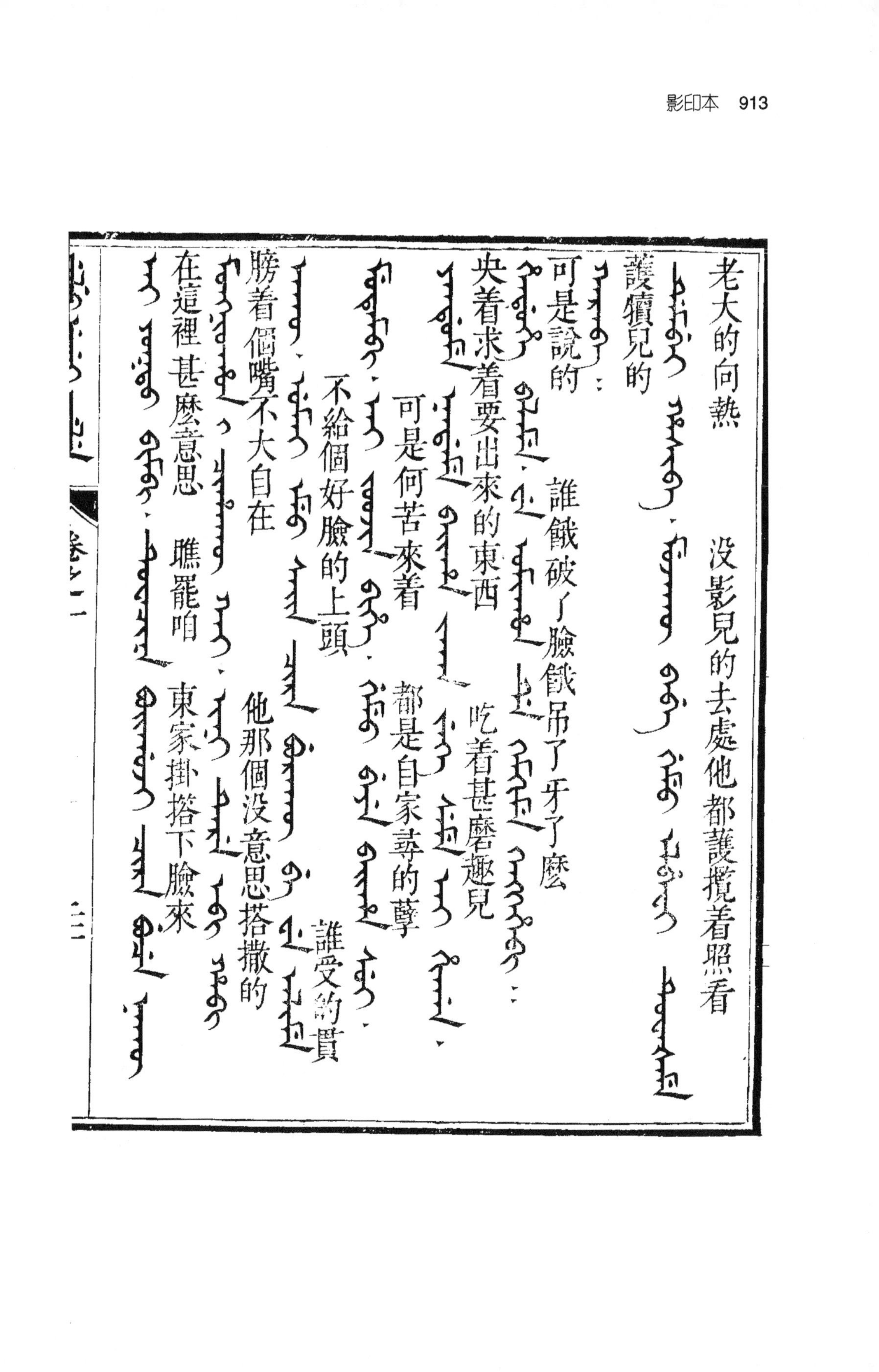

老大的向熱　没影兒的去處他都護攬着照看

護犢兒的

可是說的　誰餓破了臉餓吊了牙了麽

央着求着要出來的東西　吃着甚麽趣兒

可是何苦來着　都是自家尋的孽

不給個好臉的上頭　誰受的慣

膀着個嘴不大自在　他那個没意思搭撒的

在這裡甚麽意思　瞧罷咱　東家掛搭下臉來

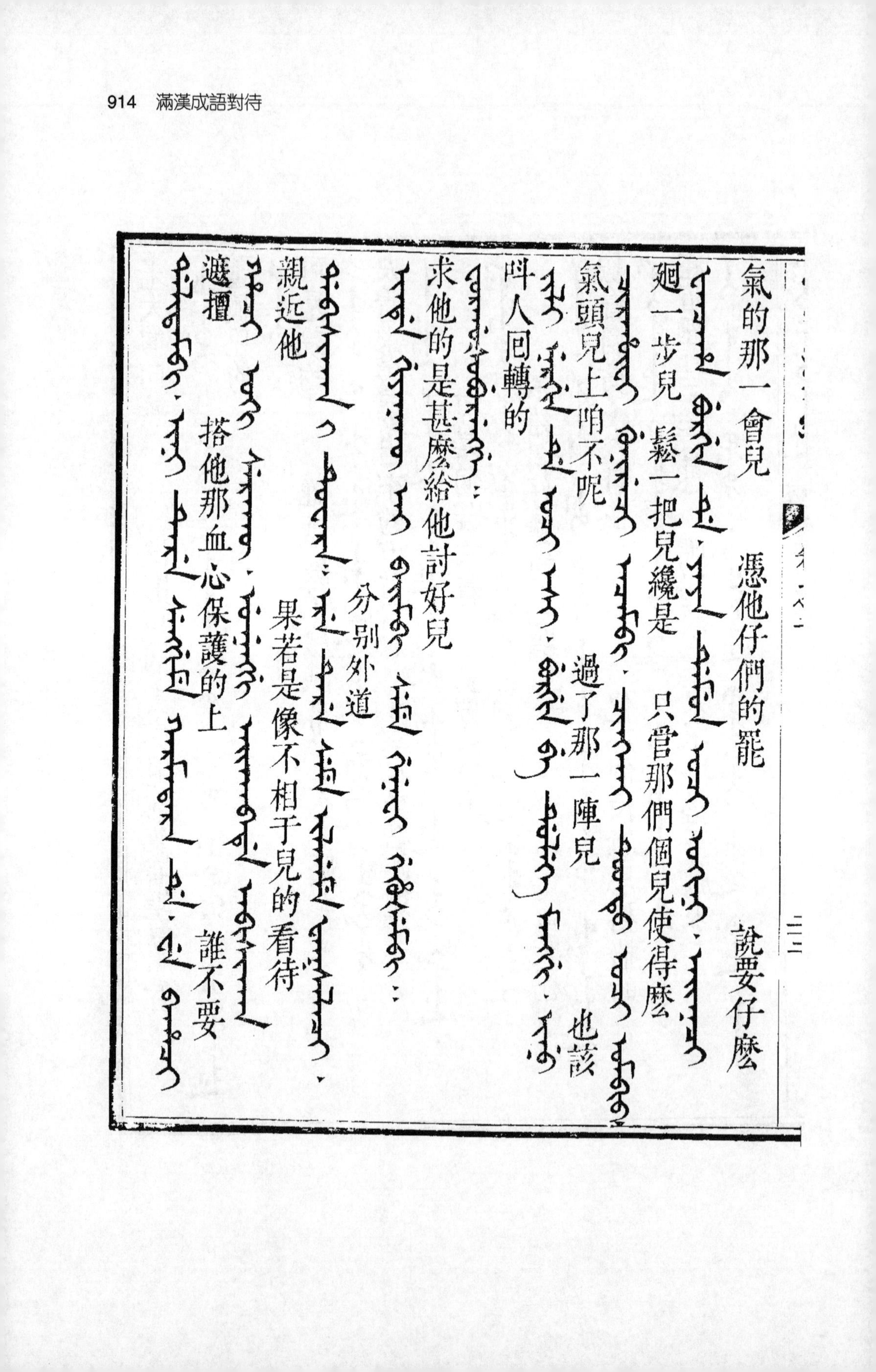

氣的那一會兒 憑他仔們的罷 誆要仔麼

廻一步兒 鬆一把兒纔是 只管那們個兒使得麼

氣頭兒上咱不呢 過了那一陣兒 也該

叫人囘轉的

求他的是甚麼給他討好兒

分別外道

親近他 果若是像不相干兒的看待

避擅 搭他那血心保護的上 誰不要

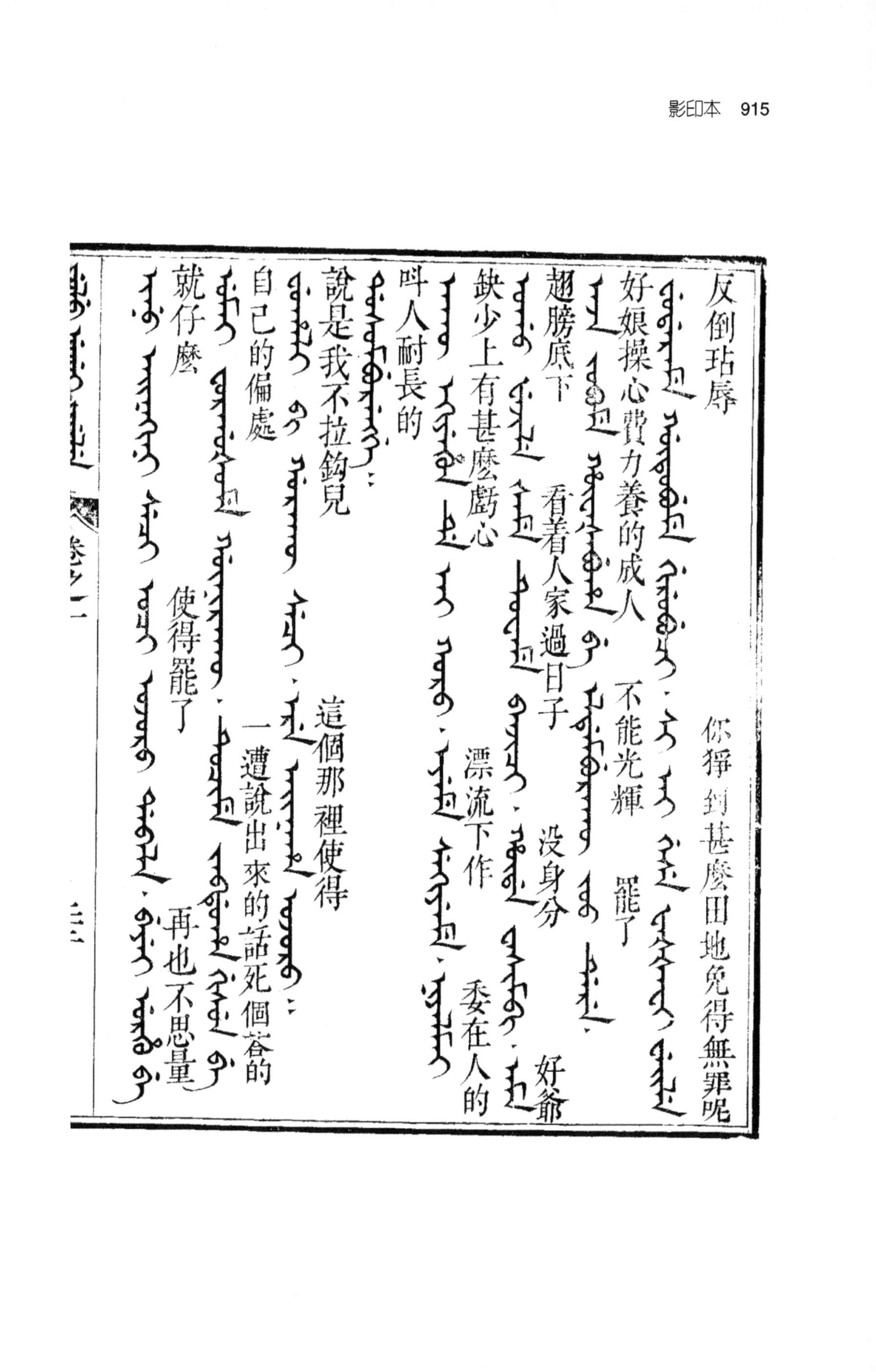

反倒玷辱　你猙到甚麼田地兒得無罪呢

好娘操心費力養的成人　不能光輝　罷了

趐膀底下　看着人家過日子　没身分　好爺

缺少上有甚麼虧心　漂流下作　委在人的

叫人耐長的

說是我不拉鉤兒　這個那裡使得

自己的偏處　一遭說出來的話死個答的

就仔麼　使得罷了　再也不思量

掉莽的

話雖無憑　可知道是在那上頭得力呢

着的拿個往前奔的心腸出來　有個擋模兒麼

的上頭有個白撩開手没結局的道理麼　舍着喇

人說是吉人天相　據你這個相貌驚人

不叫人掏掏遲遲的

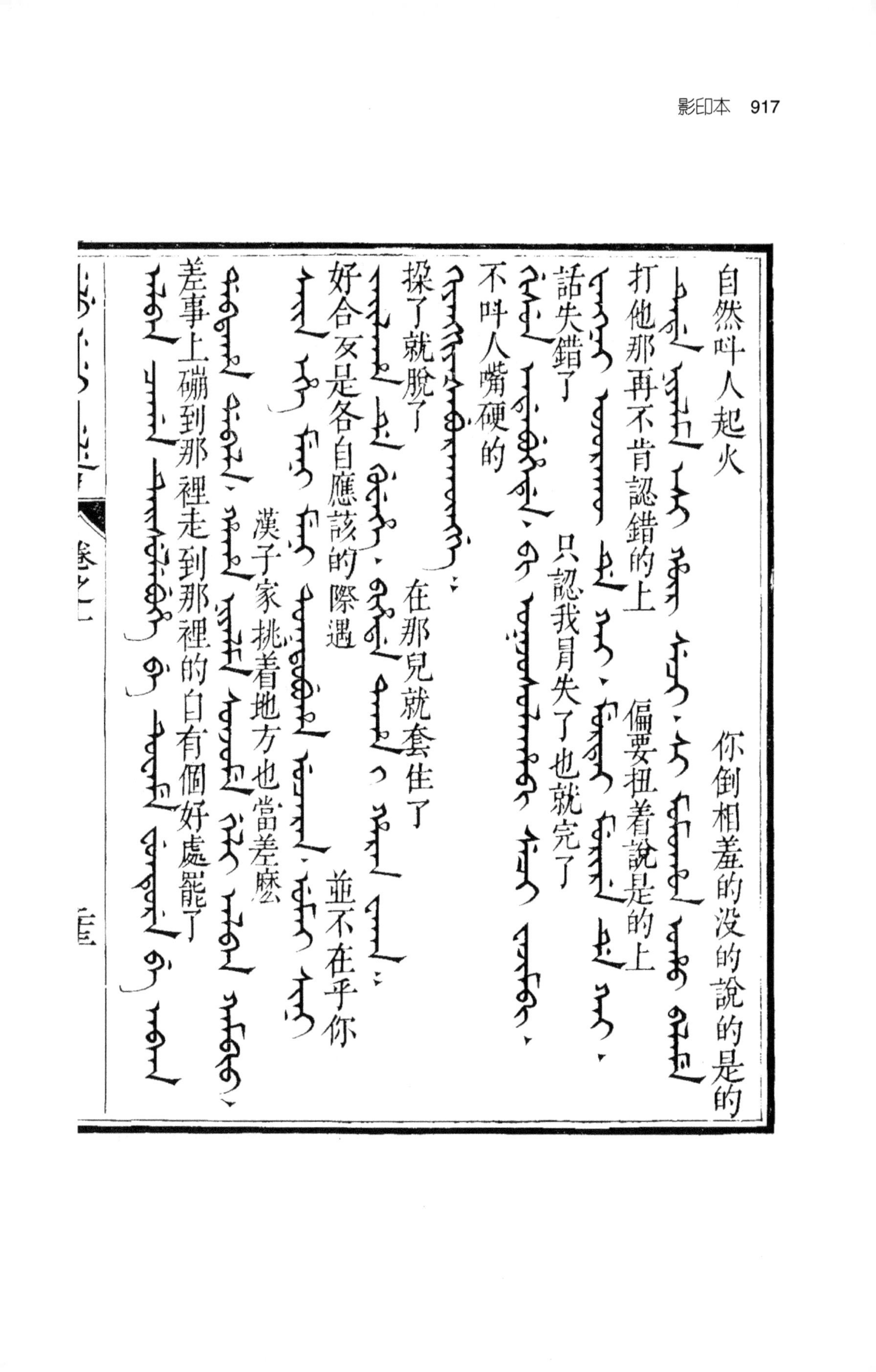

自然叫人起火

你倒相羞的沒的說的是的

打他那再不肯認錯的上

偏要扭着說是的上

話失錯了

只認我月失了也就完了

不叫人嘴硬的

搡了就脫了

在那兒就套住了

好合歹是各自應該的際遇

並不在乎你

漢子家挑着地方也當差麼

差事上磞到那裡走到那裡的自有個好處罷了

有一等見一半不見一半 必然有個想頭在那裡

赶盡殺絶 未必都行的是

還佯佯不採 一点路兒不給人

有一等霹雷閃電暴性兒人 心不服的人

叫人從寛的

都怎麼打算來着

強派着只要煤洗自已的不是 你罷旁人

咕嘟着嘴人也過的去 死咕答的

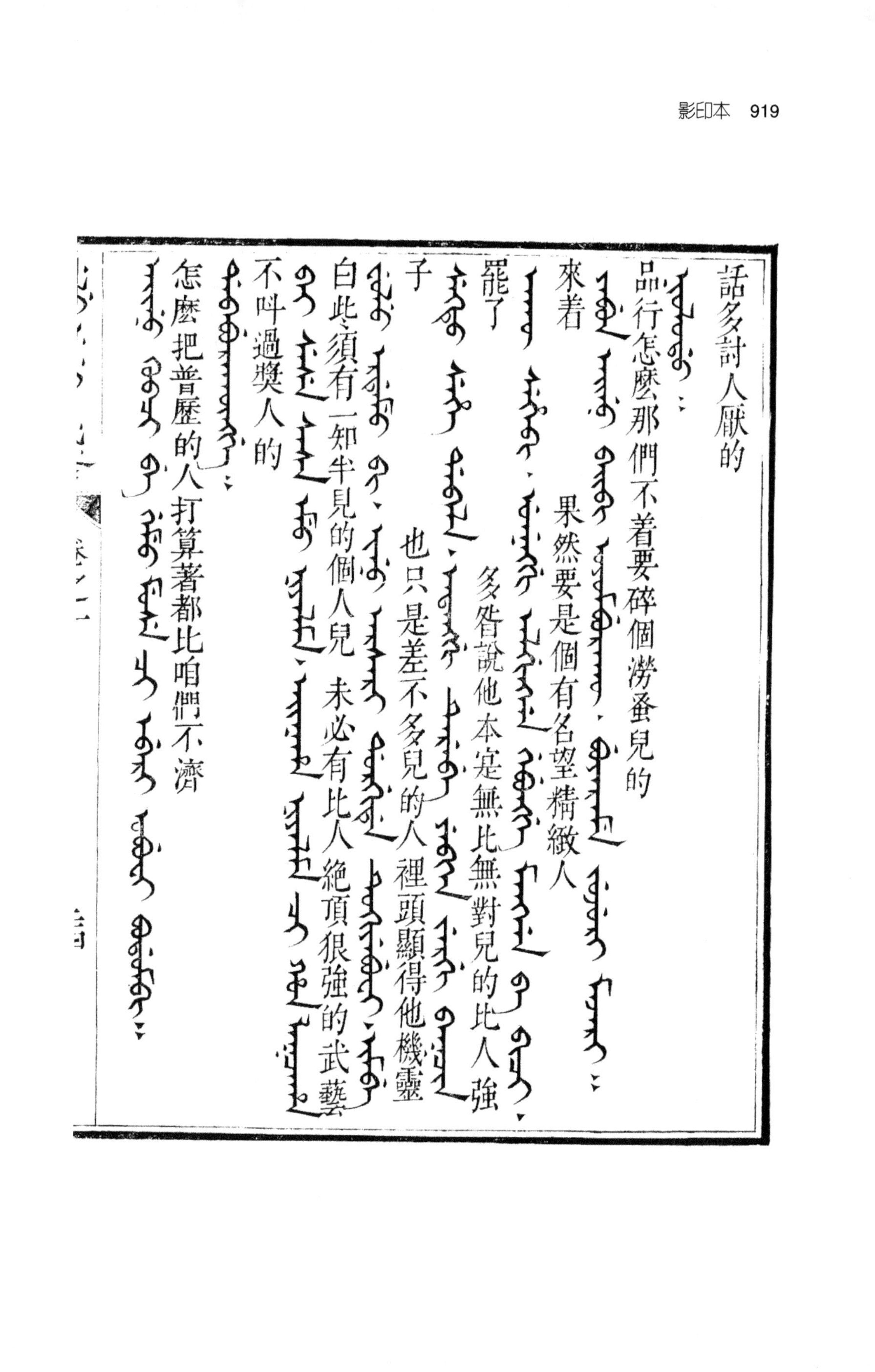

話多討人厭的

品行怎麽那們不着要碎個滂蚤兒的

來着　果然要是個有名望精緻人

罷了　多昝說他本定無比無對兒的比人強

子　也只是差不多兒的人裡頭顯得他機靈

白此須有一知半見的個人兒　未必有比人絕頂狠強的武藝

不叫過獎人的

怎麽把普歷的人打算著都比咱們不濟

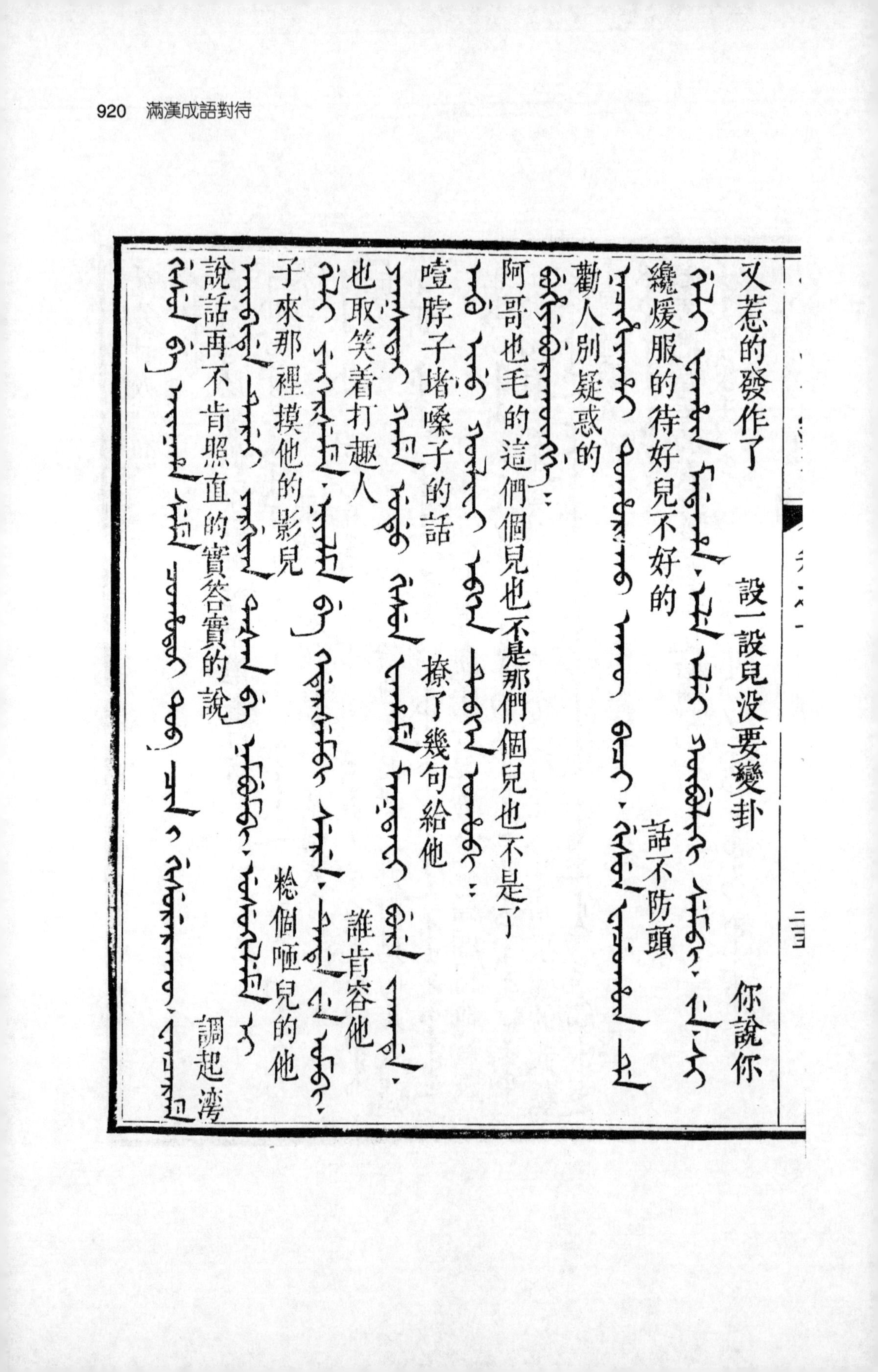

又惹的發作了　設一設見没要變卦　你說你

纔煖服的待好兒不好的　話不防頭

勸人別疑惑的

阿哥也毛的這們個兒也不是那們個兒也不是了

噎脖子堵嗓子的話　撩了幾句給他

也取笑着打趣人　誰肯容他

子來那裡摸他的影兒　樬個啞兒的他

說話再不肯照直的實答實的說　調起滂

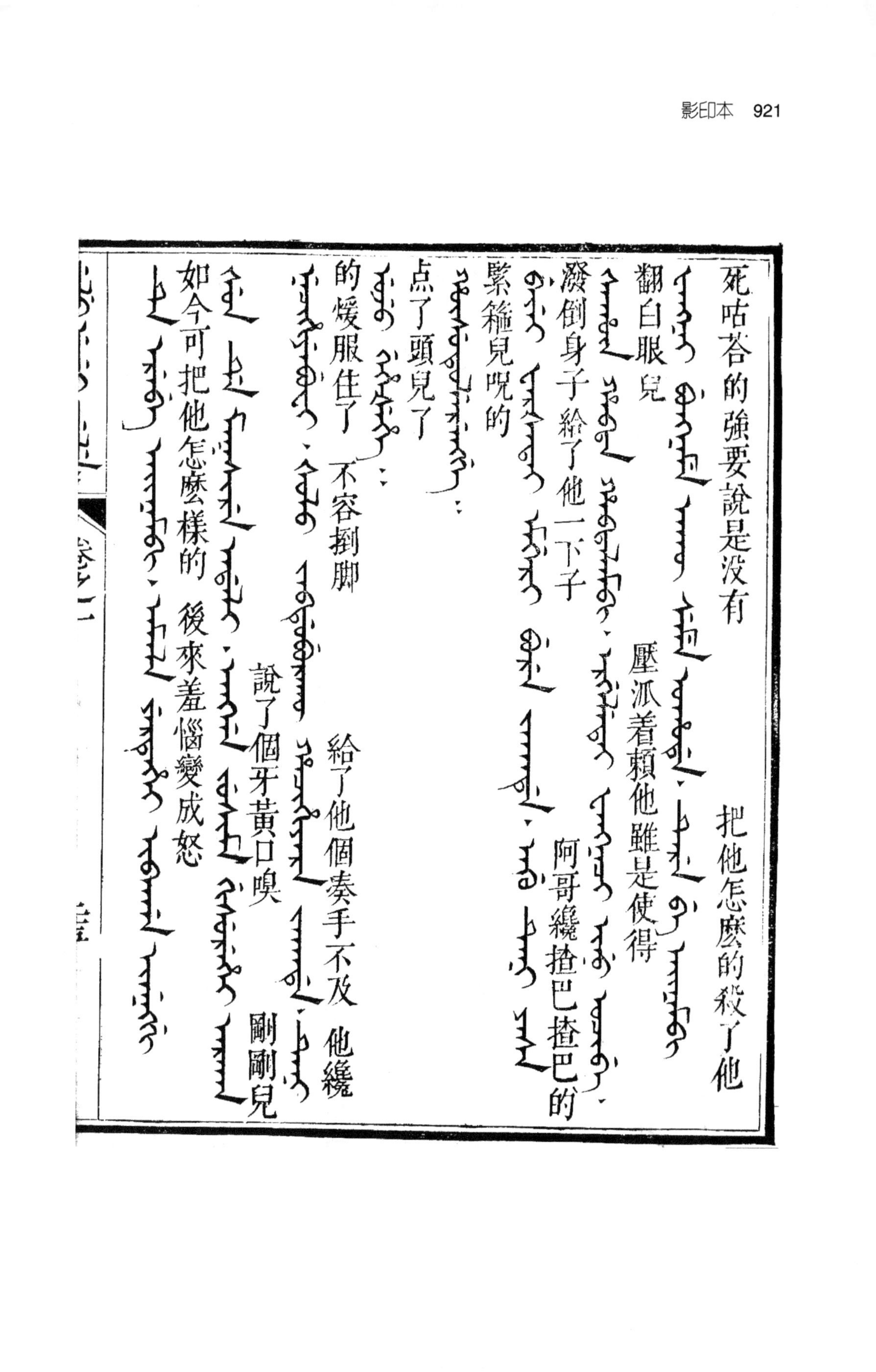

死咕嗒的强要說是沒有　把他怎麽的殺了他

翻白眼兒　壓派着賴他雖是使得

潑倒身子給了他一下子　阿哥纔揸巴揸巴的

緊箍兒呢的

点了頭兒了

的煖服住了　不容掙脚　給了他個奏手不及　他纔

說了個牙黃口臭　剛剛兒

如今可把他怎麽樣的　後來羞惱變成怒

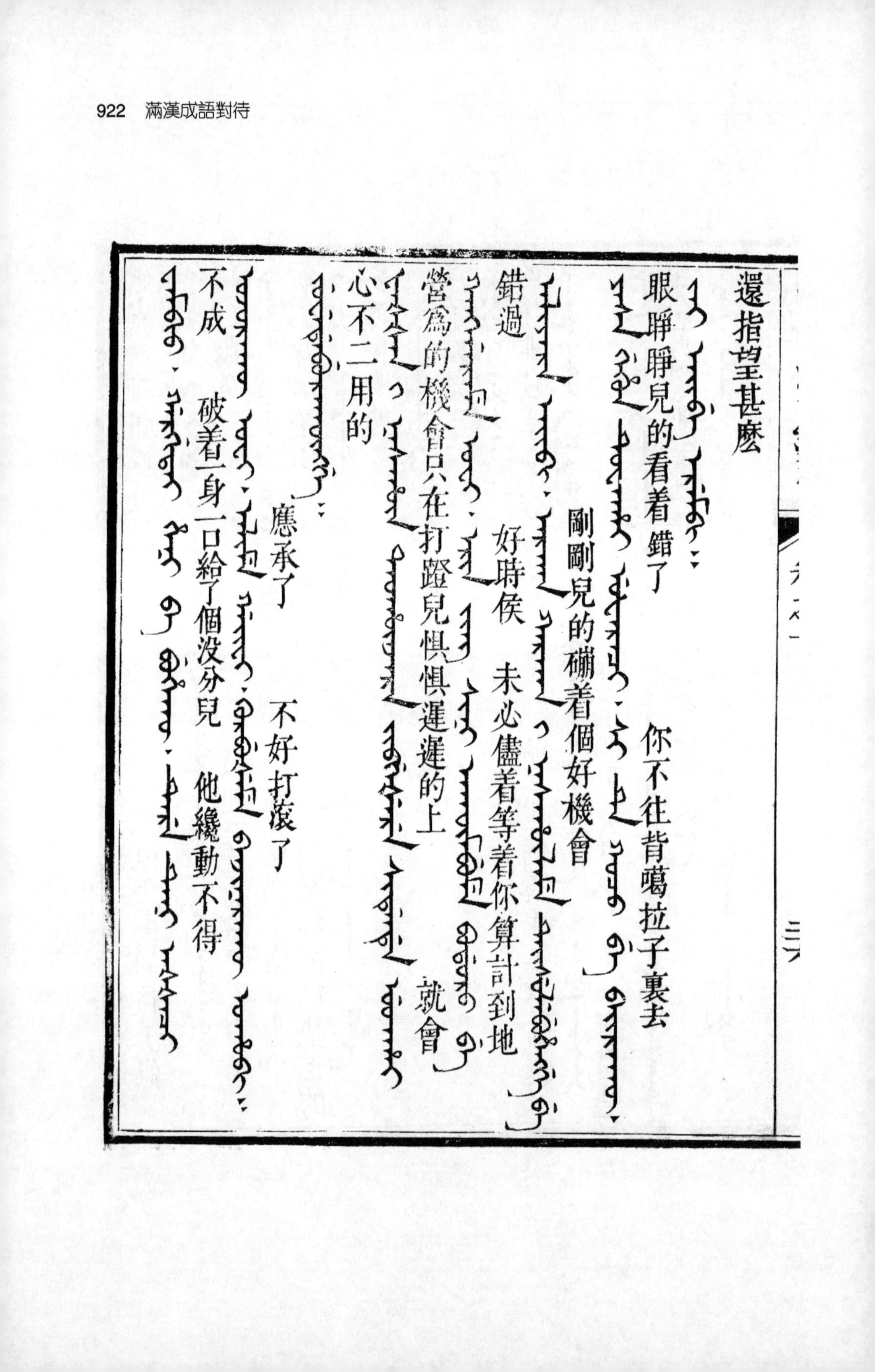

還指望甚麽

眼睜睜兒的看着錯了　你不往背噶拉子裏去

剛剛兒的磞着個好機會

錯過　好時候　未必儘着等着你算計到地

營為的機會只在打蹬兒惧惧遲遲的上　就會

心不二用的

應承了　不好打滚了

不成　破着一身一口給了個没分兒　他纔動不得

咱們是這們個漢子麽誰不要清閒 自在的過 無拘無束

有本寔的

合人惱

的 好奇怪 反道屑櫼兒尋着因由兒

跳塔的是的 到相誰送了他一下子挑小錢抽了他去的是

含怨别人 勸也勸不住

自驚 自怪 莽鼓着個嘴在背地裡

没溜兒的

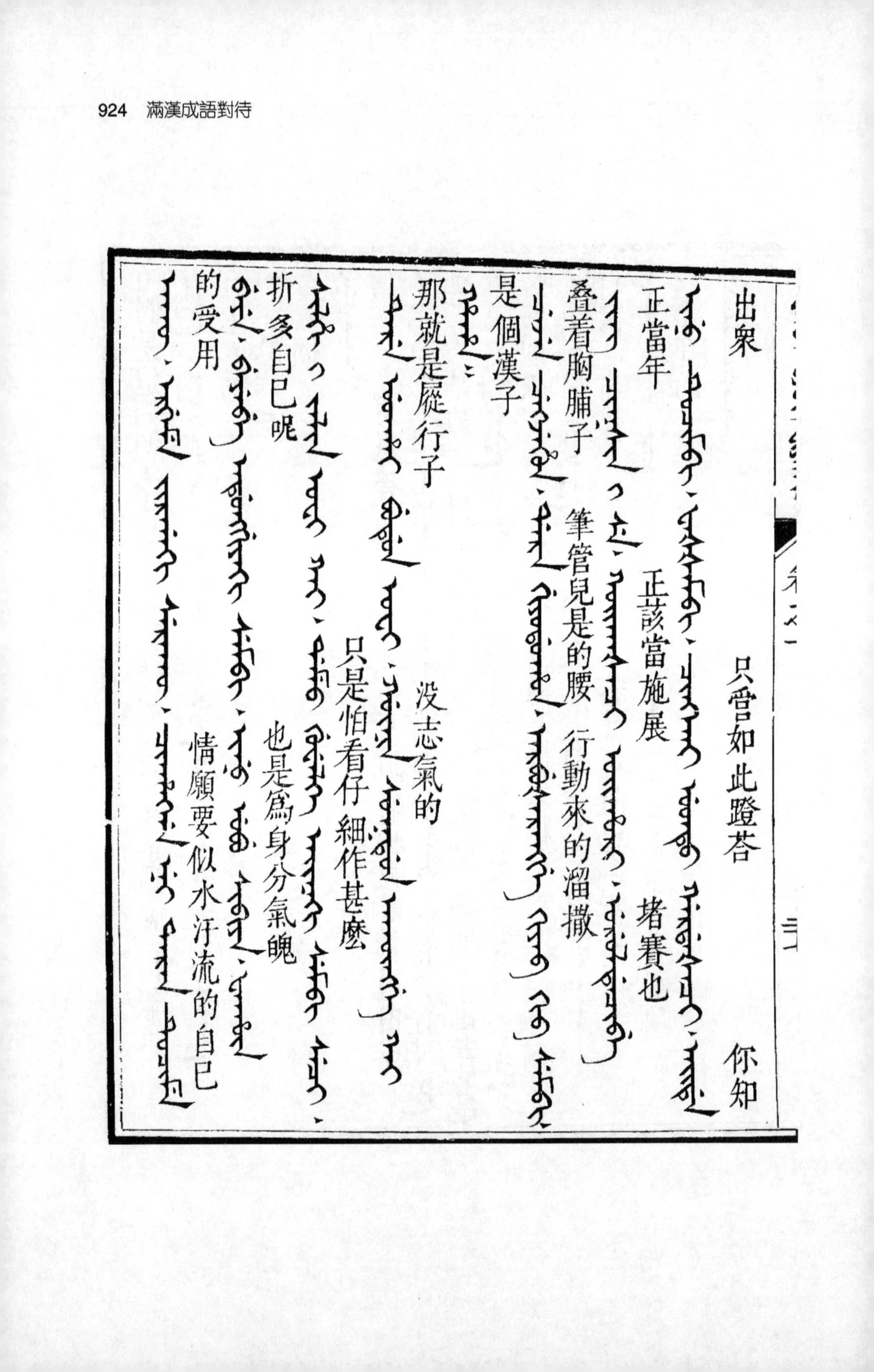

出衆 只管如此蹬荅 你知

正當年 正該當施展 堵賽也

疊着胸脯子 筆管兒是的腰 行動來的溜撒

是個漢子

那就是屣行子 沒志氣的

只是怕看仔細作甚麼

折多自已呢 也是爲身分氣魄

的受用 情願要似水汙流的自已

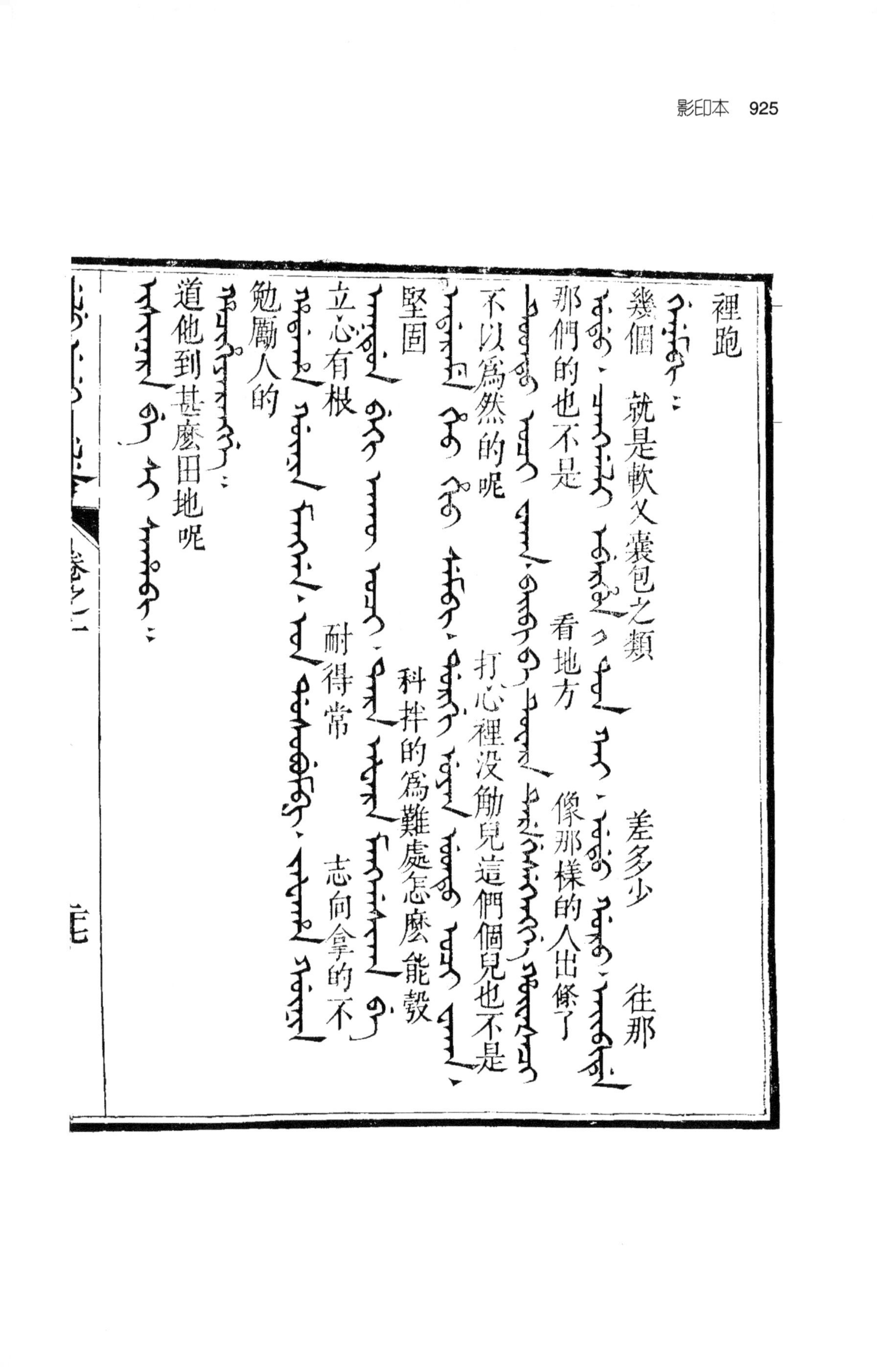

裡跑

幾個　就是軟又囊包之類　差多少　往那

那們的也不是　看地方　像那樣的人出條了

不以爲然的呢　打心裡沒觔兒這們個兒也不是

堅固　科拌的爲難處怎麼能穀

立心有根　耐得常　志向拿的不

勉勵人的

道他到甚麼田地呢

得下　你當還像先麽　討人嫌的心大

抗着個鼻子　他那個眼裡頭　如今把誰　加

不算數兒的

可不奇怪麽　大有個講究

頭來了　這裡那裡湊巧　自然而然的遂心

偏偏兒　不是這裡打破頭屑兒就是那裡旁揷花兒好時候兒　幸

營幹要機會　不是時候　偏偏的遇着

縱人性的

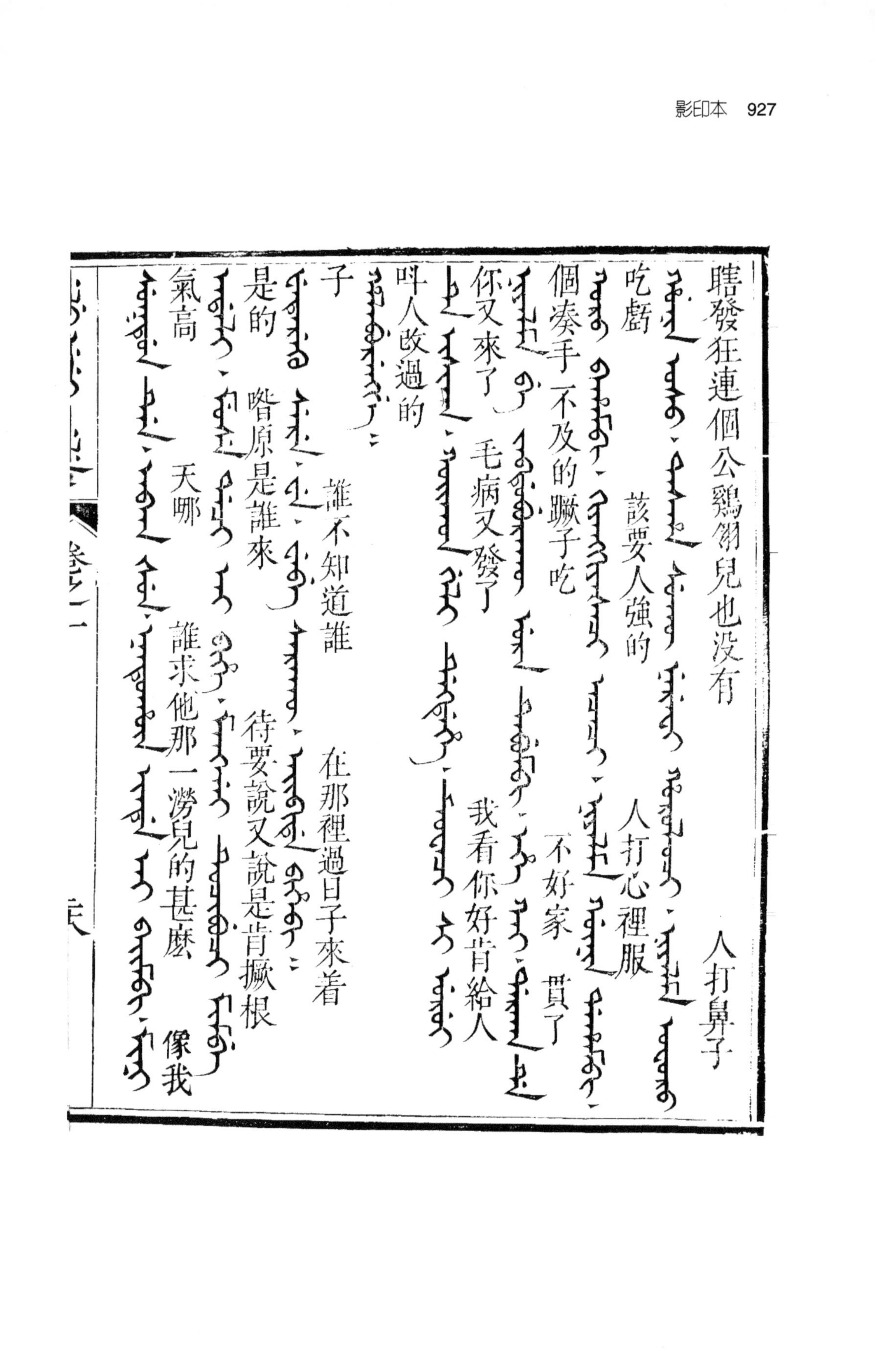

瞎發狂連個公鷄翎兒也没有　人打鼻子

吃虧　該要人強的　人打心裡服

個湊手不及的蹶子吃　不好家　貫了

你又來了　毛病又發了　我看你好背給人

叫人改過的

子　誰不知道誰　在那裡過日子來着

是的　喒原是誰來　待要說又說是肯撅根

氣高　天哪　誰求他那一撈兒的甚麼　像我

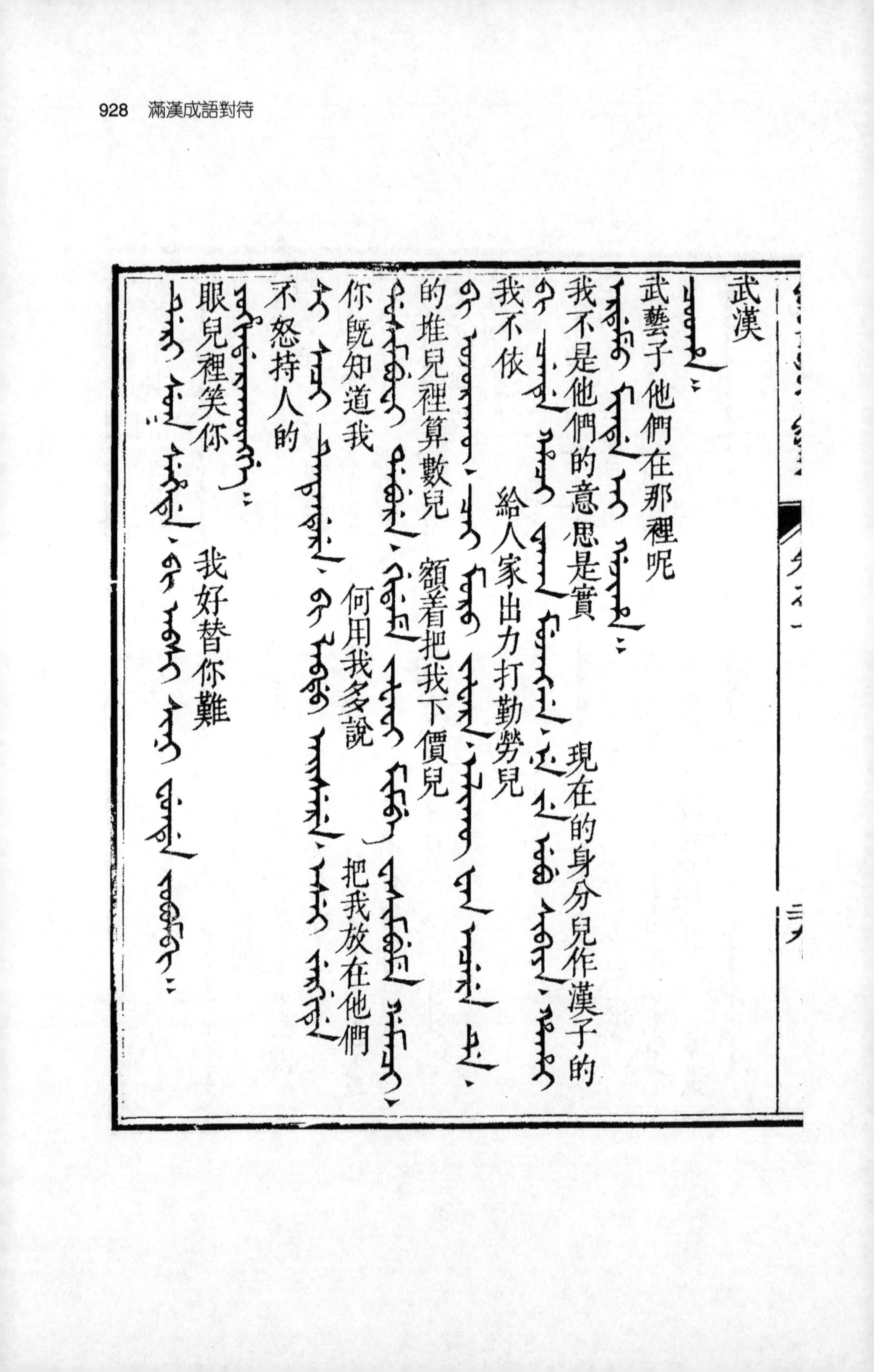

武漢

武藝子他們在那裡呢

我不是他們的意思是實　現在的身分兒作漢子的

我不依　給人家出力打勤勞兒

的堆兒裡算數兒　額着把我下價兒

你既知道我　何用我多說　把我放在他們

不怒持人的

眼兒裡笑你　我好替你難

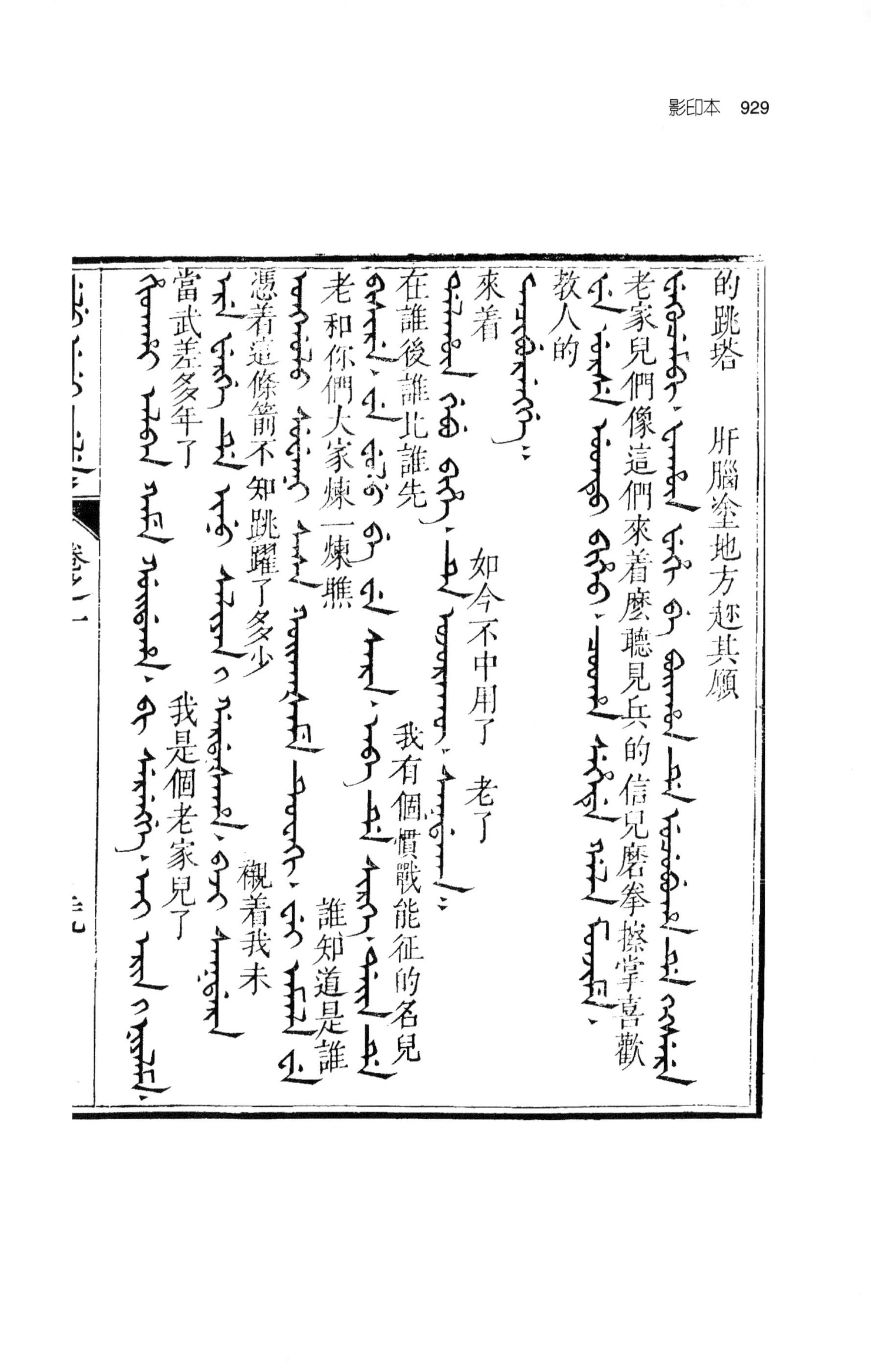

的跳搭　肝腦塗地方趂其願

老家兒們像這們來着麼聽見兵的信兒磨拳擦掌喜歡

教人的

來着　如今不中用了　老了

在誰後誰比誰先　我有個慣戰能征的名兒

老和你們大家煉一煉瞧　誰知道是誰

憑着這條箭不知跳躍了多少　襯着我未

當武差多年了　我是個老家兒了

要是受了人家的秤輕重掂分兩

自已撒泡尿也浸殺

不受人褒耻的

老家兒們在的時候

要是遇了敵

迭不的他

動手

就貼上兵撼他的陣角

若是不能了

攬在一堆兒死就死搭了罷

了

再不肯背着個打輸犬打跐犬的醜

名兒

把護兵

三

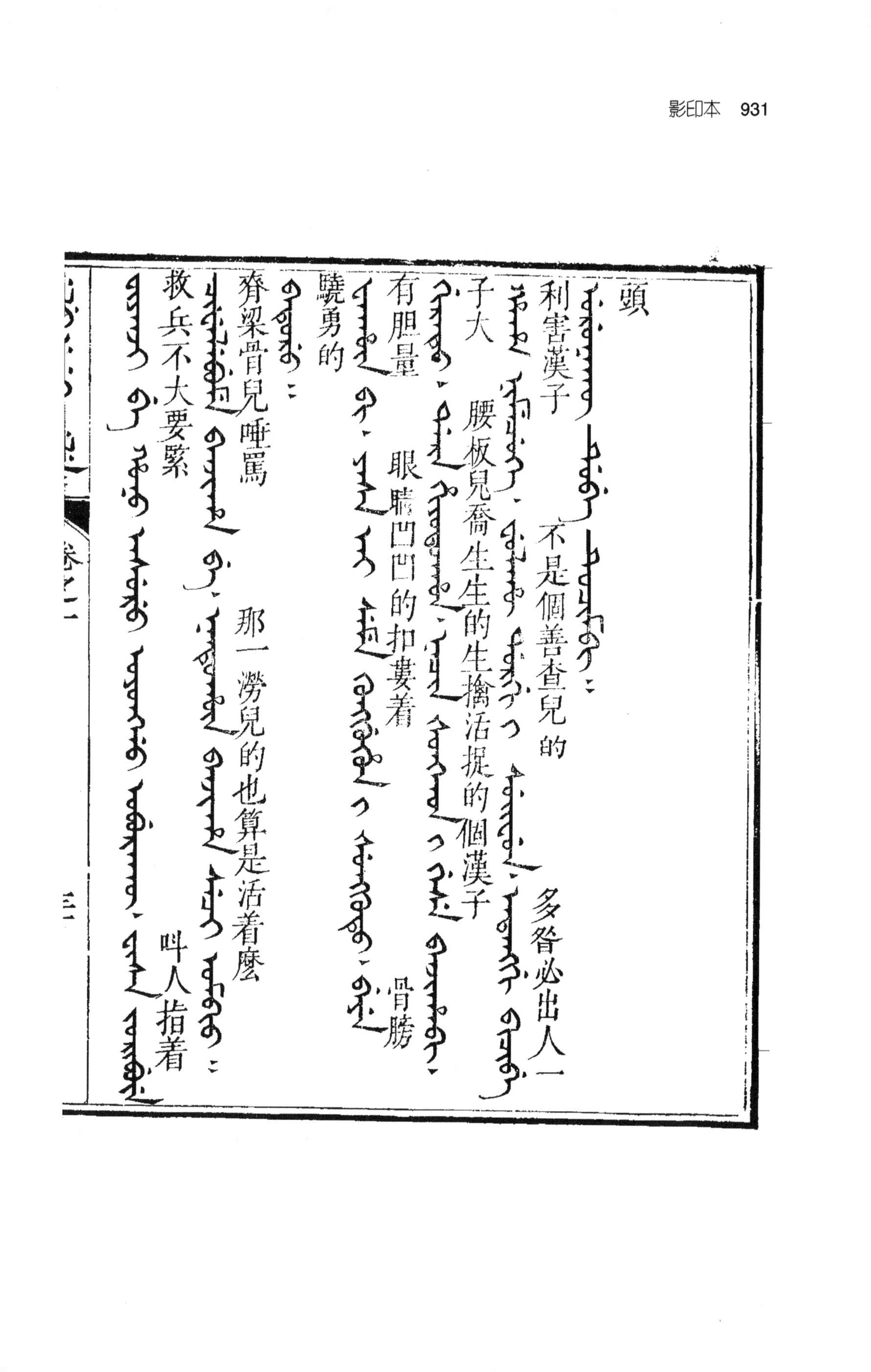

頭

利害漢子　不是個善査兒的　多咎必出人一

子大　腰板兒喬生生的生擒活捉的個漢子

有胆量　眼睛凹凹的扣婁着　骨膀

驍勇的

脊梁骨兒唖罵　那一嗙兒的也算是活着麼

救兵不大要緊　叫人指着

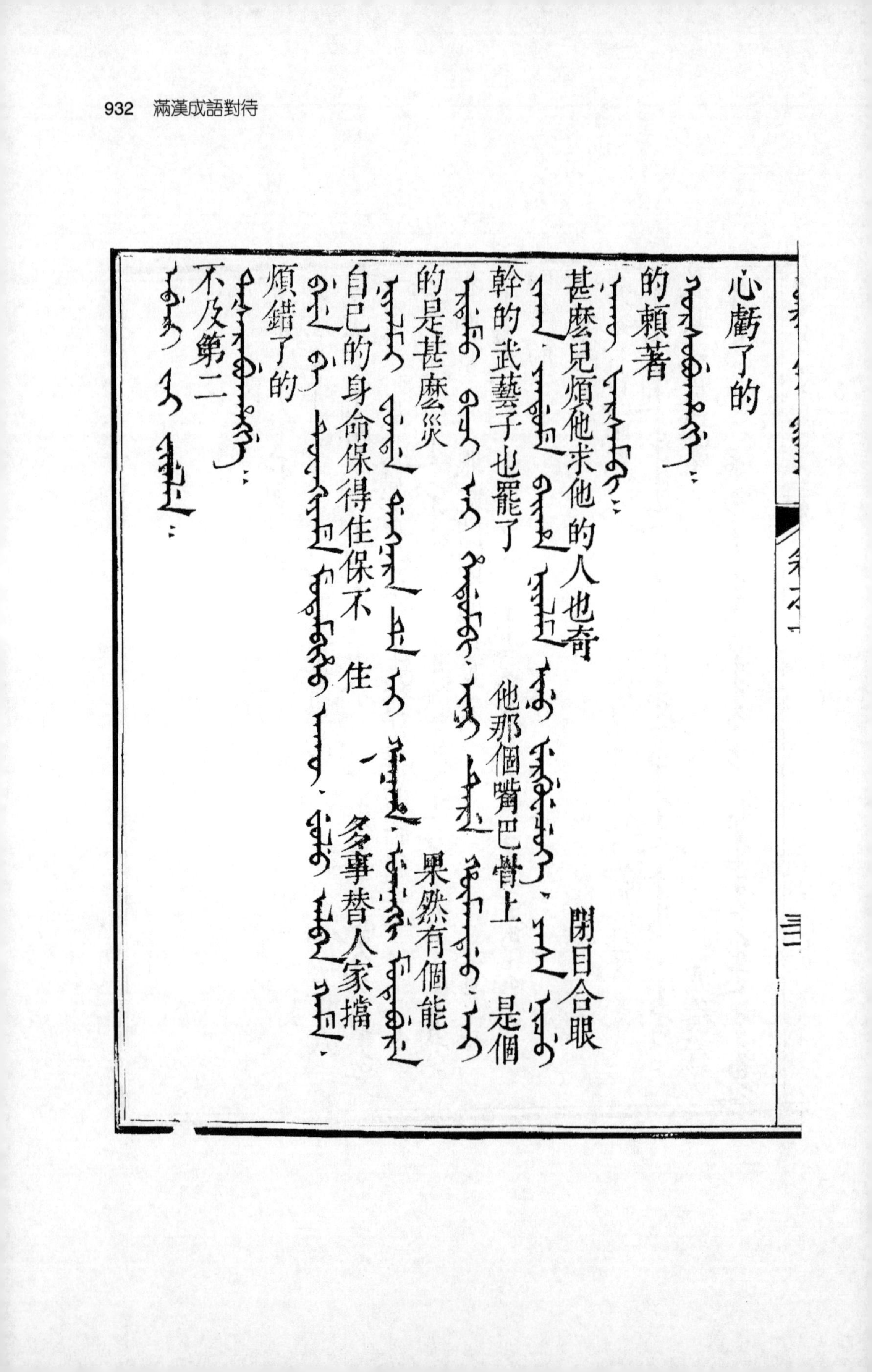

心虧了的

的賴著

甚麽見煩他求他的人也奇 閉目合眼

幹的武藝子也罷了 他那個嘴巴骨上 是個

的是甚麽災 果然有個能

自已的身命保得住保不住 多事替人家揣

煩錯了的

不及第二

聽見在隔壁兒粗喉嚨大嗓子的嘮天話

憨說的

瞧他去呢

望著我沒意思搭撒的調臉子

著實的盛在心裏了　誰理論來著　許久沒會他

沒有　難瞞天　不想惱得他

誰當個話聽來著　這個也說是

嘴裏打兀嚕兒咕噥　一點兒不明白不清楚的上

兒　緊等著著急他也不知道　各到處裏賣獃殼了

你要使了他去敢悞了　活託兒是個傻悶

性慢的

不好朝後也不好

毛病自已有個不覺的麼　大家遞眼色　朝前也

猛然見了我都發了怔了　賊眉鼠眼　自已的

他們一夥一類的人　一個賽如一個的討人厭

作怪是誰們呢　瞧時　都是

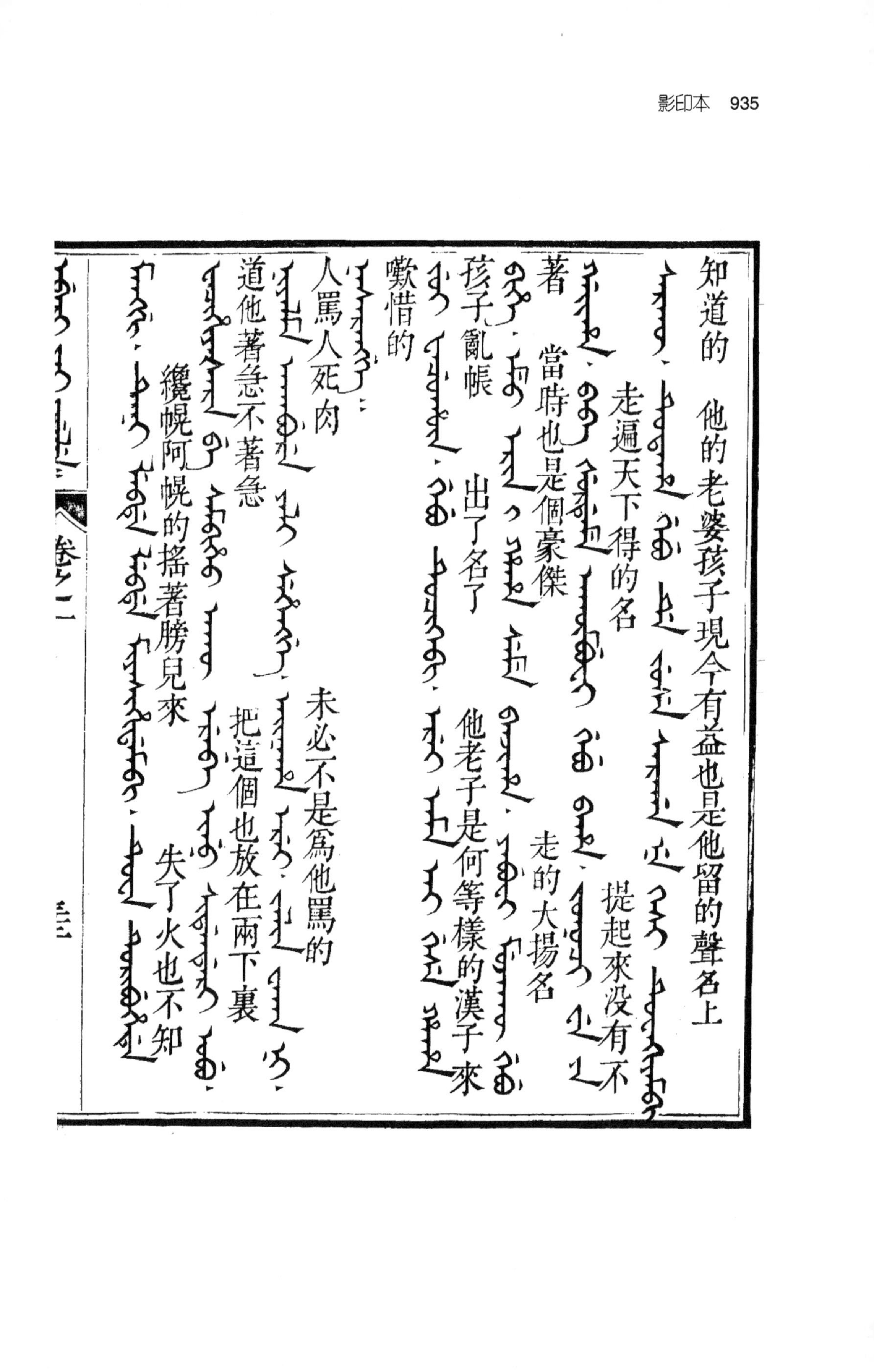

知道的 他的老婆孩子現今有益也是他留的聲名上

走遍天下得的名 提起來没有不

著 當時也是個豪傑 走的大揚名

孩子亂帳 出了名了 他老子是何等樣的漢子來

嘆惜的

人罵人死肉 未必不是爲他罵的

道他著急不著急 把這個也放在兩下裏

纔幌阿幌的搖著膀兒來 失了火也不知

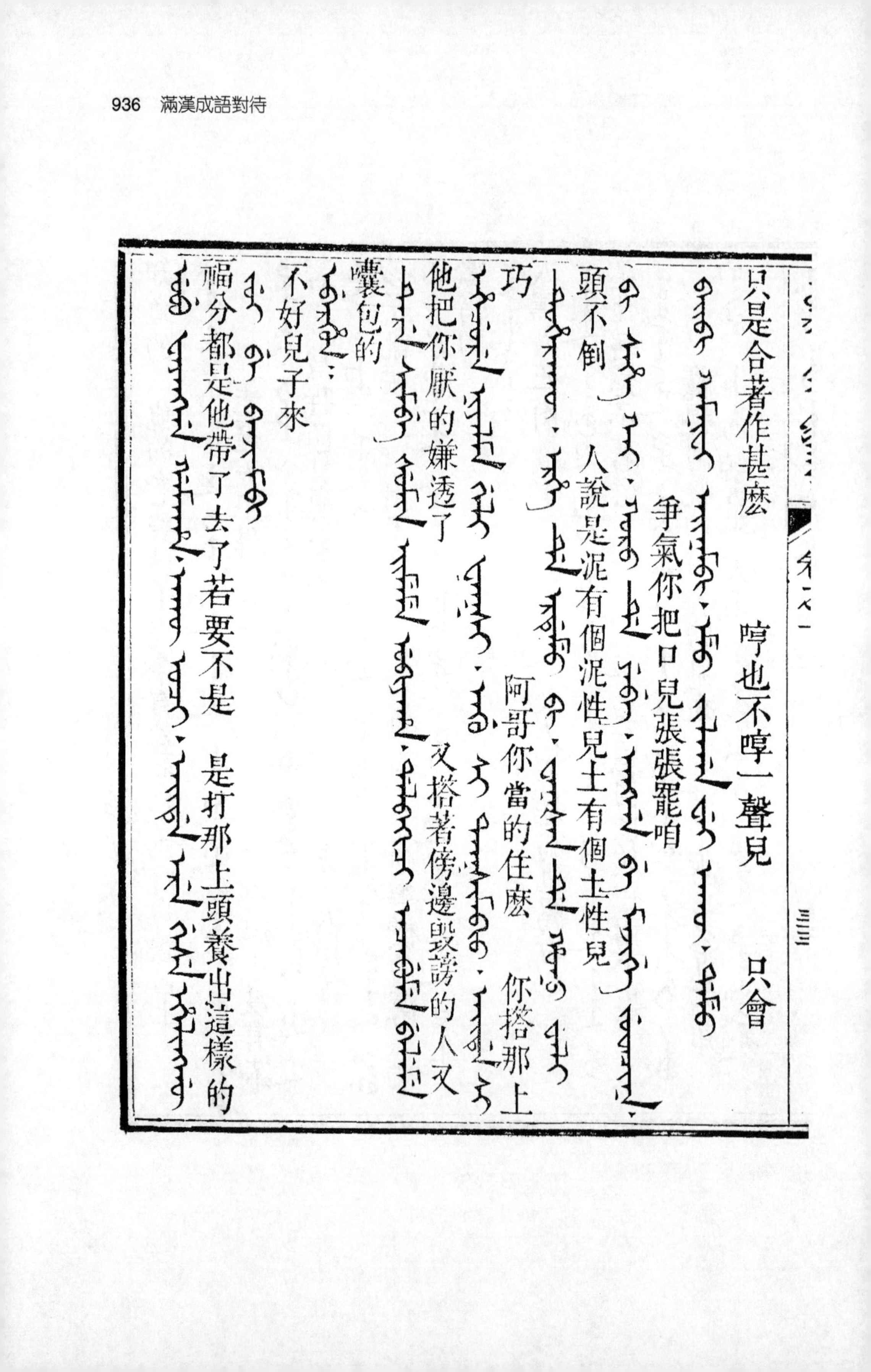

只是合著作甚麽　哼也不哼一聲兒　只會

爭氣你把口兒張張罷咱

頭不倒　人說是泥有個泥性兒土有個土性兒

巧　阿哥你當的任麽　你搭那上

他把你厭的嫌透了　又搭著傍邊毀謗的人又

囔包的

不好兒子來

福分都是他帶了去了若要不是　是打那上頭養出這樣的

好你怎麼這們快
這上頭還指望你
甚麼空兒把合著手兒吹哨子都學會了
學不
還和你要甚麼
正竟要緊的去處一點兒沒有
你口當的過你
眼頭裏的差事
中甚麼用
也不要你撒金溺銀
雖拔拮著學
這個耳朵聽了那個耳朵裏去
生氣的
背不是
看你那屣腔兒罷

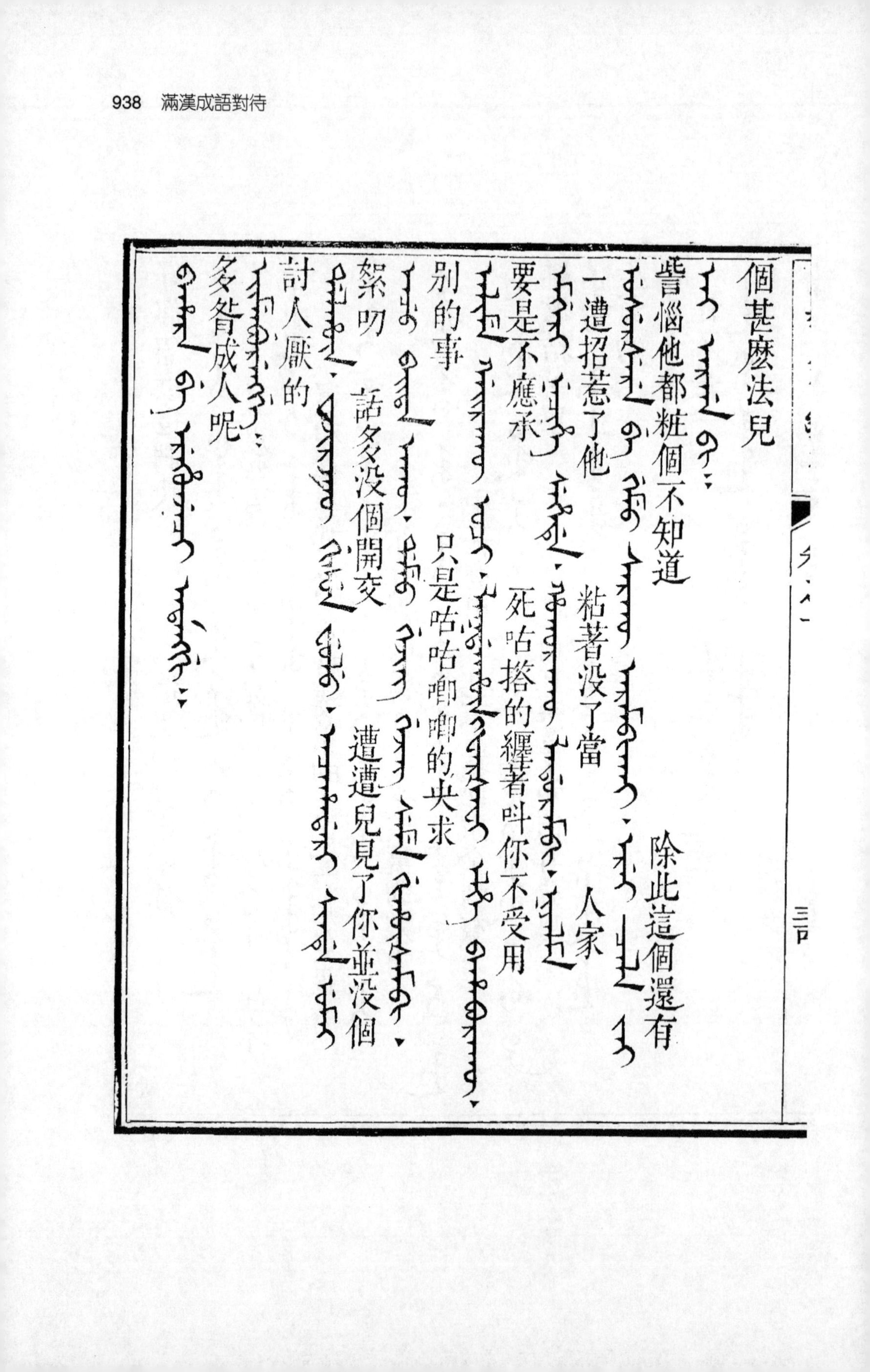

個甚麽法兒

眥惱他都粧個不知道　除此這個還有

一遭招惹了他　粘著沒了當　人家

要是不應承　死咕搭的纏著呌你不受用

別的事　只是咕咕唧唧的央求

絮叨　話多沒個開交　遭遭兒見了你並沒個

討人厭的

多昝成人呢

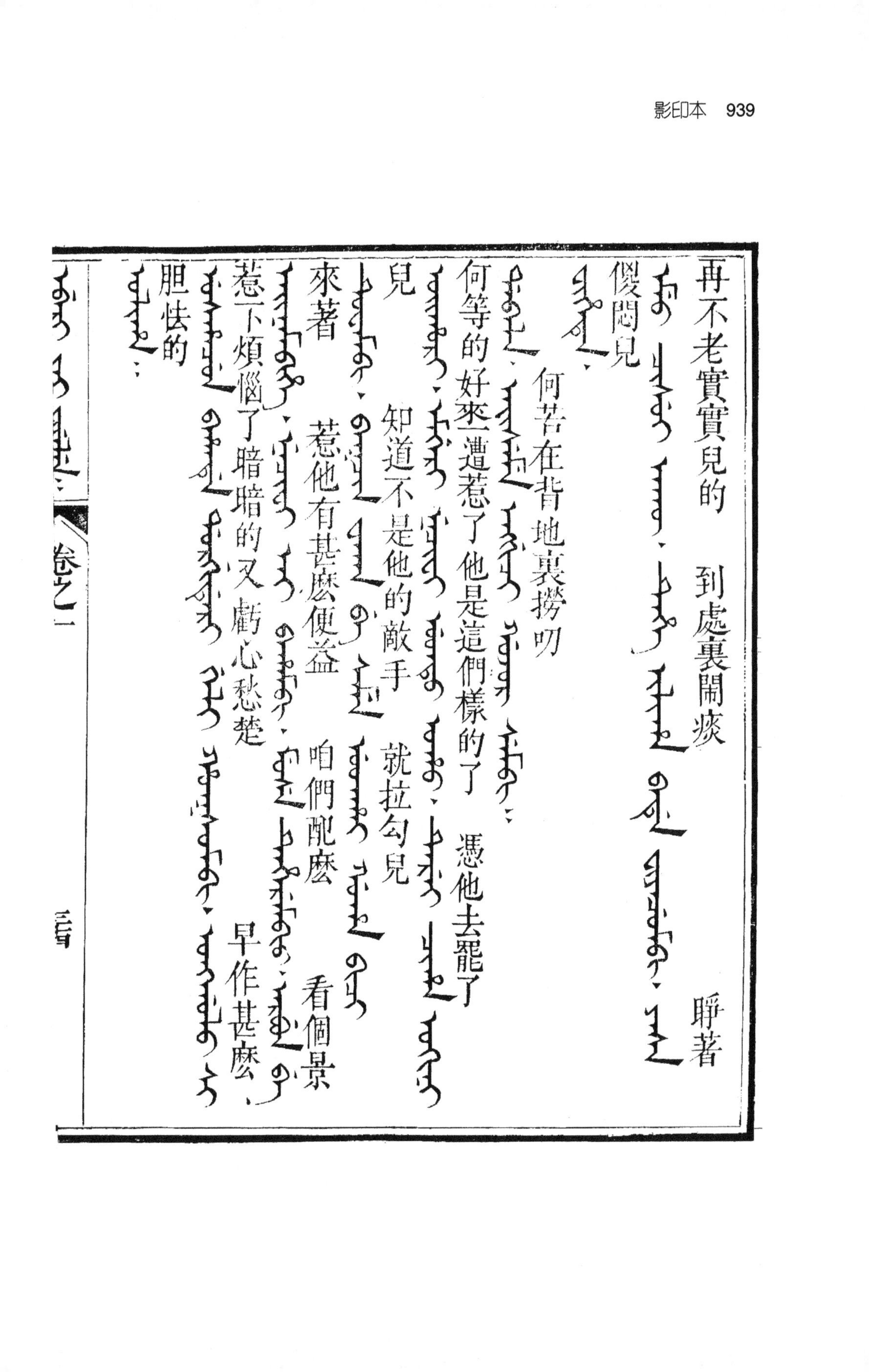

再不老實實兒的　到處裏鬧痰　睜著

傻悶兒

何苦在背地裏撈叨

何等的好來遭惹了他是這們樣的了　憑他去罷了

兒　知道不是他的敵手　就拉勾兒

來著　惹他有甚麽便益　咱們配麽　看個景

惹下煩惱了暗暗的又虧心愁楚　早作甚麽

胆怯的

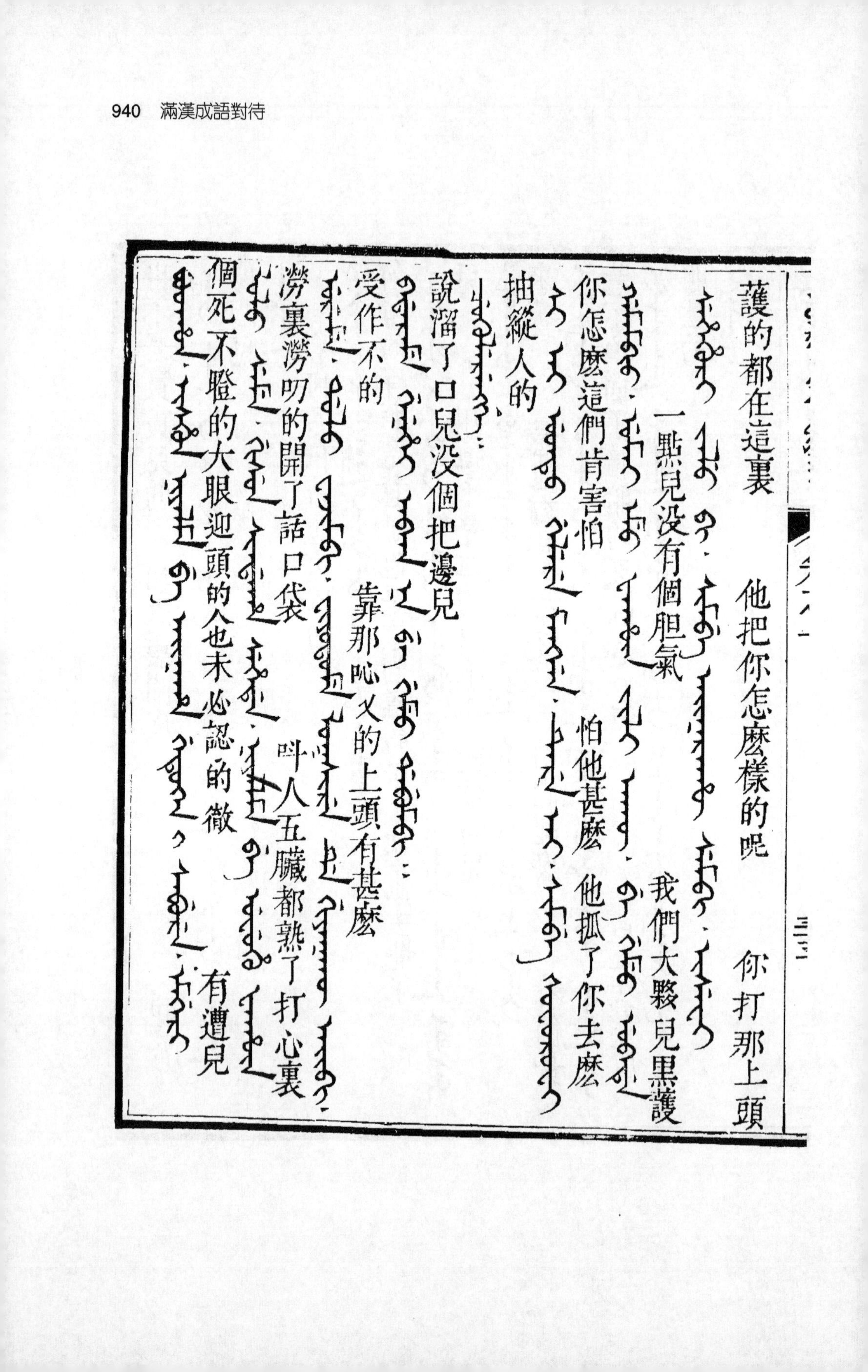

護的都在這裏 他把你怎麼樣的呢 你打那上頭

一點兒没有個胆氣 我們大駁兒黑護

你怎麼這們肯害怕 怕他甚麼 他抓了你去麼

抽縱人的

說溜了口兒没個把邊兒

受作不的 靠那吣乂的上頭有甚麼

澇裏澇叨的開了話口袋 叫人五臟都熟了打心裏

個死不瞪的大眼迎頭的个也未必認的徹 有遭兒

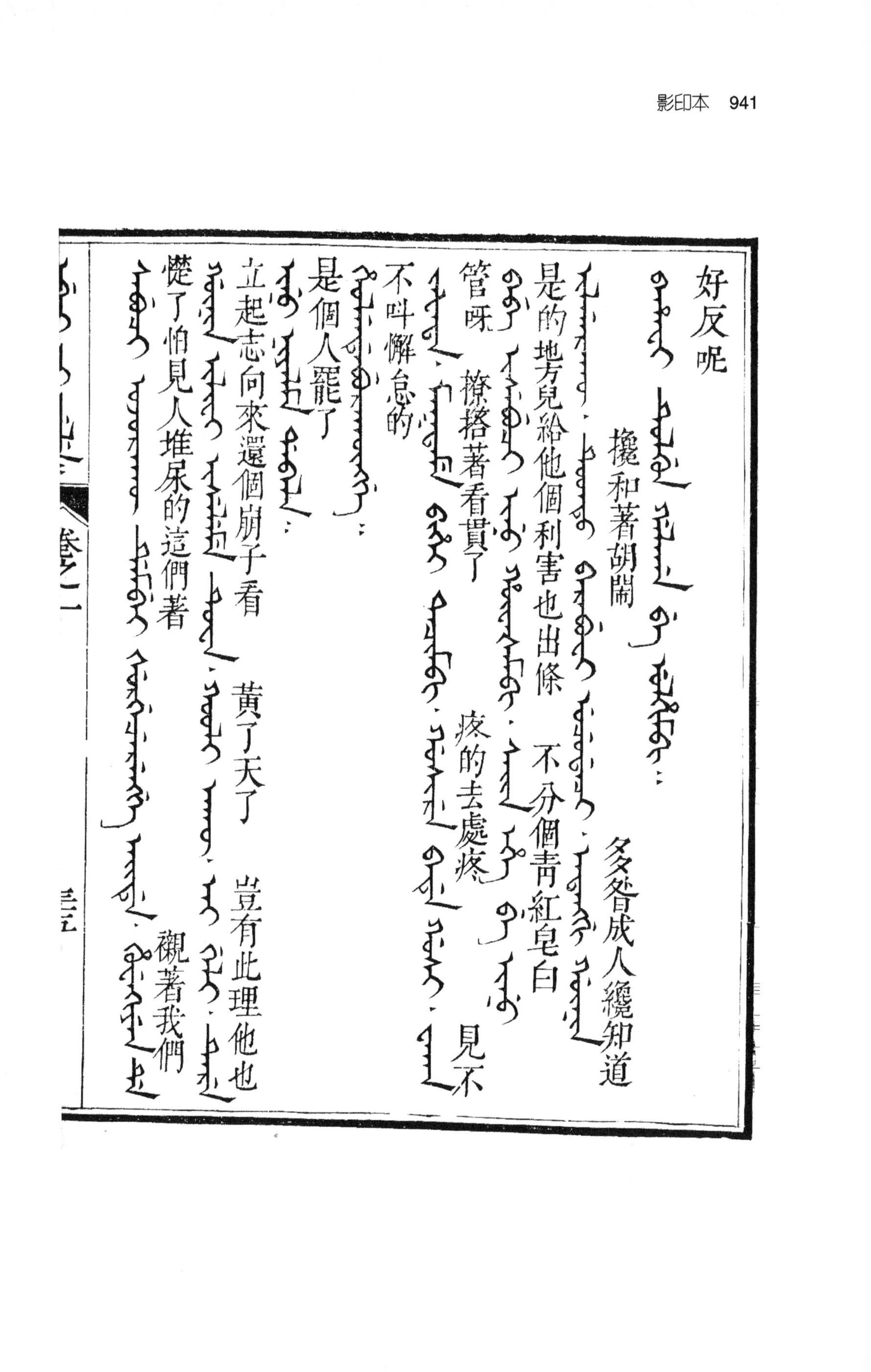

好歹呢 攙和著胡鬧 多咱成人纔知道

是的 地方兒給他個利害 也出條 不分個青紅皂白

管咊 撩搭著看 貫了 疼的去處疼 見不

不叫懈怠的

是個人罷了

立起志向來還個崩子看 黃了天了 豈有此理他也

憷了怕見人堆尿的這們著 襯著我們

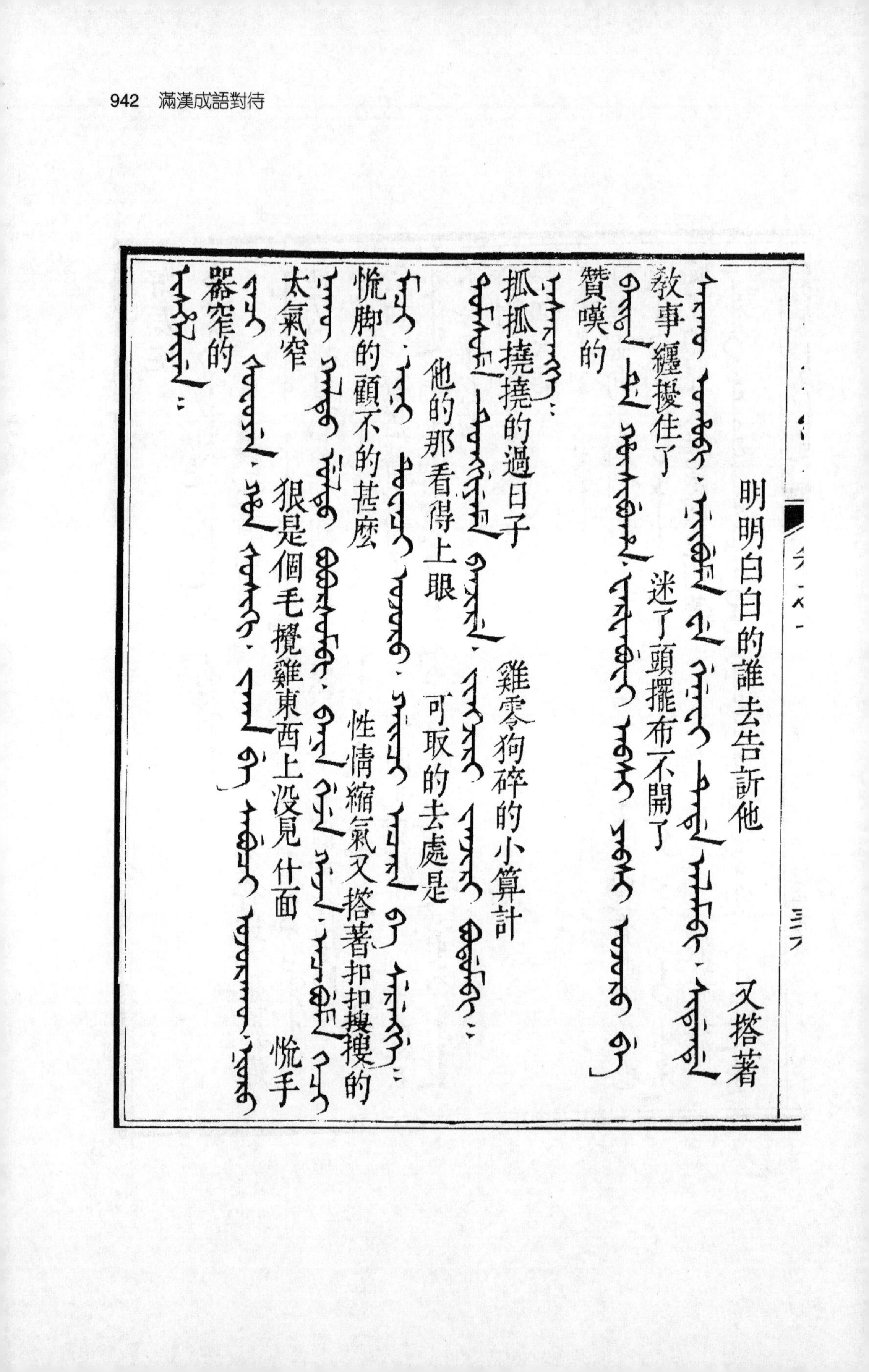

明明白白的誰去告訴他
又搭著
教事纏擾住了
迷了頭擺布不開了
贊嘆的
抓抓撓撓的過日子
雞零狗碎的小算計
他的那看得上眼
可取的去處是
慌腳的顧不的甚麼
性情縮氣又搭著扣扣搜搜的
太氣窄
狠是個毛攬雜東西上沒見什面
慌手
器窄的

干張著嘴没的說　哄人欺人的心雖出在憋住的

擠了個狠没分兒　眼睛擠咕擠咕的番白眼兒

撒謊的

餘味還没了

巴嗑子　受過恩惠的人們　吃的喝的至今

和他為寃結仇的你當是誰　都是聰著他們的下

還像個摸㨾兒麼　一下子瘦了個不堪

這個來一言那個來一語亂嗐他　模樣兒

你是個啞吧　叫人牽著你教導麽

嘴接舌的　泯著嘴誰說

甚麽牌兒名　也來奏著接

個　悶兒　咱們也趁不得嘴巴唧唧的

該不該就胡說　没個耳性　輕重不知道的

憨哥兒

怎麽跟的上直認不是

時候

處等待酌量說甚麽就是甚麽　不死會飛麽

還不自巳主杖著決斷　猶恐自巳有不到的去

若是個知道的人兒　凡事就是知道的肯切

並不管　任著意見放肆　是會的

漂阿　閉目合眼的昏頭搭腦掙命　見誰來

不教忽略的

錦上添花的討彩處

打你那沒頭沒腦瞎嘮的上頭　靠你還有甚麽

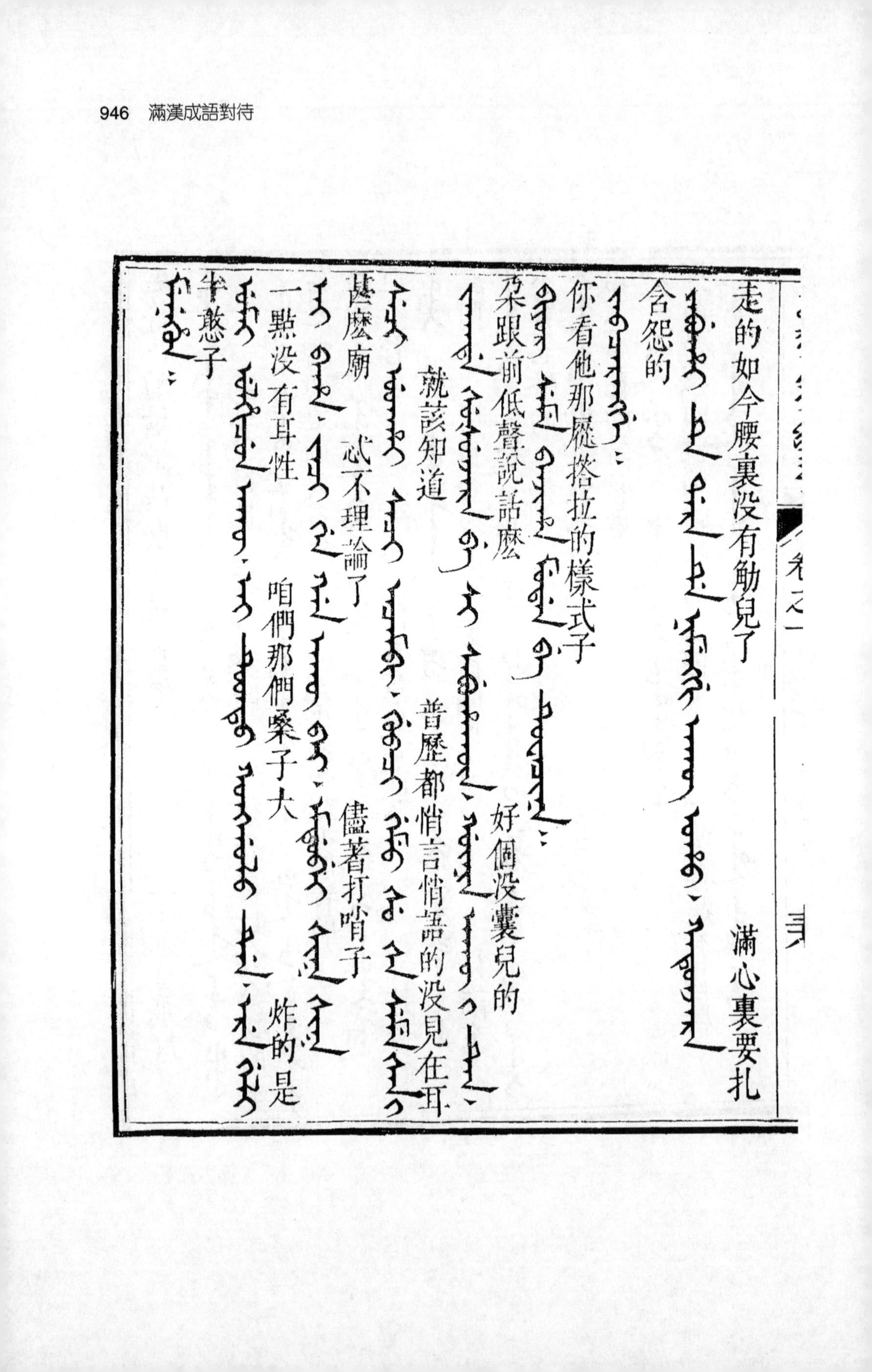

走的如今腰裏沒有觔兒了

滿心裏要扎

舍怨的

你看他那邋搭拉的樣式子

朶跟前低聲說話麽

好個沒囊兒的

就該知道

普歷都悄言悄語的沒見在耳

甚麼廟 忒不理論了

儘著打哨子

一點沒有耳性

咱們那們桑子大

炸的是

半憨子

数囉人的

人還禁

得住麼

死活憑你去

既搗了手兒

結結實實的交給你給你話兒吃

有事管不得能不能

口裏漾沫子

嘔的你心裏漾油

那裏有眛著心兒說你粧著呢

量

趕上了 能耐力

掙著走的心咱沒有

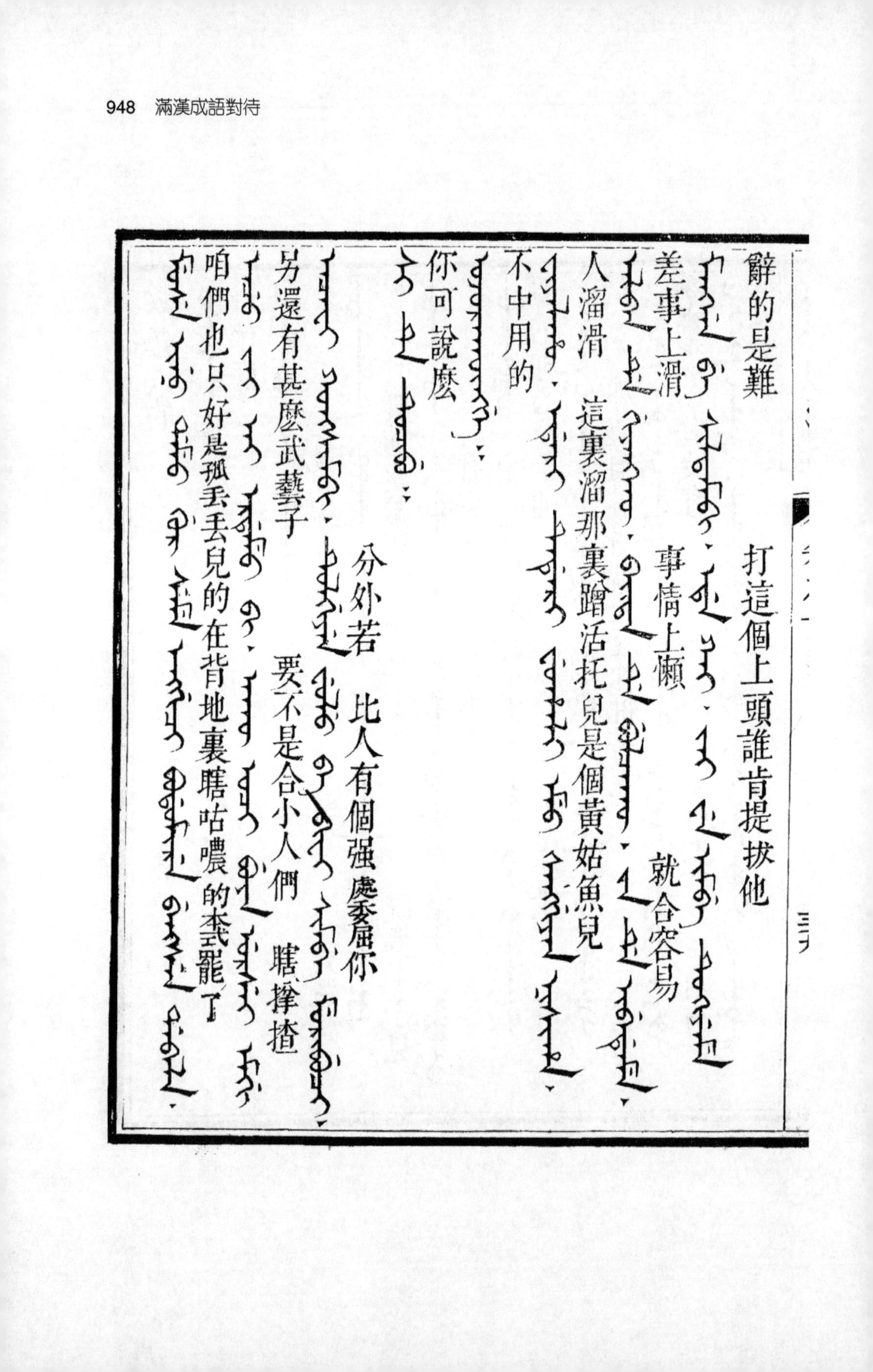

辭的是難　打這個上頭誰肯提拔他

差事上滑　事情上懶　就合容易

人溜滑　這裏溜那裏蹭活托兒是個黃姑魚兒

不中用的

你可說麼

分外若　比人有個強處委屈你

另還有甚麼武藝子　要不是合小人們　瞎撐揸

咱們也只好是孤丟丟兒的在背地裏瞎咕嚷的奔罷了

這行子也算是個人

孱著嘴

弔了造化的行子也有呢

刀子剌的是的

鞋靴子覅的下甚麽

倒像嘔誰賭憋兒是的

抬起脚兒走害之麽

說了呢一竟兒的撒拉撒拉的擦地

教他提上鞋呢

撒拉著瓜答答瓜答答的好不腥影

邋遢的

幇村著

保皋哩

樹葉兒還多　借債拾債的叫賬沫了脖兒了

别赶人呀　日子赶上了受罪呀　日子比

不叫赶人的

經煉過的人自然比傢同

反倒膀著嘴咕噥　切記著

一冲性兒去了　你得了甚麽了　咕嘟了嘴回來了

各人尋的　怪誰呢　罷呀撩開手罷不依

失錯了的

甚麽樣兒　倒象雷震了的鼰子是的　微頭搭腦

叫一聲快快當當的　急急攛攛的行事　你那是

不及的

一頓兒空過了使得呢

窮的要麽兒没麽兒　你如今要把那

忒哈張了　隨你怎樣

望著你　敢錯走一步兒麽

老婆孩子受累　大張著口兒

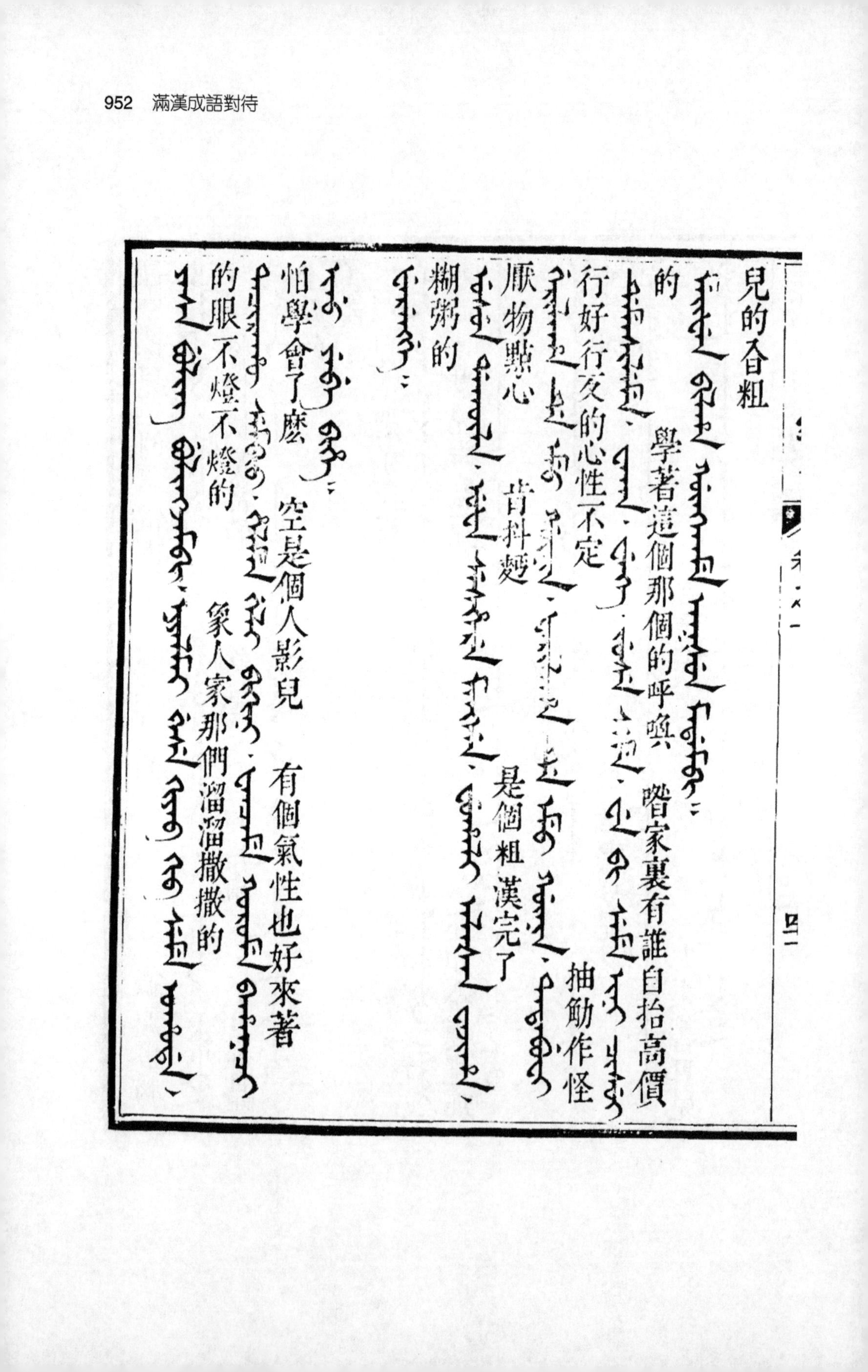

兒的㕯粗

的　學著這個那個的呼喚　咱家裏有誰自抬高價

行好行歹的心性不定　抽動作怪

厭物點心　背抖麪　是個粗漢完了

糊粥的

怕學會了麽　空是個人影兒　有個氣性也好來著

的眼不燈不燈的　象人家那們溜溜撒撒的

是個迂老兒 著頭不著腦的知道甚麽
糊塗的
受累 誰愛陷在泥裏自已躭悞自已
担一個心野不准成的名兒 終身
次 誰肯如今情愿
事事兒都要調停次序分悉層
要是個人物知道好歹的人 再不肯聊聊草草的
教人得心的

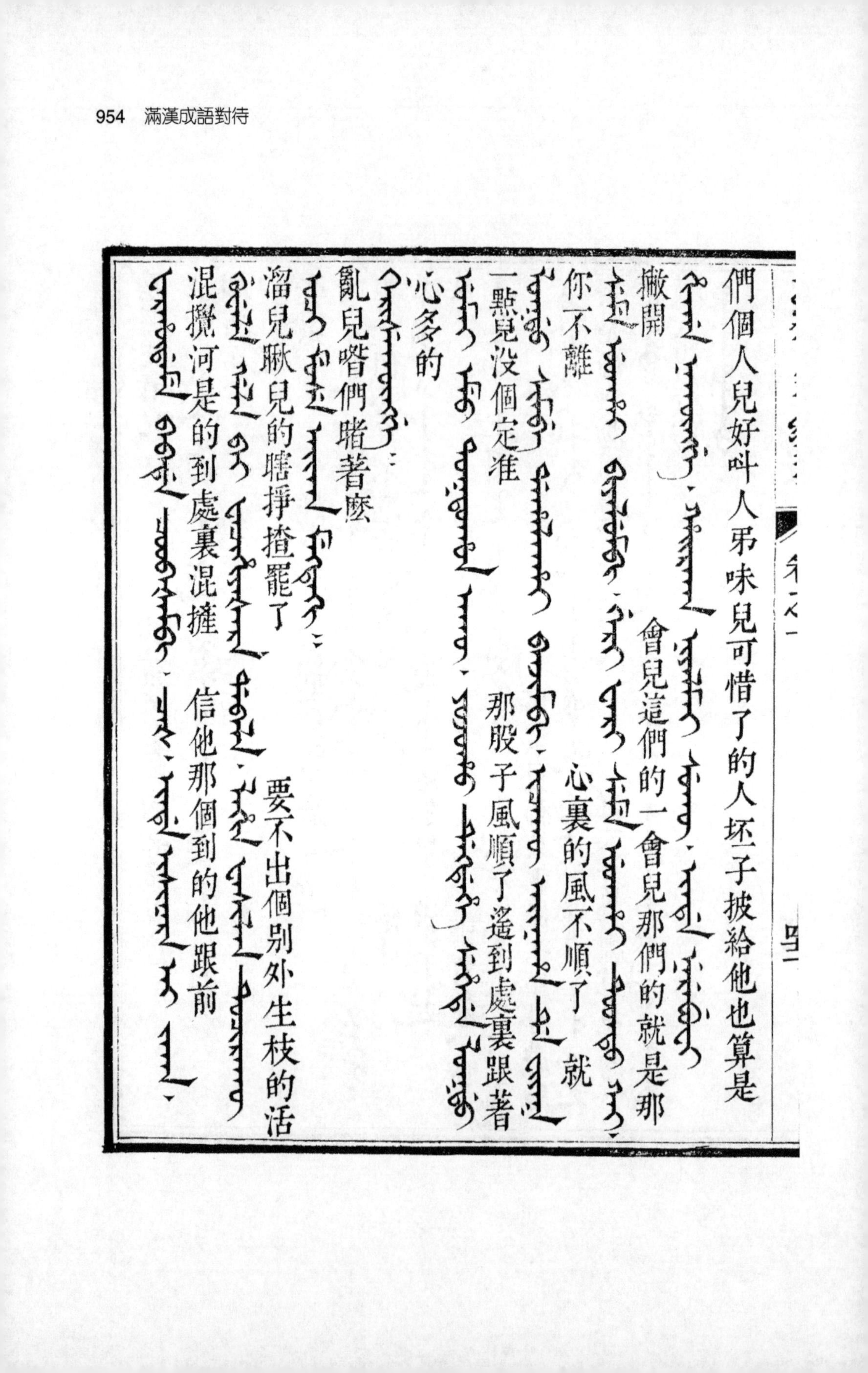

們個人兒好叫人弔味兒可惜了的人坯子披給他也算是

撇開　會兒這們的一會兒那們的就是那

你不離　心裏的風不順了　就

一點兒沒個定准　那股子風順了遙到處裏跟著

心多的

亂兒嗜們賭著麽

溜兒瞅兒的瞎掙揸罷了　要不出個别外生枝的活

混攪河是的到處裏混撞　信他那個到的他跟前

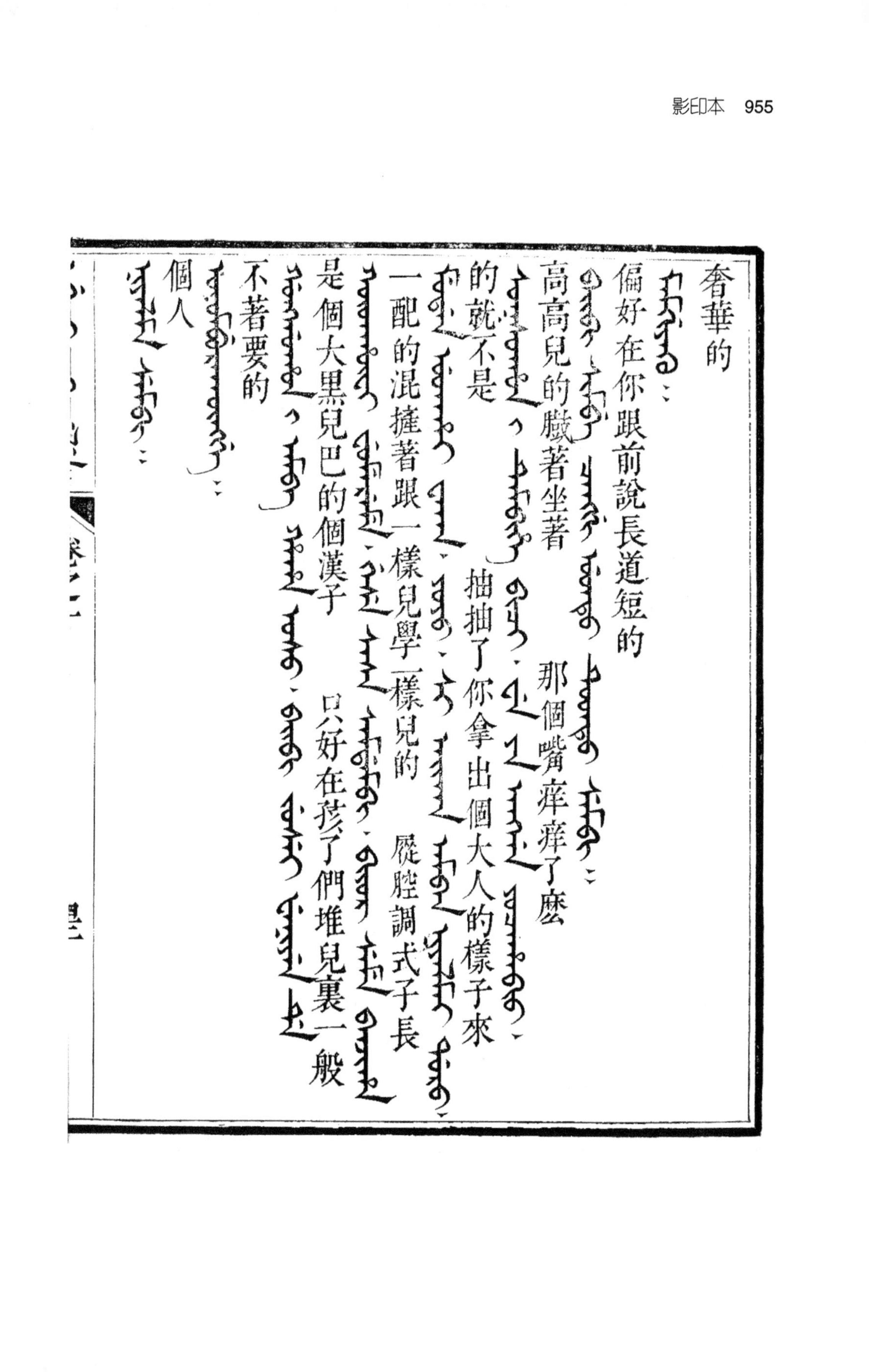

奢華的

偏好在你跟前說長道短的

高高兒的檝著坐著　那個嘴癢癢了麽

的就不是　抽抽了你拿出個大人的樣子來

一配的混攙著跟一樣兒學一樣兒的　屐腔調式子長

是個大黑兒巴的個漢子　只好在孩子們堆兒裏一般

不著要的

個人

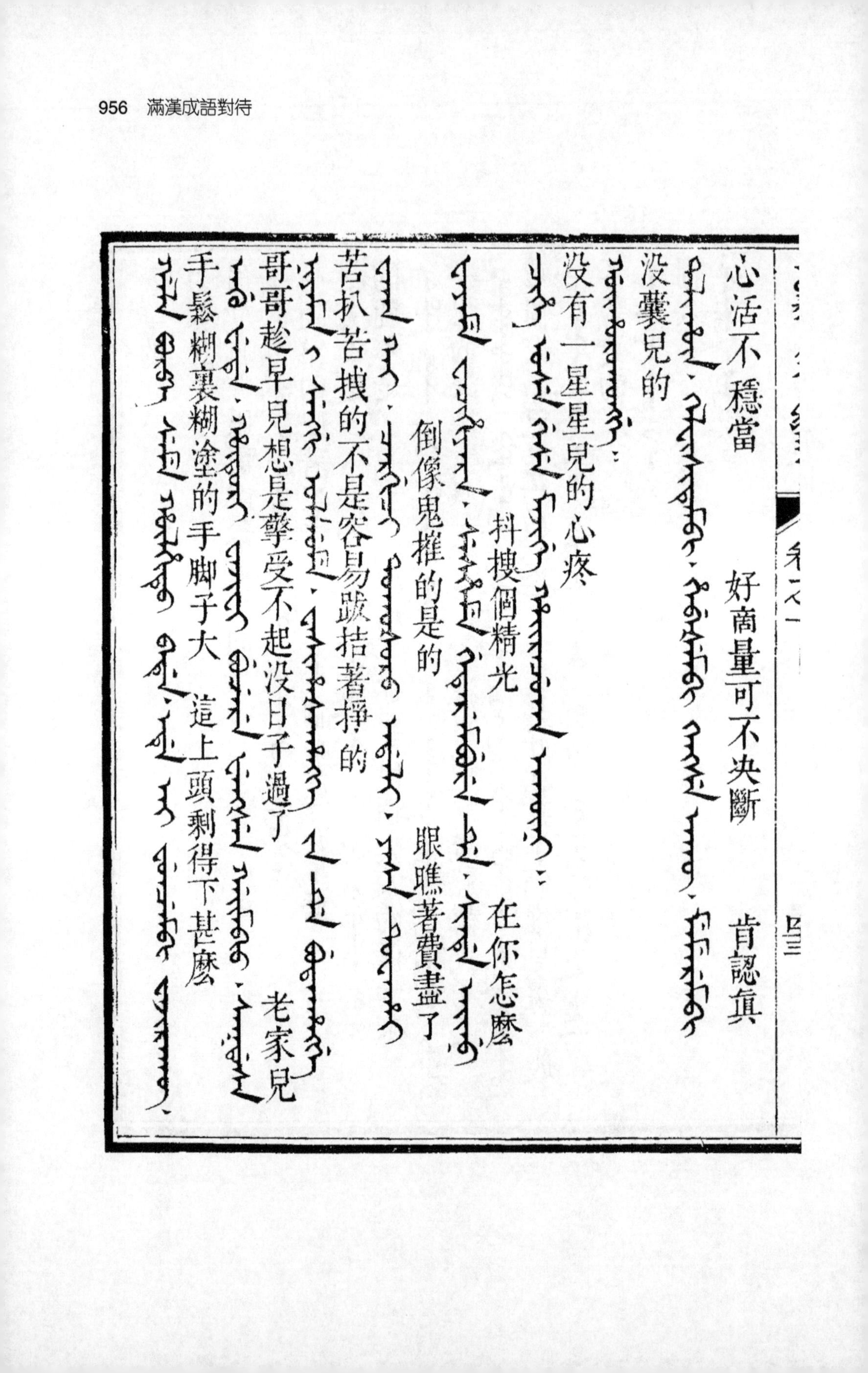

心活不穩當 好商量可不決斷 肯認真

沒囊兒的

沒有一星星兒的心疼 抖搜個精光 在你怎麽

倒像鬼推的是的 眼瞧著費盡了

苦扒苦拽的不是容易跋拮著掙的

哥哥趁早兒想是孽受不起沒日子過了 老家兒

手鬆糊裏糊塗的手脚子大 這上頭剩得下甚麽

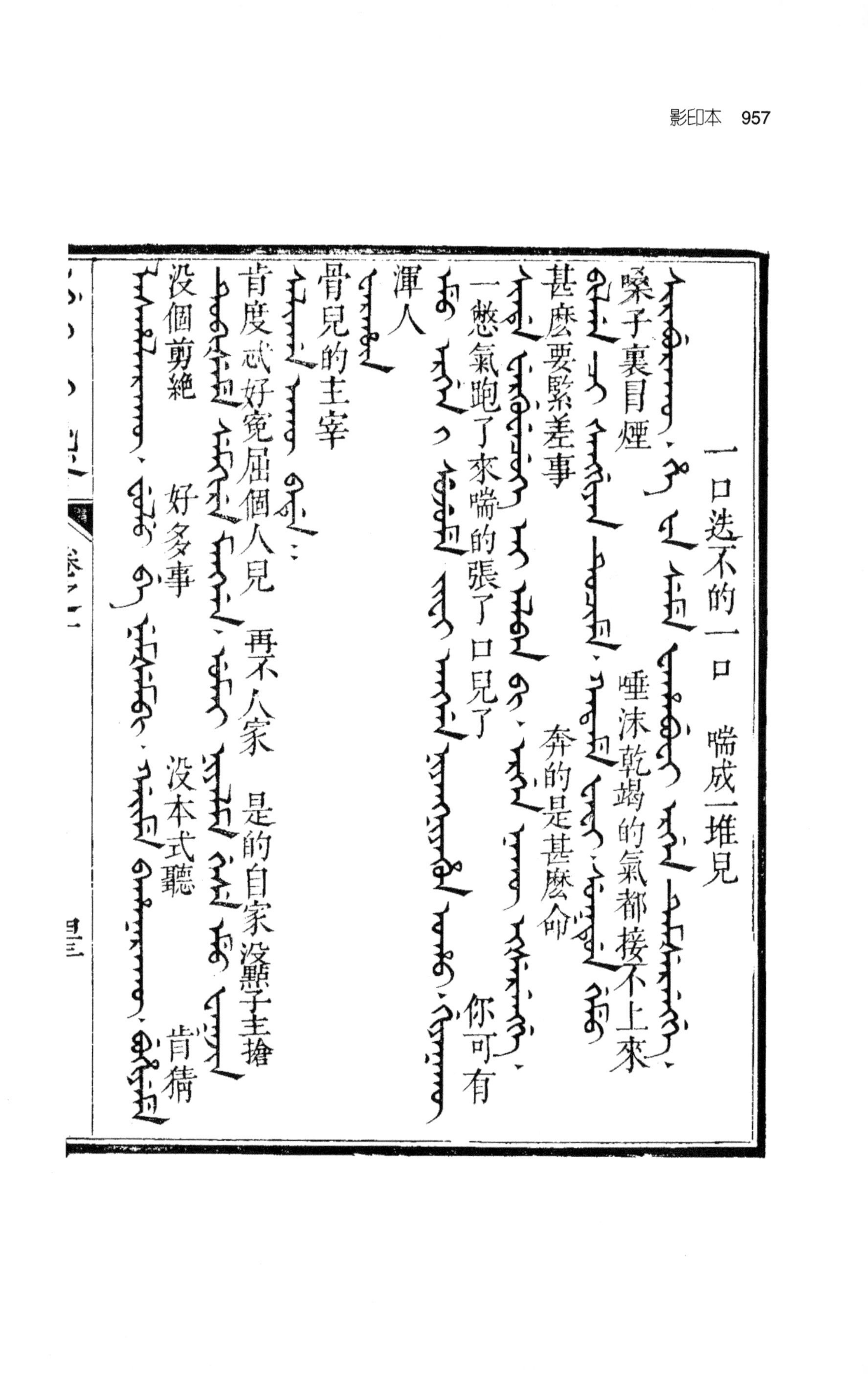

一口迭不的一口　喘成一堆兒

嗓子裏冒煙　唾沫乾竭的氣都接不上來

甚麽要緊差事　奔的是甚麽命

一憋氣跑了來喘的張了口兒了　你可有

渾人

骨兒的主宰

肯度忒好寃屈個人兒　再不入家　是的自家沒點子主搶

没個剪絶　好多事　没本式聽　肯猜

扯縷子

打他那碎個嘮糟兒不著要的上頭

也逼迫的尋空子

没味的著耳

就是自巳的孩子

人

都没意思搭撒的憎惡著聽

没滋

人還厭的皺眉

何况不該聽的

不斷頭兒嘮裏嘮叨的話多

該聽的

嘴碎的

好不可笑這個我就不知道你了

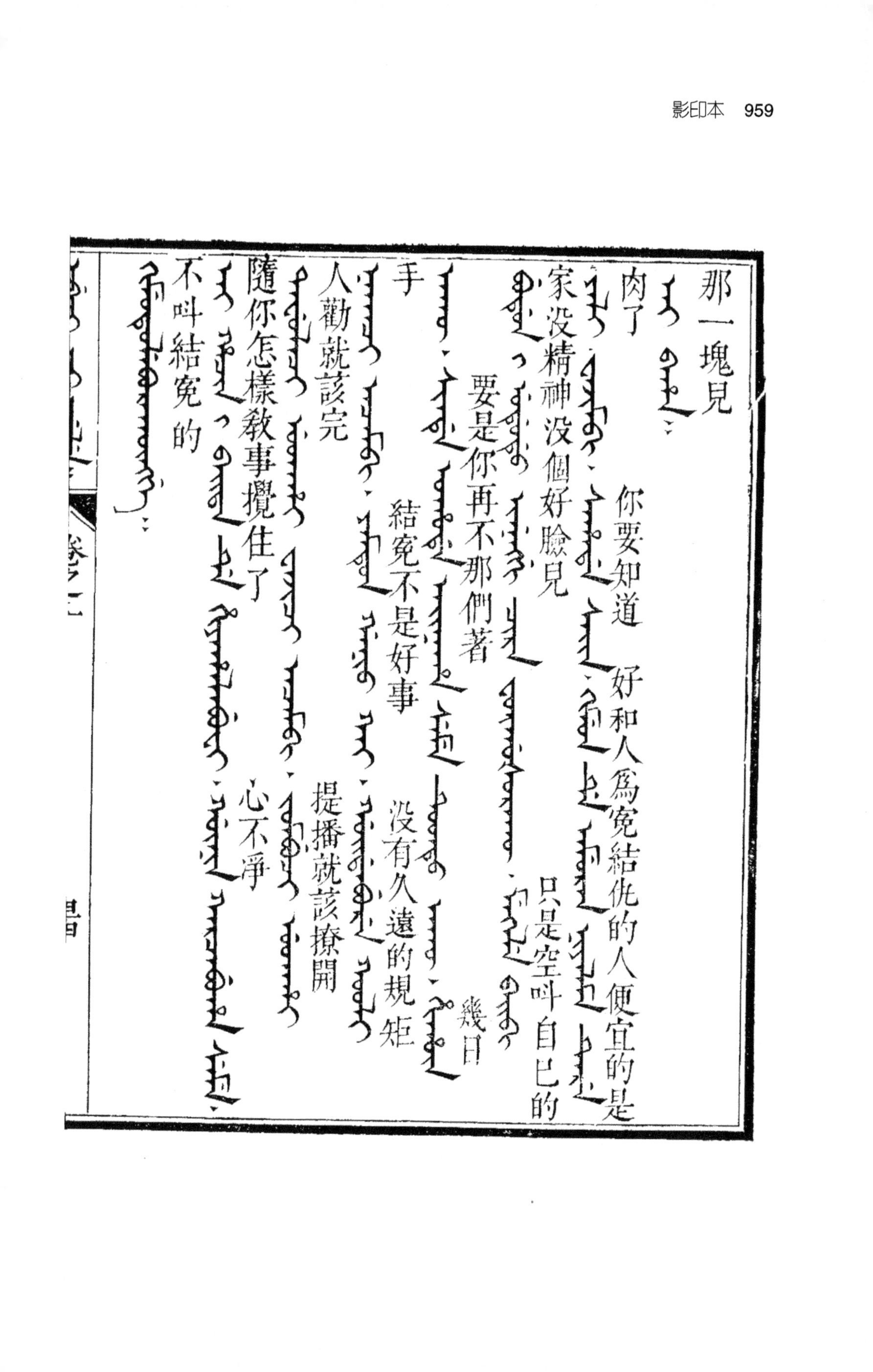

那一塊兒
肉了
你要知道　好和人爲寃結仇的人便宜的是
家没精神没個好臉兒　只是空叫自已的
要是你再不那們著　幾日
手
結寃不是好事　没有久遠的規矩
人勸就該完　提撥就該撩開
隨你怎樣教事攬住了　心不淨
不叫結寃的

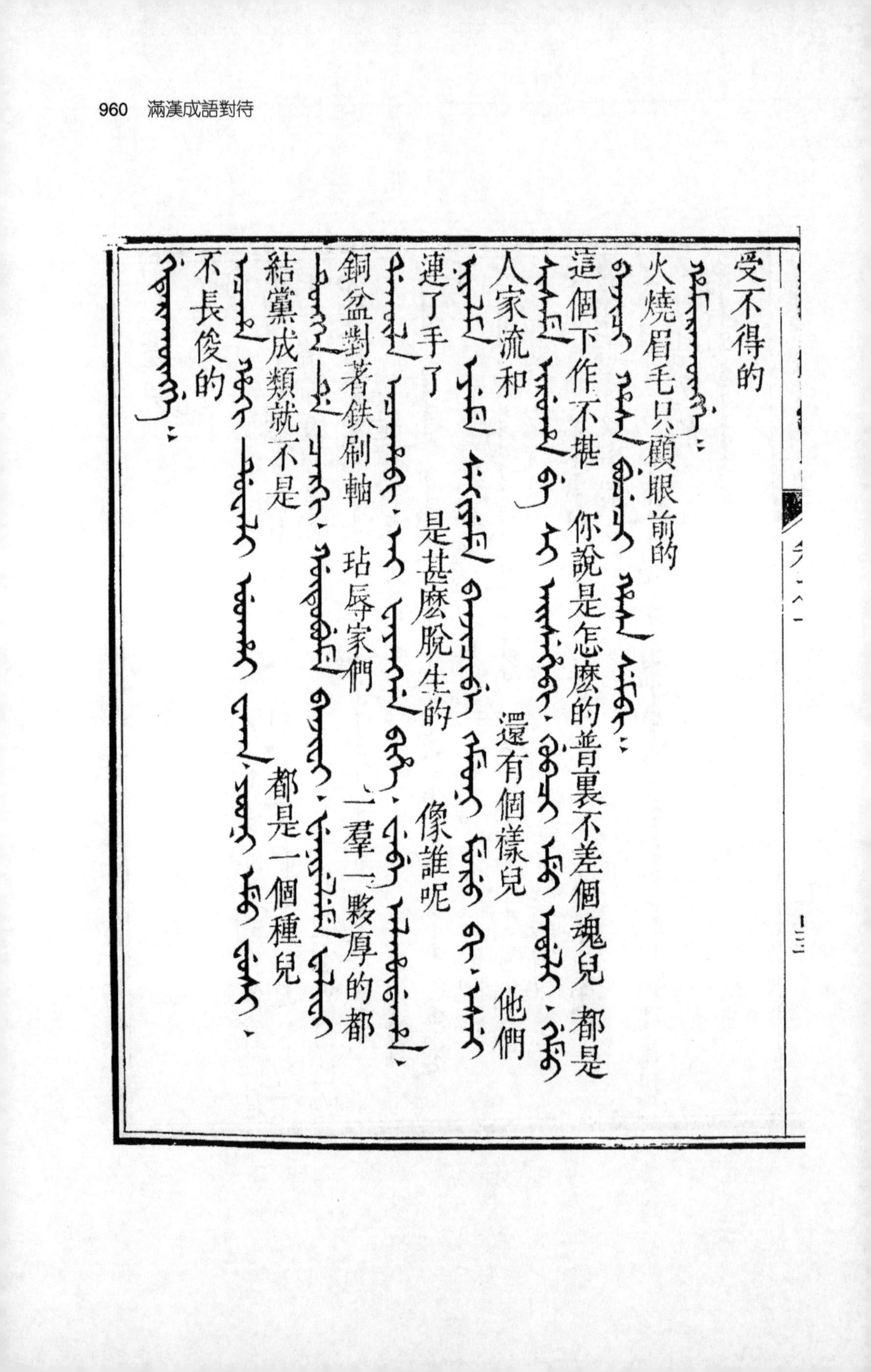

受不得的

火燒眉毛只顧眼前的

這個下作不堪　你說是怎麽的普裏不差個魂兒都是

人家流和　還有個樣兒　他們

連了手了　是甚麽晩生的　像誰呢

銅盆對著鉄刷軸　玷辱家們　一羣一夥厚的都

結黨成類就不是　都是一個種兒

不長俊的

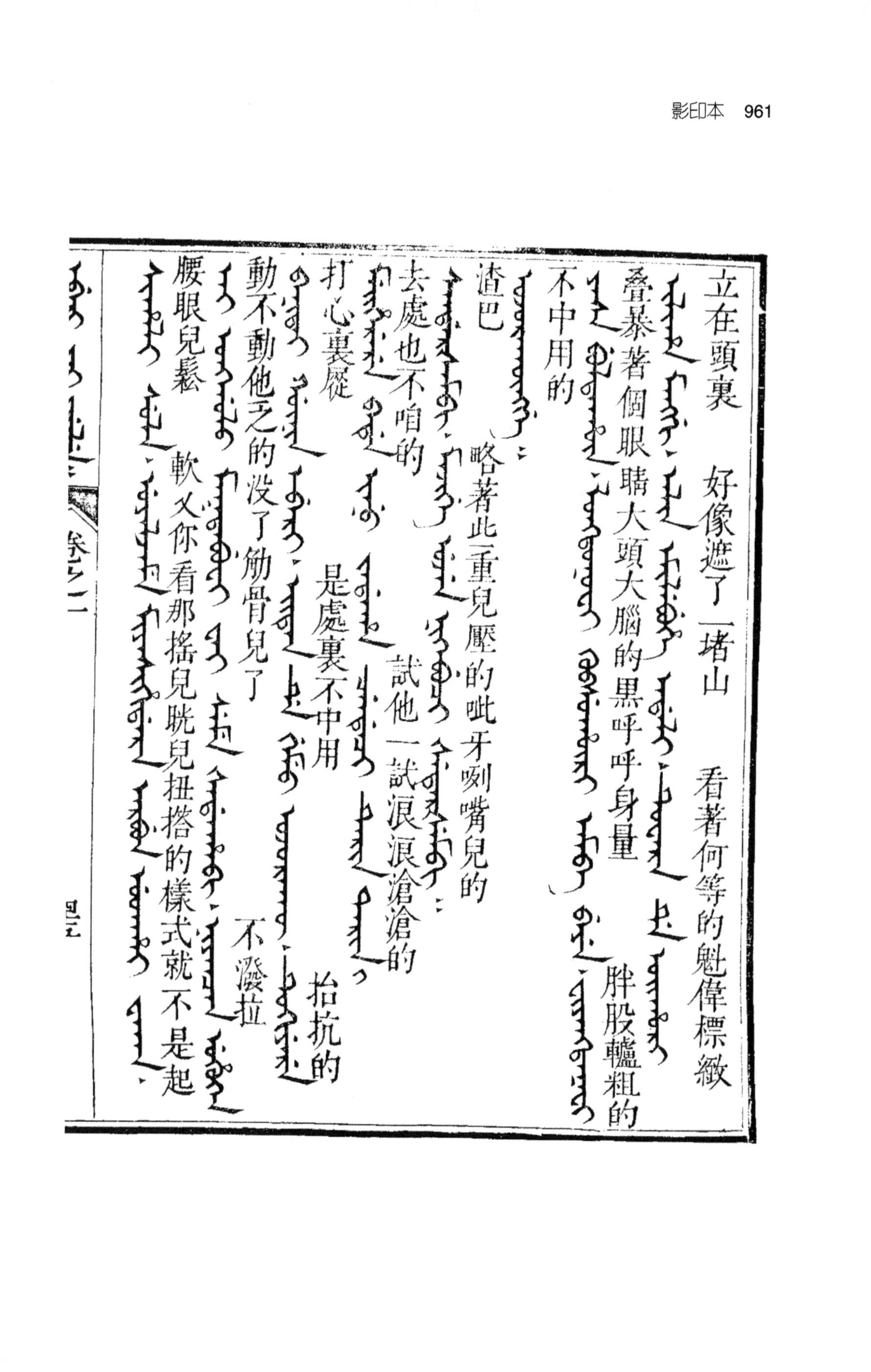

立在頭裏　好像遮了一堵山　看著何等的魁偉標緻

疊暴著個眼睛大頭大腦的黒呼呼身量　胖股轆粗的

不中用的

渣巴　略著此重兒壓的呲牙咧嘴兒的

去處也不咱的　試他一試淚淚滄滄的

打心裏屣　是處裏不中用　抬抗的

動不動他之的沒了觔骨兒了　不潑拉

腰眼兒鬆　軟乂你看那搖兒晃兒扭搭的樣式就不是起

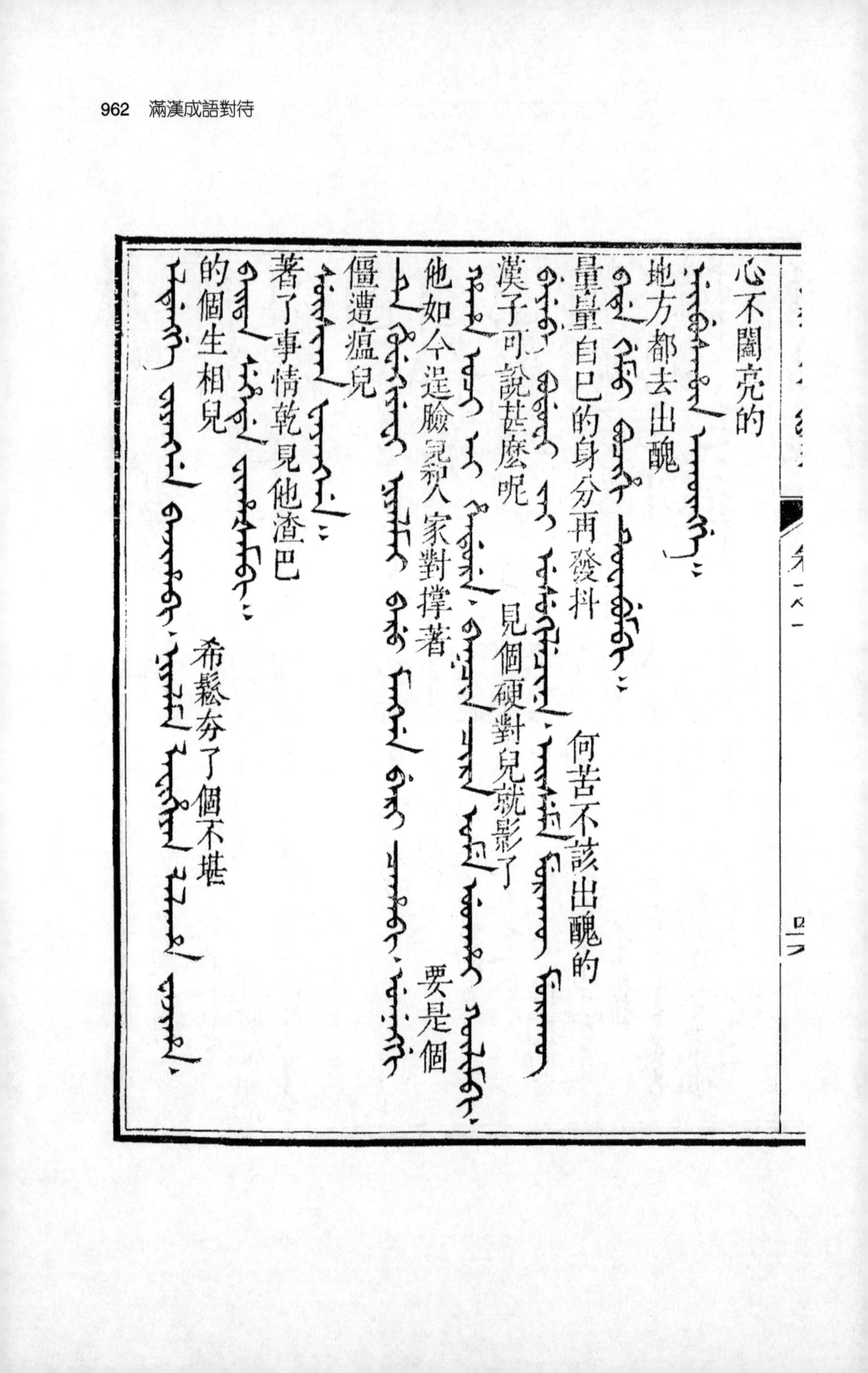

心不闔亮的

地方都去出醜

暈暈自已的身分再發抖　何苦不該出醜的

漢子可說甚麼呢　見個硬對兒就影了

他如今逞臉見人家對撐著　要是個

僵遭瘟兒

著了事情乾見他渣巴

的個生相兒　希鬆夯了個不堪

我來著呢 也 給人爭口氣

罷留著打種兒罷萬一要是醒了腔兒 哎呀也是爲

當了屣到了頭兒了殺了他也只臭了塊地 由著他

憑他怎麽樣的罷 咯叨的 緒煩以爲

就是那們個人兒 一遭是那們的了

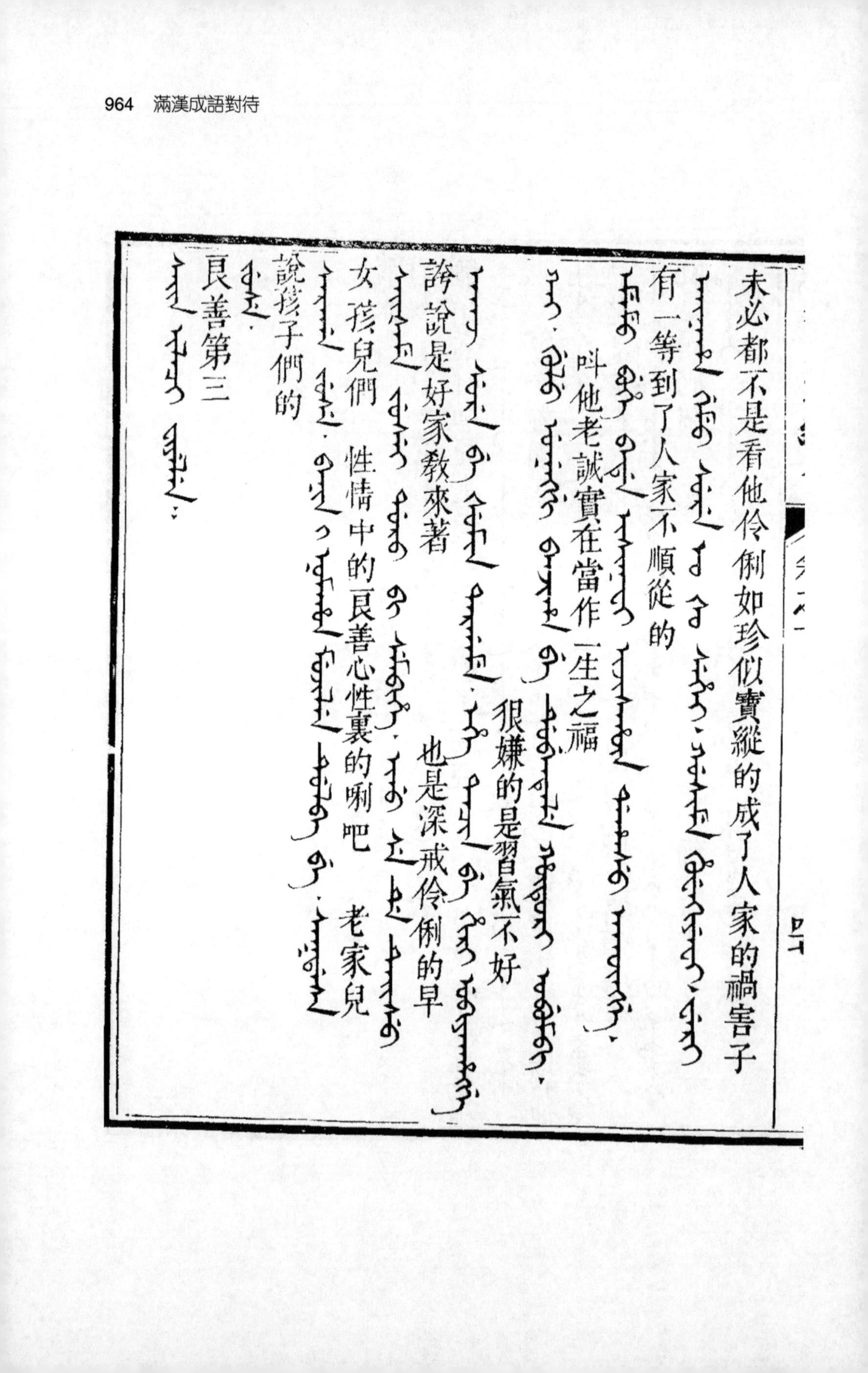

未必都不是看他伶俐如珍似寶縱的成了人家的禍害子

有一等到了人家不順從的

叫他老誠實在當作一生之福

很嫌的是習氣不好

誇說是好家教來著

也是深戒伶俐的早

女孩兒們

性情中的良善心性裏的喇吧

老家兒

說孩子們的

良善第三

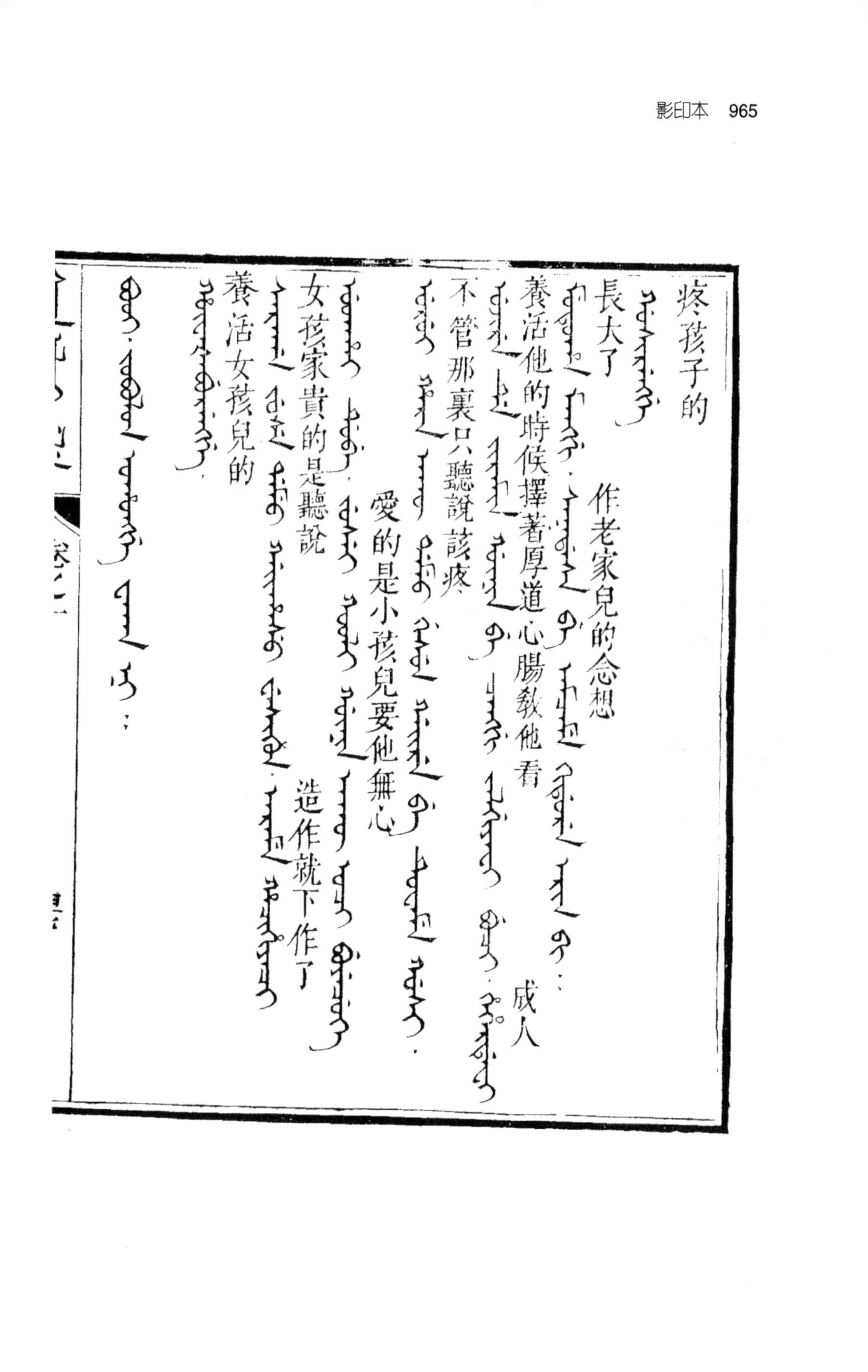

疼孩子的

長大了

作老家兒的念想

養活他的時候擇著厚道心腸教他看

成人

不管那裏只聽說該疼

愛的是小孩兒要他無心

女孩家貴的是聽說

造作就下作了

養活女孩兒的

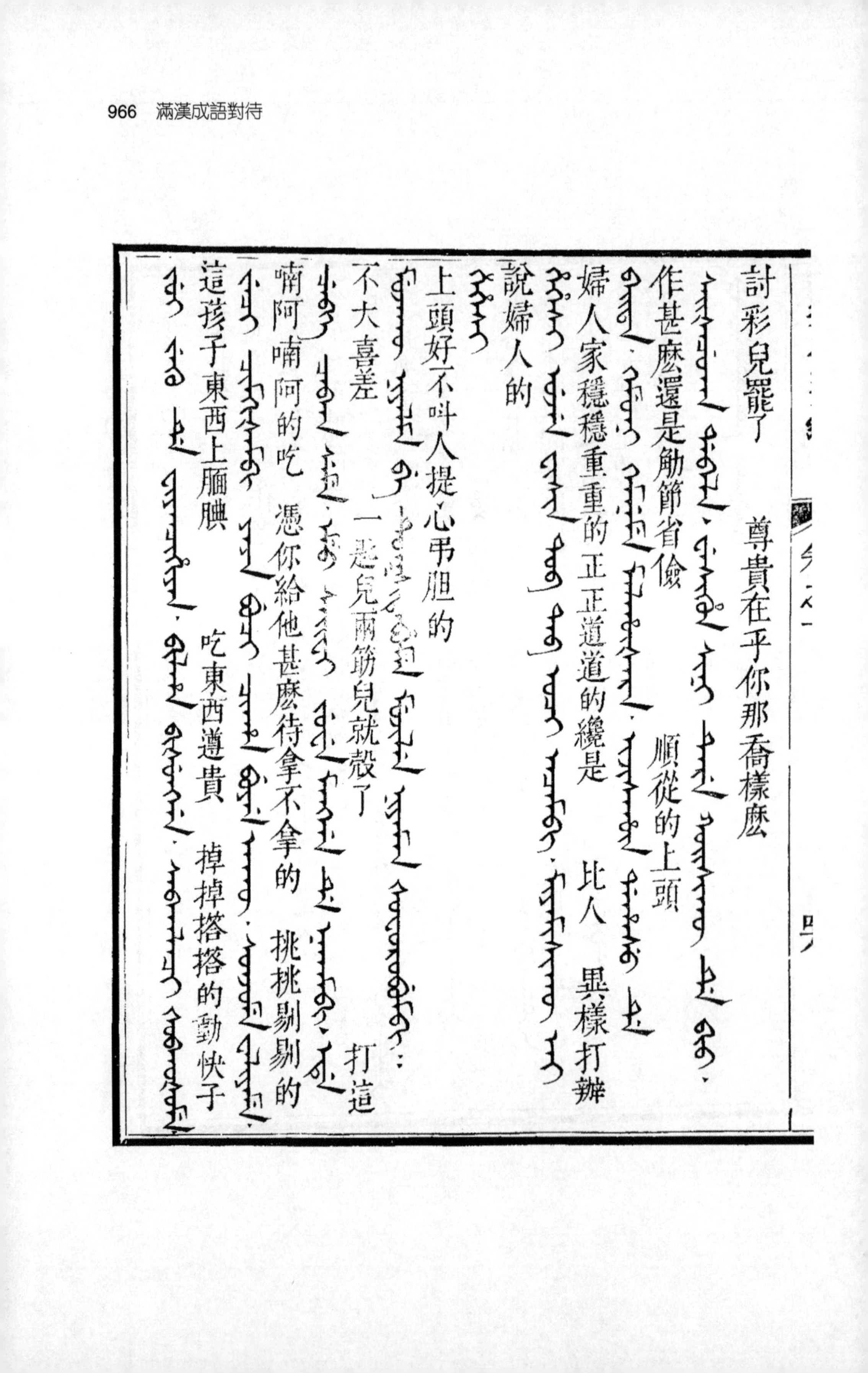

討彩兒罷了　尊貴在乎你那喬樣麽

作甚麽還是勤節省儉　順從的上頭

婦人家穩穩重重的正正道道的纔是　比人　異樣打辦

說婦人的

上頭好不叫人提心弔胆的

不大喜差　一匙兒兩筯兒就殼了　打這

喃阿喃阿的吃　憑你給他甚麽待拿不拿的　挑挑剔剔的

這孩子東西上腼腆　吃東西遵貴　掉掉搭搭的動快子

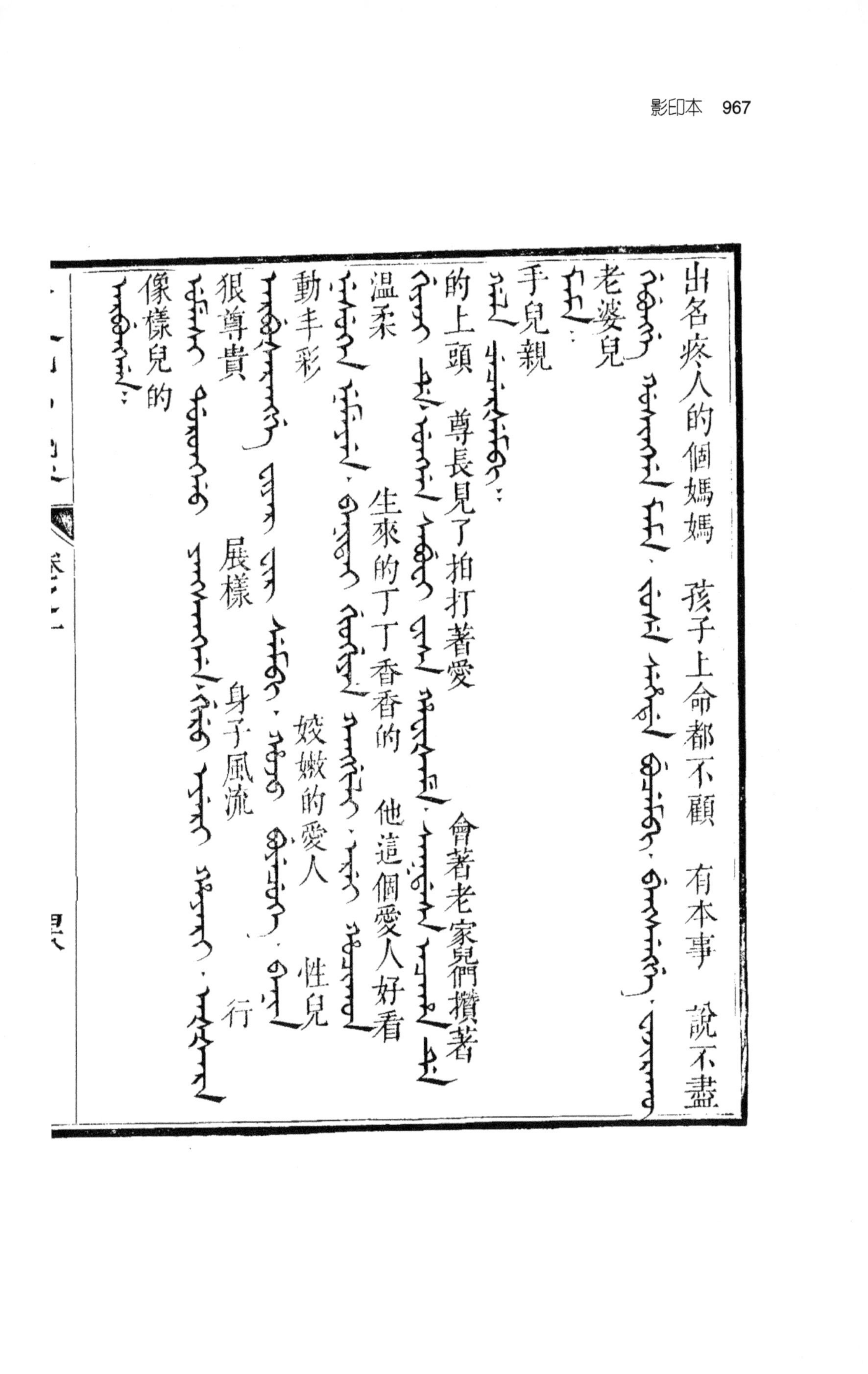

出名疼人的個媽媽　孩子上命都不顧　有本事　説不盡

老婆兒

手兒親

的上頭　尊長見了拍打著愛　會著老家兒們攢著

温柔　生來的丁丁香香的　他這個愛人好看

動丰彩　姣嫩的愛人　性兒

狠尊貴　展様　身子風流　行

像様兒的

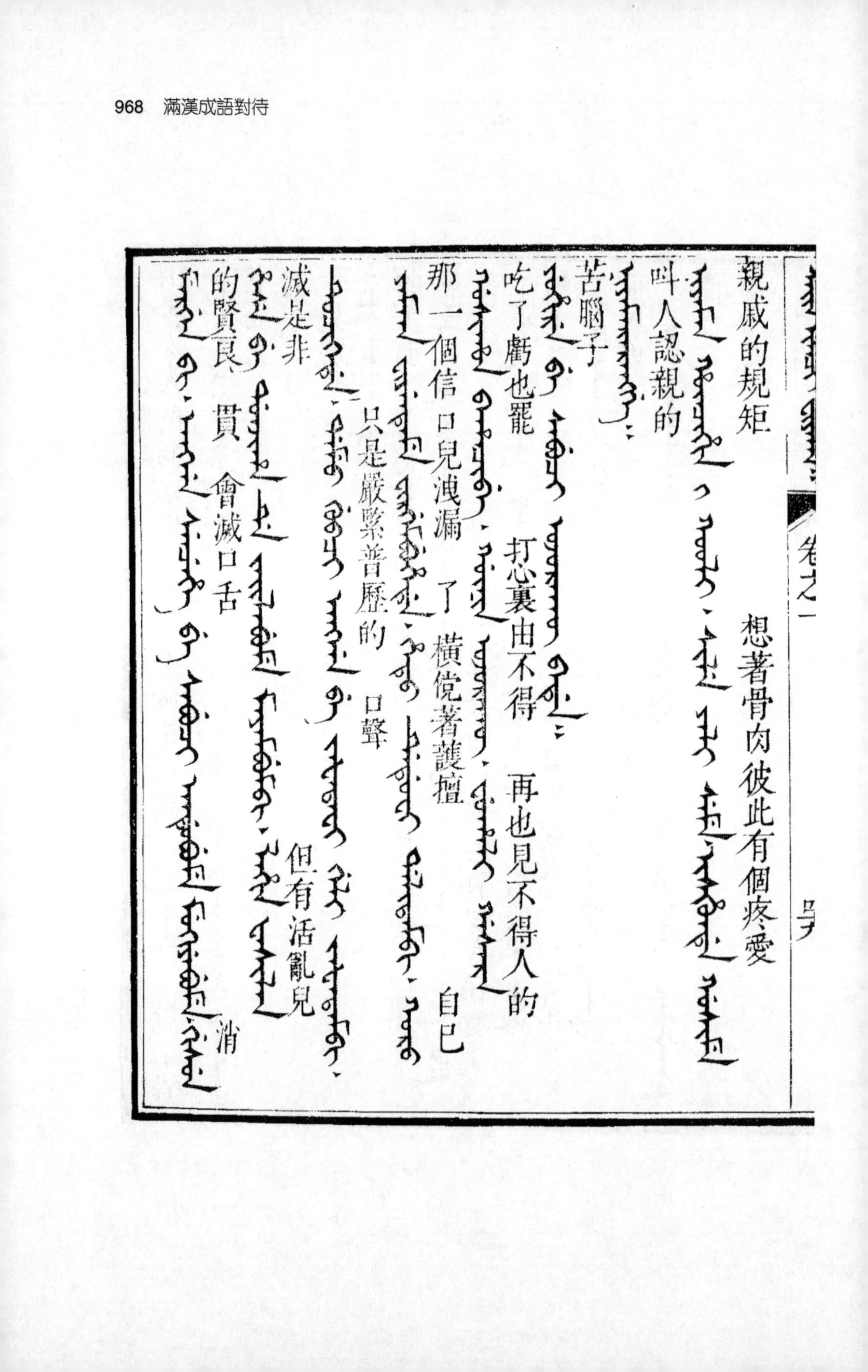

親戚的規矩 想著骨肉彼此有個疼愛

叫人認親的

苦腦子

吃了虧也罷 打心裏由不得 再也見不得人的

那一個信口兒洩漏 了 橫傥著護擅 自已

只是嚴緊普歷的 口聲

滅是非 但有活亂兒

的賢良 貫 會滅口舌 消

著有商量和氣豈不好麼　沒事人

論遠分近惹人心寒　大家協力抱攏·

戶衆　裏頭　原是一家兒　並沒個別人

恤愛的

過不去　惹他做甚麼　那就不是個骨肉的道理了

勇張羅纔是　不過只是理兒上

事情上潑倒身子　勞苦的去處大家慣

撩開手　担待容得人　還是

有些放肆　也只是笑笑兒

心裏平靜　作人本分　老實渾厚　就在他跟前

厚實的

都不打那挑瓜挑棗的上頭起見

要强　犯亂輩數的次序　未必

兒是的鷹兒孤生冷的散了　好麽　有一等橫兒憎兒的

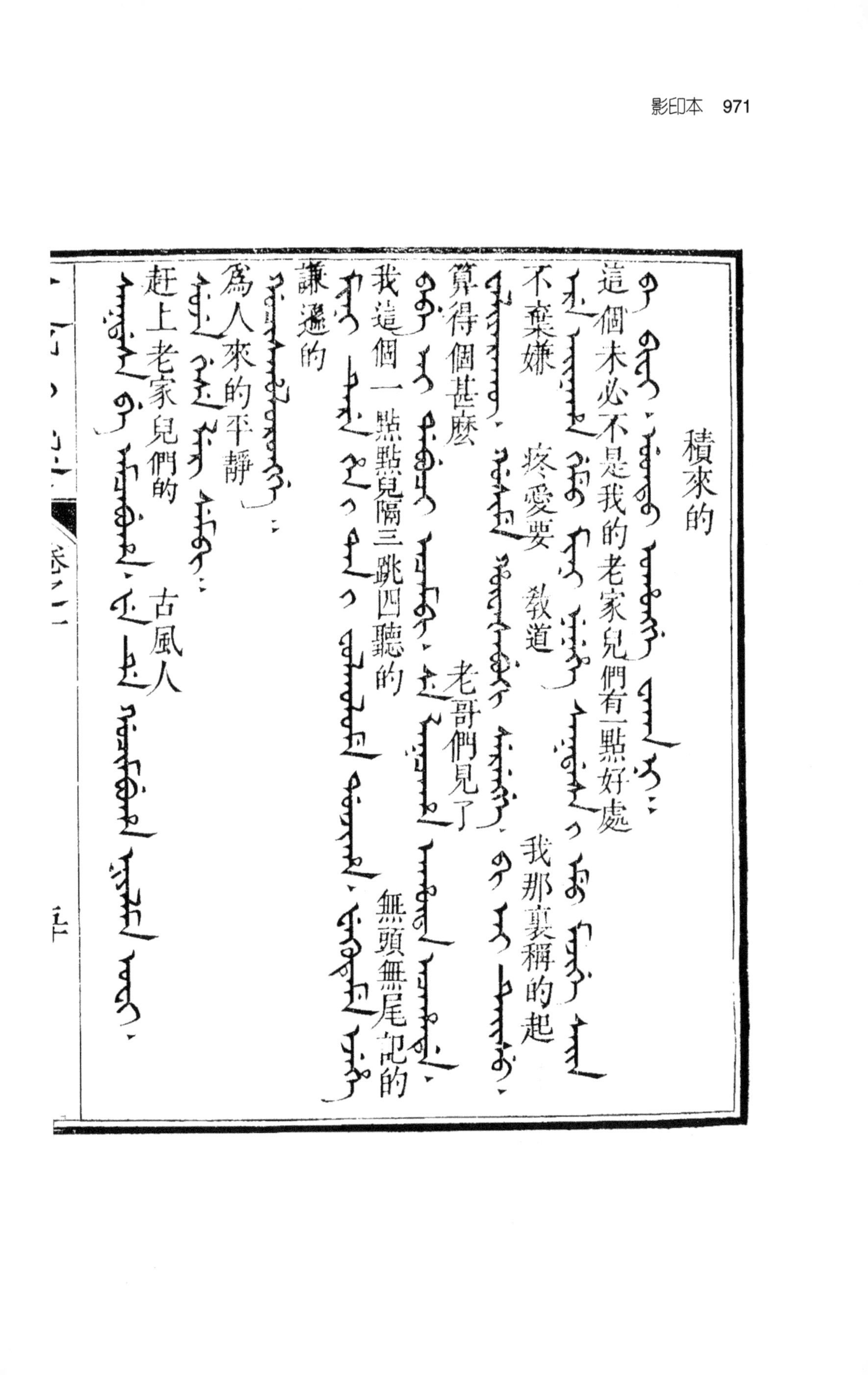

積來的

這個未必不是我的老家兒們有一點好處

不棄嫌 疼愛要 教道 我那裏稱的起

算得個甚麽 老哥們見了 無頭無尾記的

我這個一點點兒隔三跳四聽的

謙遜的

爲人來的平靜

趕上老家兒們的 古風人

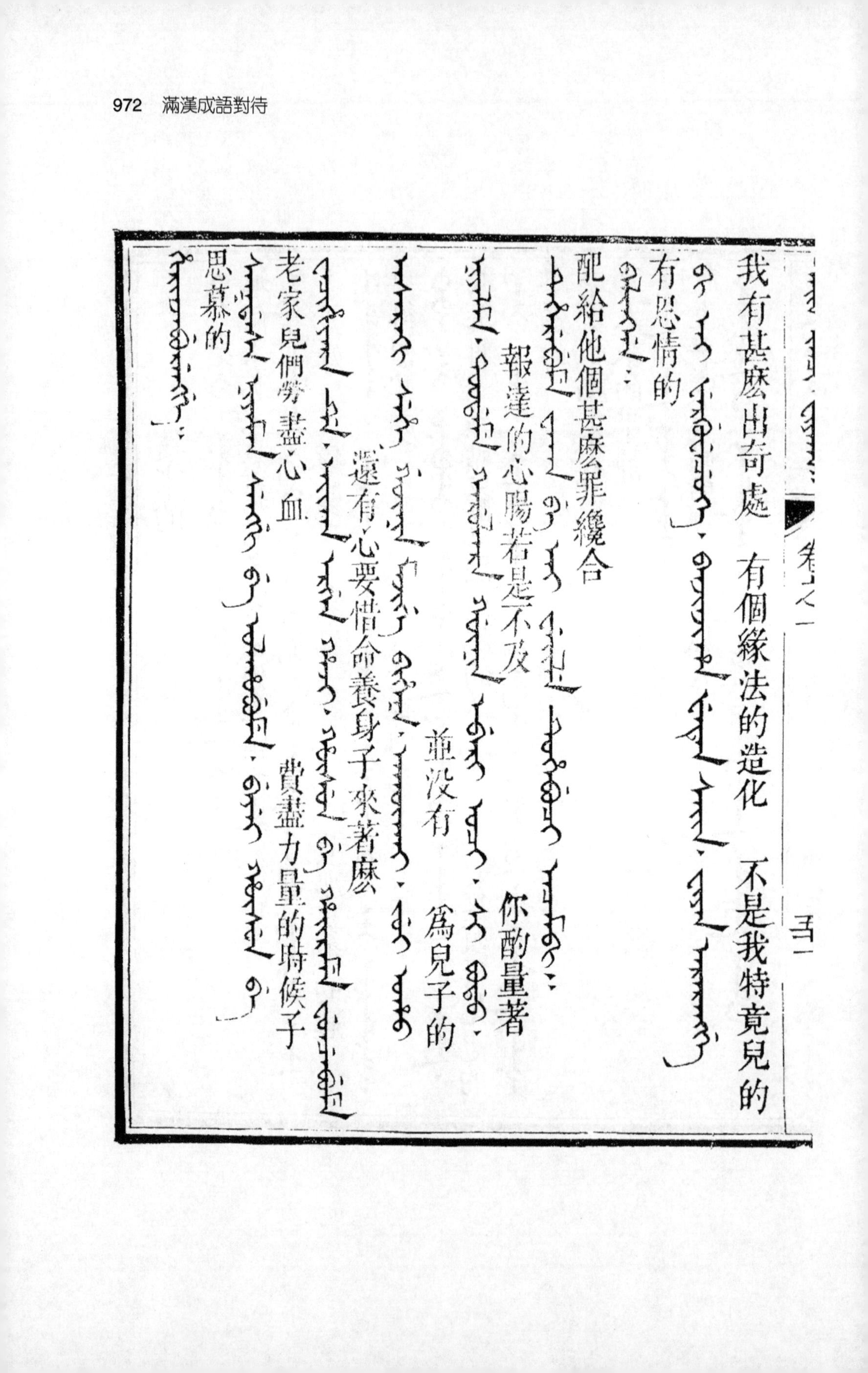

我有甚麽出奇處 有個緣法的造化 不是我特竟兒的

有恩情的

配給他個甚麽罪纔合

報達的心腸若是不及 你酌量著

並沒有 爲兒子的

還有心要惜命養身子來著麽

老家兒們勞盡心血 費盡力量的將候子

思慕的

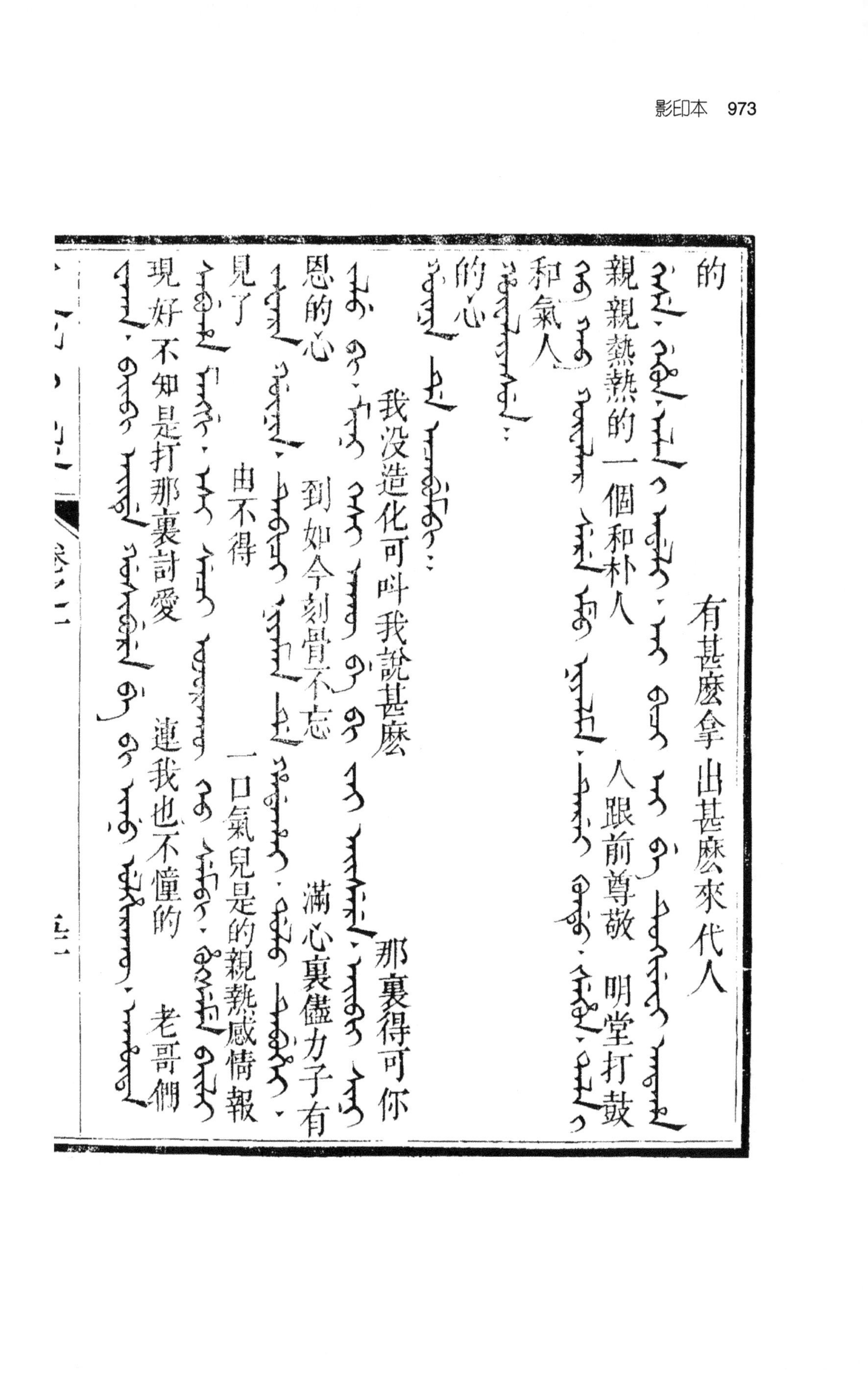

的

有甚麼拿出甚麼來代人

親親熱熱的一個和朴人

人跟前尊敬 明堂打鼓

和氣人

的心

我没造化可叫我説甚麼

那裏得可你

恩的心

到如今刻骨不忘

滿心裏儘力子有

見了

由不得

一口氣兒是的親熱感情報

現好不知是打那裏討愛

連我也不懂的

老哥們

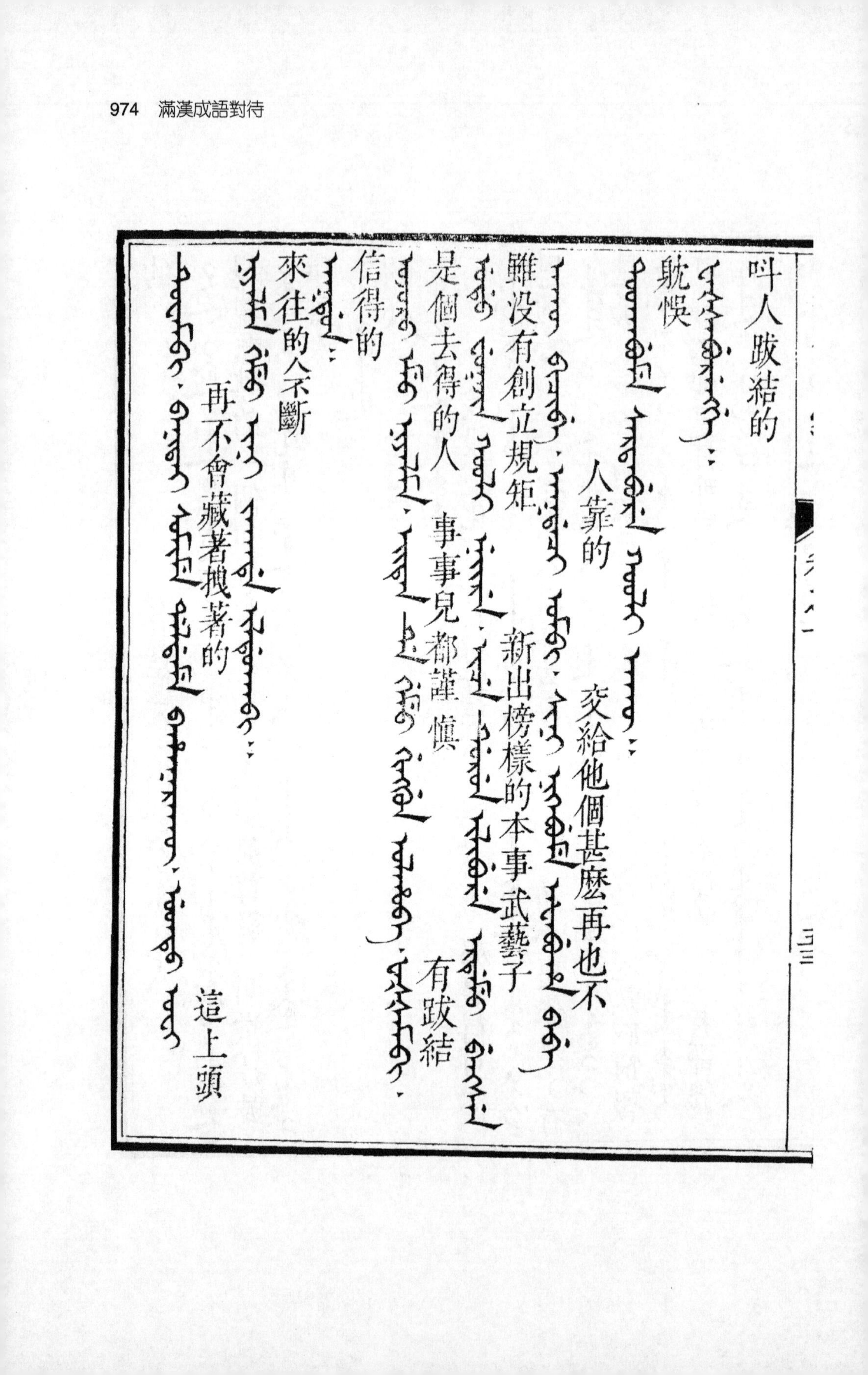

叫人跋結的

躭悞　人靠的　交給他個甚麽再也不

雖没有創立規矩　新出榜樣的本事武藝子

是個去得的人　事事兒都謹慎　有跋結

信得的

來往的人不斷　再不會藏著掖著的

這上頭

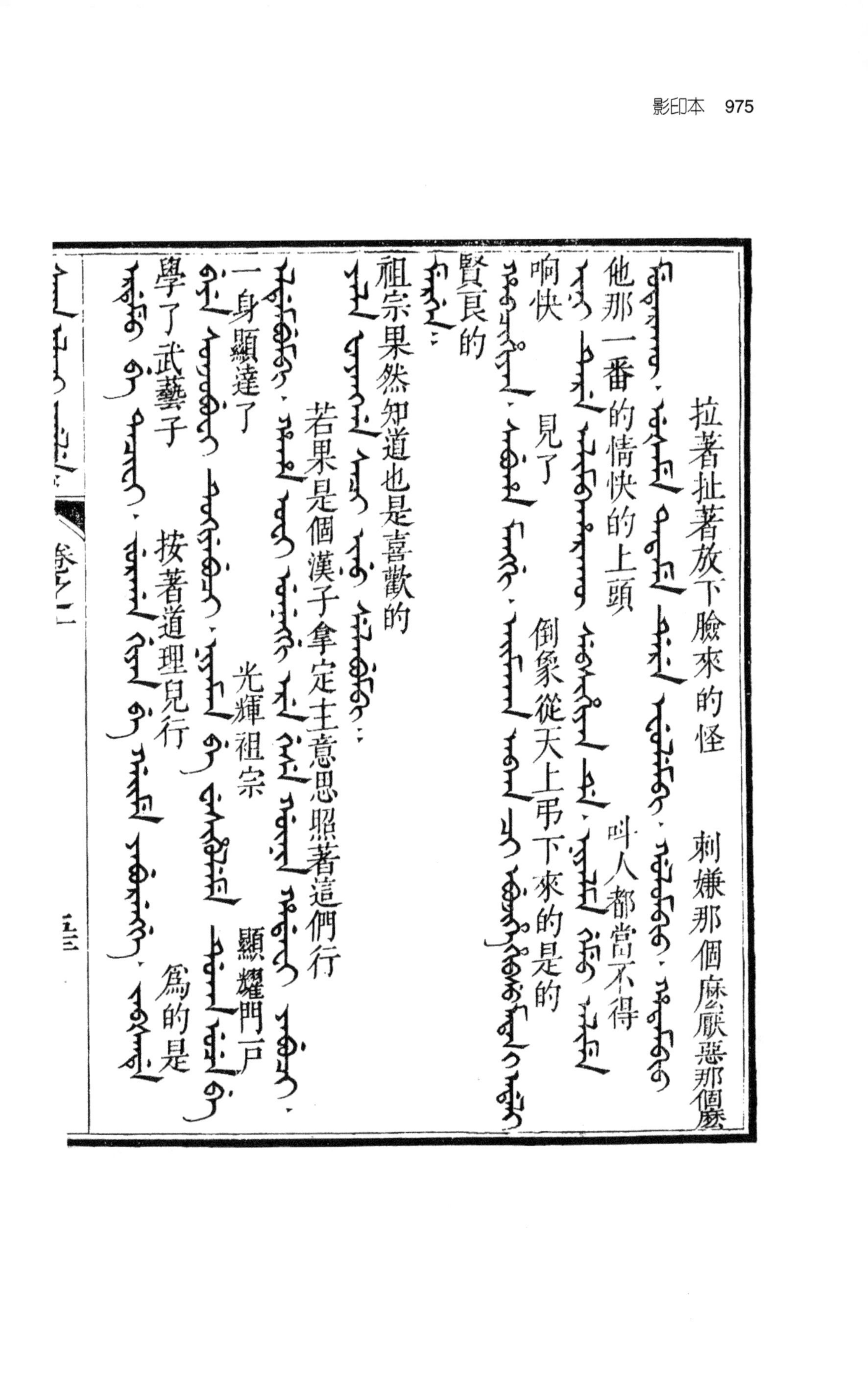

拉著扯著放下臉來的怪　剌嫌那個麼厭惡那個麼

他那一番的情快的上頭　叫人都當不得

响快　見了　倒象從天上弔下來的是的

賢良的

祖宗果然知道也是喜歡的

若果是個漢子拿定主意照著道們行

一身顯達了　光輝祖宗　顯耀門戶

學了武藝子　按著道理見行　爲的是

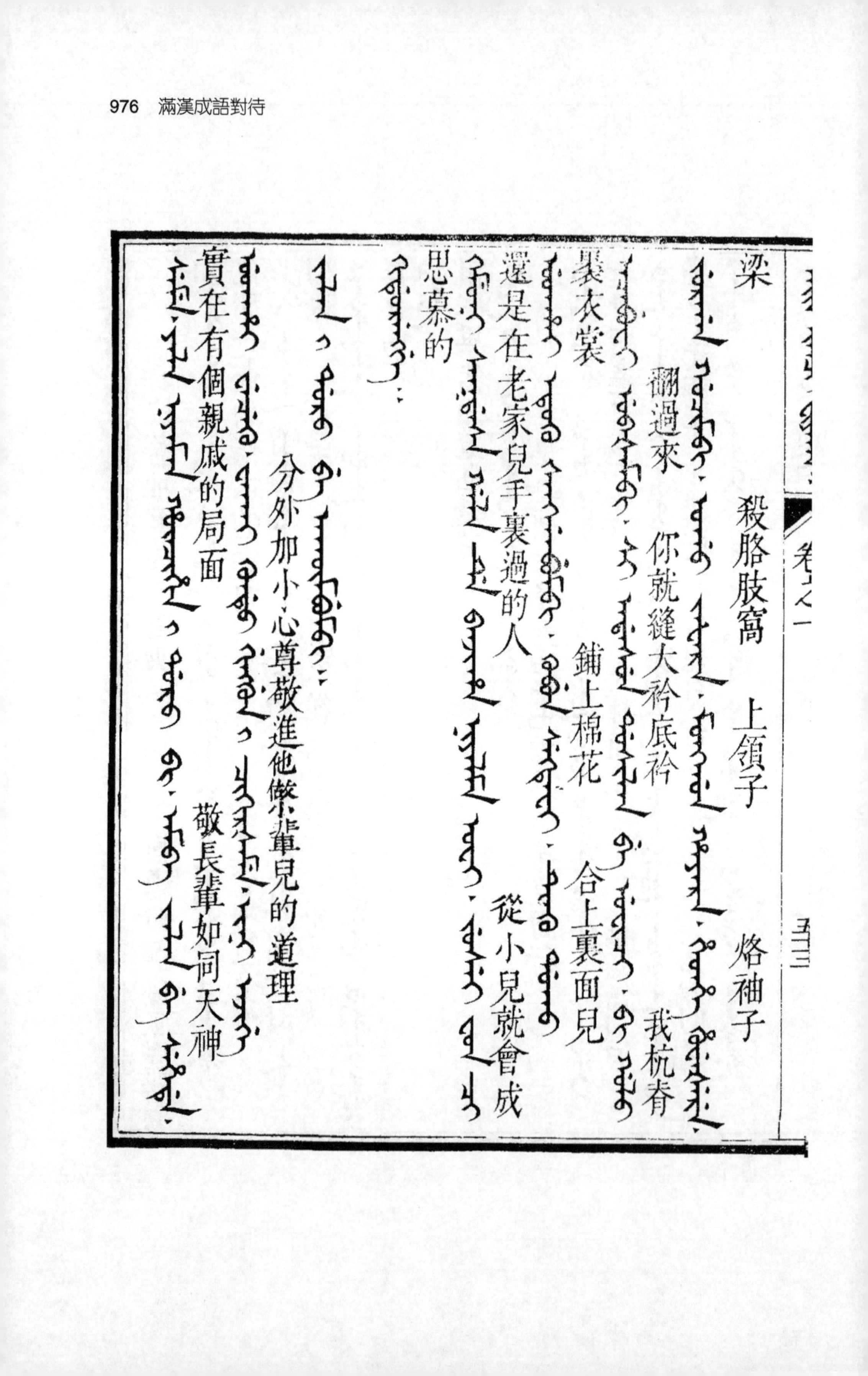

梁 殺胳肢窩 上領子 烙袖子

翻過來 你就縫大衿底衿 我杭脊

褁衣裳 鋪上棉花 合上裏面兒

還是在老家兒手裏過的人 從小兒就會成

思慕的

分外加小心尊敬進他儕輩兒的道理

實在有個親戚的局面 敬長輩如同天神

過來過去必出入一頭可以給人作的樣子

年小的裏頭不出他 你看著

有度服 又搭著記得多 有品行 狠顧臉

成人的人 心裏亮 聰明來的敏

好的

勞心費力的

頂鈕子的活計 不靠我們 還是老娘

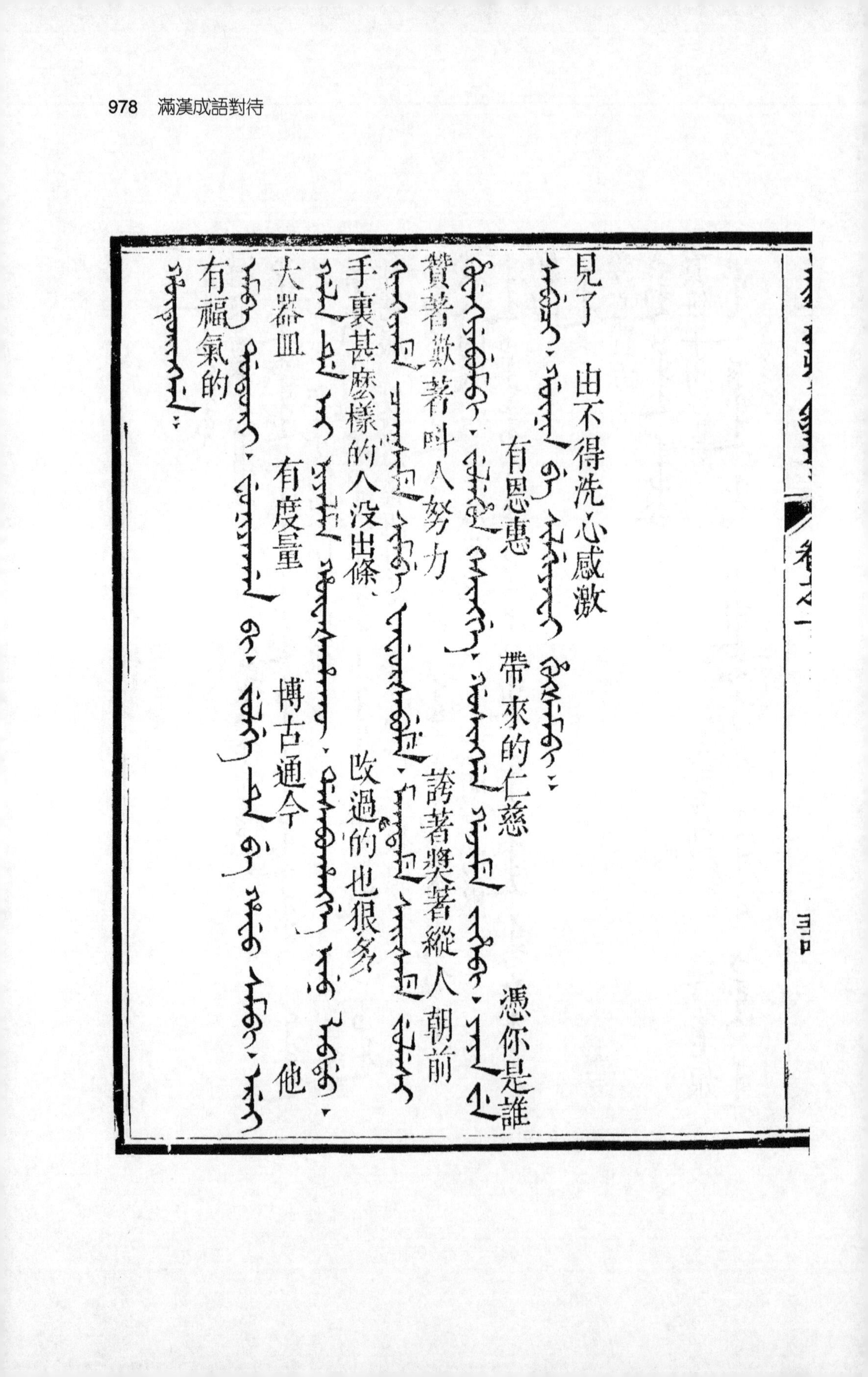

見了 由不得洗心感激

有恩惠 帶來的仁慈 憑你是誰

贊著歎著叫人努力 誇著獎著縱人朝前

手裏甚麼樣的人没出條、改過的也狠多

大器皿 有度量 博古通今 他

有福氣的

打算為的是不彀用　何曾著你戀人的

沒個盡藏的

積年的上頭費了他的甚麼

雖沒相應便益　他這個

去處他也不死心　沒縫兒不該指望的地方他也入腦袋

倉耗子　久貫奸滑　弔了味兒沒想頭的

臉憨皮厚的

凶惡第四　四

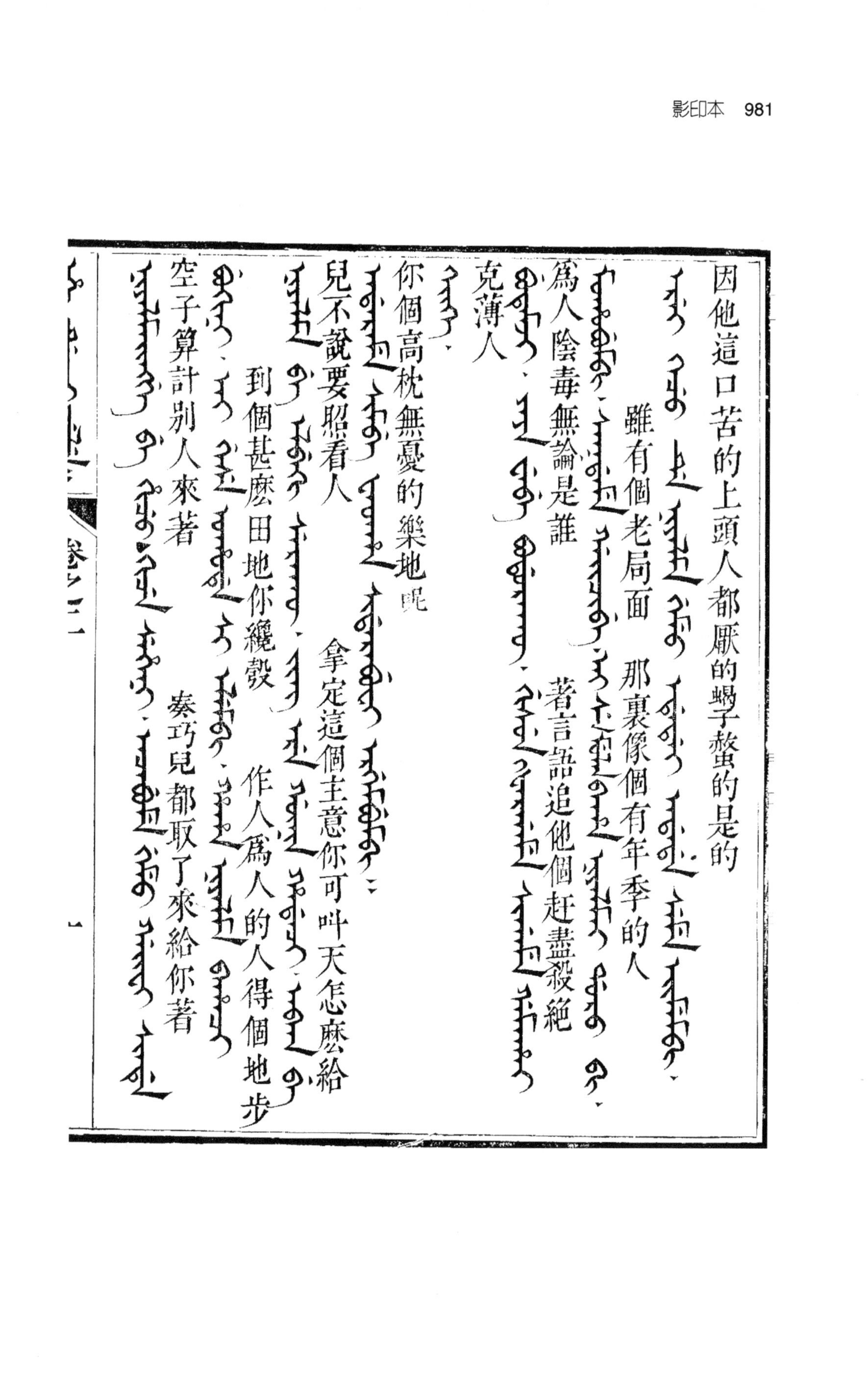

因他這口苦的上頭人都厭的蝎子螫的是的

雖有個老局面　那裏像個有年季的人

爲人陰毒無論是誰　著言語追他個趕盡殺絕

克薄人

你個高枕無憂的樂地呢

兒不說要照看人　拿定這個主意你可叫天怎麼給

到個甚麼田地你纔彀　作人爲人的人得個地步

空子算計别人來著　奏巧兒都取了來給你著

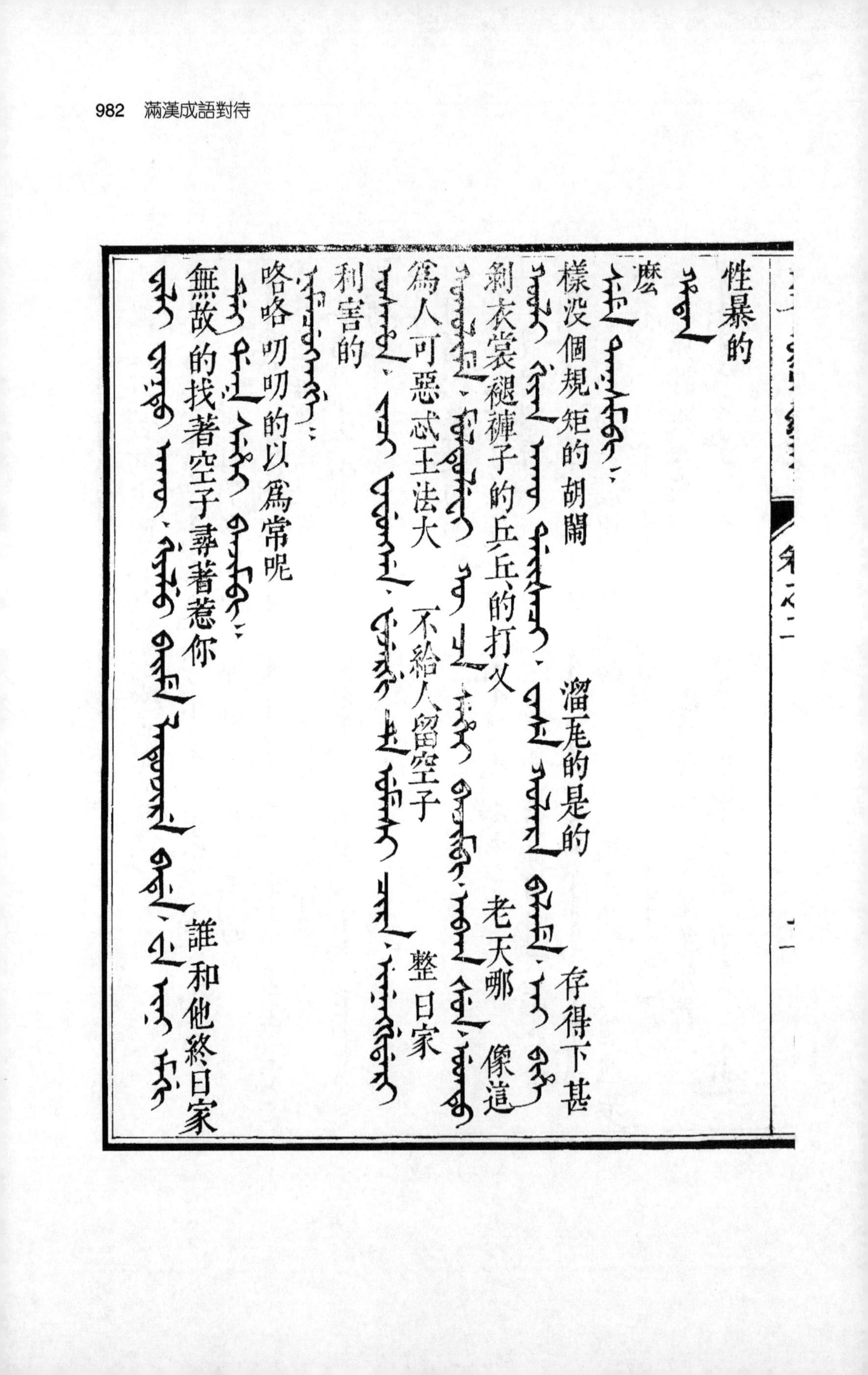

性暴的

麽

様没個規矩的胡鬧　溜尾的是的　存得下甚

剢衣裳褪褲子的乒乓的打乆　老天哪　像這

爲人可惡忒王法大　不給人留空子　整日家

利害的

咯咯叨叨的以爲常呢

無故的找著空子尋著惹你　誰和他終日家

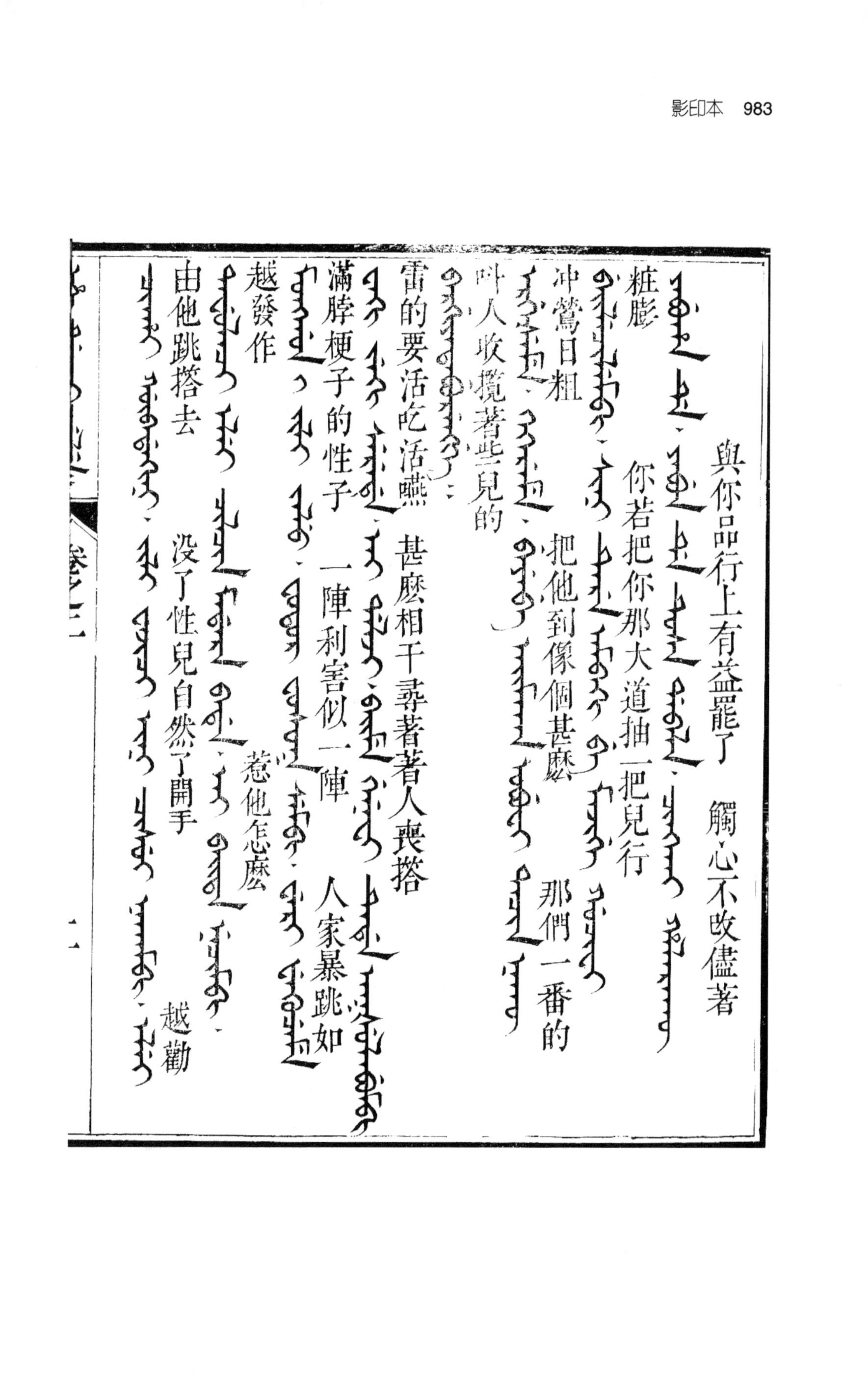

與你品行上有益罷了　觸心不改儘著

粧膨　你若把你那大道抽一把兒行

冲鶯日粗　把他到像個甚麽　那們一番的

叫人收攬著些兒的

雷的要活吃活嚥　甚麽相干尋著著人喪搭

滿脖梗子的性子　一陣利害似一陣　人家暴跳如

越發作　惹他怎麽

由他跳搭去　没了性兒自然丁開手　越勸

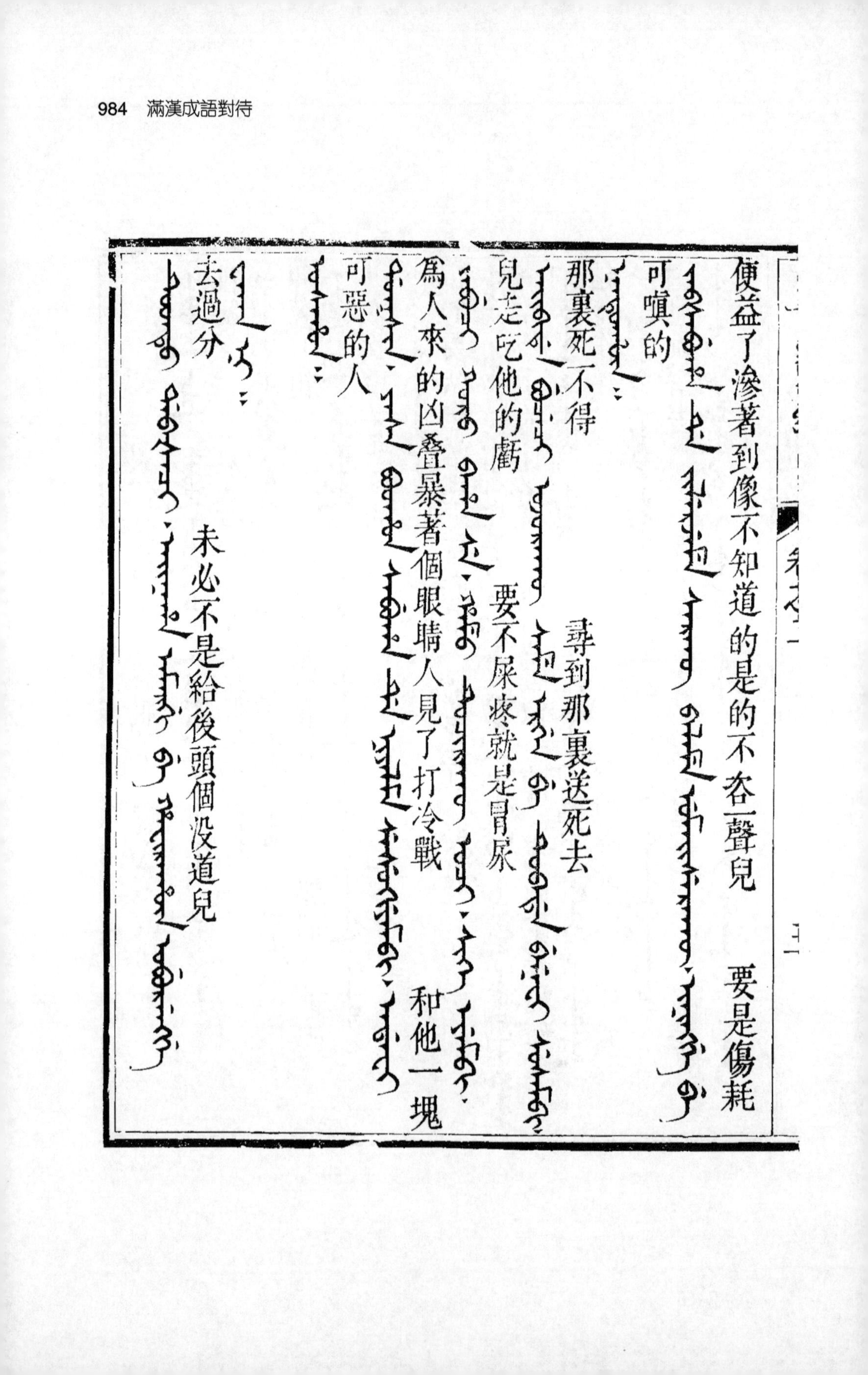

便益了滲著到像不知道的是的不咨一聲兒　要是傷耗

可嗔的

那裏死不得　尋到那裏送死去

兒走吃他的虧　要不尿疼就是胃尿

爲人來的凶疊暴著個眼睛人見了打冷戰　和他一塊

可惡的人

去過分　未必不是給後頭個沒道兒

兒信一半兒

他這個糊塗蟲上人得了主意　把他說的話折一半

明白白的酌量　渾頭馬腦的就是那們行

哈哩哈脹的個人　心裏嚇嚇咧咧的　事情他也不明

哈脹的

到了銀子錢上命都不顧

他了　他肯饒誰　常時看著還好

他一點兒　吧咧　惹下

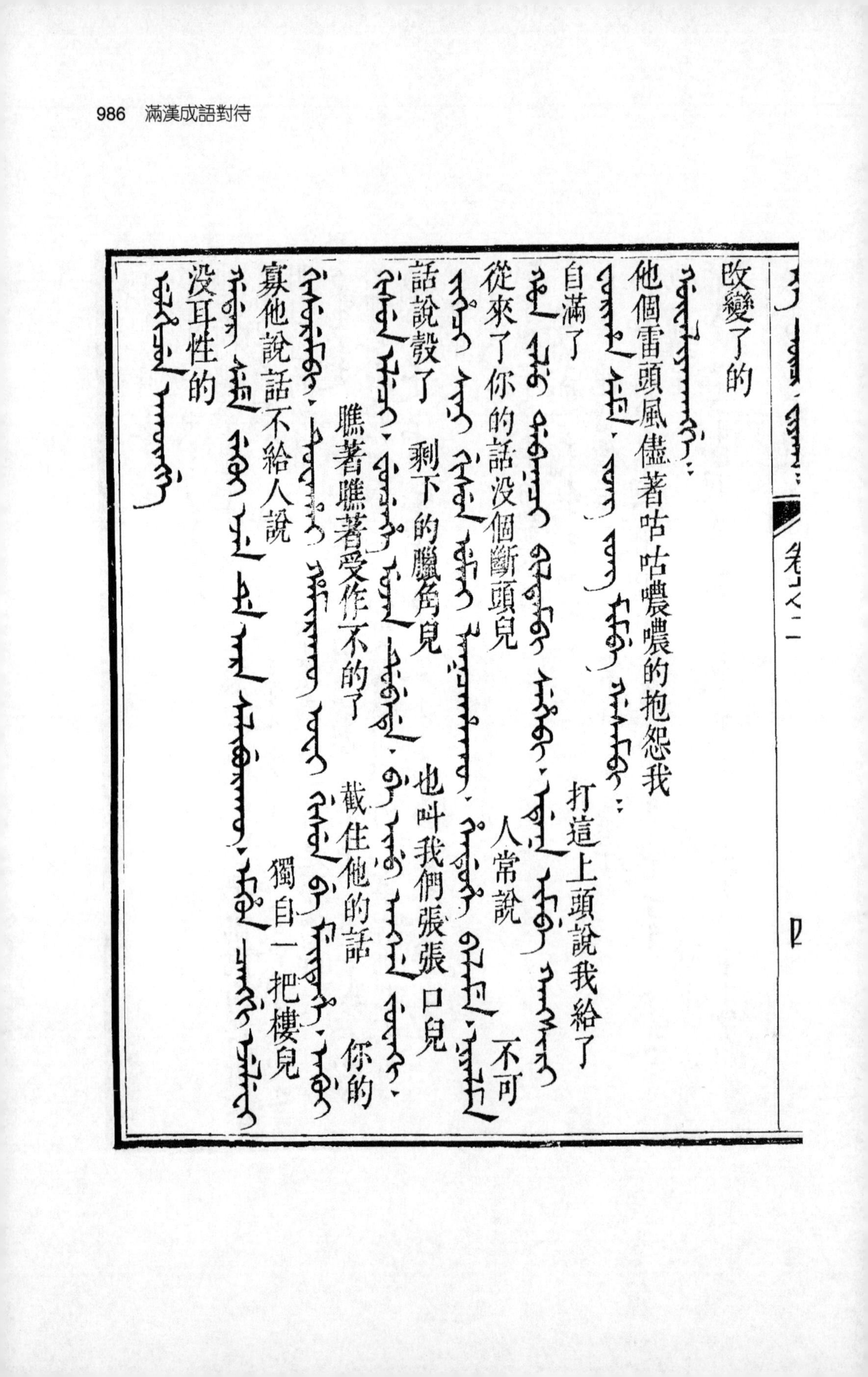

改變了的

他個雷頭風儘著咕咕噥噥的抱怨我

自滿了　打這上頭說我給了

從來了你的話沒個斷頭兒　人常說　不可

話說彀了　剩下的臘角兒　也叫我們張張口兒

瞧著瞧著受作不的了　截住他的話　你的

寡他說話不給人說　獨自一把樓兒

沒耳性的

怪事合他還求甚麽去的是的有一搭兒沒一搭兒著頭不著尾的

說是一塊兒過的　想著對的著的好朋友瞧他去呢

叫人可惱的

弄的冷冰冰的　還有個甚麽心腸和他敘寒溫

把你去的熱心腸　凉水澆的是的

一盆火兒的光景　鴉雀不動的鼻子口兒氣也沒有

他呢那裏有　會一會兒進他家去呢　且別說沒

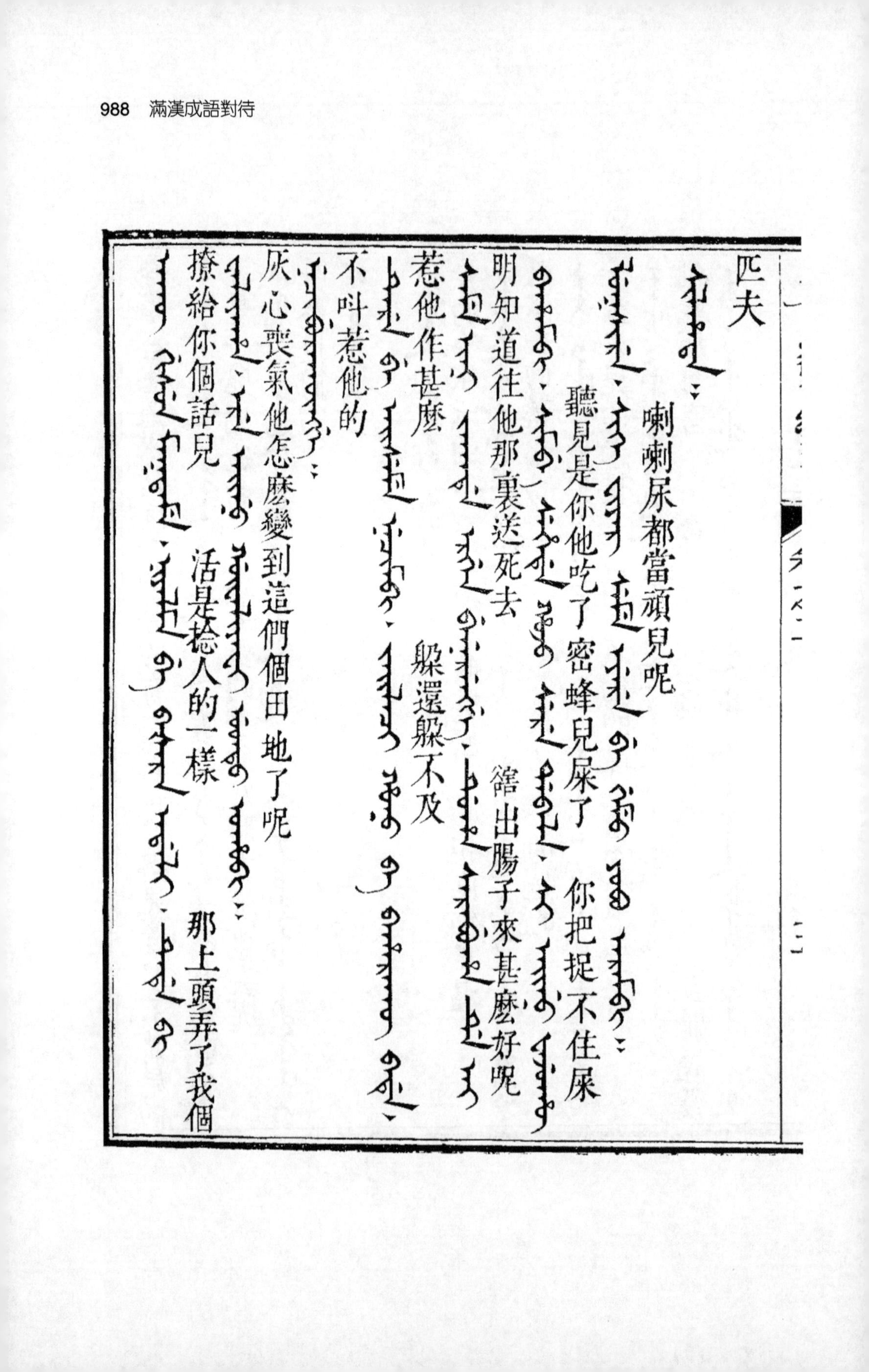

匹夫

喇喇尿都當顙兒呢

聽見是你他吃了密蜂兒尿了　你把捉不住屎

明知道往他那裏送死去　豁出腸子來甚麼好呢

惹他作甚麼　躲還躲不及

不叫惹他的

灰心喪氣他怎麼變到這們個田地了呢

撩給你個話兒　活是撿人的一樣　那上頭弄了我個

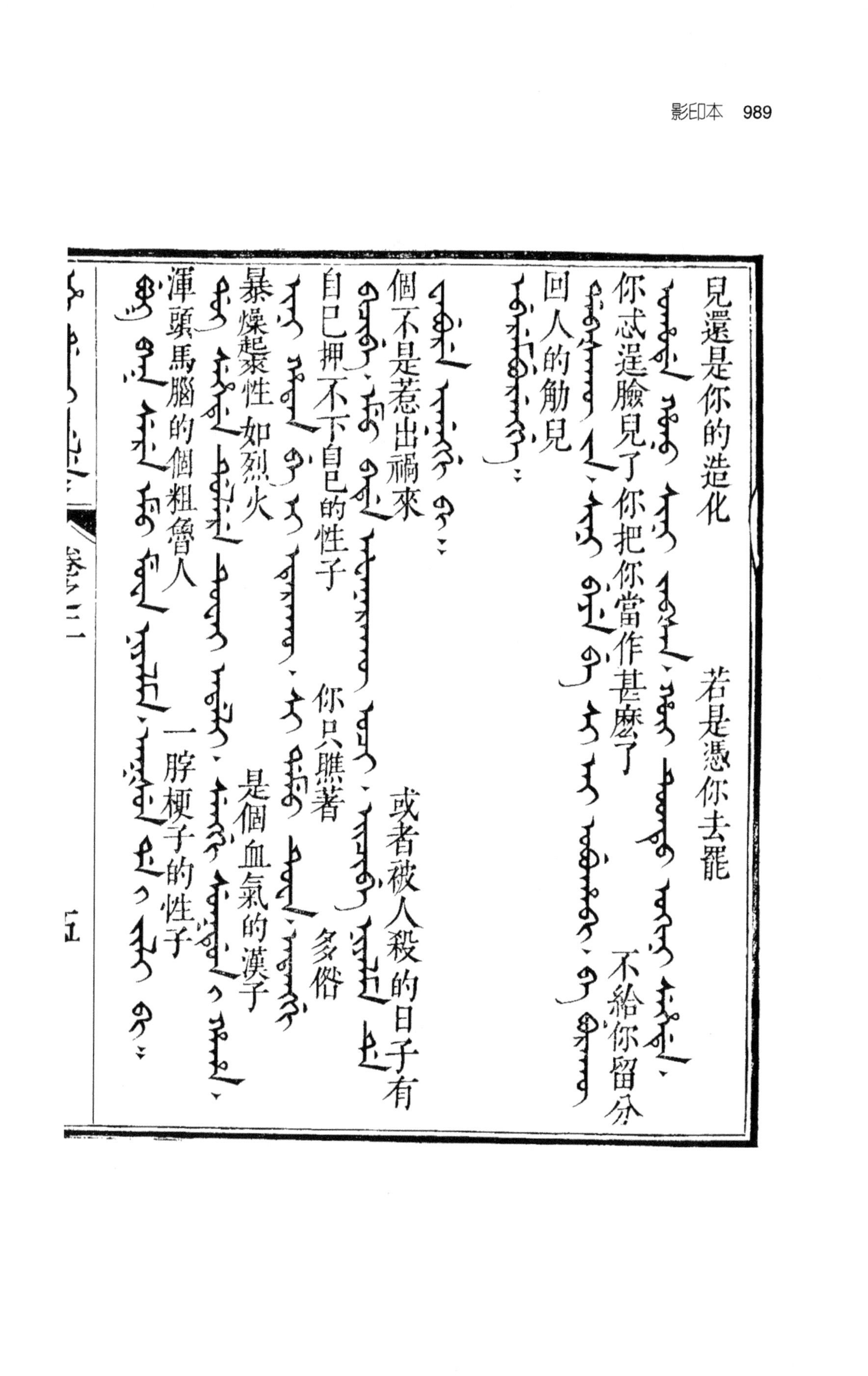

見還是你的造化 若是憑你去罷

你忒涎臉兒了你把你當作甚麼了 不給你留分

回人的觔兒

個不是惹出禍來 或者被人殺的日子有

自已押不下自已的性子 你只瞧著 多咯

暴燥起來性如烈火 是個血氣的漢子

渾頭馬腦的個粗魯人 一脖梗子的性子

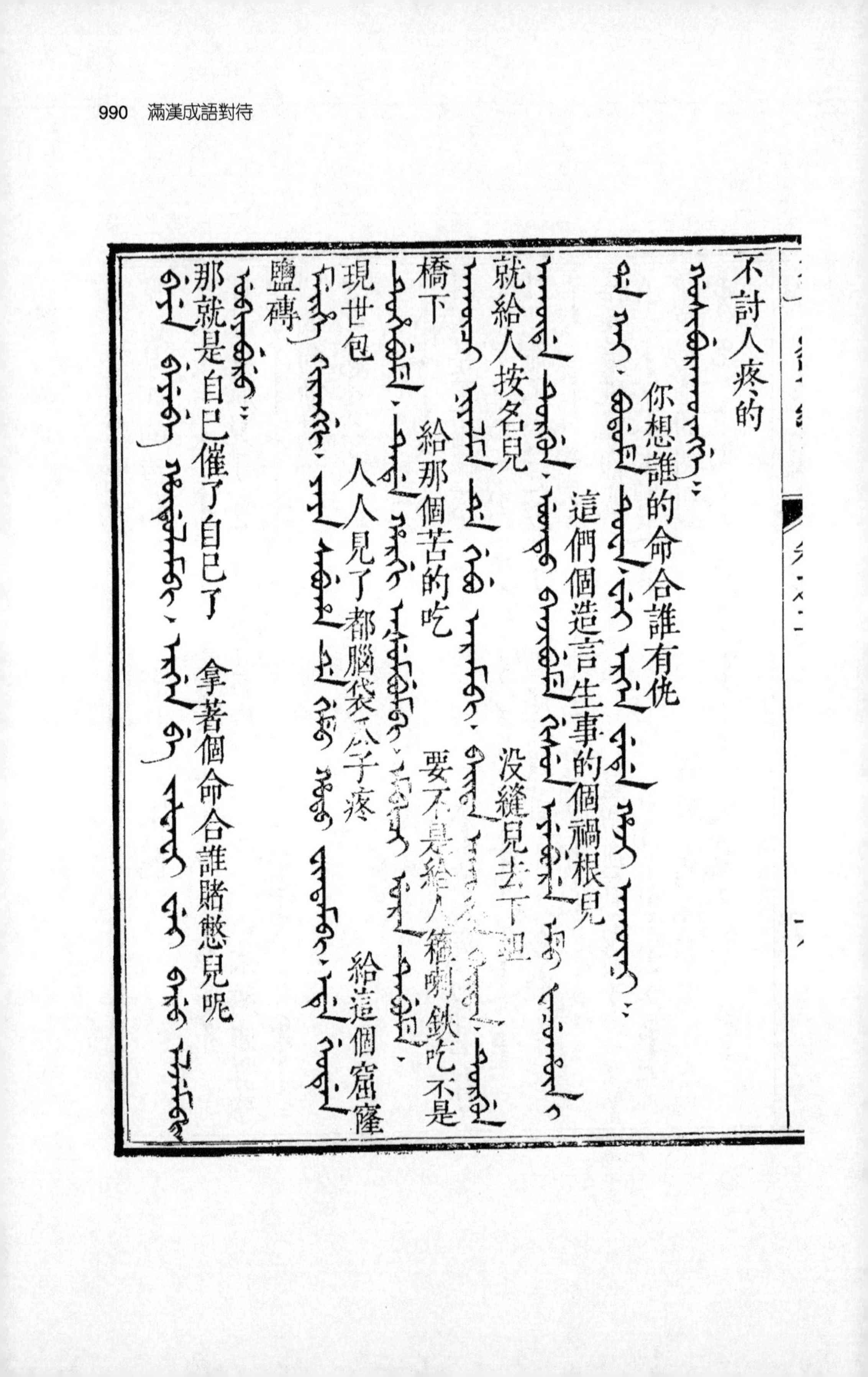

不討人疼的

你想誰的命合誰有仇

這們個造言生事的個禍根兒

就給人按名兒　没縫兒去下蛆

給那個苦的吃　要不是給人箍嘴鈌吃不是

橋下

現世包　人人見了都腦袋瓜子疼　給這個窟窿

鹽磚

那就是自已催了自已了　拿著個命合誰賭憋兒呢

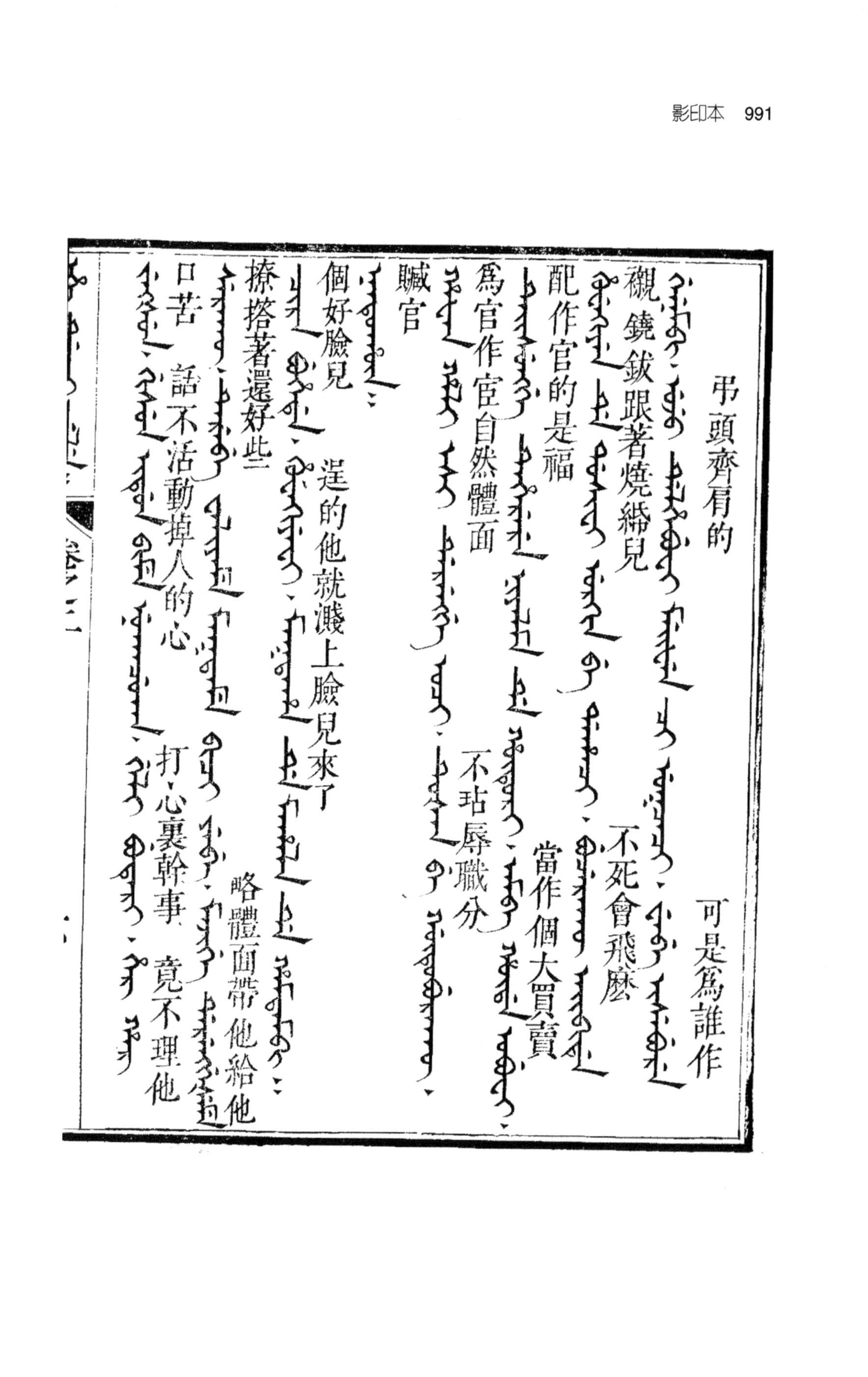

弔頭齊肩的　可是爲誰作

襯鐃鈸跟著燒絺兒　不死會飛麽

配作官的是福　當作個大買賣

爲官作宦自然體面　不玷辱職分

贓官

個好臉兒　逞的他就濺上臉兒來了

撩搭著還好些　略體面帶他給他

口苦　話不活動掉人的心　打心裏幹事、竟不理他

不呌凶惡的

是福

你自然知道

你記著

到那倒運的時候你再瞧

是福不

能幹當作奇特了呢

把他那有勢力轟揚的好時候子

說有材能

爲何把手長

鑽幹大

不是誇他會掙錢得的多的上頭

貪酷的

鑑戒生來

不了纔是　反到可了心兒稱了願的

見了人遭一不幸　如同自已一樣　嘆息

惡人

甚麼剩得下到衆人跟前

天若果要應他的心

不知道喲略說奇的講輸羸

世上稱了人怨的　因他殘刻不能長久

强中只有强中手　結寃何愁無仇敵

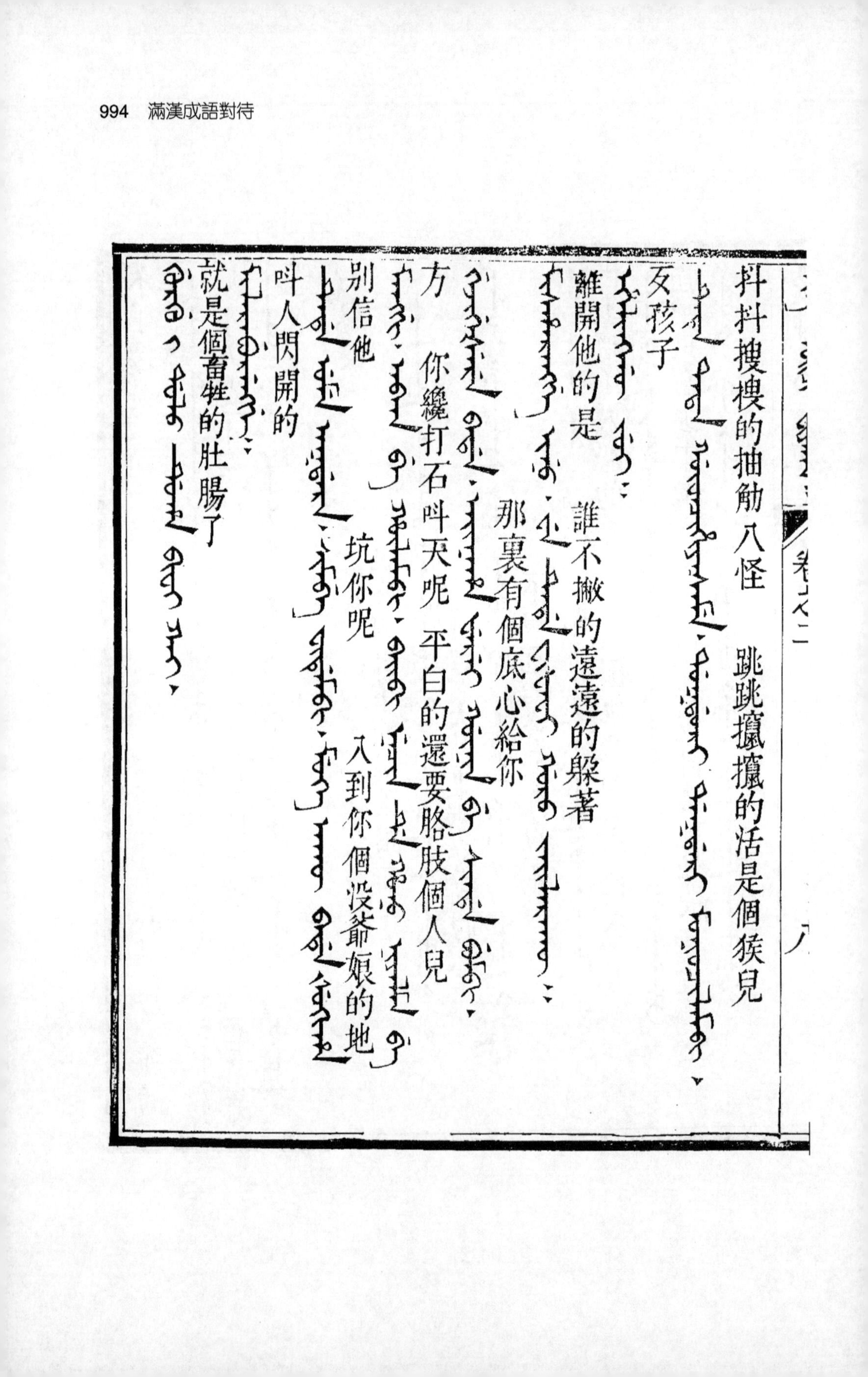

抖抖搜搜的抽觔八怪　跳跳攛攛的活是個猴兒

歹孩子

離開他的是　誰不撇的遠遠的躲著

那裏有個底心給你

方　你纔打石叫天呢　平白的還要胳肢個人兒

別信他　坑你呢　入到你個沒爺娘的地

叫人悶開的

就是個畜牲的肚腸了

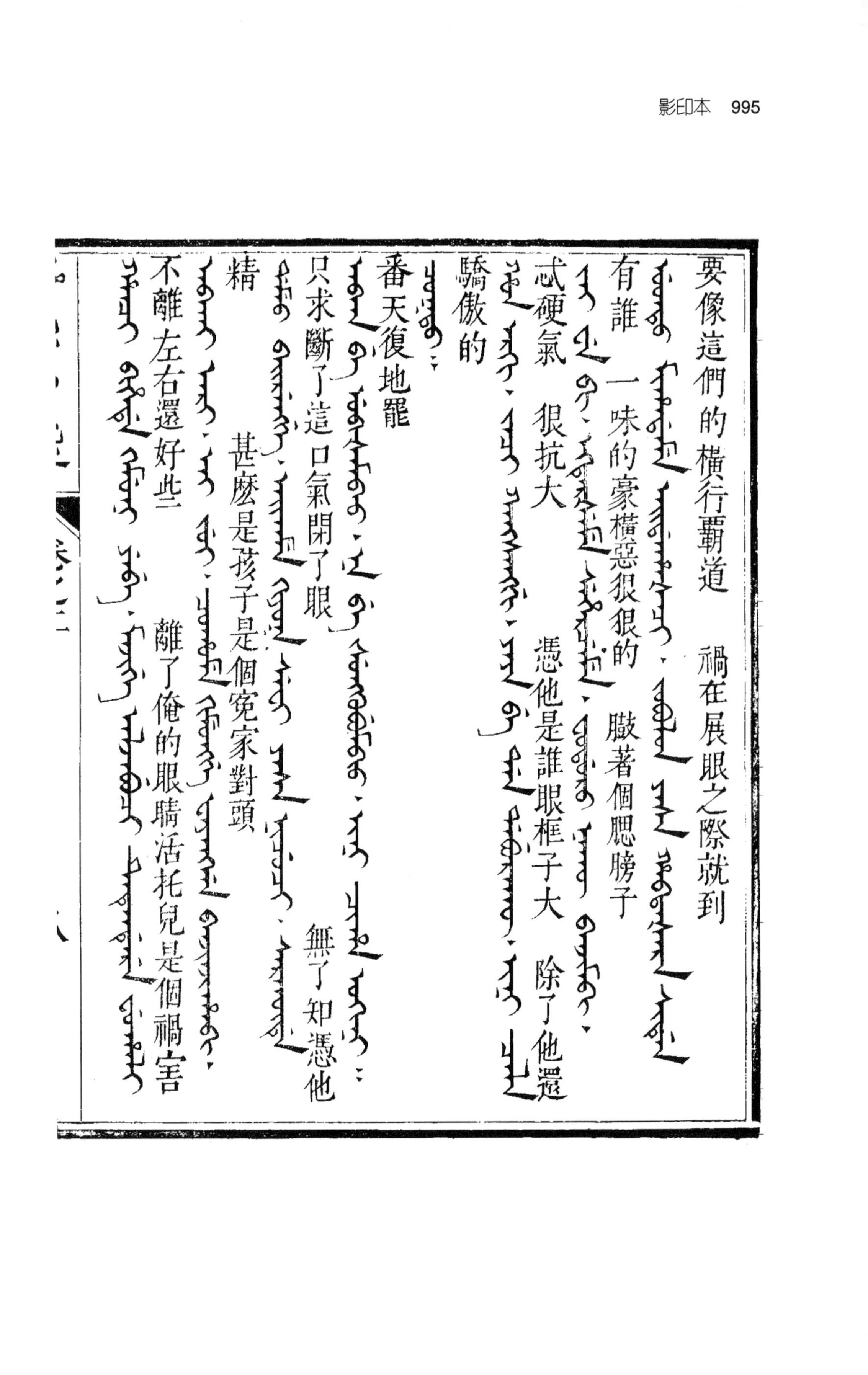

要像這們的横行覇道　禍在展眼之際就到

有誰　一味的豪横惡狠狠的　臌著個腮膀子

忒硬氣　狠抗大　憑他是誰眼框子大　除了他還

驕傲的

番天復地罷

只求斷了這口氣閉了眼　無了知憑他

精　甚麽是孩子是個寃家對頭

不離左右還好些　離了俺的眼睛活托兒是個禍害

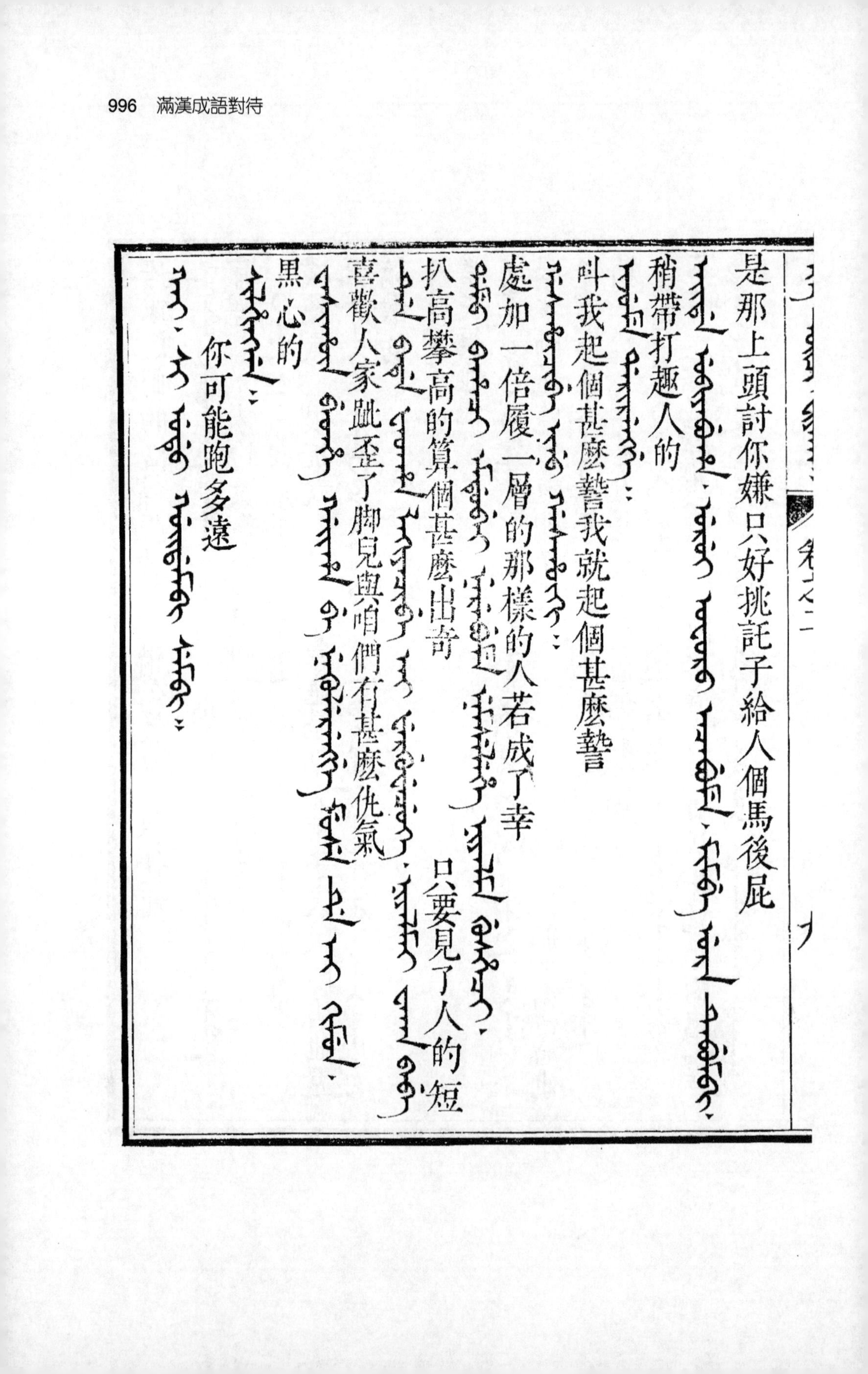

是那上頭討你嫌只好挑託子給人個馬後屁

稍帶打趣人的

叫我起個甚麼誓我就起個甚麼誓

處加一倍履一層的那樣的人若成了幸

扒高攀高的算個甚麼出奇　只要見了人的短

喜歡人家跐歪了脚兒與咱們有甚麼仇氣

黑心的

你可能跑多遠

個臉子沒個和超氣兒 這個再還有個

到像合誰惱了的是的遭遭兒使性謗氣的 枕著

心裏冰井是的冷沒親沒友的疏淡 不大照看孩子們

鷹兒孤

來著 多一個朋友費著你的甚麼呢

你倒有了我的不是了麼 人常說 人不親水土親

在我跟前不待見 上趕著

一點兒沒有得罪你的處 見了待理兒不理兒的

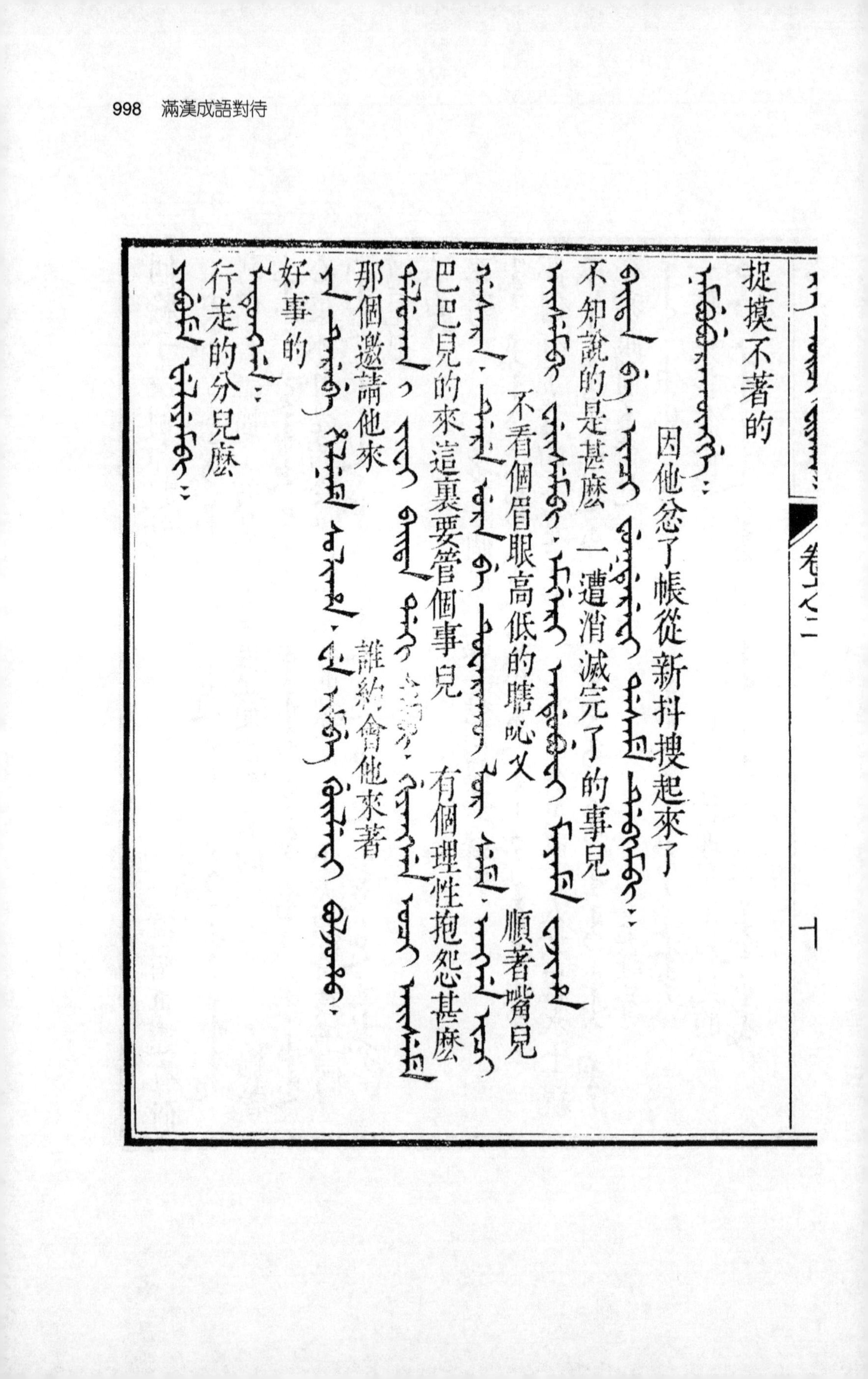

捉摸不著的

因他忿了帳從新抖搜起來了

不知說的是甚麼 一遭消滅完了的事兒

不看個眉眼高低的瞎吣乂 順著嘴兒

巴巴兒的來這裏要管個事兒 有個理性抱怨甚麼

那個邀請他來 誰約會他來著

好事的

行走的分兒麼

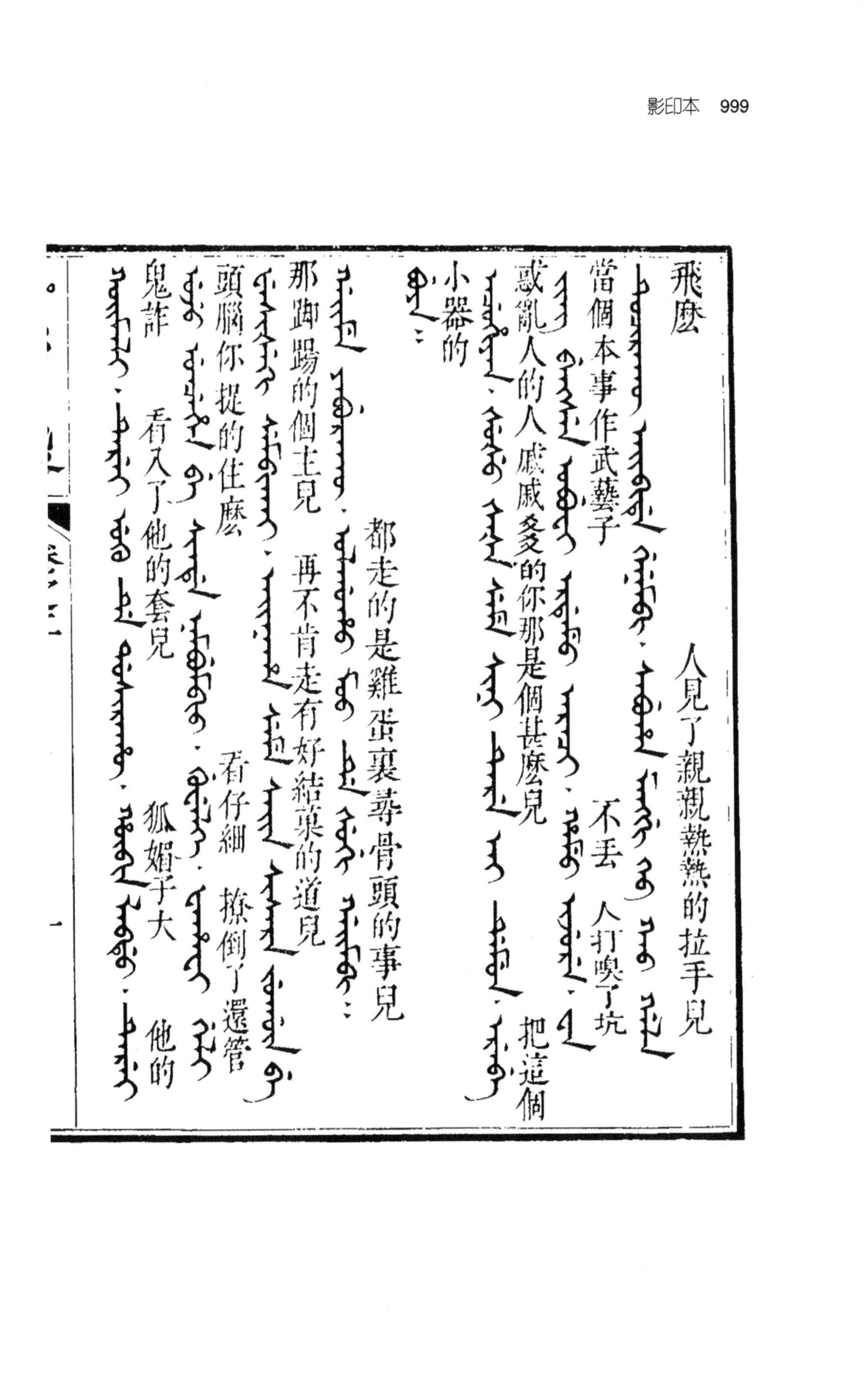

飛麽

人見了親親熱熱的拉手兒

當個本事作武藝子

不丟 人打噢了坑

惑亂人的人慼慼多的你那是個甚麽兒

把這個

小器的

都走的是雞蛋裏尋骨頭的事兒

那踟蹰的個主兒

再不肯走有好結菓的道兒

頭腦你捉的住麽

看仔細

撩倒了還管

鬼詐

看入了他的套兒

狐媚子大

他的

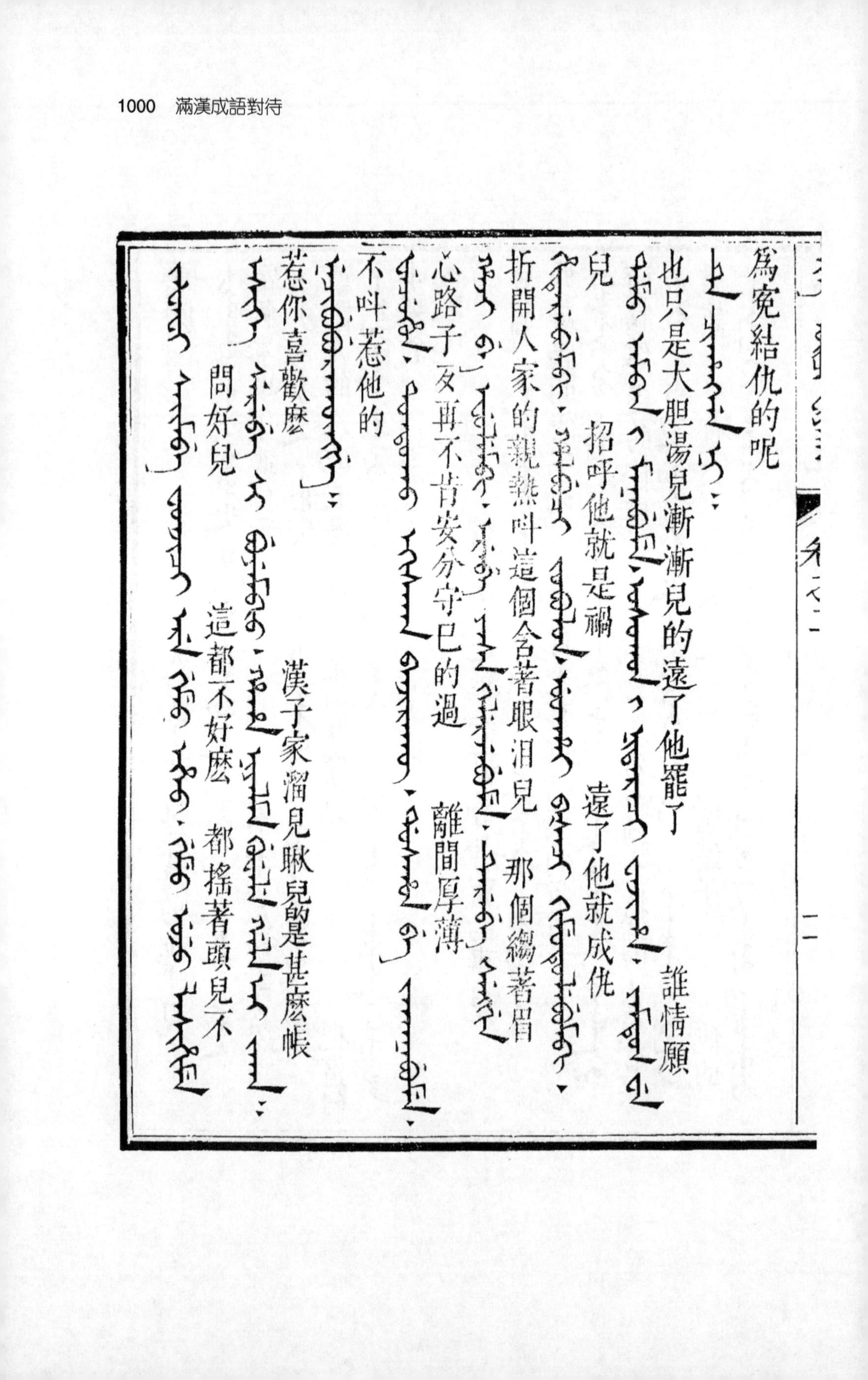

爲寃結仇的呢

也只是大胆湯兒漸漸兒的遠了他罷了　誰情願

兒　招呼他就是禍　遠了他就成仇

折開人家的親熱叫這個含著眼泪兒　那個緜著眉

心路子反再不肯安分守巳的過　離間厚薄

不叫惹他的

惹你喜歡麼　漢子家溜兒瞅兒瞧是甚麼帳

問好兒　這都不好麼　都搖著頭兒不

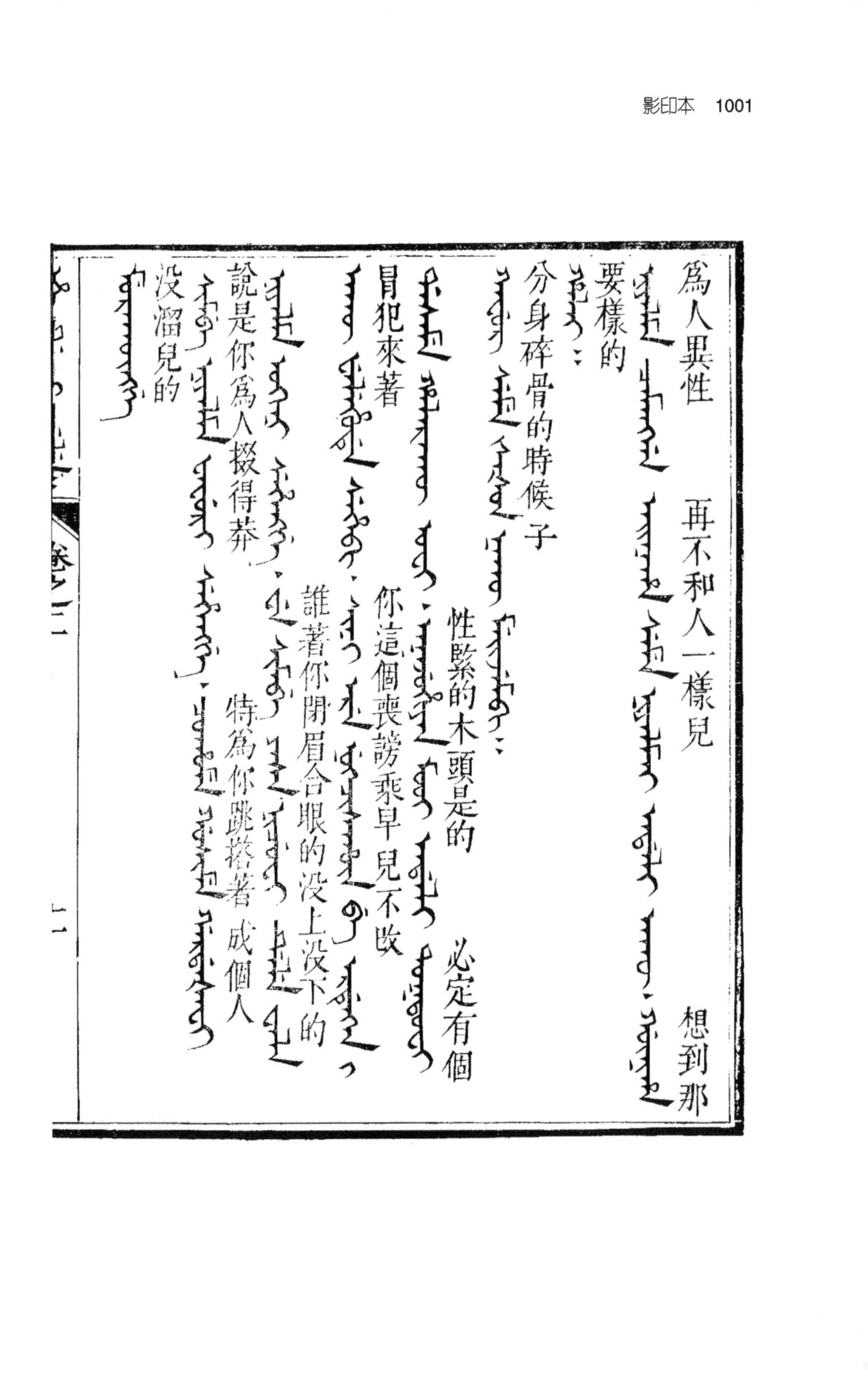

爲人異性　再不和人一樣兒　想到那

要樣的

分身碎骨的時候子

性緊的木頭是的　必定有個

冒犯來著

你這個喪謗乘早兒不敀

誰著你閉眉合眼的沒上沒下的

說是你爲人掇得莽

特爲你跳搭著　成個人

沒溜兒的

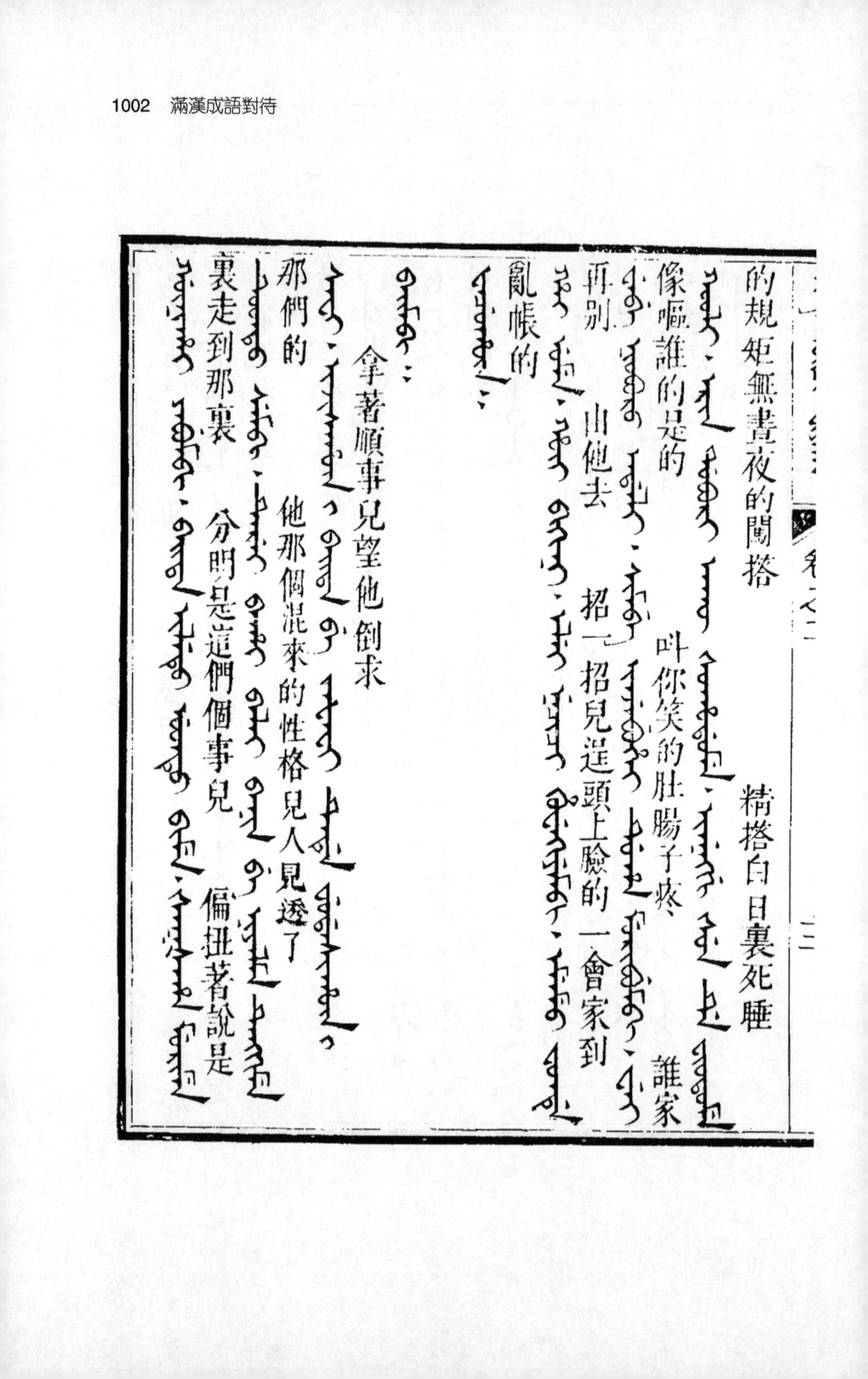

的規矩無晝夜的闖搭

精搭白日裏死睡

誰家

像嘔誰的是的

叫你笑的肚腸子疼

再別

山他去

招一招兒逞頭上臉的

一會家到

亂帳的

拿著順事兒望他倒求

那們的

他那個混來的性格兒人見透了

裏走到那裏

分明是這們個事兒

偏扭著說是

你看看天 怎麽都欺得呢

你心裏要忍忍得罷了

淨

就懷著個違背無恩的肚腸

爲個人受了人家的恩惠 嘴還沒擦干

就是個狗味買了他見了還知道搖頭擺尾的

小人

就是那們異樣才鑽的個怪性兒

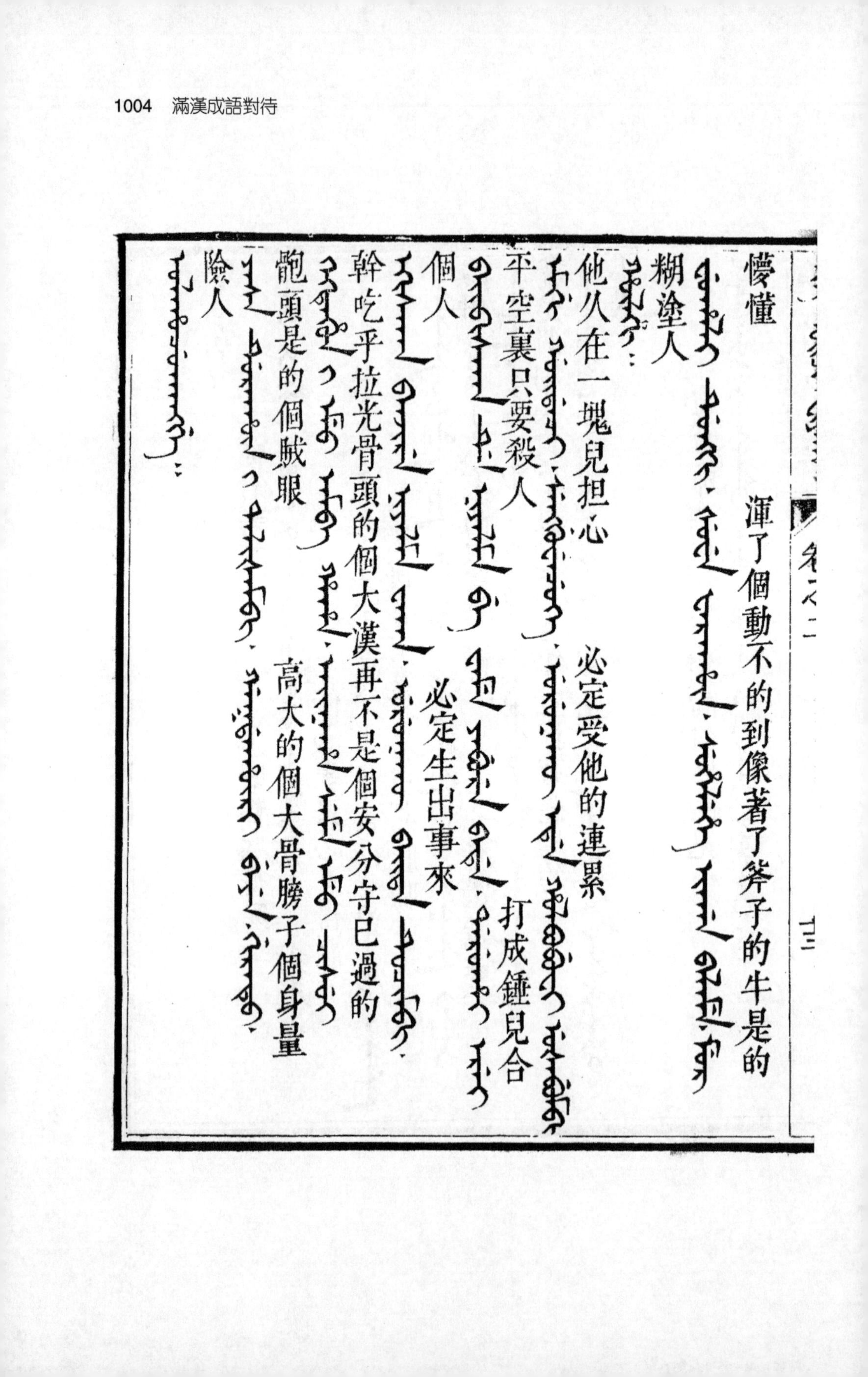

懜懂

渾了個動不的到像著了斧子的牛是的

糊塗人

他乆在一塊兒担心

必定受他的連累

平空裏只要殺人

打成鍾見合

個人

必定生出事來

幹吃乎拉光骨頭的個大漢再不是個安分守巳過的

骲頭是的個賊眼

高大的個大骨膀子個身量

險人

没行的是的呢

眼睜睜忍心害理的行了 胸中怎麽像

報應你知道從那裏來

只朓自已的乾淨 過於寃屈人

不叫走那道兒的

都不知道 反道說自已能幹行的是

混撞 他那一番掘儻的上頭 人家担待他

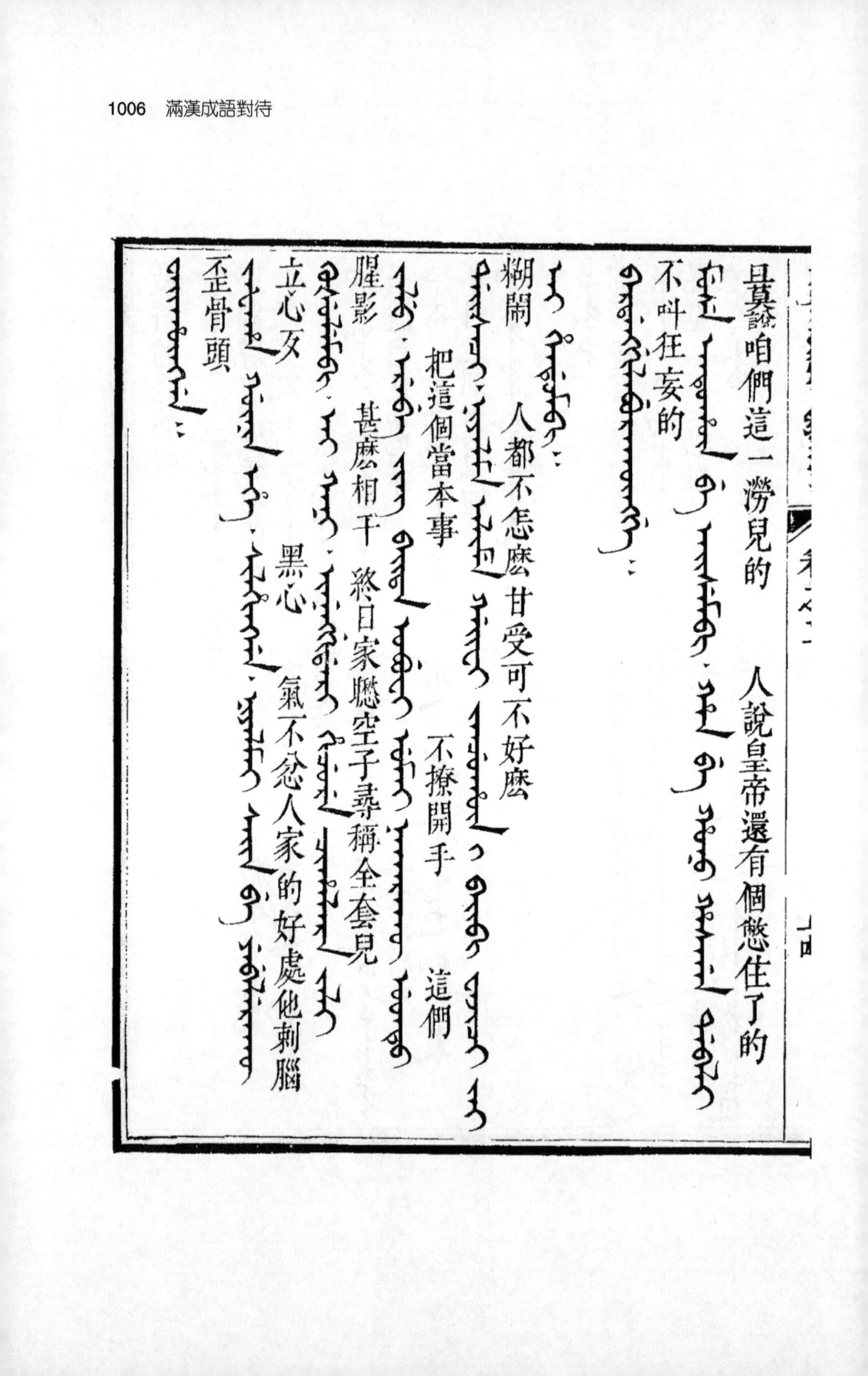

且莫談咱們這一塄見的　人說皇帝還有個憋住了的

不叫狂妄的

糊鬧　人都不怎麽甘受可不好麽

把這個當本事　不撩開手　這們

腥影　甚麽相干　終日家憁空子尋稱全套兒

立心歹　黑心　氣不忿人家的好處他刺腦

歪骨頭

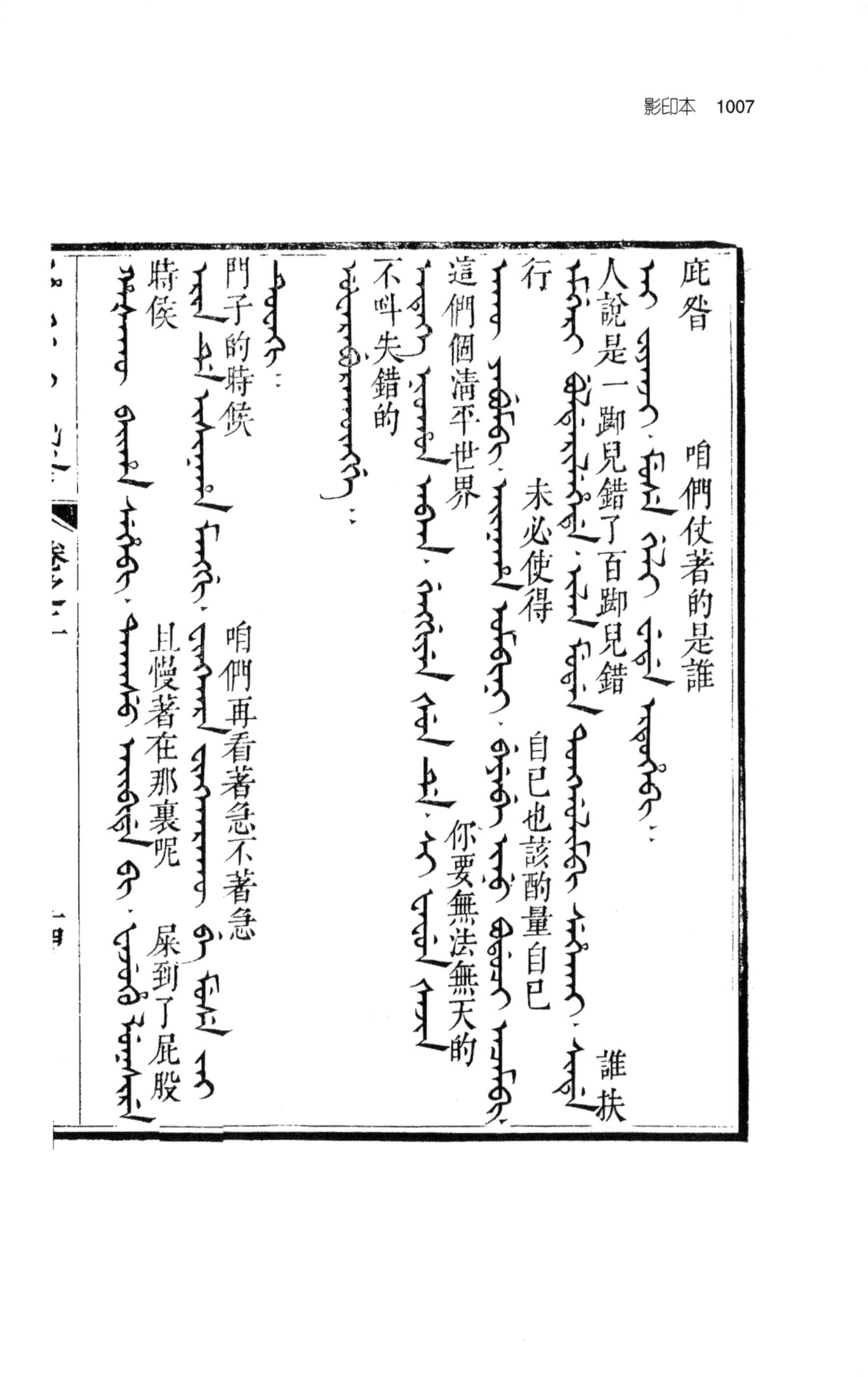

庇瞀

咱們仗著的是誰

人說是一跐兒錯了百跐兒錯

誰扶

行

未必使得

自已也該酌量自已

這們個清平世界

你要無法無天的

不叫失錯的

門子的時候

咱們再看著急不著急

時候

且慢著在那裏呢

屎到了屁股

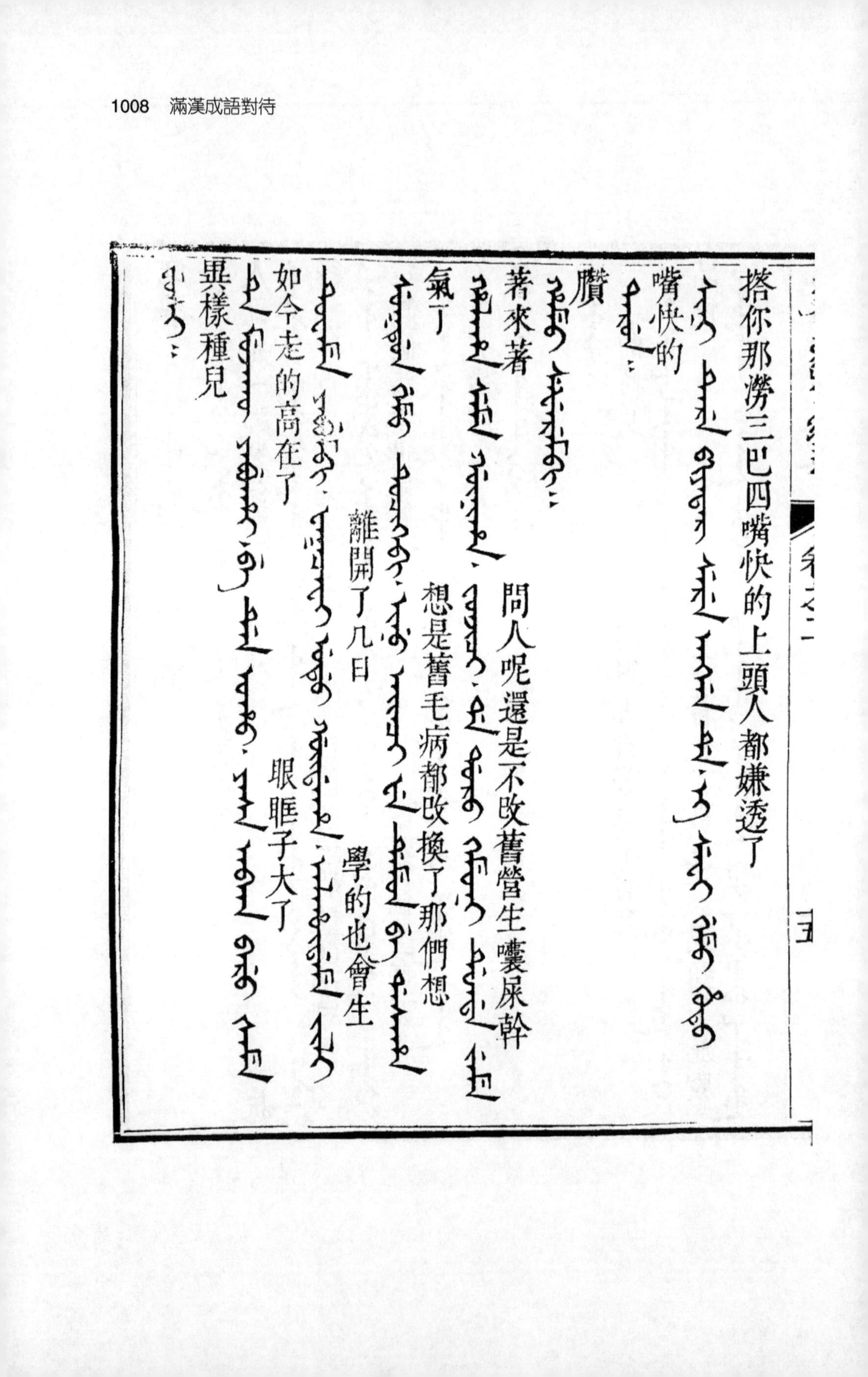

搭你那嘮三巴四嘴快的上頭人都嫌透了

嘴快的

臢

著來著

問人呢還是不改舊營生囔屎幹

氣了

想是舊毛病都改換了那們想

離開了几日

學的也會生

如今走的高在了

眼眶子大了

異樣種兒

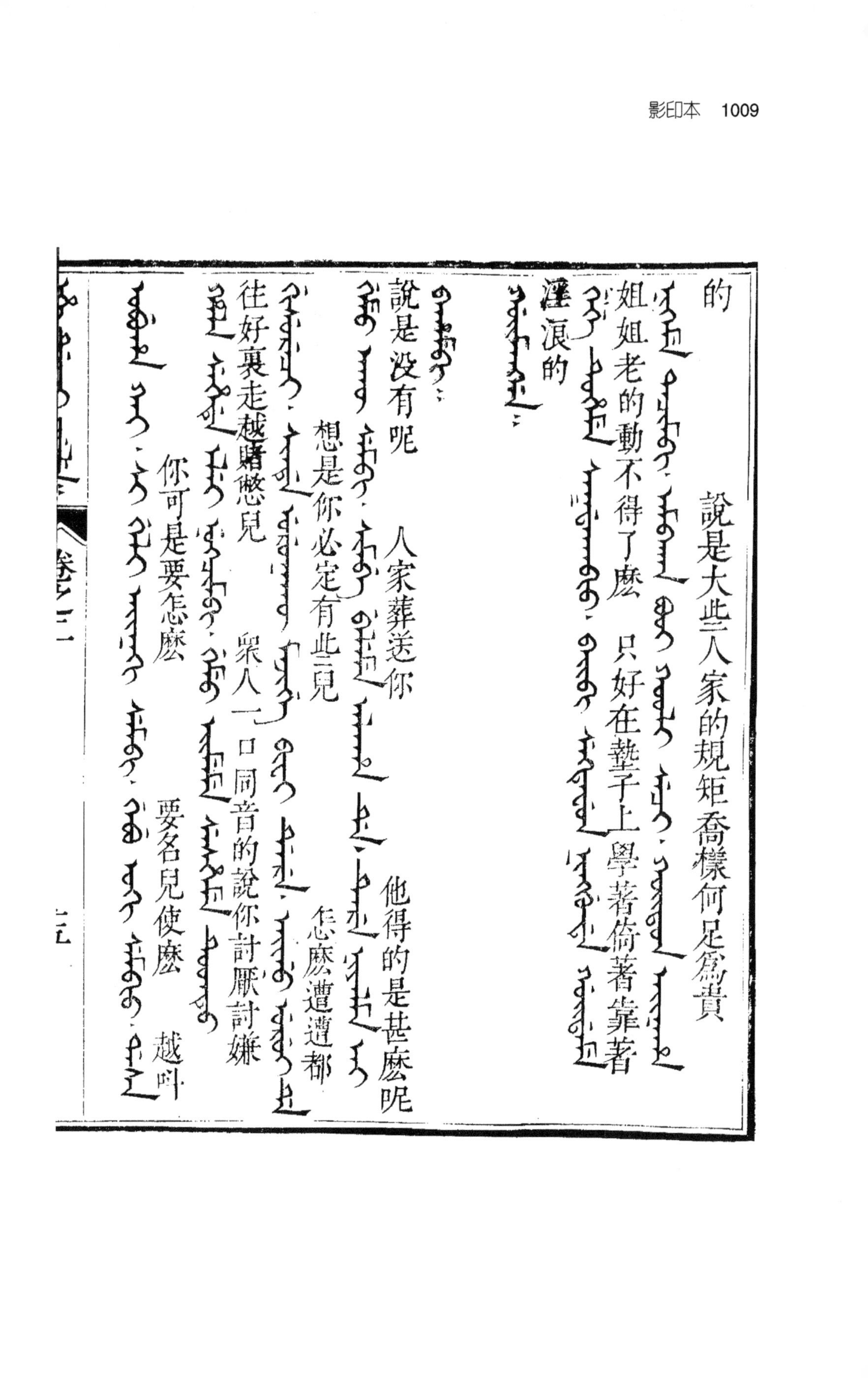

的

說是大些人家的規矩喬樣何足爲貴

姐姐老的動不得了麼　只好在墊子上學著倚著靠著

瀝淚的

說是沒有呢　人家葬送你　他得的是甚麼呢

想是你必定有些兒　怎麼遭遭都

往好裏走越瞎慜兒　衆人一口同音的說你討厭討嫌

你可是要怎麼　要名兒使麼　越叫

粉飾　只是丢醜行腌臢的事

夂總不出生成長就的面目　勉强

討彩不在乎鼓盜烟脂粉　好與

淫婦

的價兒

兒

麽　怎麽掙那高貴身分

年小小兒的只好得個不值的名

說是壯　觀好看坐褥枕頭乘的起甚

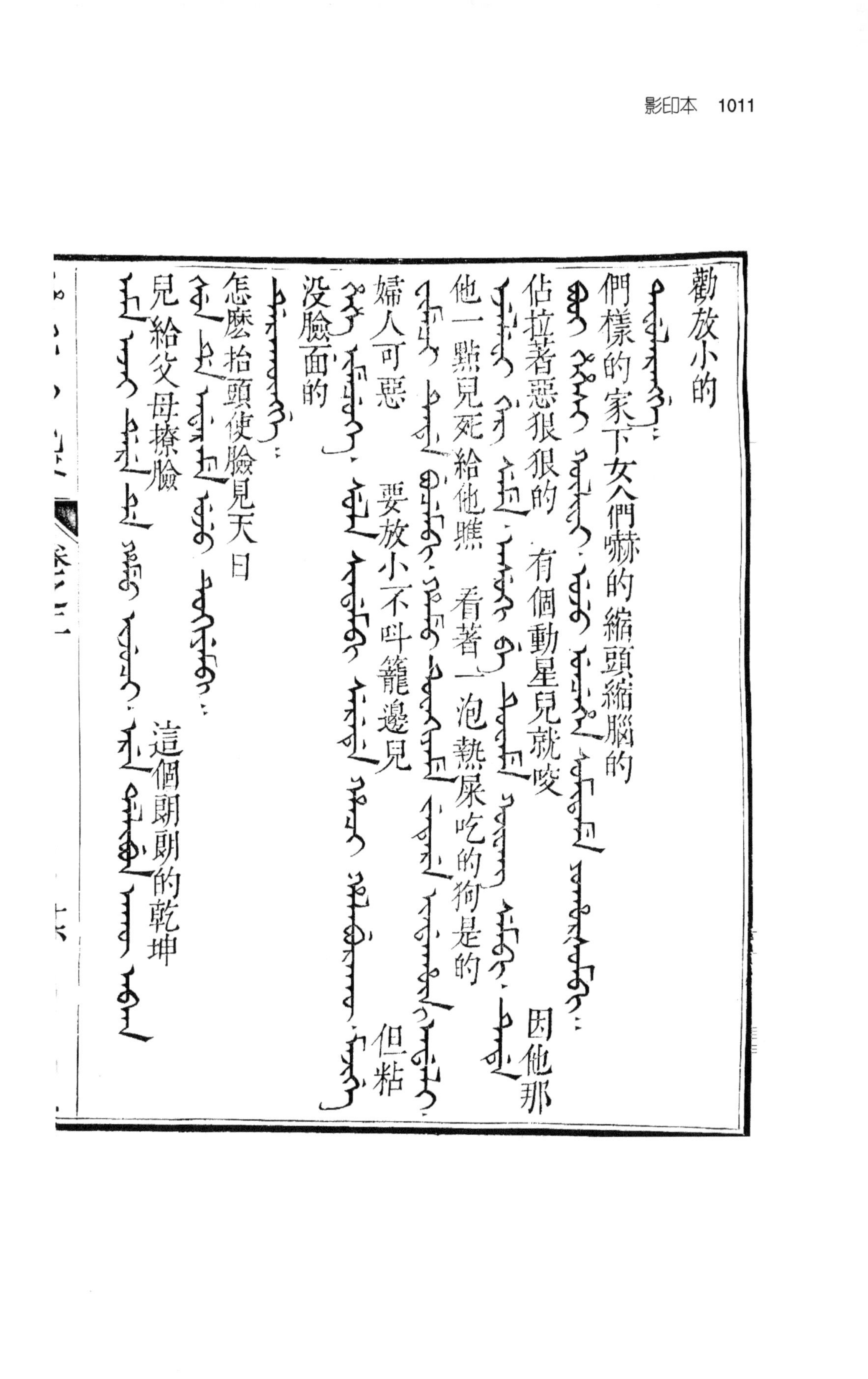

勸放小的

們樣的家下女人們嚇的縮頭縮腦的

估拉著惡狠狠的　有個動星兒就咬　因他那

他一點兒死給他瞧　看著一泡熱屎吃的狗是的

婦人可惡　要放小不叫籠邊兒　但粘

沒臉面的

怎麽抬頭使臉見天日

兒給父母撩臉　這個朗朗的乾坤

抖抖搜搜是那們倆娘母子　養的孩子們都是根種子

拙的

下頭來不依

倆貼身的侍兒　也在奴才之內　爲甚麽横檔著攡

侍勞自已受用　故此叫作

提　分上下　明內外

圖滛慾　扶侍便宜　抓　撓　掐

踋底下有個使女　有好處　未必就只

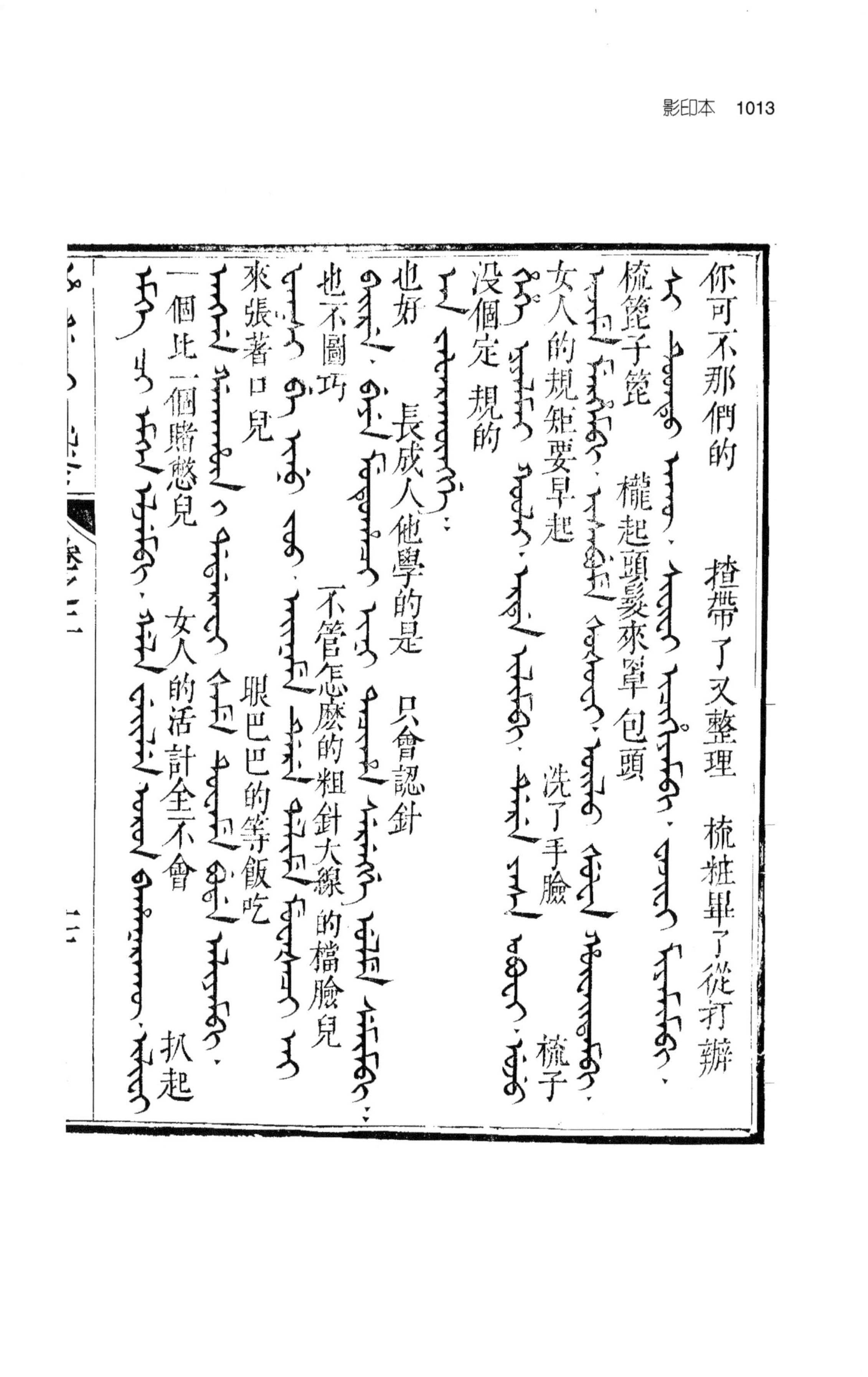

你可不那們的　揸帶了又整理　梳粧畢了從打辮

梳篦子篦　櫳起頭髮來罩包頭

女人的規矩要早起　洗了手臉　梳子

没個定規的

也好　長成人他學的是　只會認針

也不圖巧　不管怎麽的粗針大線的擋臉兒

來張著口兒　眼巴巴的等飯吃

一個比一個蹭懲兒　女人的活計全不會　扒起

他們家過的是甚麽　混日子罷了　女人叠叠邪邪的那

饞婦人

牛頭馬面誰在那裏看見來著

裏含著甚麽是的　會見了對不得面

的臉肯上俊　天天蹊蹊的說話　到像嘴

是個蹺蹊女人臉憨皮厚討萬人嫌　癩著個套雲麻子

醜女人

此人性情各別

的薰死個人　猛個丁的粧病唬人一跳

到的　烟袋不離口　噴兒噴兒

刀搭刀搭的個歪拉骨　就只會哄誆漢子孤媚眼

創門子的

膈肢窩的翅搭拉他也未必懂的

不堪　若是不信　你問問他的活計看

有一塊兒麽好歹的線有一條兒麽　哈帳了個

們個樣兒只會曳著藏著的囊嗓　邪頭摸角兒的　布丁

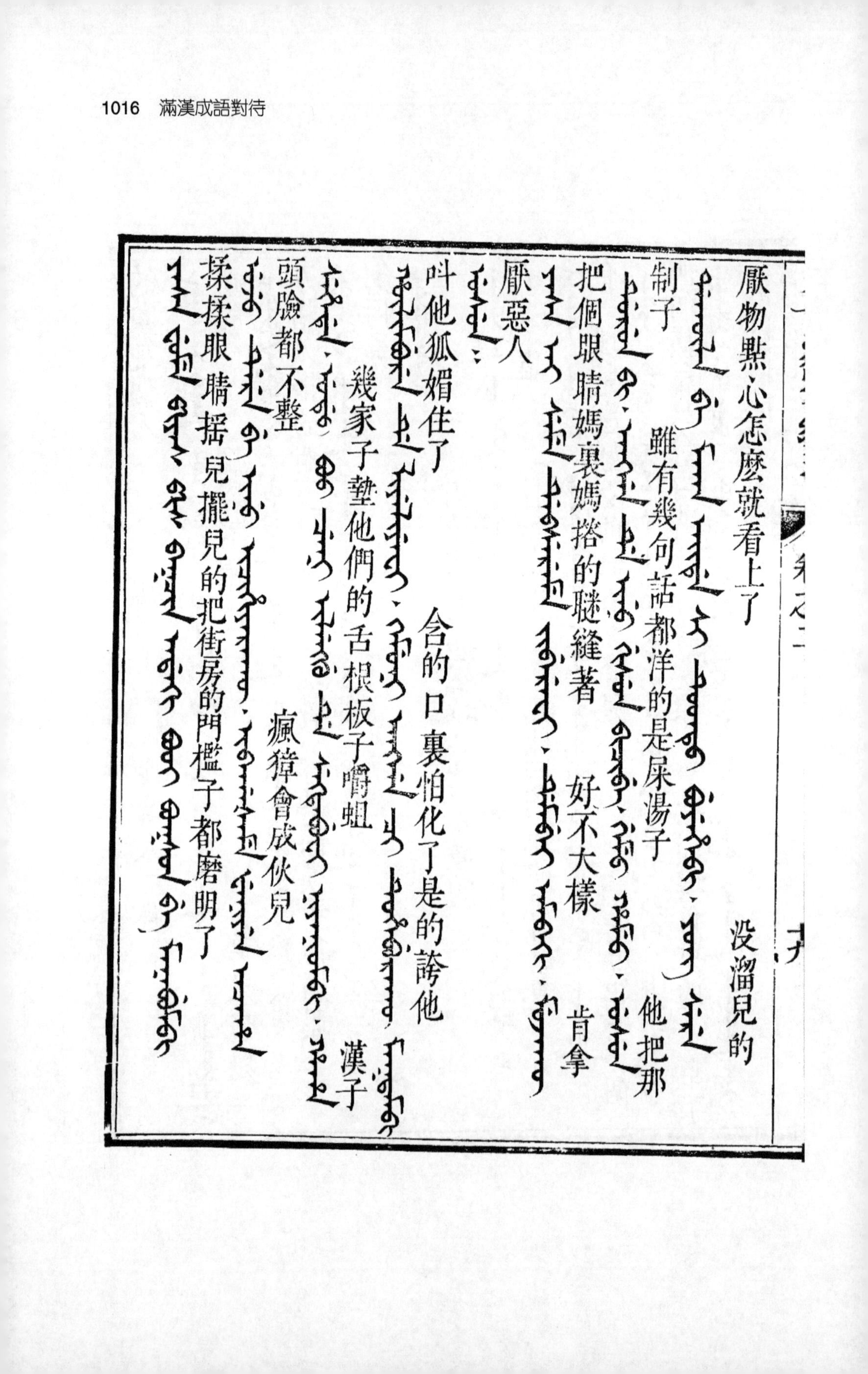

厭物點心怎麼就看上了　沒溜兒的

制子　雖有幾句話都洋的是屎湯子　他把那

把個眼睛媽裏媽搭的瞇縫著　好不大樣　肯拿

厭惡八

叫他狐媚住了　合的口裏怕化了是的誇他

幾家子墊他們的舌根板子嚼蛆　漢子

頭臉都不整　瘋獐會放伙兒

揉揉眼睛摇兒擺兒的把街房的門檻子都磨明了

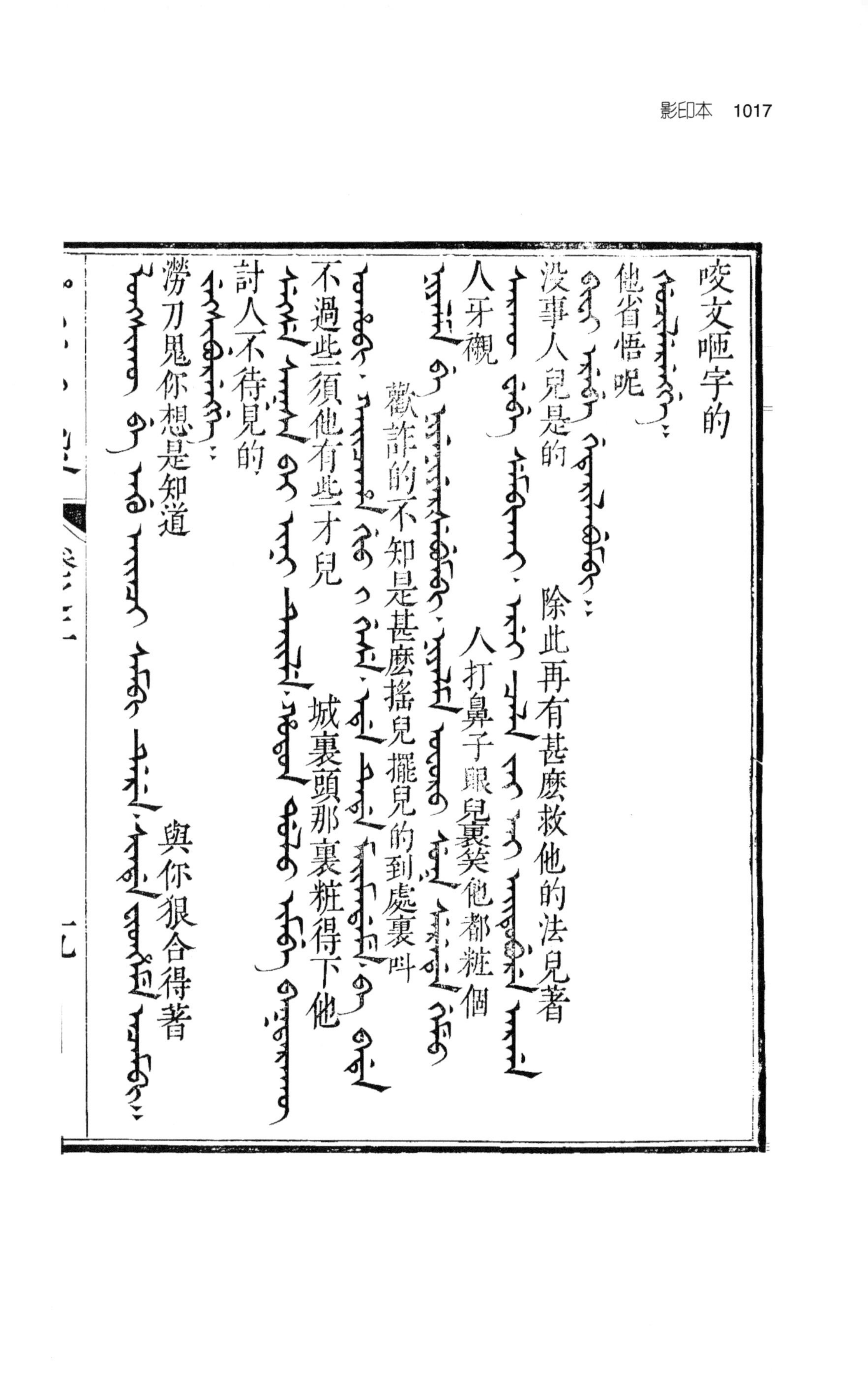

咬文咂字的

他省悟呢

没事人兒是的

除此再有甚麽救他的法兒著

人牙磣

人打鼻子眼兒裏笑他都粧個

歡詐的不知是甚麽搖兒擺兒的到處裏呌

不過些須他有些才兒

城裏頭那裏粧得下他

討人不待見的

撈刀鬼你想是知道

與你狠合得著

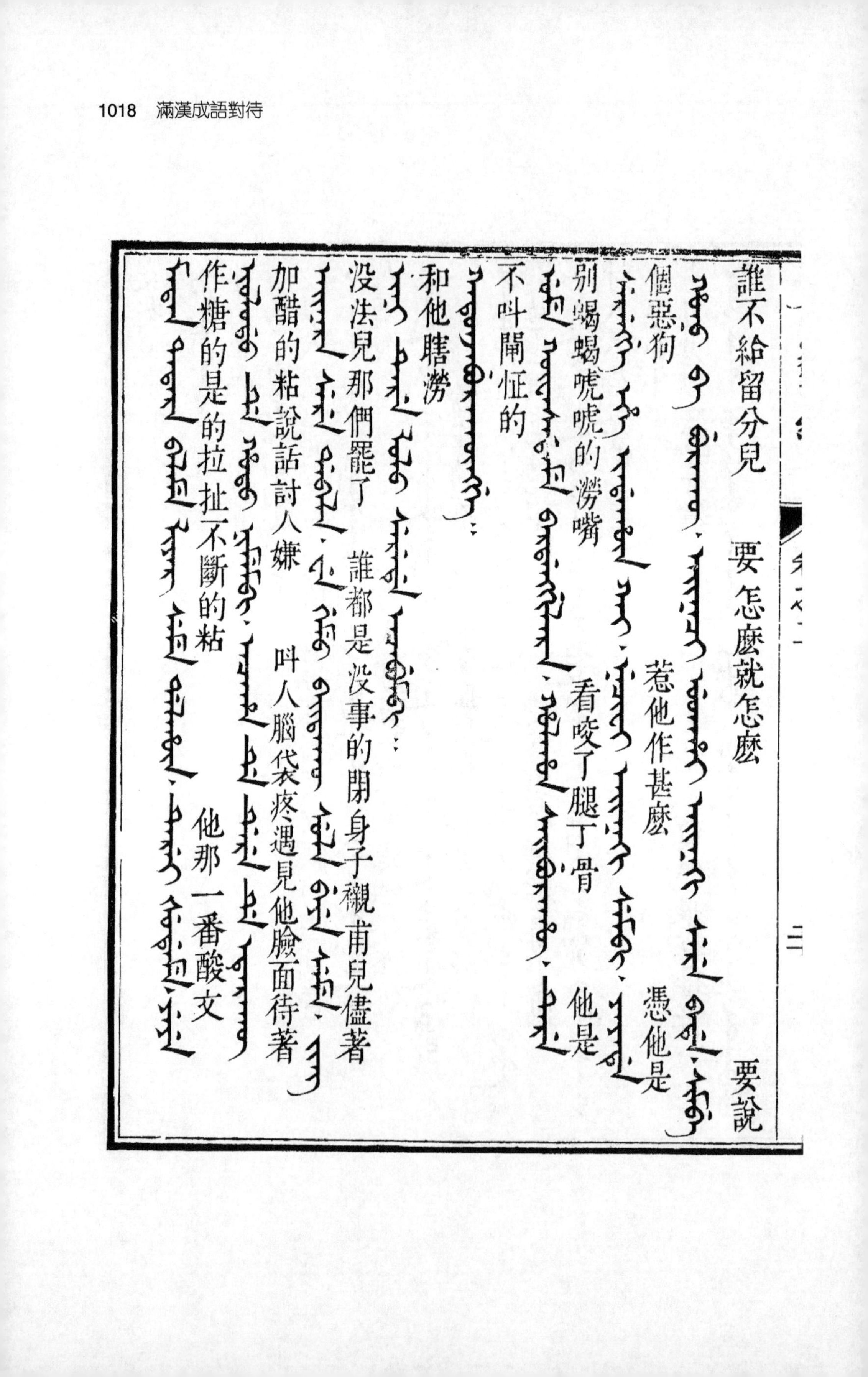

誰不給留分兒　要怎麽就怎麽　要說

個惡狗　惹他作甚麽　憑他是

別蝎蝎虎虎的嘮嘴　看咬了腿丁骨　他是

不叫鬧怔的

和他瞎嘮

沒法見那們罷了　誰都是沒事的閑身子襯甫見儘著

加醋的粘說話討人嫌　叫人腦袋疼遇見他臉面待著

作糖的是的拉扯不斷的粘　他那一番酸文

要死

打心裏見不得東西實在的瘋了

我替他羞的

甚麽

都是如此眼饞肚飽的

都是冒冒失的有個甚麽掴兒

倘若是定得個

你是個没有的窮人

高攀望想央求

叫看著窮的

翻了臉是誰他都不認的

是你吃了蜜蜂兒屎了

你怎麽瞧著他了

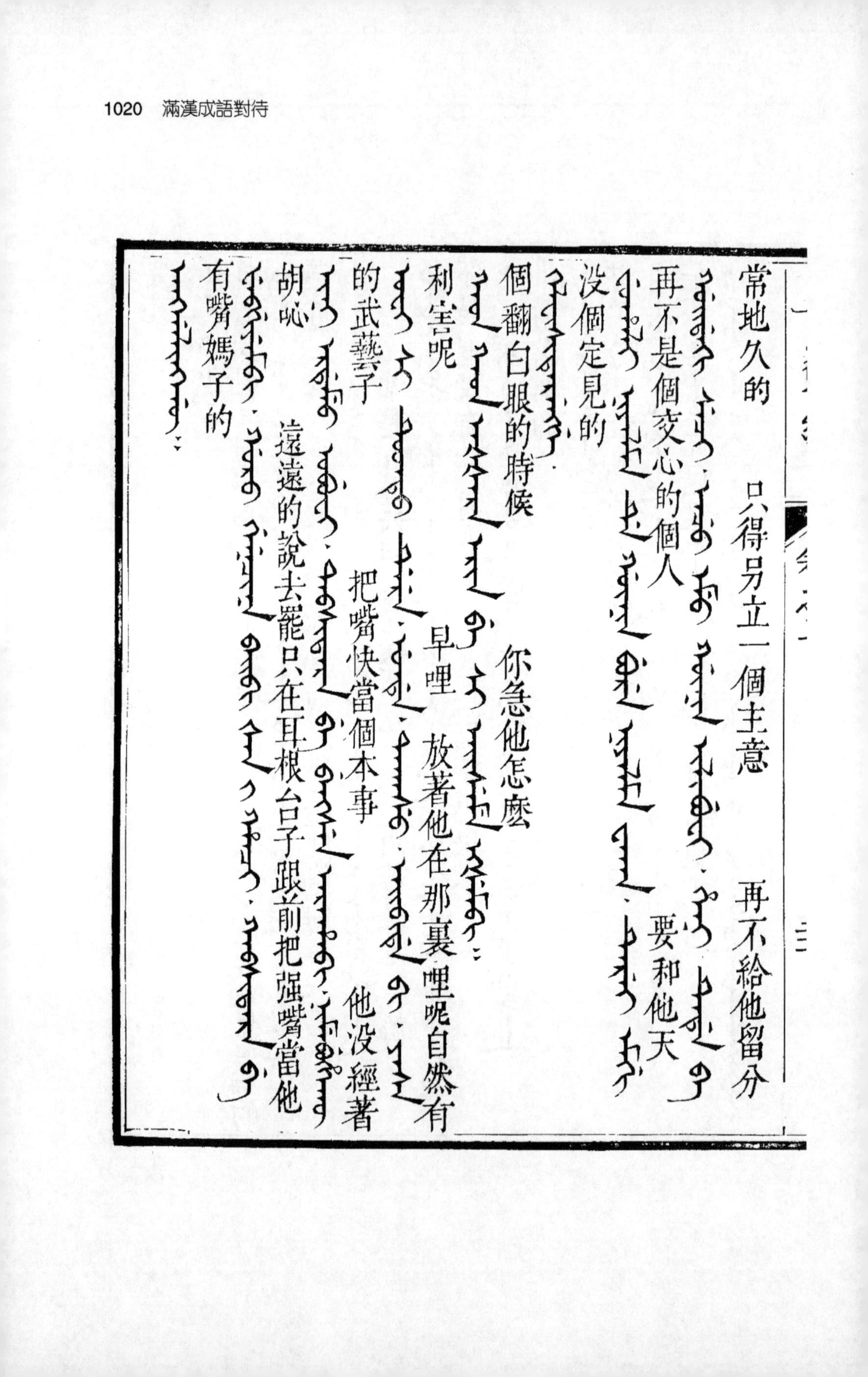

常地久的　只得另立一個主意　再不給他留分

再不是個交心的個人　要和他天

没個定見的

個翻白眼的時候　你急他怎麼

利害呢　早哩　放著他在那裏哩呢自然有

的武藝子　把嘴快當個本事　他没經著

胡吣　遠遠的說去罷只在耳根台子跟前把強嘴當他

有嘴媽子的

一猜一個著 儘著便益你老天

善會截人心的人 爲人聰明 一會兒家猜人的心

奸詐的

大話你們都練了羣兒惹我來罷那們的胡說

撩給他個臉兒放鬆一把 他就會作起怪來鄉言

挫著 不叫他得主意纔使得

兒 一半兒數嘮 一面兒教道 那樣揉

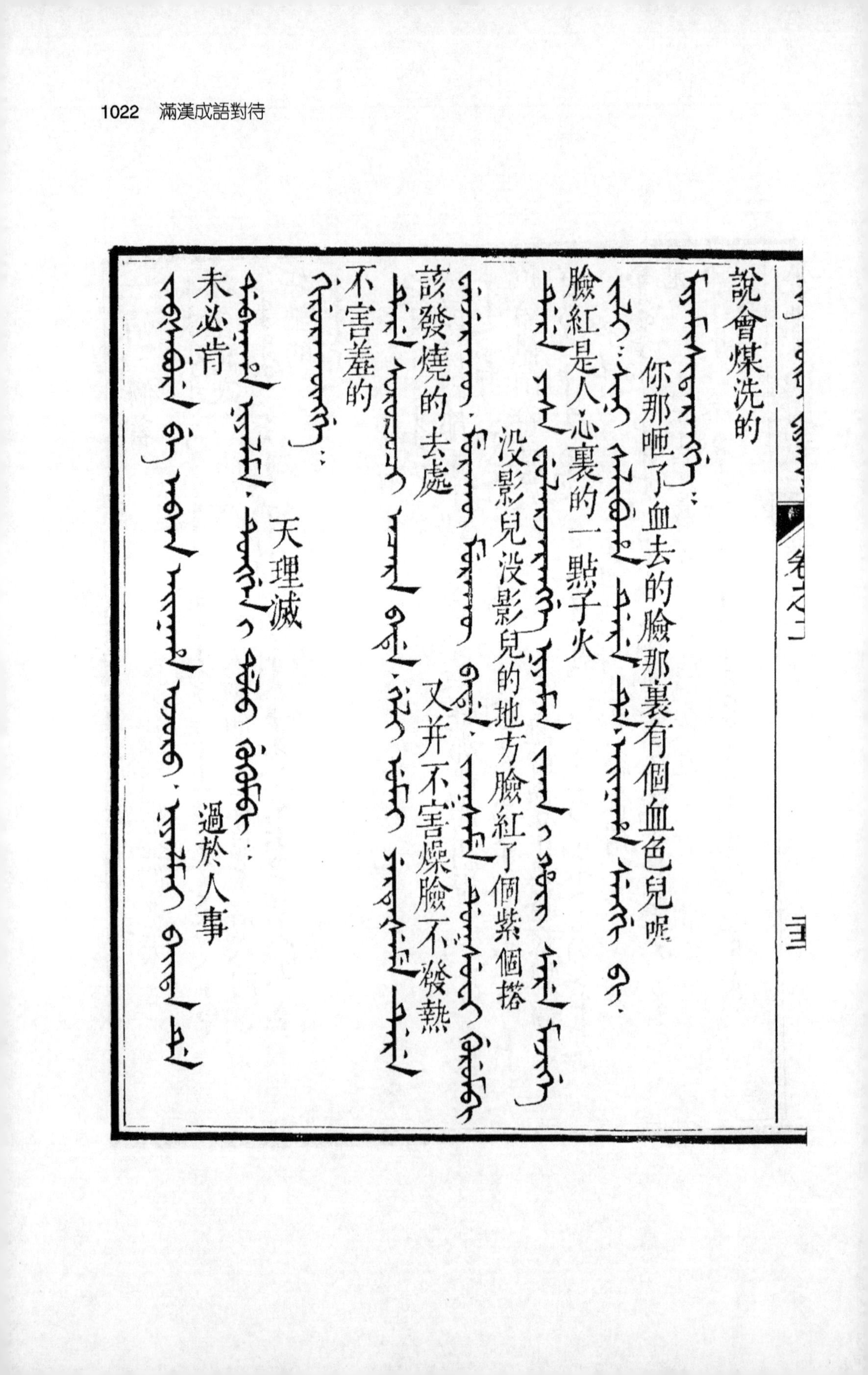

說會煤洗的

你那唖了血去的臉那裏有個血色兒呢

臉紅是人心裏的一點子火

沒影兒沒影兒的地方臉紅了個紫個搭

該發燒的去處

又并不害燥臉不發熱

不害羞的

天理滅

未必肯

過於人事

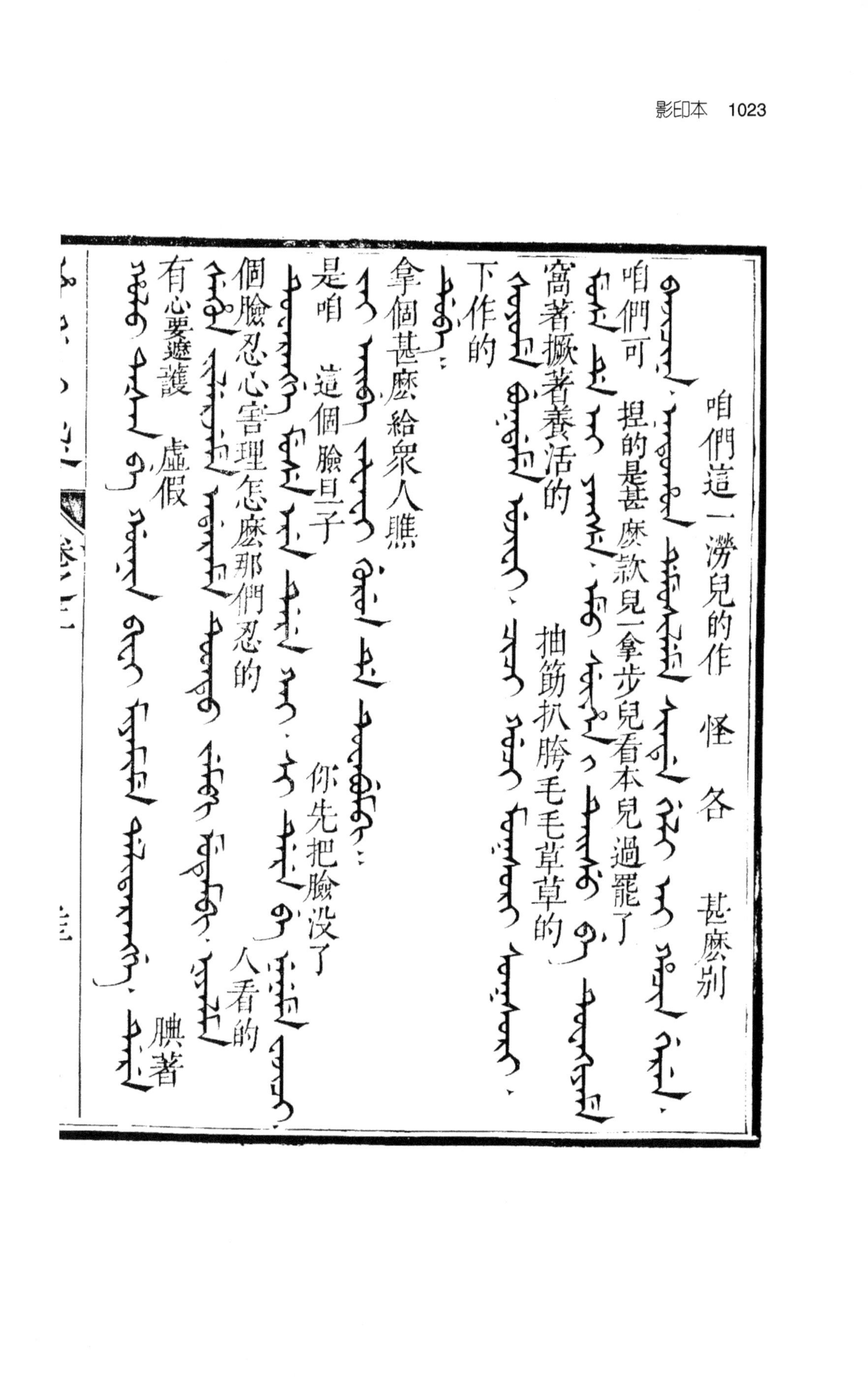

咱們這一澇兒的作怪各甚麼別
咱們可 捏的是甚麼款兒一拿步兒看本兒過罷了
窩著撅著養活的 抽筋扒胯毛毛草草的
下作的
拿個甚麼給衆人瞧
是咱 這個臉旦子 你先把臉沒了
個臉忍心害理怎麼那們忍的 人看的
有心要遮護 虛假 腆著

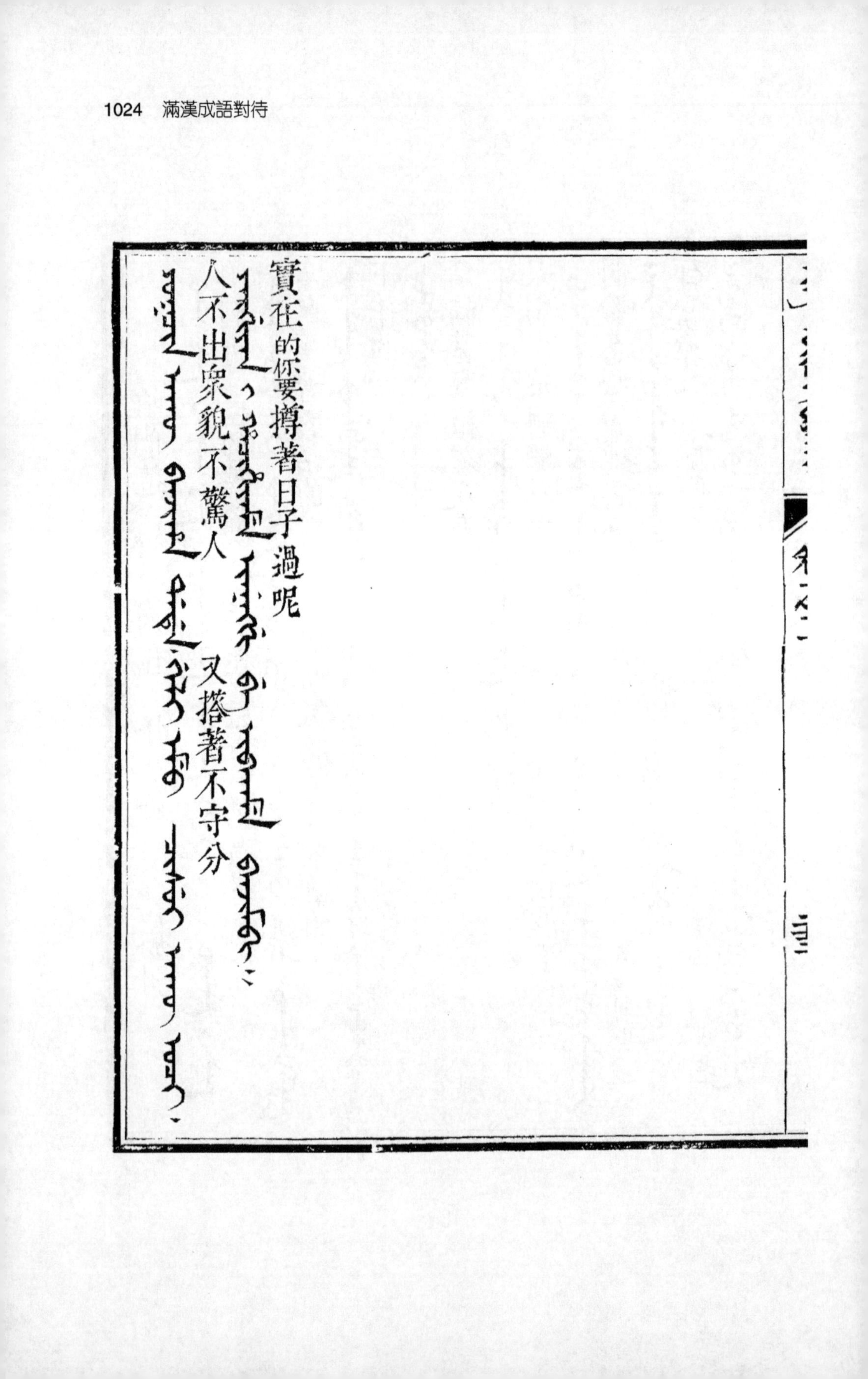

實在的傢要撙著日子過呢

人不出衆貌不驚人 又搭著不守分

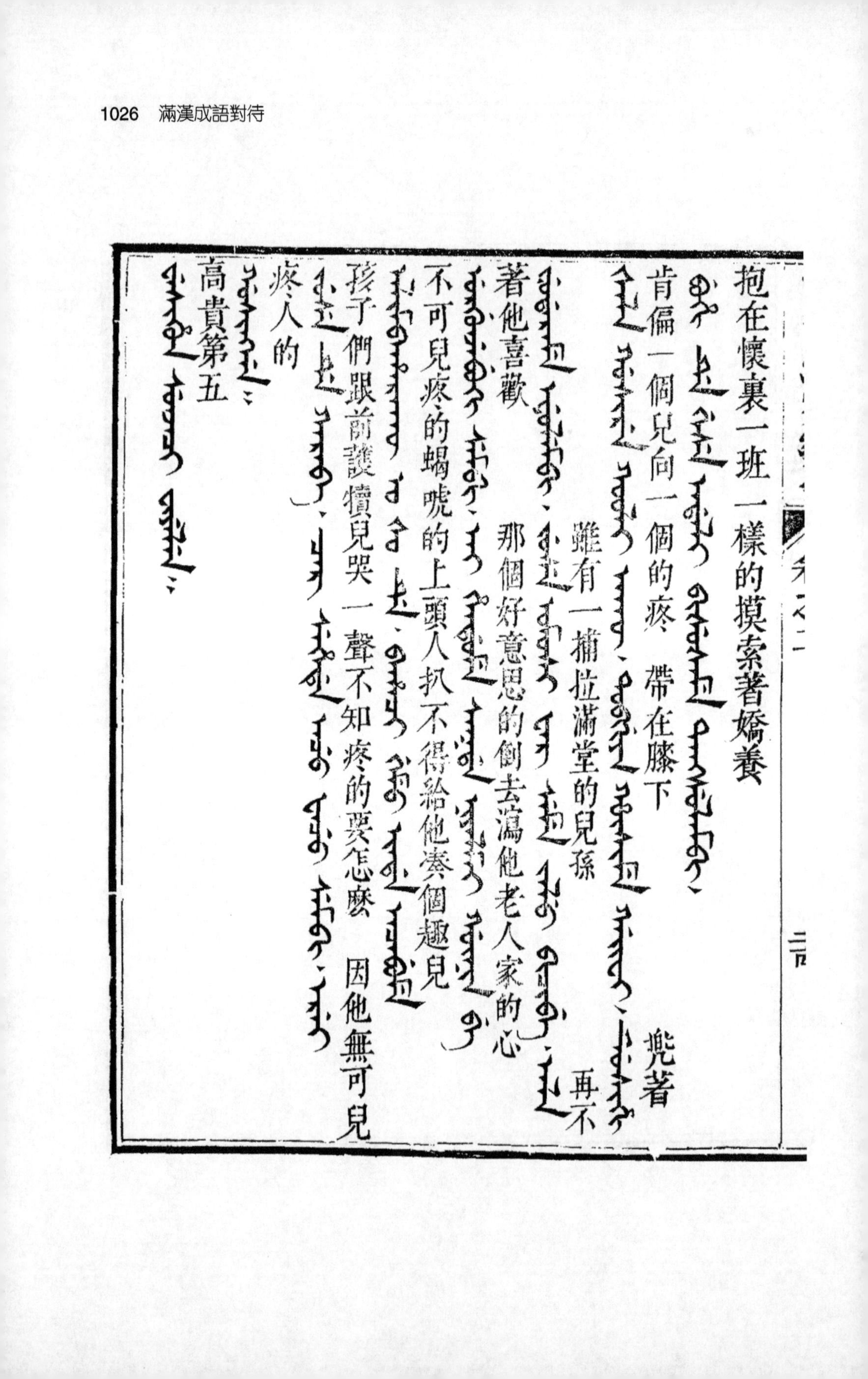

抱在懷裏一班一樣的摸索著嬌養

肯偏一個兒向一個的疼　帶在膝下　兜著

雖有一捕拉滿堂的兒孫　再不

著他喜歡　那個好意思的倒去瀉他老人家的心

不可見疼的蝎虎的上頭人扒不得給他湊個趣兒

孩子們跟前護犢兒哭一聲不知疼的要怎麽　因他無可見

疼人的

高貴第五

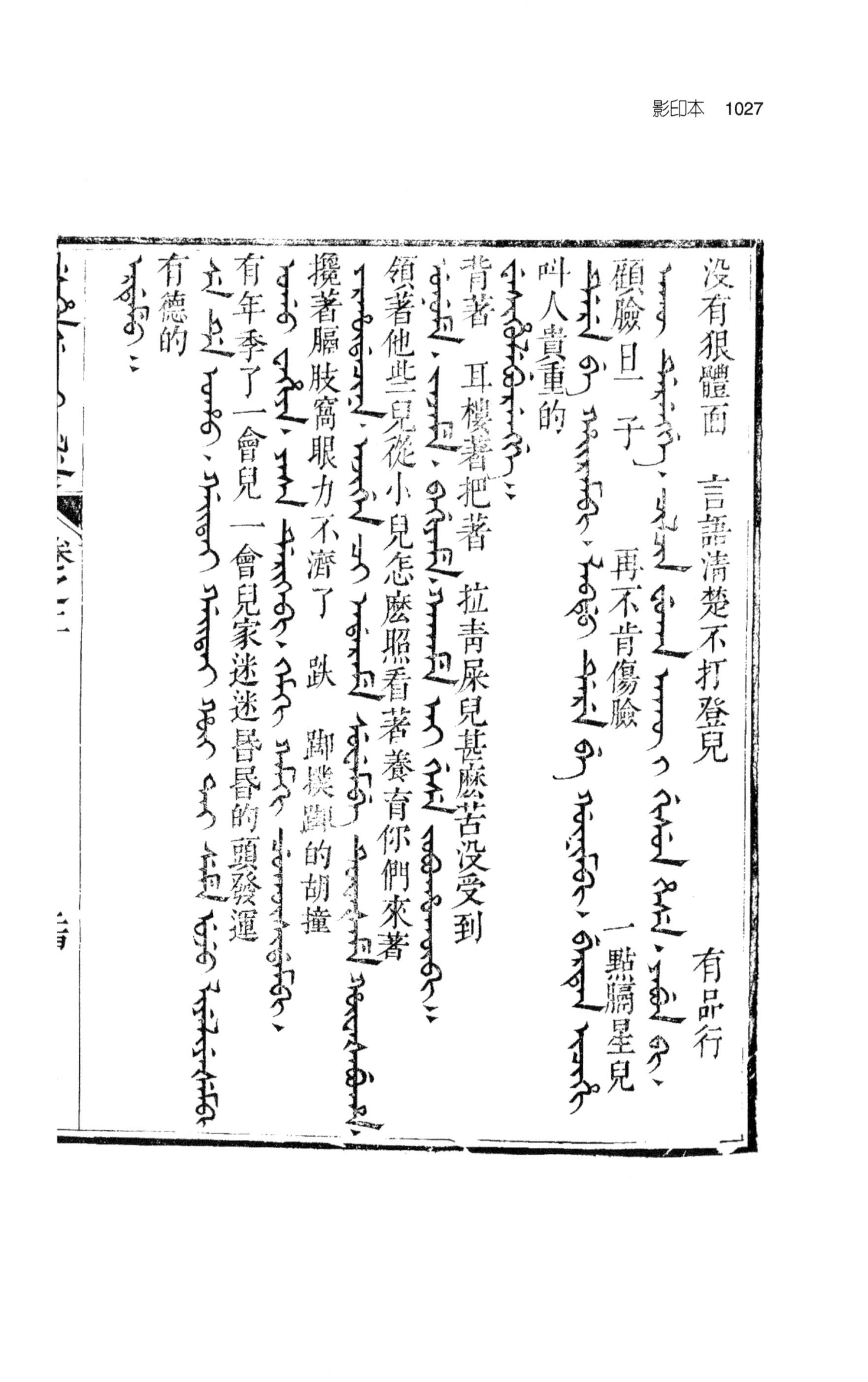

没有狠體面　言語清楚不打登兒　有品行

顴臉旦子　再不肯傷臉　一點膈星兒

叫人貴重的

背著　耳樓著把著　拉青屎兒甚麽苦没受到

領著他些兒從小兒怎麽照看著養育你們來著

攙著膈肢窩眼力不濟了　趺　踋踜踋的胡撞

有年季了一會兒　一會兒家迷迷昏昏的頭發運

有德的

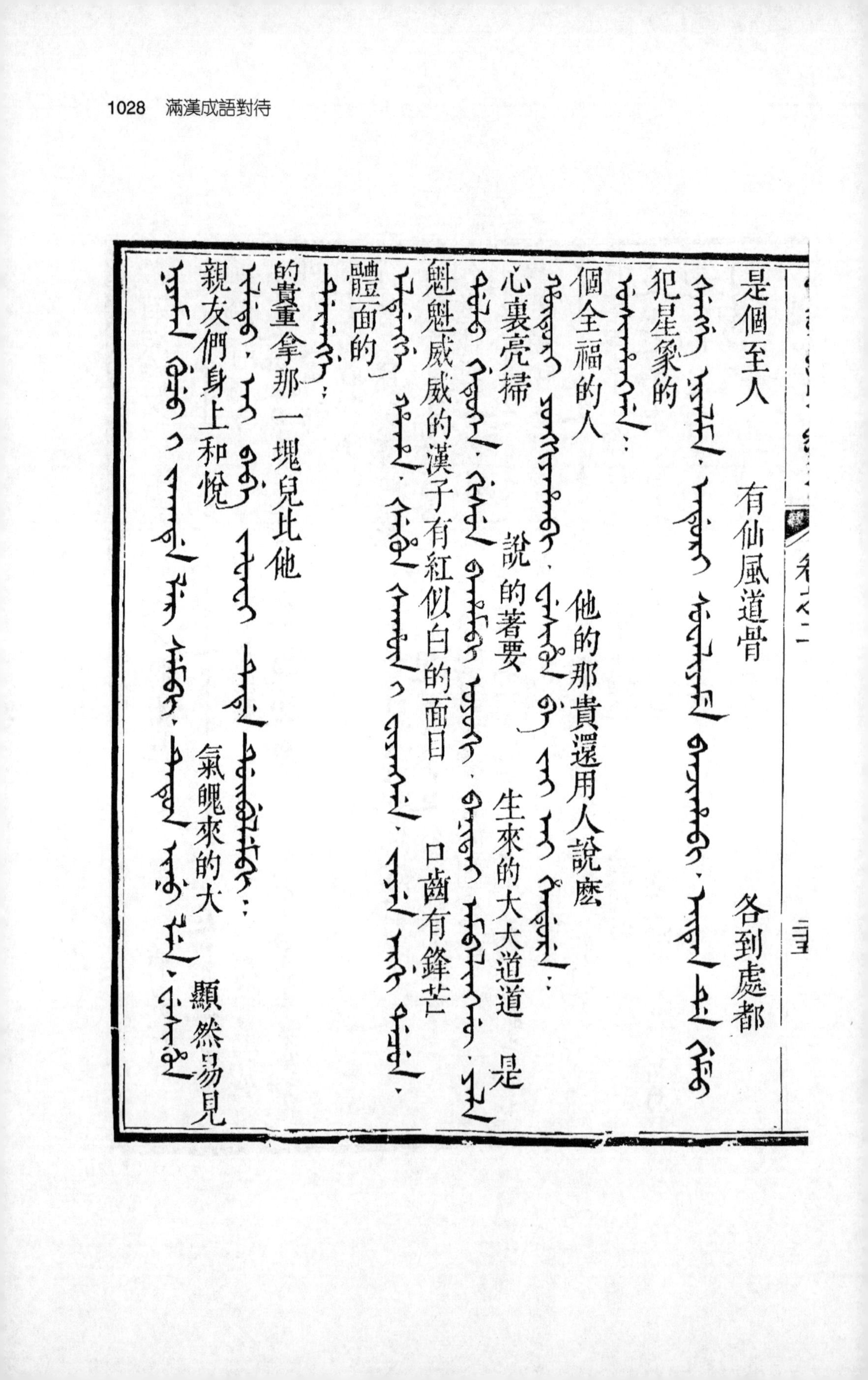

是個至人　有仙風道骨　各到處都

犯星象的

個全福的人　他的那貴還用人說麼

心裏亮掃　說的著要　生來的大大道道　是

魁魁威威的漢子有紅似白的面目　口齒有鋒芒

體面的

的貴重拿那一塊兒比他

親友們身上和悅　氣魄來的大　顯然易見

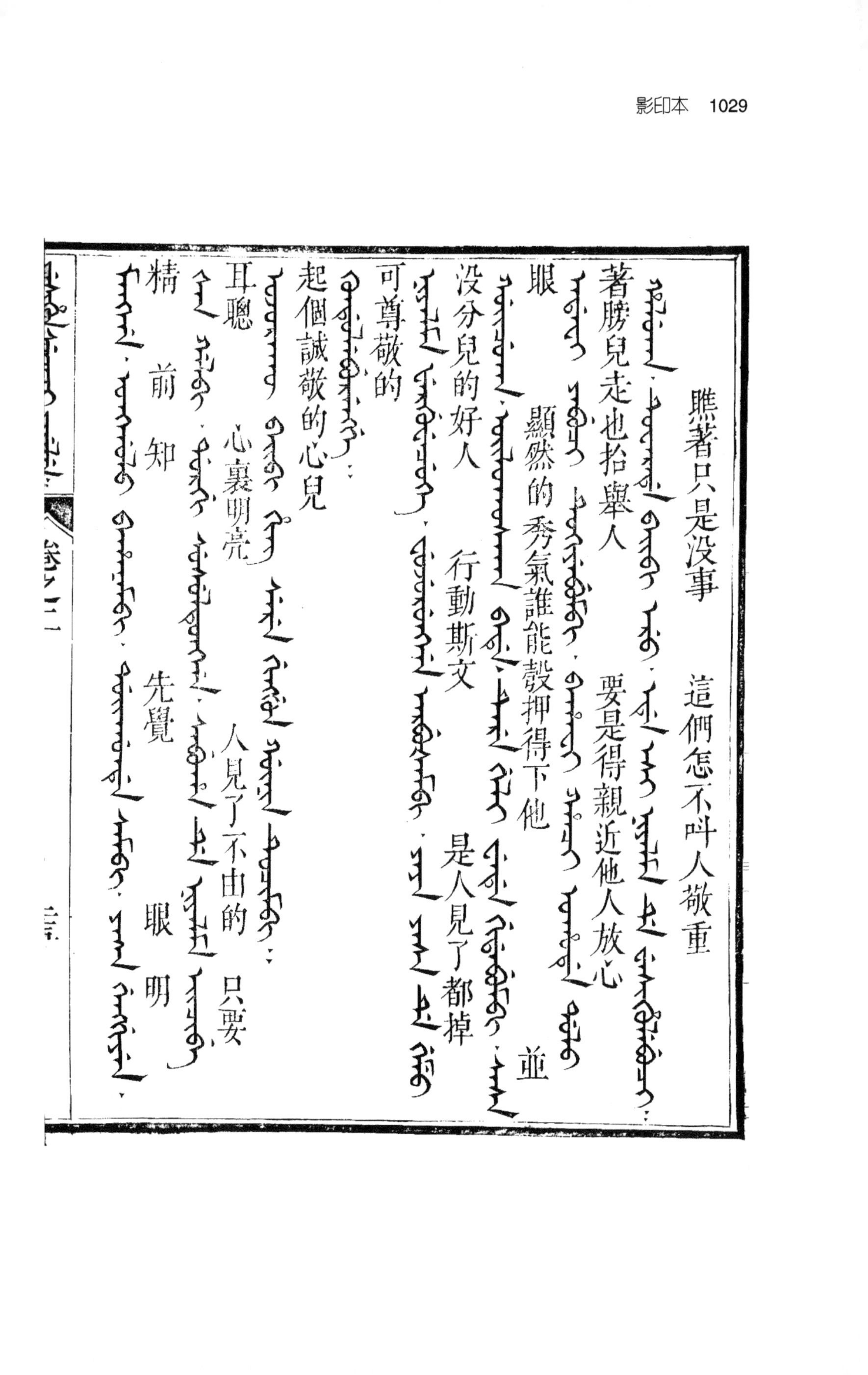

瞧著只是沒事　這個怎不叫人敬重

著膀兒走也抬舉人　要是得親近他人放心

眼　顯然的秀氣誰能彀押得下他　並

沒分兒的好人　行動斯文　是人見了都掉

可尊敬的

起個誠敬的心兒

耳聽　心裏明亮　人見了不由的　只要

精　前　知　先覺　眼　明

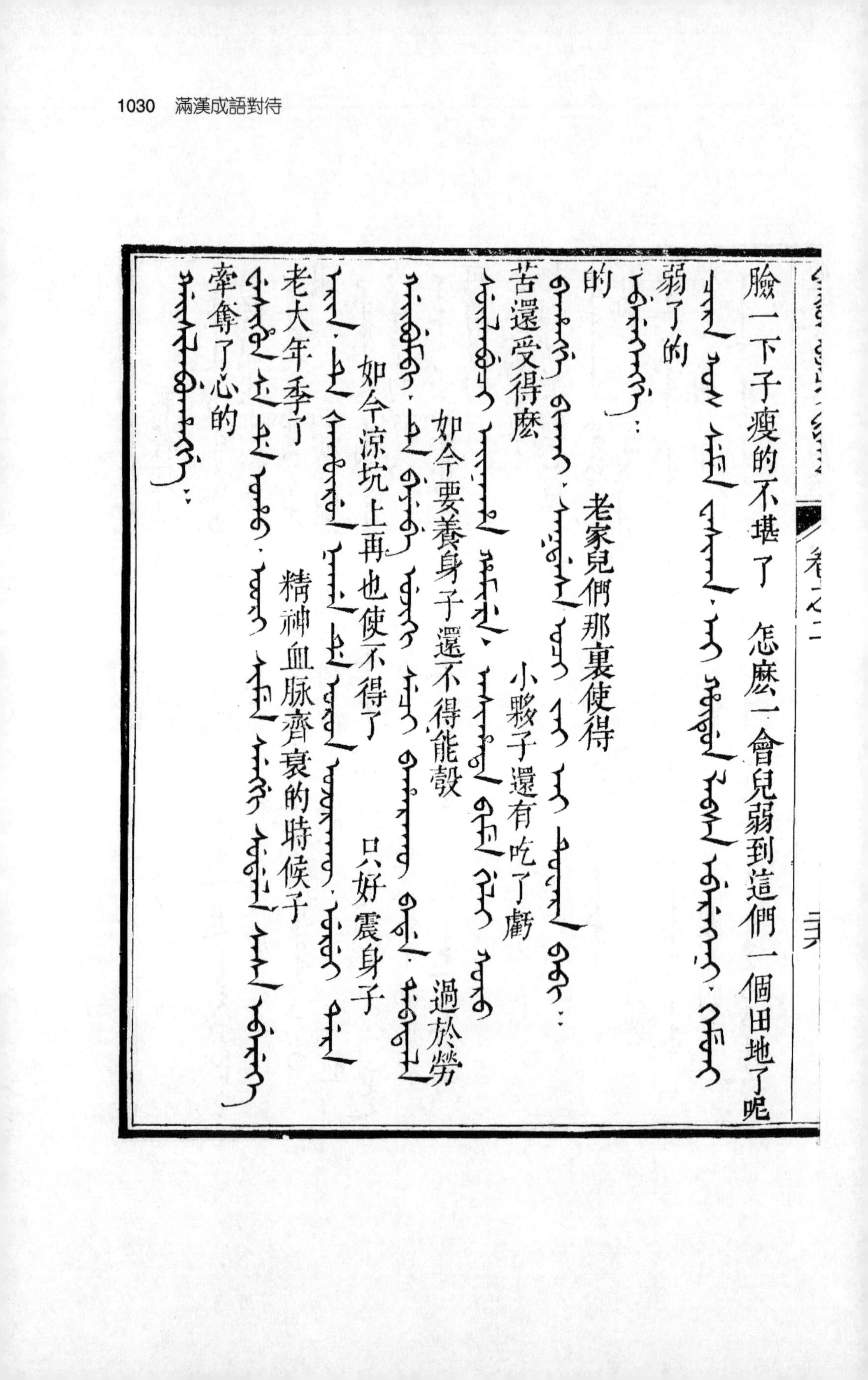

臉一下子瘦的不堪了 怎麽一會兒弱到這們一個田地了呢

弱了的

的 老家兒們那裏使得

苦還受得麽 小夥子還有吃了虧

如今要養身子還不得能彀 過於勞

如今涼炕上再也使不得了 只好震身子

老大年季了 精神血脉齊衰的時候子

牽奪了心的

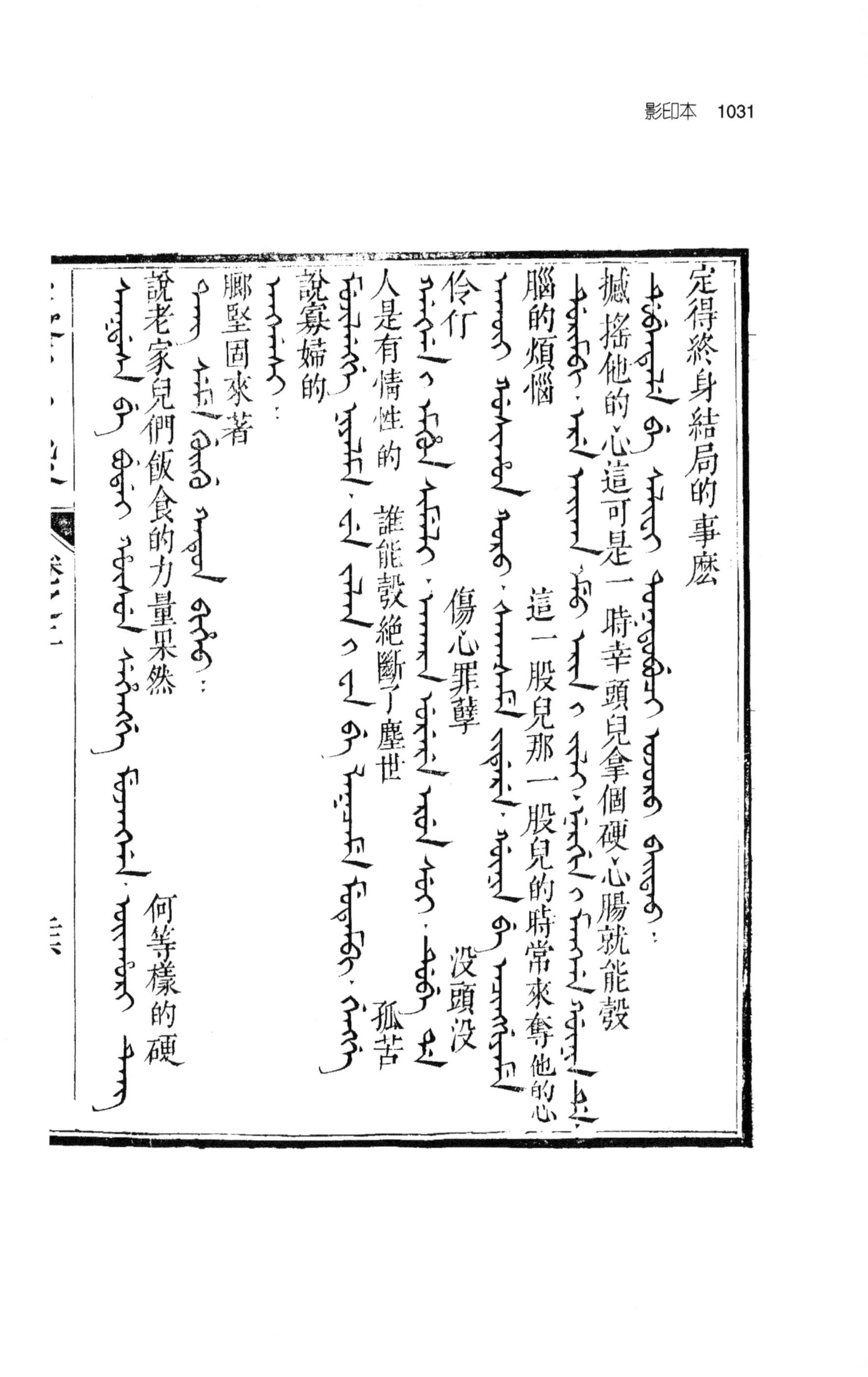

定得終身結局的事麽

撼搖他的心這可是一時幸頭兒拿個硬心腸就能殼

腦的煩惱 這一股兒那一股兒的時常來奪他的心

伶仃 傷心罪孽 沒頭沒

人是有情性的 誰能殼絕斷了塵世 孤苦

說寡婦的

鄉堅固來著

說老家兒們飯食的力量果然 何等樣的硬

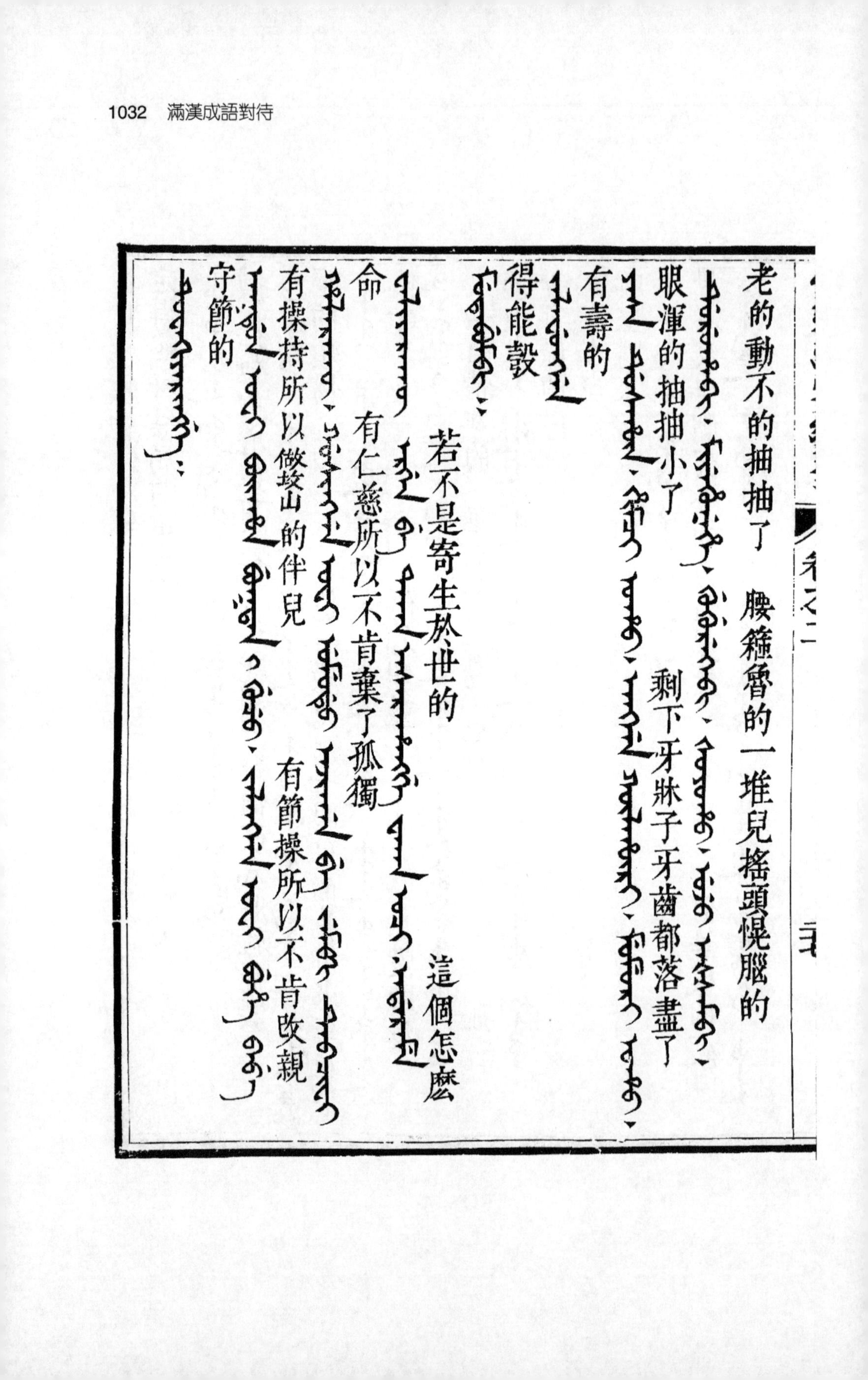

卷之二

老的動不的抽抽了 腰簸膂的一堆兒搖頭愰腦的

眼渾的抽抽小了 剩下牙牀子牙齒都落盡了

有壽的

得能彀

若不是寄生於世的 這個怎麼

命 有仁慈所以不肯棄了孤獨

有操持所以做終山的伴兒 有節操所以不肯改親

守節的

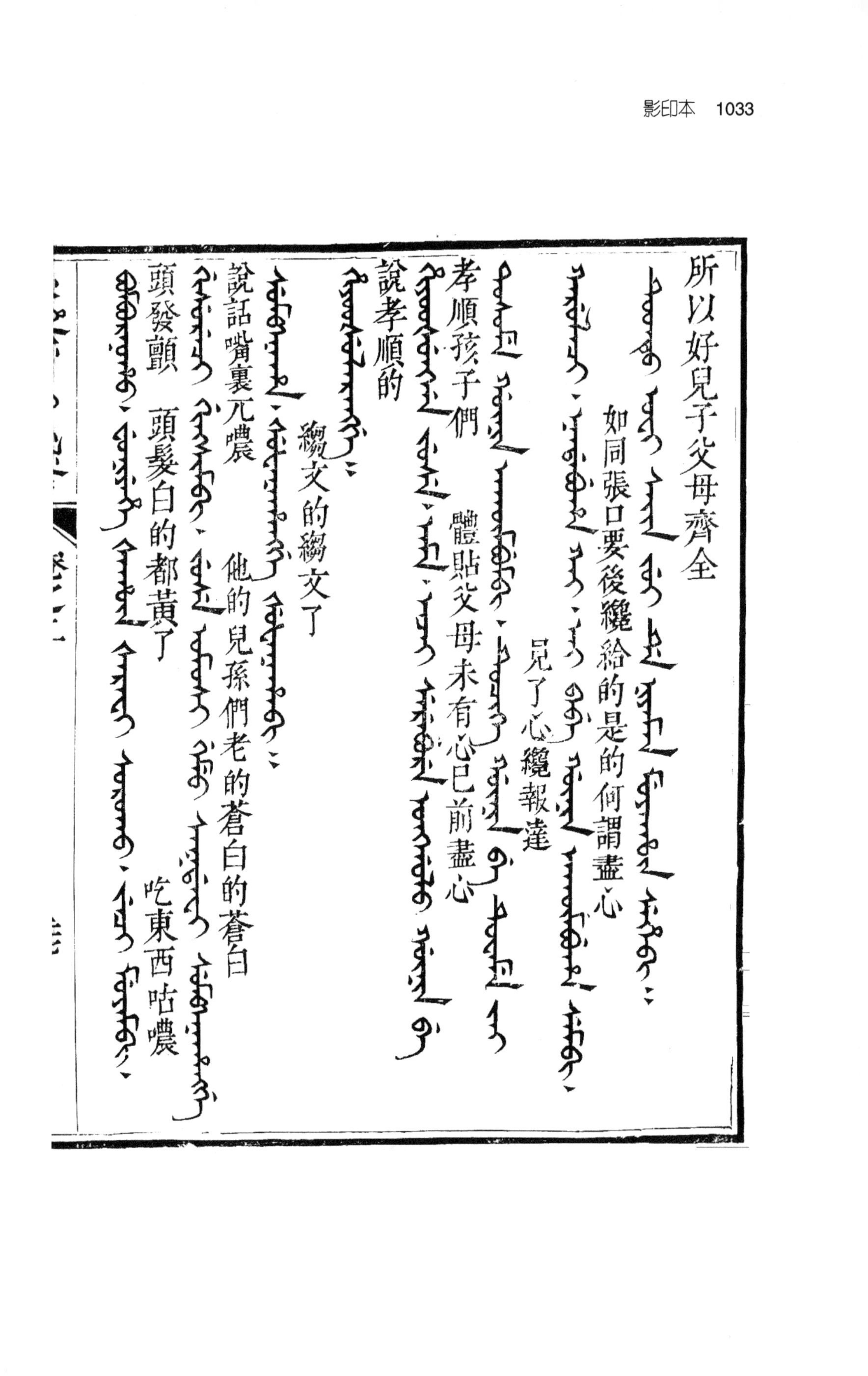

所以好兒子父母齊全

如同張口要後纔給的是的何謂盡心

兒了心纔報達

孝順孩子們

體貼父母未有心已前盡心

說孝順的

繙文的繙文了

說話嘴裏兀噥

他的兒孫們老的蒼白的蒼白

頭發顫

頭髮白的都黃了

吃東西咕噥

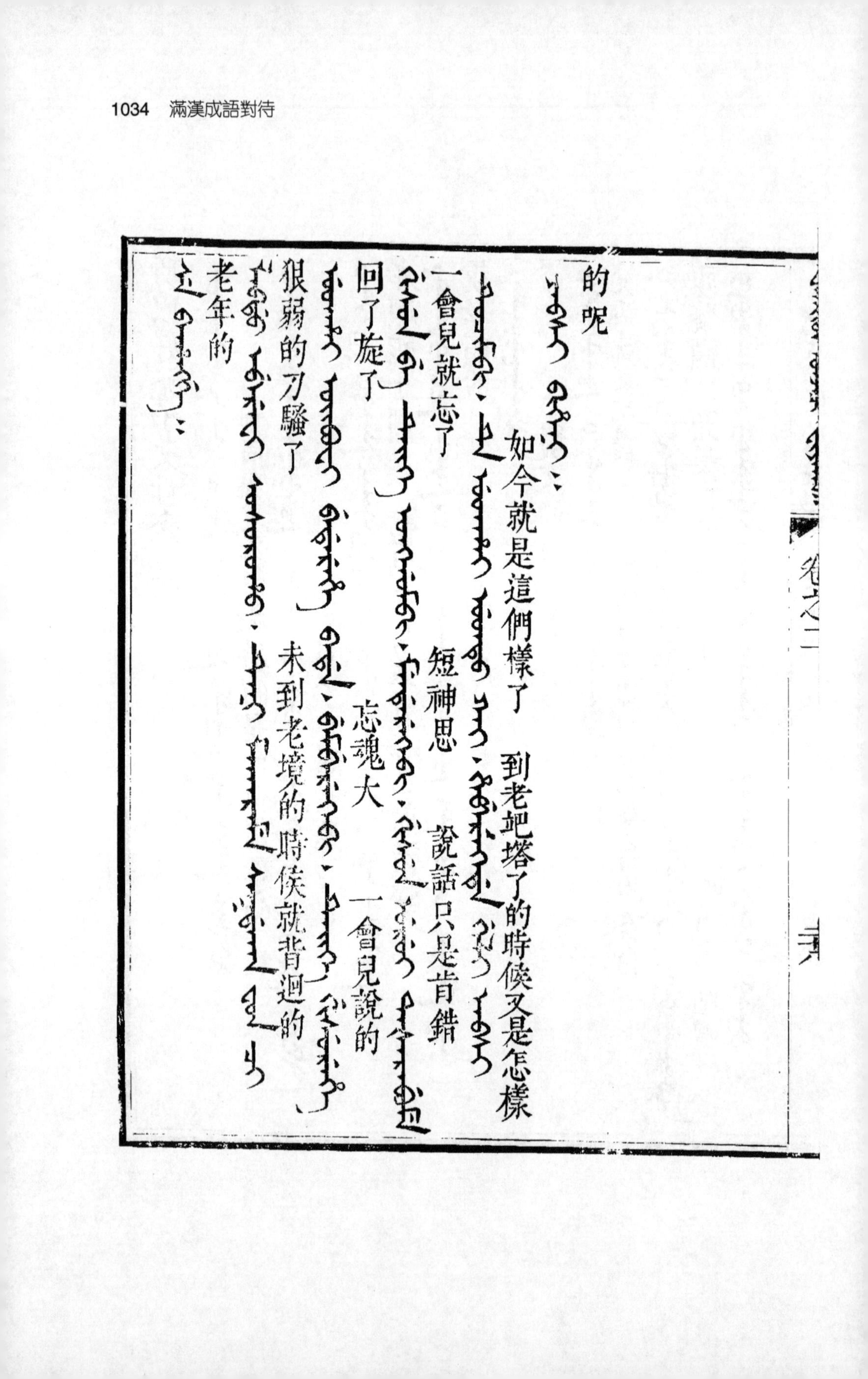

如今就是這們樣了　到老把塔了的時候又是怎樣的呢

一會兒就忘了　短神思　說話只是肯錯

回了旋了　忘魂大　一會兒說的

狠弱的刀騷了　未到老境的時候就背迴的

老年的

奴才

眼睛裏只是看見他

一塊兒坐著來著

可恨我怎麼這樣命常

原來他的上司體面待他

挨著

好哪罕

他得了甚麼了四平八穩腆著個胸脯子坐著

實拍拍的端正坐著

見了人動也不動

我奇的

過分的湜臉兒的

下賤第六

衆人看的地方兒體面展展樣樣的說他呢 賭嗽兒

費了你的了麽 正竟的事情上也捨不得

原不著要 雞零狗碎小器貫了沒影兒的地方

溢尅的

也就未必逞的他跐著頭拉屎使得

主子不咱的是那們罷了 奴才們作怪

掐腦門子的正竟主兒他不怨靦外蒯著走

正竟是個掉蹾子奴才 逞臉兒 頭頂著

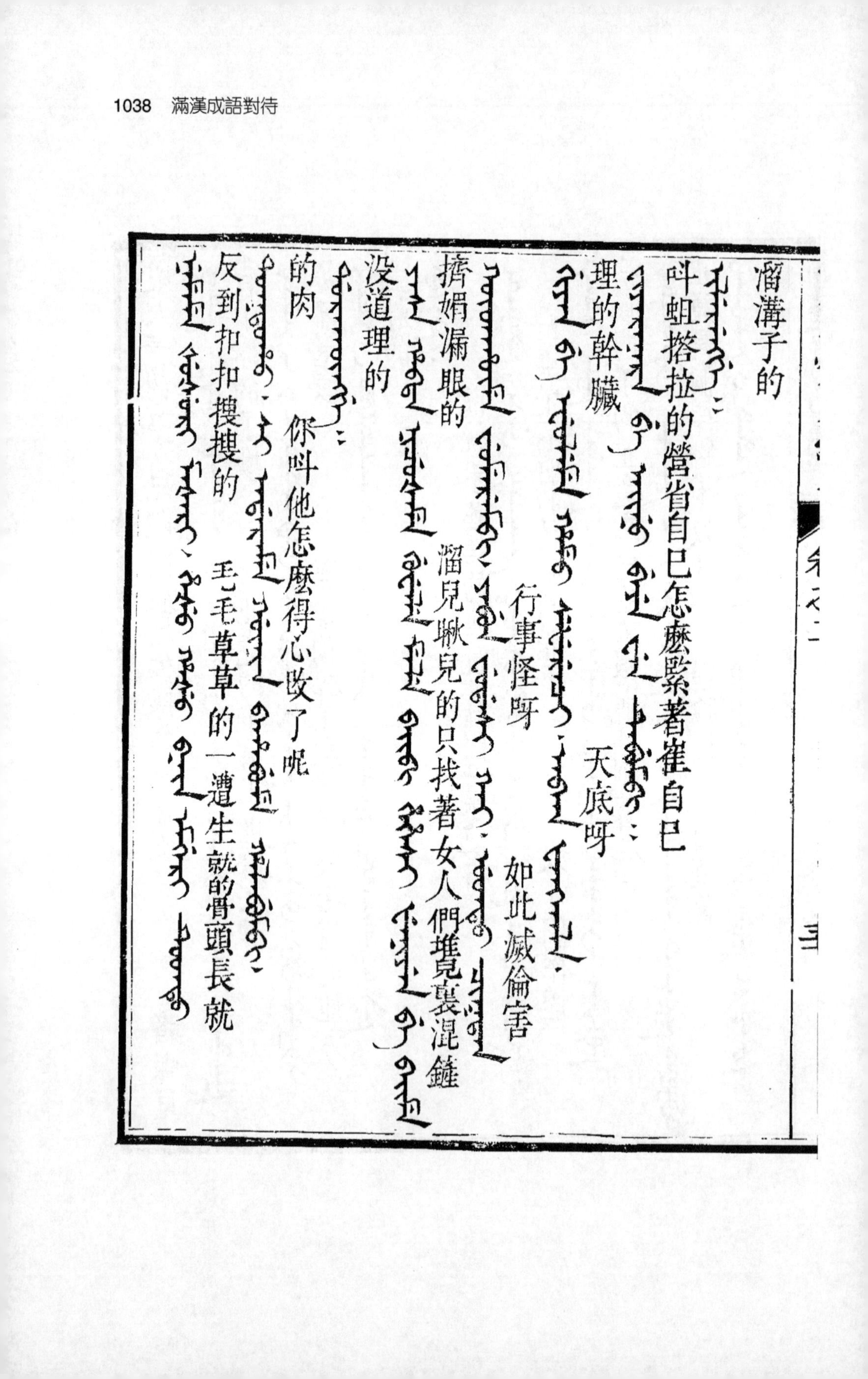

溜溝子的

叫蛆搭拉的營省自巳怎麽緊著催自巳

天底呀

理的斡臓

行事怪呀

如此滅倫害

擠娼漏眼的

溜兒啾兒的只找著女人們堆覓裏混鏟

沒道理的

的肉

你叫他怎麽得心眩了呢

反到扣扣搜搜的

毛毛草草的一遭生就的骨頭長就

遊魂的攔也攔不住 恍恍兒冷個丁的

這裏 鑽 那裏人 就是那們個到處裏創丧

皮臉的

儱遢瘟

不為醫兒的逢迎 生成孽不了的 一個

他一件事 他那個甜哥哥密姐姐的 手脚

吃貫了的嘴兒溜貫了的腿兒 曲奉遞咕是

好諂媚的人 他心裏只是由不得要那們著

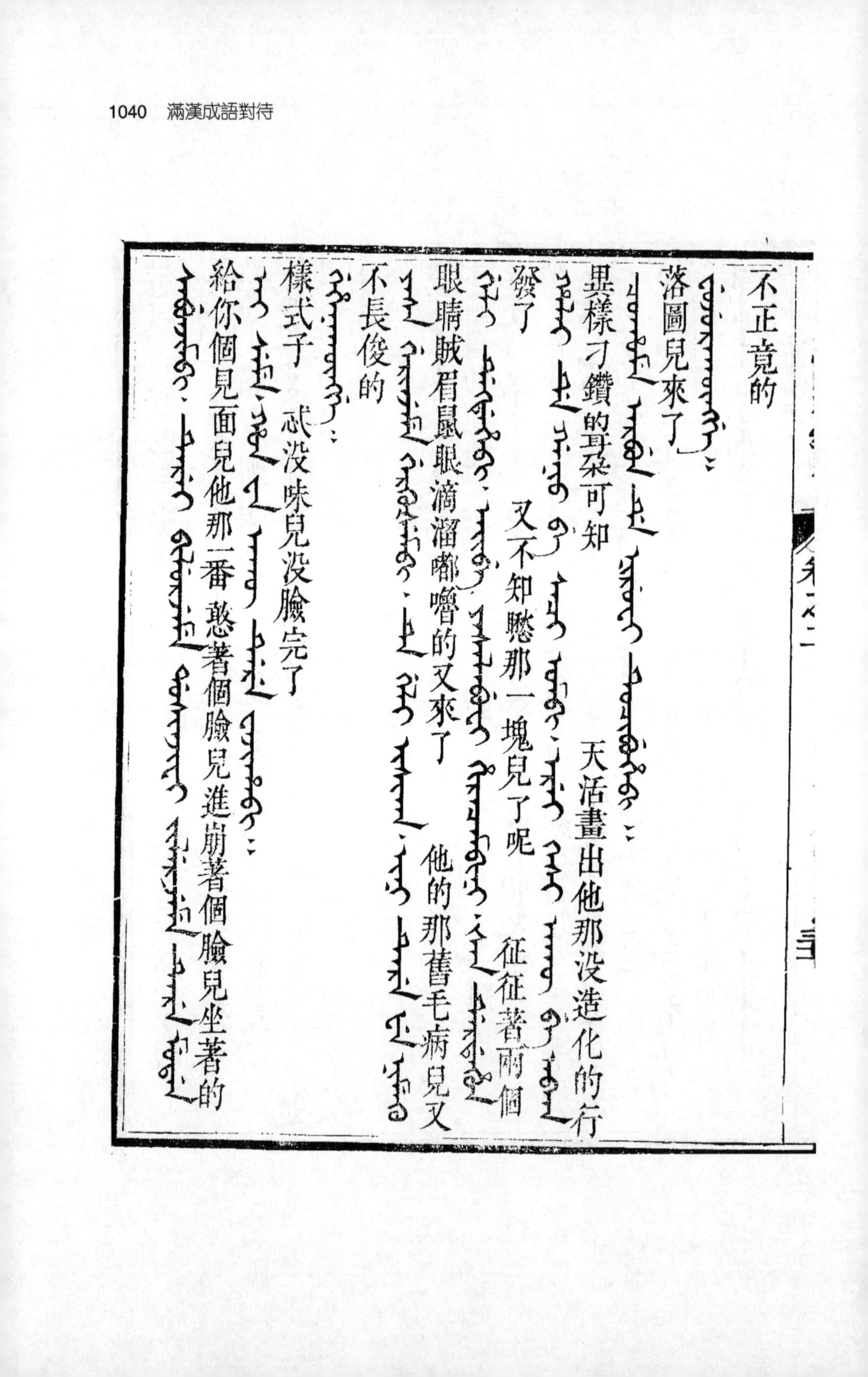

不正竟的

落圖兒來了

異樣刁鑽的耳朶可知 天活畫出他那沒造化的行

發了 又不知瞅那一塊兒了呢 征征著兩個

眼睛賊眉鼠眼滴溜嘟嚕的又來了 他的那舊毛病兒又

不長俊的

樣式子 忒沒味兒沒臉完了

給你個見面兒他那一番 憨著個臉兒進崩著個臉兒坐著的

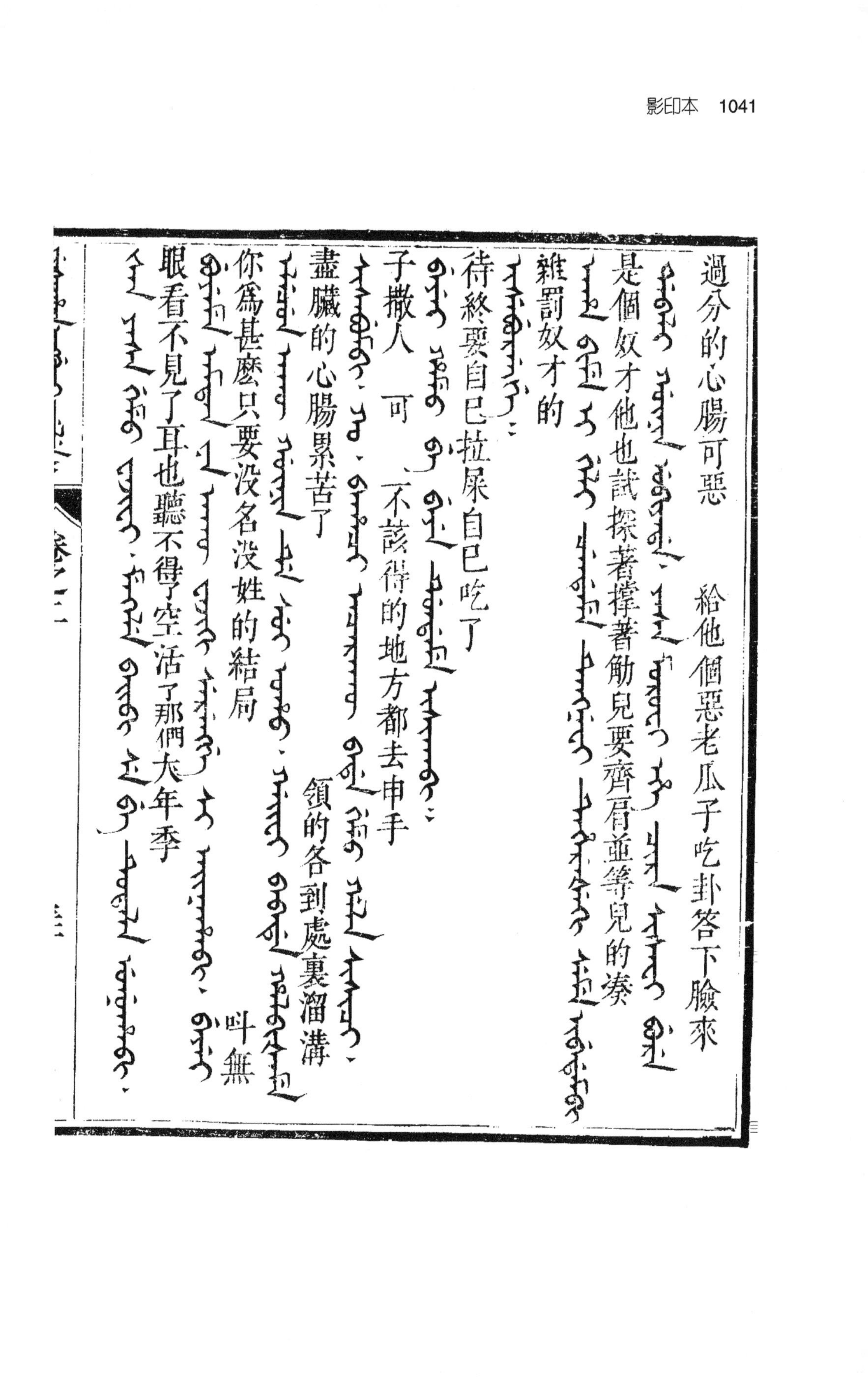

過分的心腸可惡 給他個惡老瓜子吃卦答下臉來

是個奴才他也試探著撐著觔兒要齊肩並等兒的湊

雜罰奴才的

待終要自巳拉屎自巳吃了

子撒人 可 不該得的地方都去串手

盡臟的心腸累苦了 領的各到處裏溜溝

你爲甚麽只要沒名沒姓的結局 叫無

眼看不見了耳也聽不得了空活了那們大年季

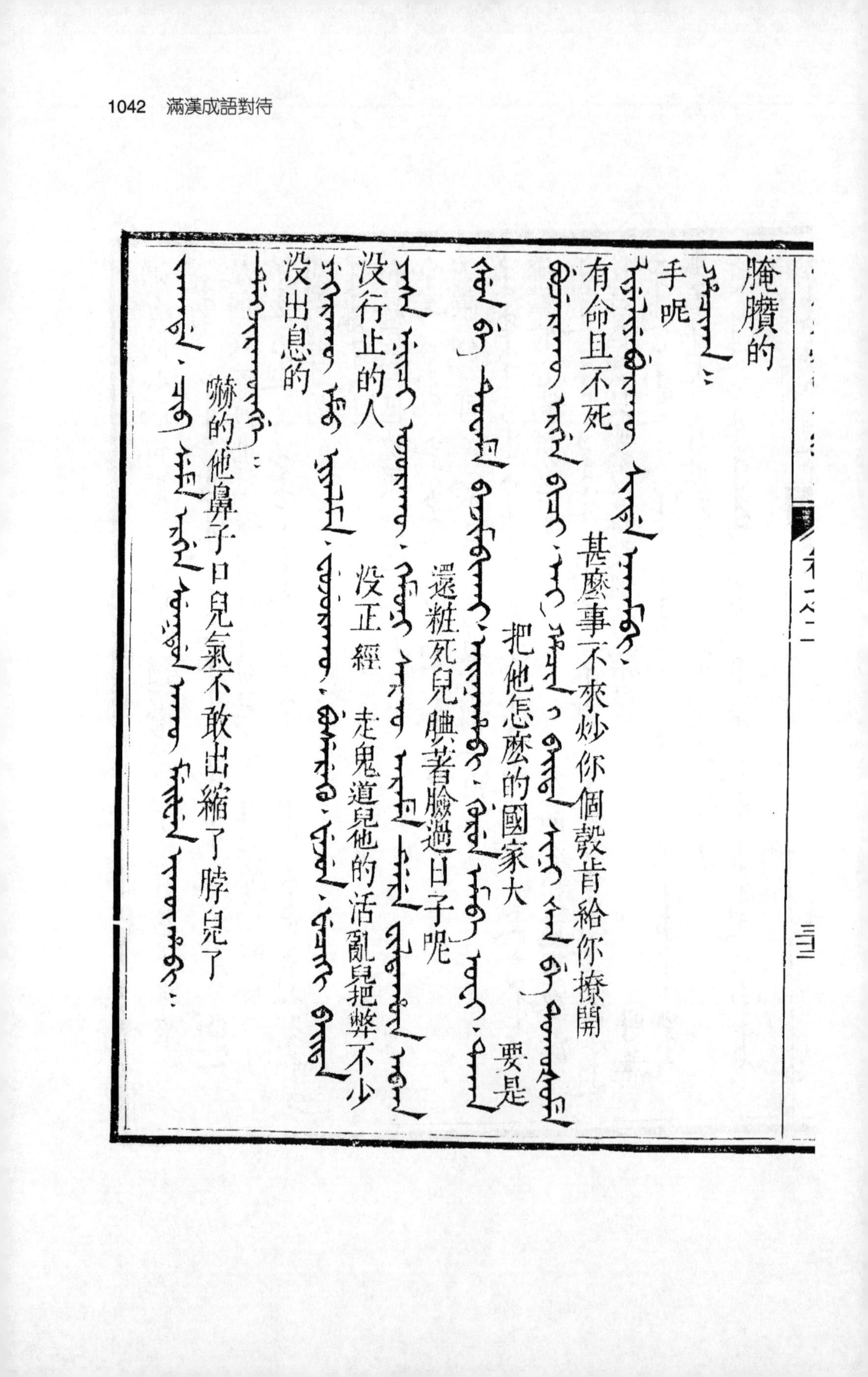

腌臢的

手呢

有命且不死

甚麽事不來炒你個殼肯給你撩開

把他怎麽的國家大

要是

還粧死兒腆著臉過日子呢

没行止的人

没正經

走鬼道兒他的活亂兒把弊不少

没出息的

嚇的他鼻子口兒氣不敢出縮了脖兒了

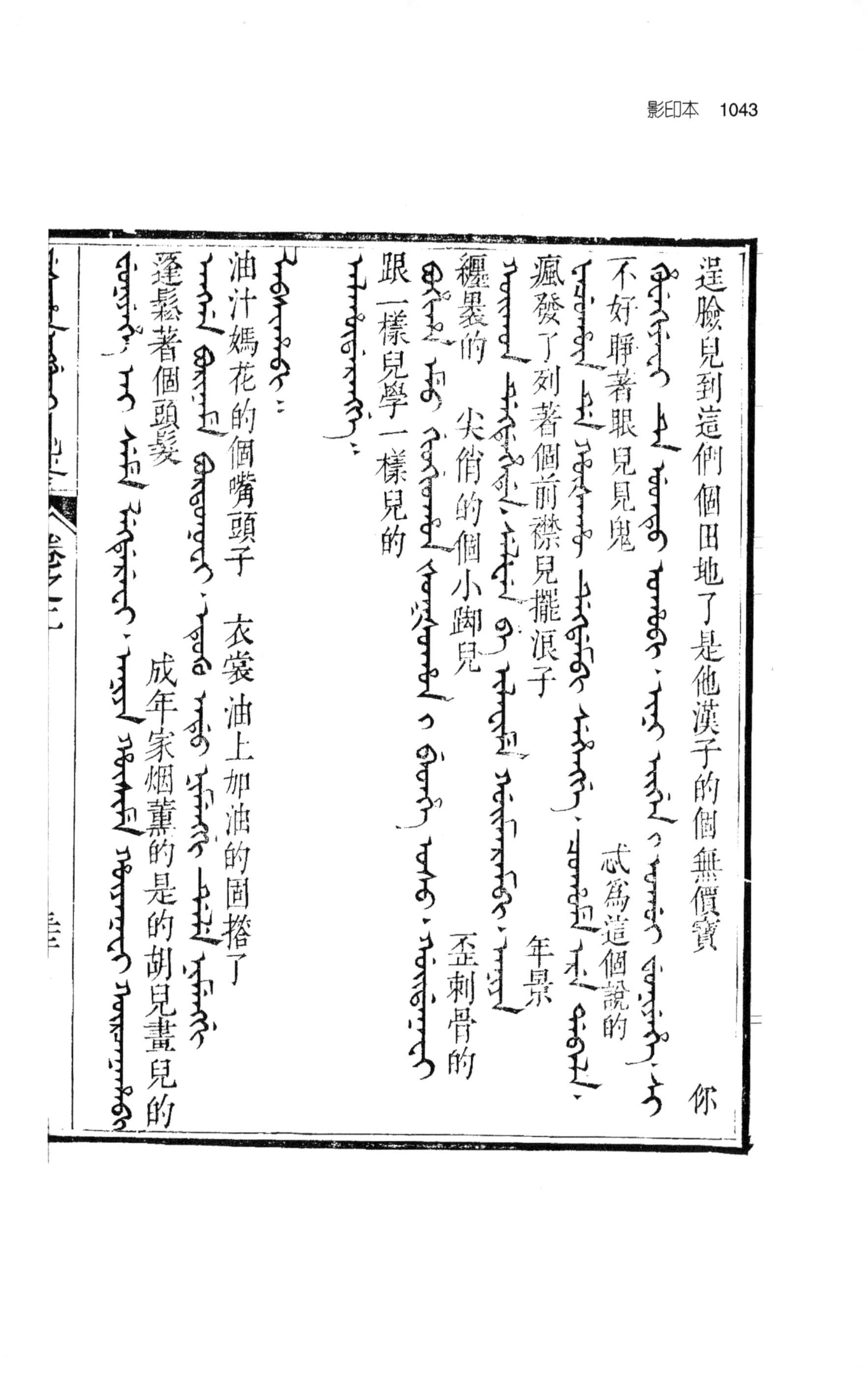

逞臉兒到這們個田地了是他漢子的個無價寶

你

不好睜著眼兒見鬼

忒爲道個說的

瘋發了刻著個前襟兒擺淚子

年景

纒累的

尖俏的個小蹾兒

歪剌骨的

跟一樣兒學一樣兒的

油汁媽花的個嘴頭子

衣裳油上加油的固搭了

蓬鬆著個頭髮

成年家烟薰的是的胡兒畫兒的

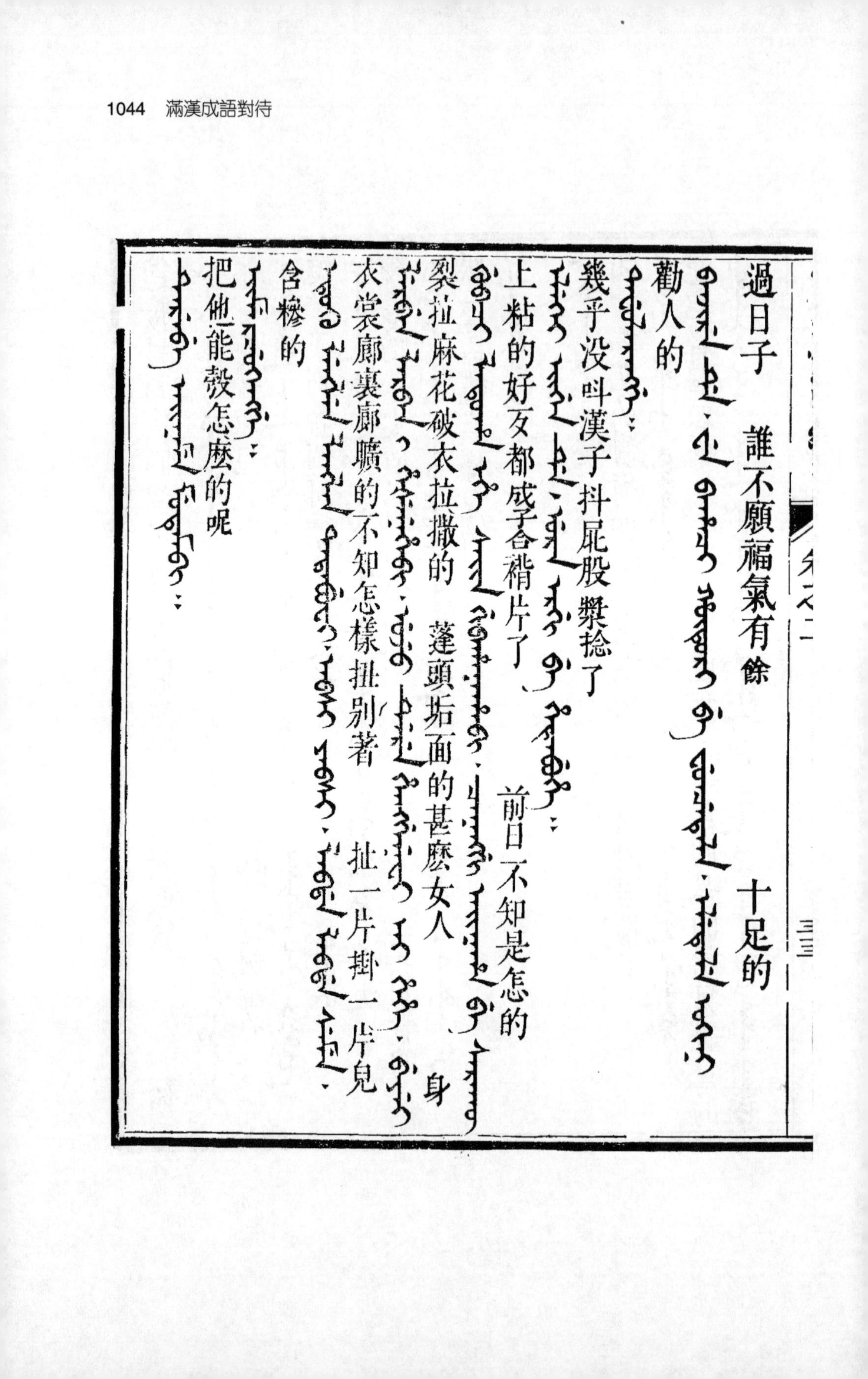

過日子　誰不願福氣有餘　十足的

勸人的

幾乎没叫漢子抖屁股爨捻了

上粘的好歹都成了合褙片了　前日不知是怎的

裂拉麻花破衣拉撒的　蓬頭垢面的甚麽女人　身

衣裳廓裏廓贘的不知怎樣扭別著　扯一片掛一片兒

含糁的

把他能彀怎麽的呢

來往嗓子裏摟拉 誰見

囔嗓的不像樣 淨盤將軍 這樣不管好歹拿

希的希溜希溜的喝 乾的大口大口的填

吃東西潑拉的

饞的嗓子裏冒烟你想扒高旺想有甚麽彀

見個好衣裳愛的流憨喇子 見個好食水

受不起變的百班樣的苦惱崔你

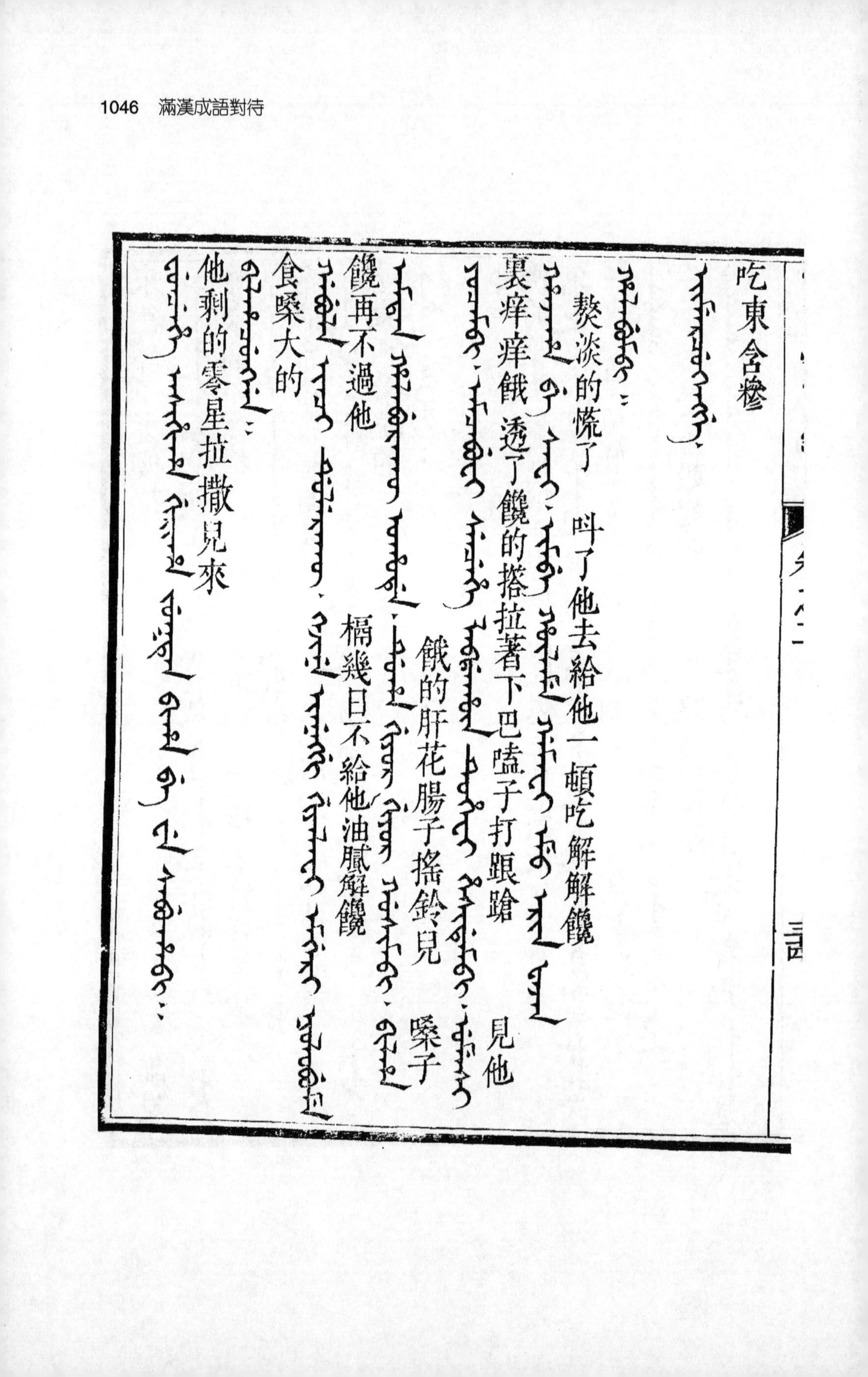

吃東含糝

嫠淡的慌了　叫了他去給他一頓吃解解饞

裏痒痒餓　透了饞的搭拉著下巴嗑子打踉蹌　見他

餓的肝花腸子搖鈴兒　緊子

饞再不過他　犒幾日不給他油膩解饞

食緊大的

他剩的零星拉撒兒來

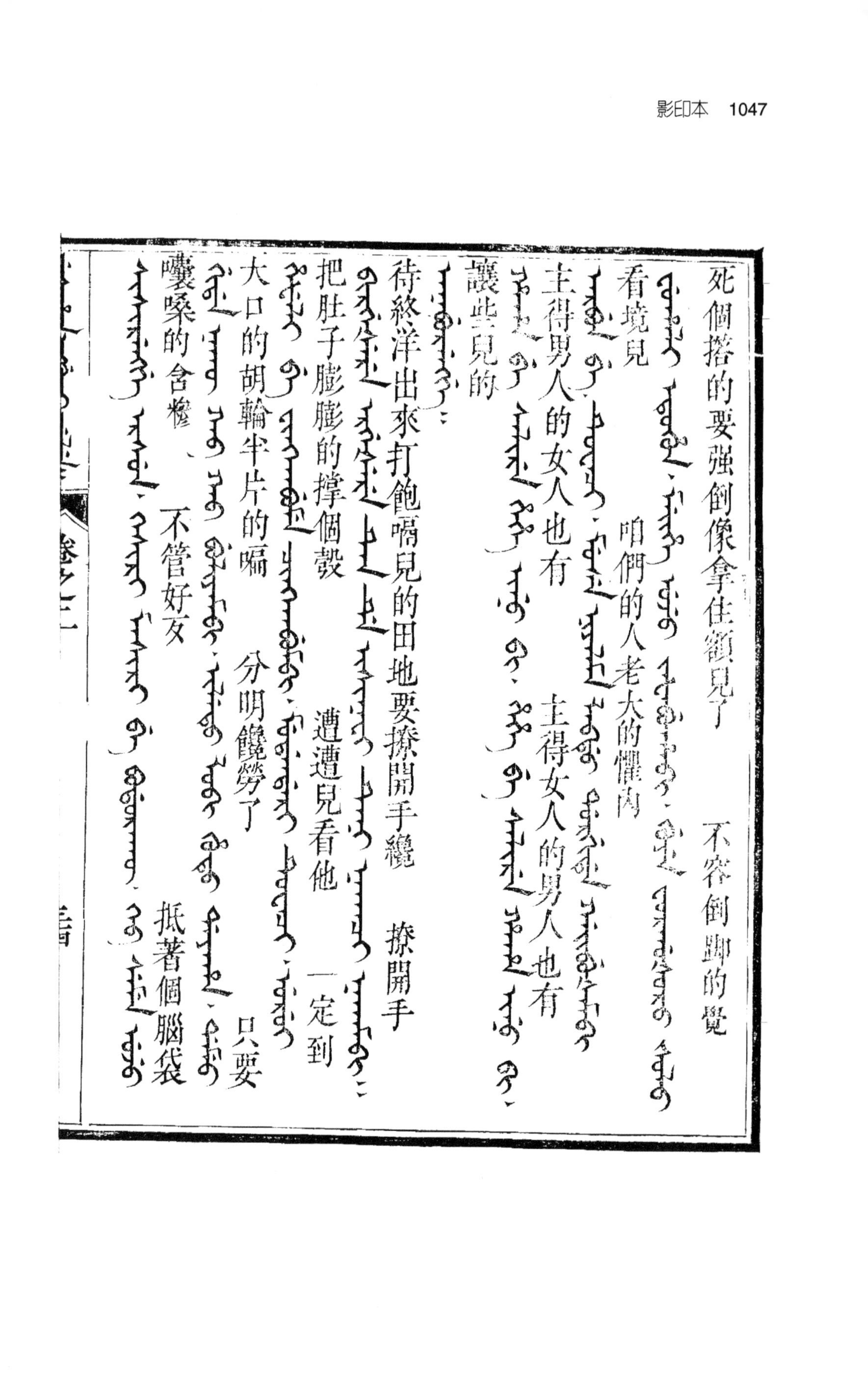

死個搭的要強倒像拿住鎖兒了　不容倒脚的覺

看境兒　咱們的人老大的懼內

主得男人的女人也有　主得女人的男人也有

讓些兒的

待終洋出來打飽嗝兒的田地要撩開手纔　撩開手

把肚子膨膨的撐個彀　遭遭兒看他　一定到

大口的胡輪半片的嚥　分明饞癆了　只要

嚷嗓的含糊　不管好歹　抵著個腦袋

察

過早結實的

叫有伙作孽的人鼓盜個精光

根基麽 不是家 有福人的骨髓

天的快樂 你當是他的本事上立起來的產業

實在的熱鬧 過的騰騰伙伙的每日家鑼鼓喧

巨富 人都說他攢然富貴起來了 看他家

舊家人家

富貴的七

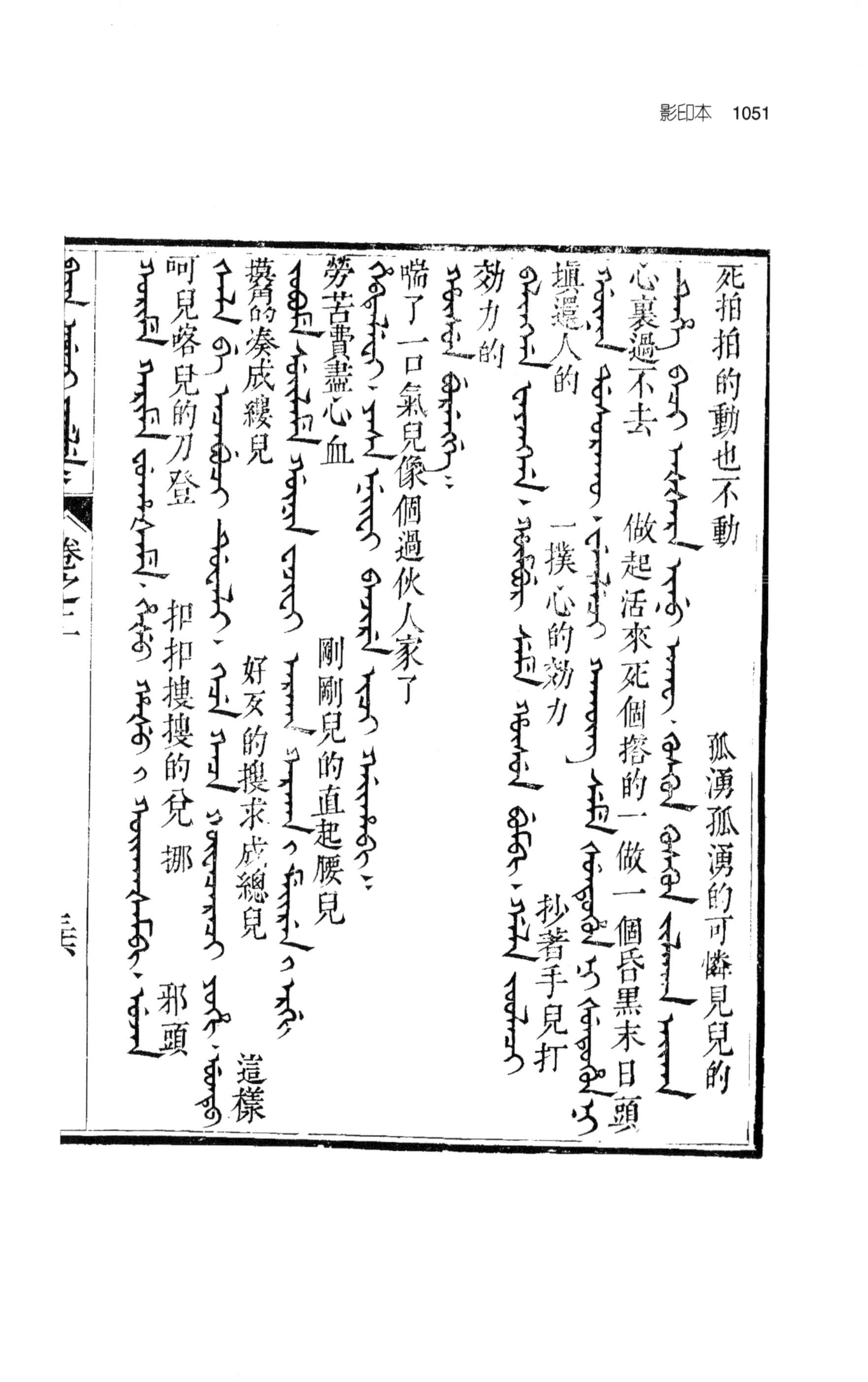

死拍拍的動也不動

孤湧孤湧的可憐見兒的

心裏過不去

做起活來死個搭的一做一個昏黑末日頭

塡還人的

一撲心的効力

抄著手兒打

効力的

喘了一口氣兒像個過伙人家了

勞苦費盡心血

剛剛兒的直起腰兒

攢冑的湊成糭兒

好歹的搜求成總兒

這樣

呵見咯兒的刀登

扣扣搜搜的兌挪

邪頭

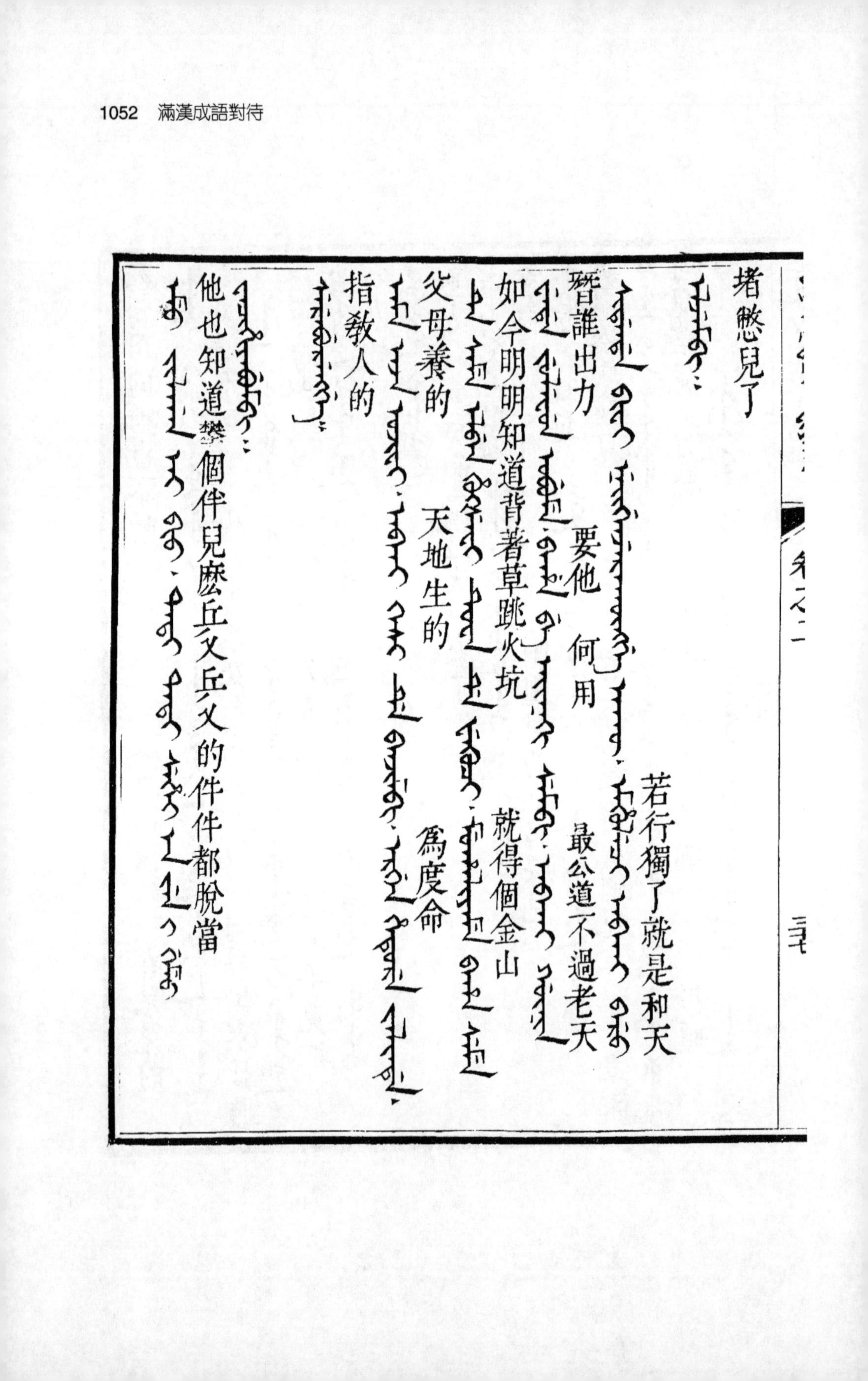

堵憋兒了

若行獨了就是和天

瘄誰出力

要他何用

最公道不過老天

如今明明知道背著草跳火坑

就得個金山

父母養的

天地生的

爲度命

指教人的

他也知道禁個件兒麼丘乂丘乂的件件都脫當

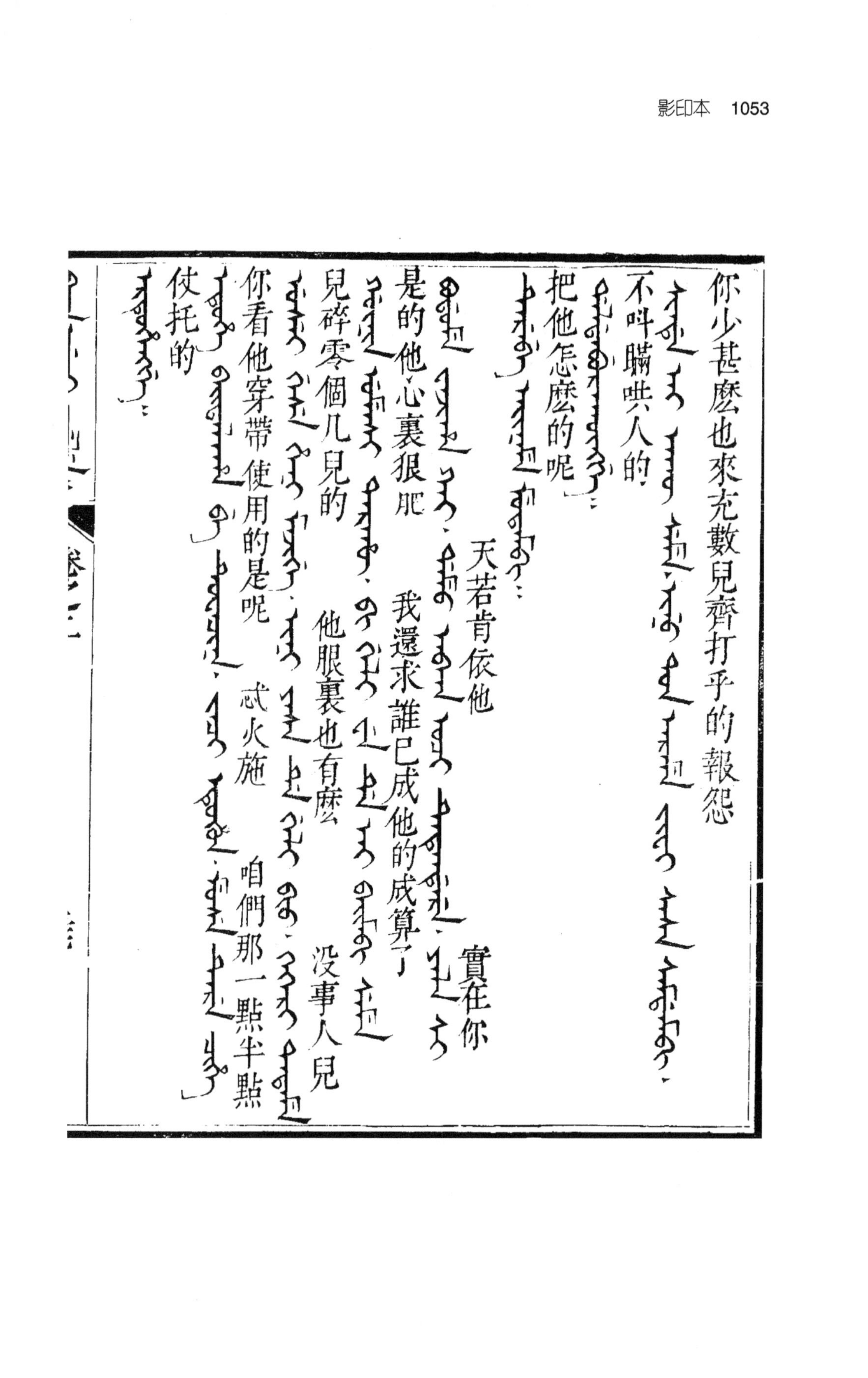

你少甚麽也來充數兒齊打乎的報怨

不呌瞞哄人的

把他怎麽的呢

天若肯依他　實在你

是的他心裏狠肥　我還求誰巳成他的戍算了

兒碎零個几兒的　他眼裏也有麽　没事人兒

你看他穿帶使用的是呢　忒火施　咱們那一點半點

仗托的

盡臟 必要到撼動人心的田地作甚麽

扒踏著營幹 剛能見彀過就彀罷了 太没

不叫貪的

天偏肯估他

他那裏配得起 不是人能明的事

叫 鍋裏頭吃兒嗦兒的响看的見的生相兒這家勢

頭各色各樣的堆的巖巖的 院子裏叽兒噶兒的

馬棚上弔著查巴舞手果棰弔掛的滿滿的 蒼房裏

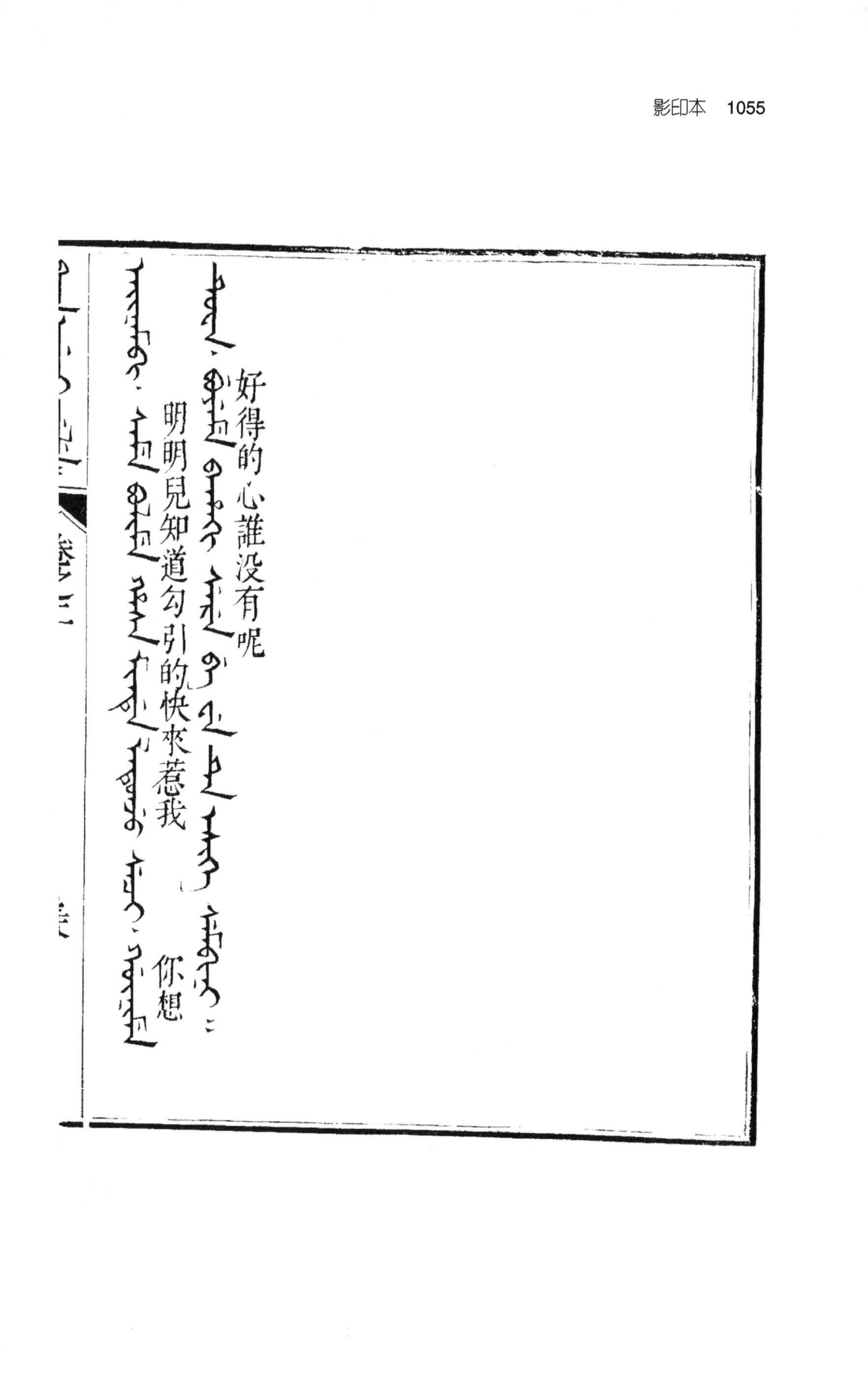

好得的心誰沒有呢

明明見知道勾引的快來惹我

你想

細作的

他一把兒 愁他直不起腰兒來麼

起 大家帮助一膀之力 齊搭乎的抽

著呌他那們者麼 人笑話一個人挾待他 挾待 不

不得了 放著咱們看他那一滂兒的怎麼眼看

貧窮的腰都𥨨漏了 眼瞧著要動

走頭無路的

貧窮第八

的常會不好家言多也有失

舒坦坦的受用值多少 沒遍數兒

在那裏熬了夜了眼睛兒塌了眼邊子都淹紅了

好逛的

得要那們的呢 能麼

不得麼 甚麼大的過個沒有 我扒不

縮氣也有呢說了呢我要甚麼體面 你 只管你我有我捨

相模相樣的給他是呢只好一點半點兒的甚麼帳兒 那們樣的

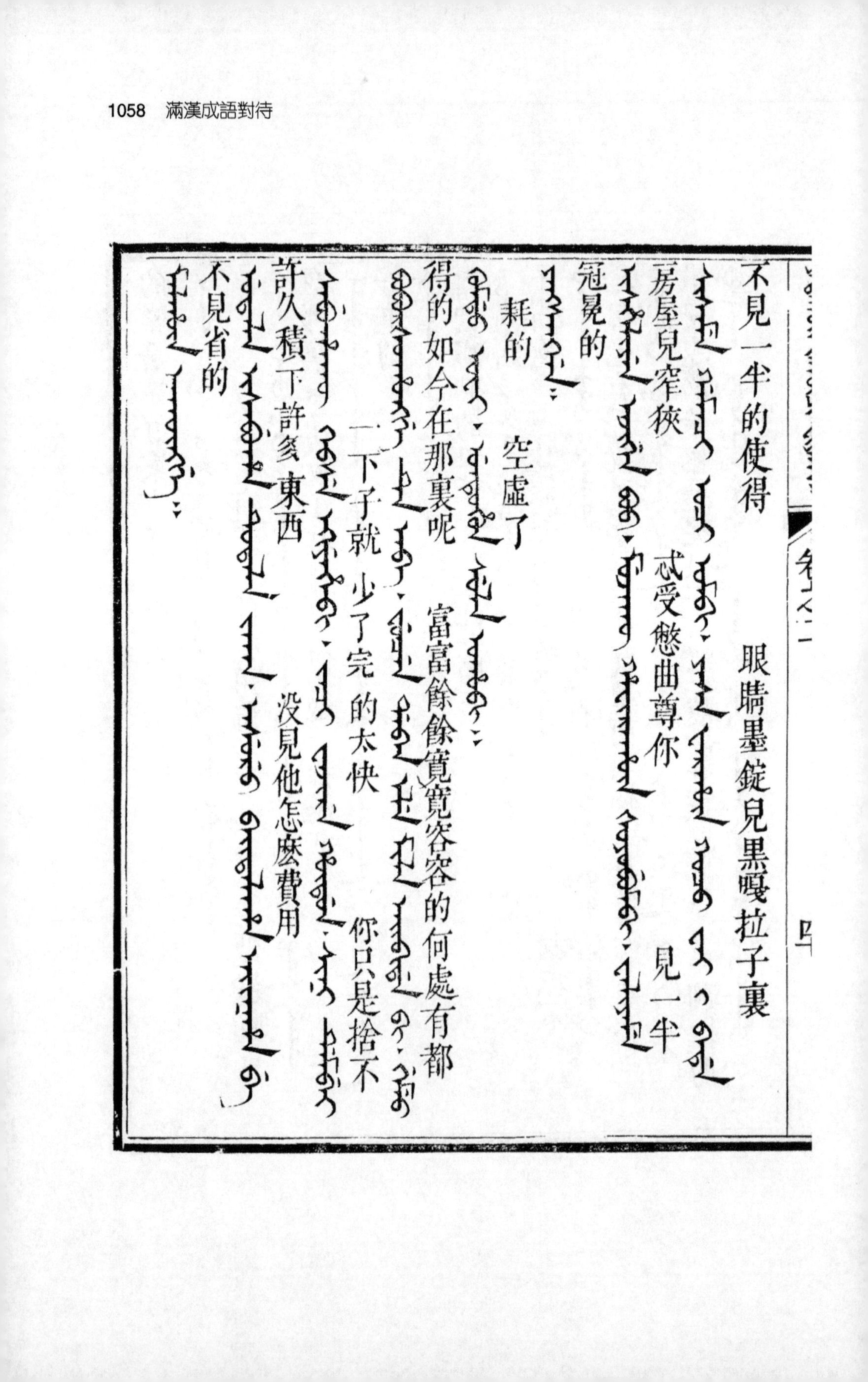

不見一半的使得　眼睛墨錠兒黑嘎拉子裏

房屋兒窄狹　忒受憋曲尊你　見一半

冠冕的

耗的　空虛了

得的如今在那裏呢　富富餘餘寬寬容容的何處有都

一下子就　少了完的太快　你只是捨不

許久積下許多東西　沒見他怎麼費用

不見省的

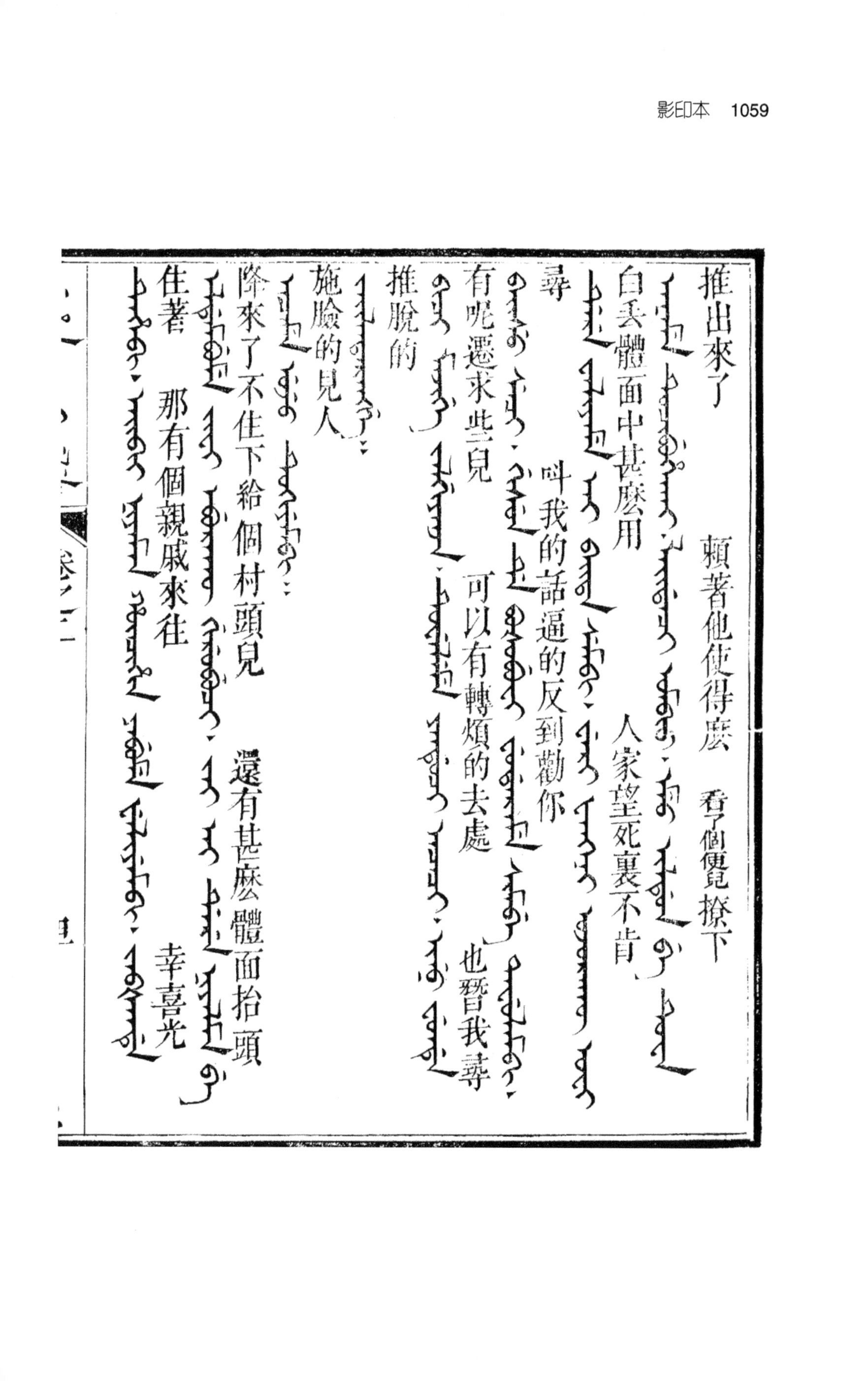

推出來了　賴著他使得麽　弄了個便宜撩下

白丟體面中甚麽用　人家望死裏不肯

尋　叫我的話逼的反到勸你

有呢還求些兒　可以有轉煩的去處　也替我尋

推脫的

施臉的見人

降來了不住下給個村頭兒　還有甚麽體面抬頭

住著　那有個親戚來往　幸喜光

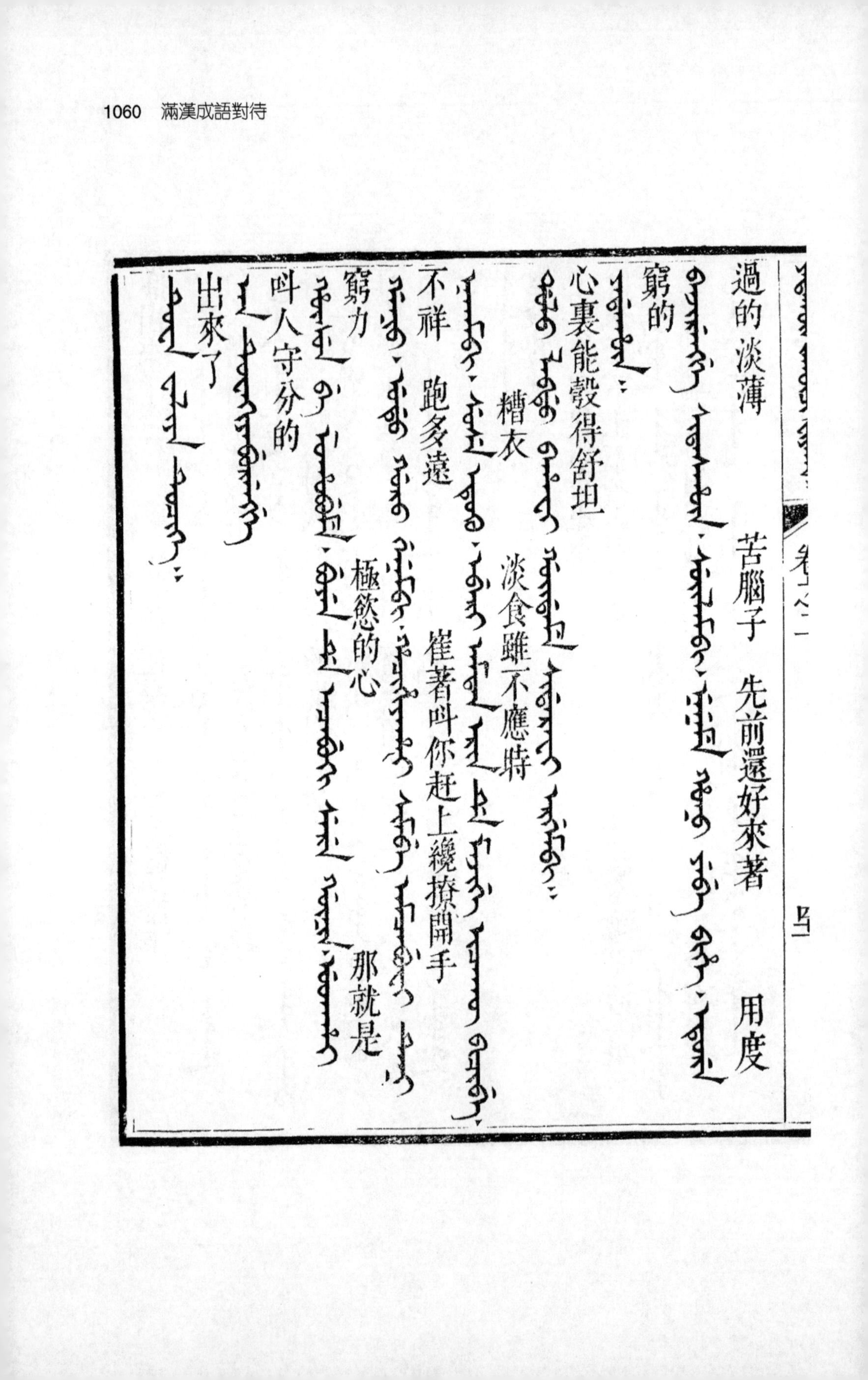

過的淡薄　苦腦子　先前還好來著　用度

窮的

心裏能彀得舒坦　淡食雖不應時

糟衣

不祥　跑多遠　崔著叫你赶上纔撩開手

窮力　極慾的心　那就是

叫人守分的

出來了

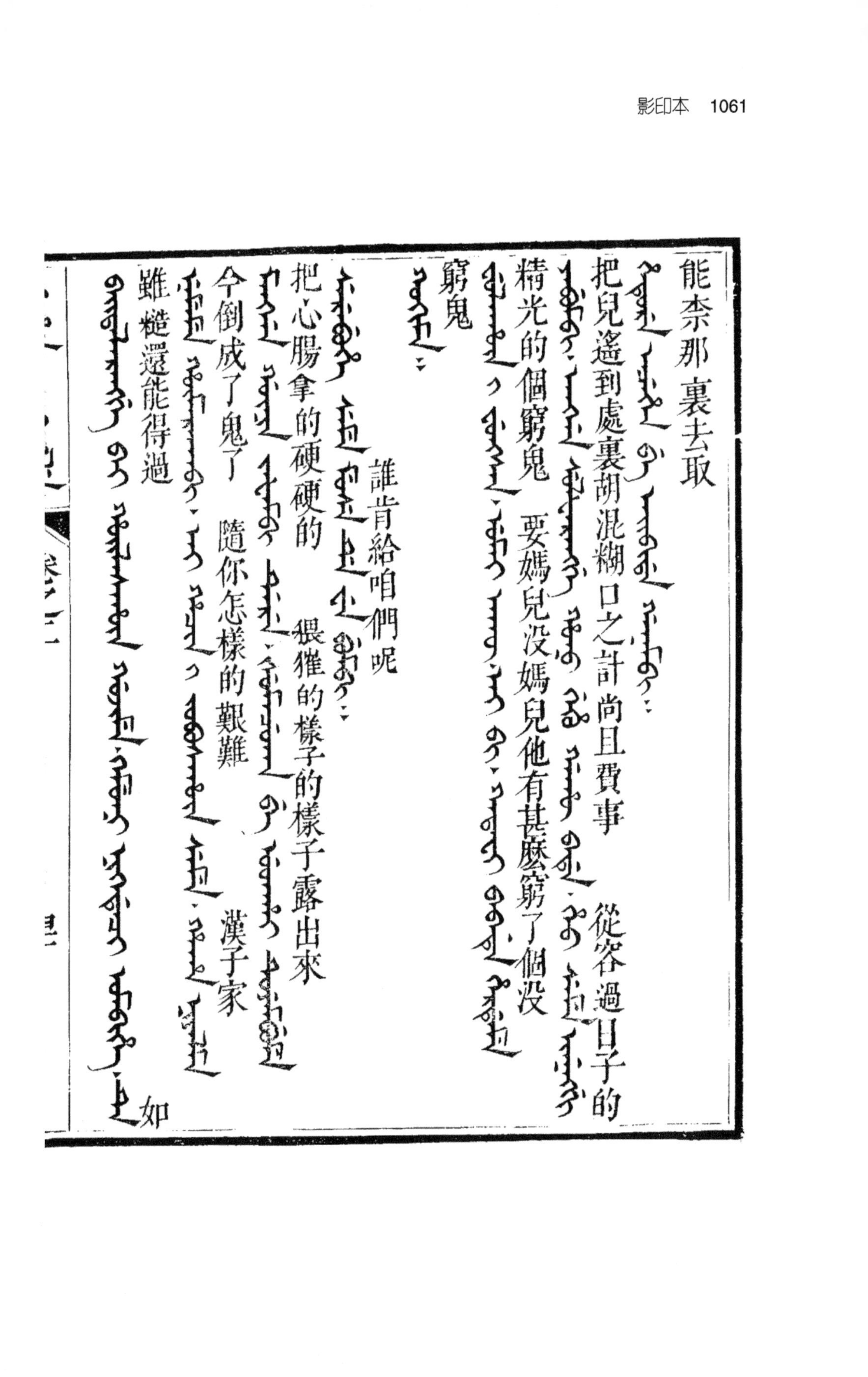

能奈那裏去取

把兒遥到處裏胡混糊口之計尚且費事 從容過日子的

精光的個窮鬼 要媽兒没媽兒他有甚麽窮了個没

窮鬼

誰肯給咱們呢

把心腸拿的硬硬的 猥獕的樣子的樣子露出來

今倒成了鬼了 隨你怎樣的艱難 漢子家

雖糙還能得過 如

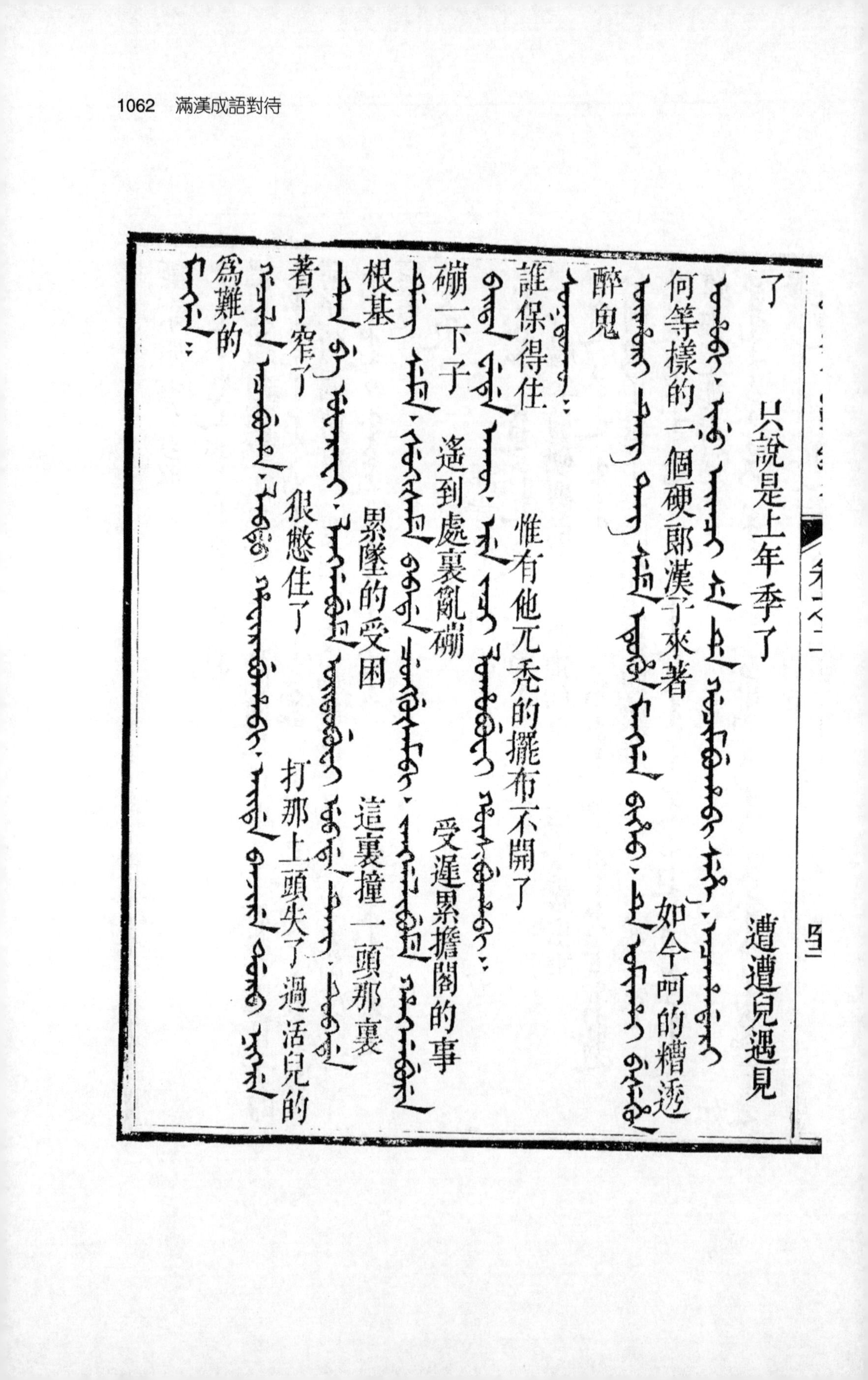

了 只說是上年季了 遭遭兒遇見

何等樣的一個硬郎漢子來著 如今呵的糟透

醉鬼

誰保得住 惟有他兀禿的擺布不開了

磞一下子 遙到處裏亂磞 受遲累擔閣的事

根基 累墜的受困 這裏撞一頭那裏

著了窄了 很憋住了 打那上頭失了過活兒的

爲難的

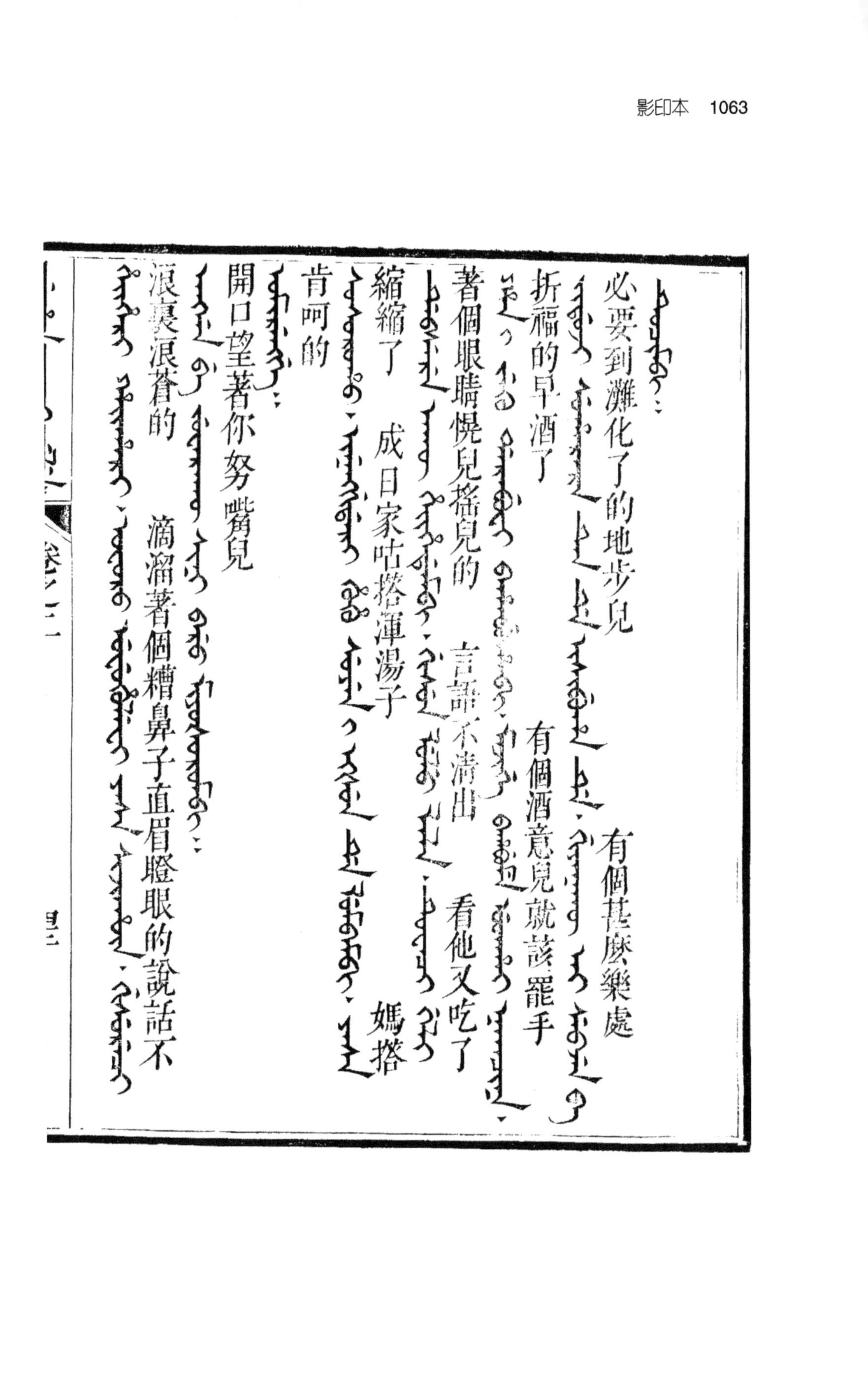

必要到灘化了的地步兒 有個甚麼樂處

折福的早酒了 有個酒意兒就該罷手

著個眼睛愰兒搖兒的 言語不清出 看他又吃了

縮縮了 成日家咕搭渾湯子 媽搭

肯呵的

開口望著你努嘴兒

淚裏淚脊的 滴溜著個糟鼻子直眉瞪眼的說話不

從容他　別崔

緊了慌手慌踋的歸籠的不底當

說性急的

呵見喀的打掃嗓子是時侯兒了起來罷了

睡不著翻蹬了一會子滲了一會兒　聽見這個那個

的呵見呵見的接連不斷的嗽　睡彀了　困醒了

猛醒時　那半拉呵見的有痰嗽聲　年老殘疾

咳嗽的

事情第九

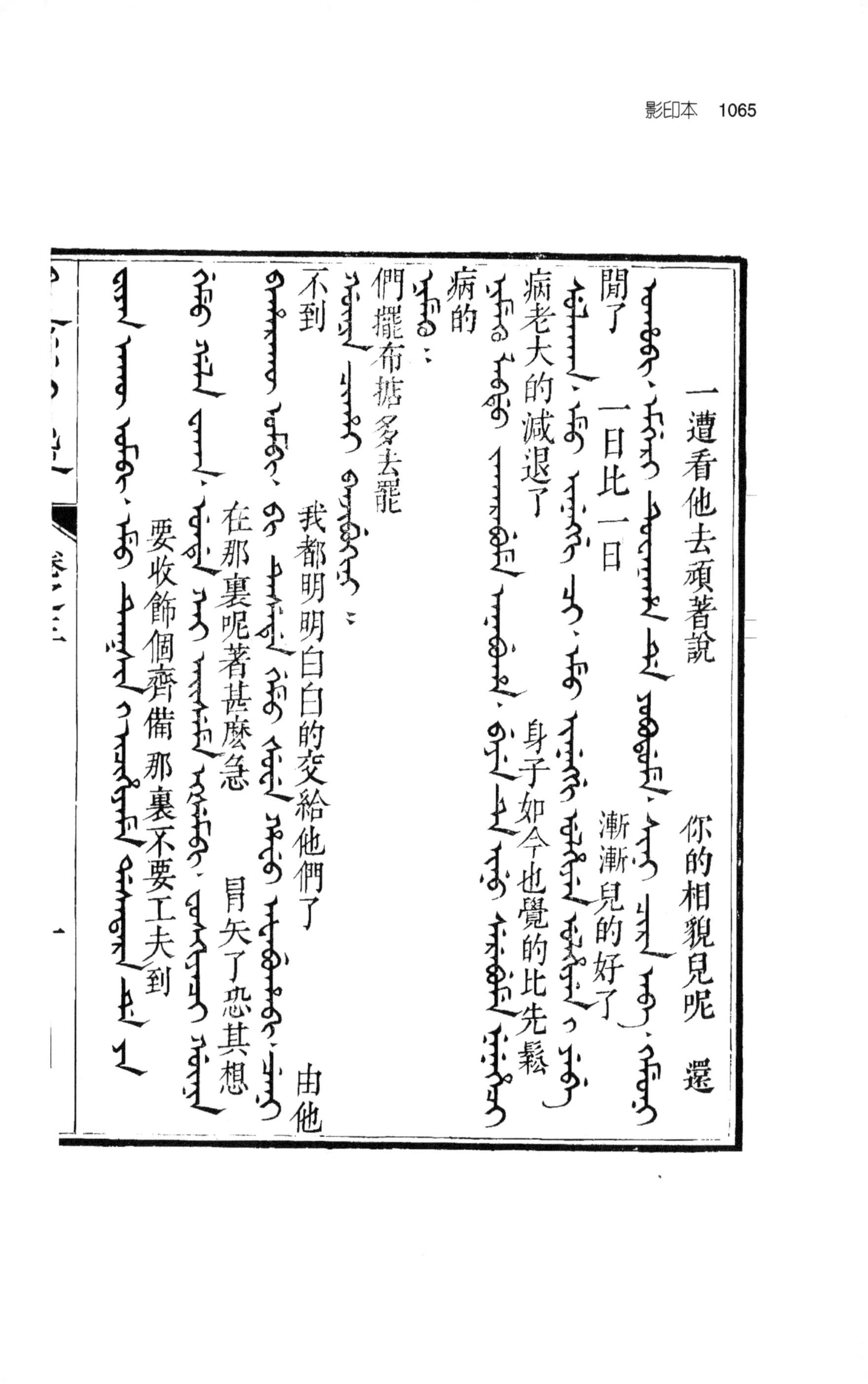

一遭看他去須著説 你的相貌兒呢 還
間了 一日比一日 漸漸兒的好了
病老大的減退了 身子如今也覺的比先鬆
病的
們擺布掂多去罷
不到 我都明明白白的交給他們了 由他
在那裏呢著甚麼急 胃矢了恐其想
要收飾個齊備那裏不要工夫到

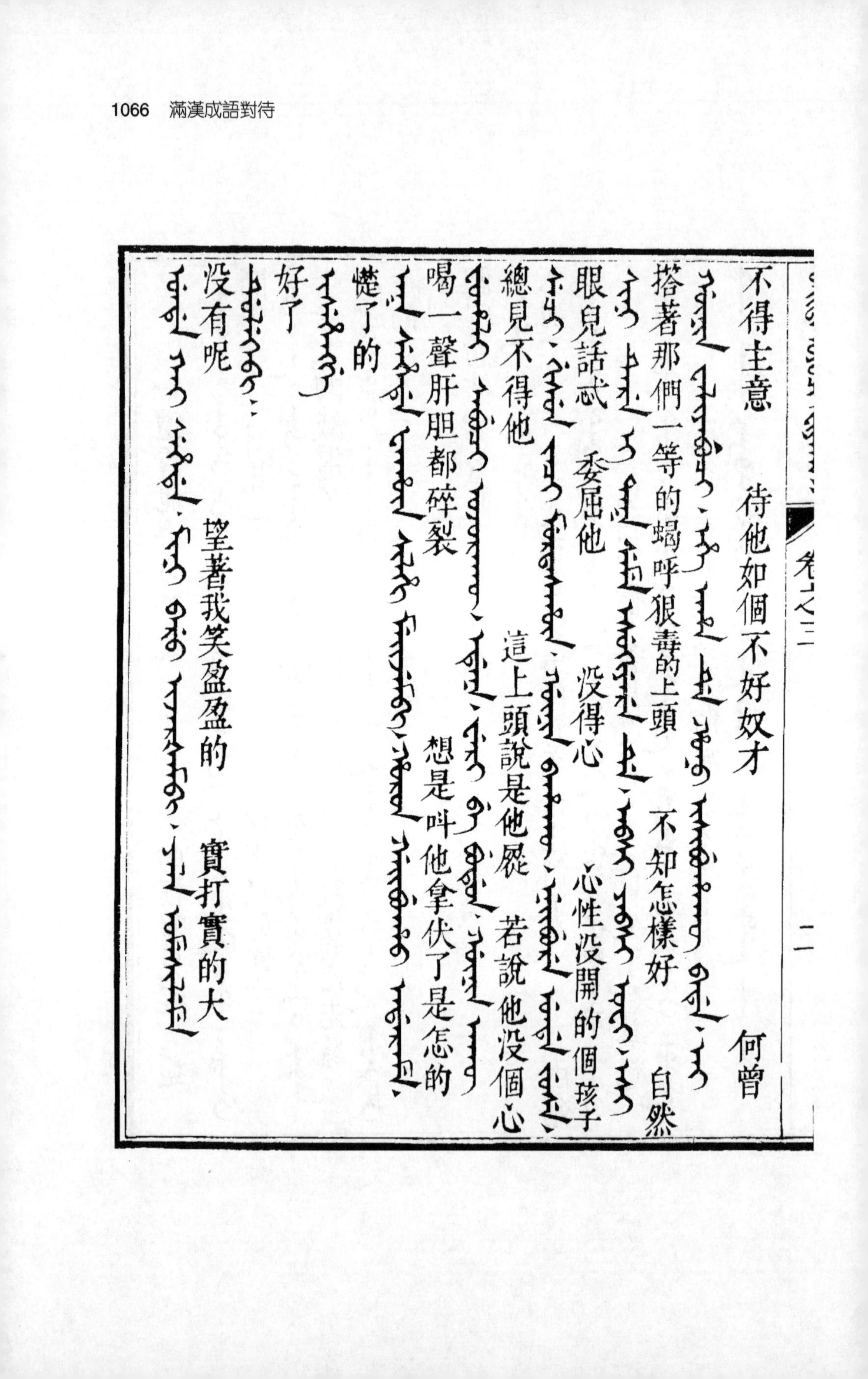

不得主意　待他如個不好奴才　何曾

搭著那們一等的蝎呼狠毒的上頭　不知怎樣好　自然

眼見話忒　委屈他　沒得心　心性沒開的個孩子

總見不得他　這上頭說是他屣　若說他沒個心

喝一聲肝胆都碎裂　想是叫他拿伏了是怎的

懂了的

好了

沒有呢　望著我笑盈盈的　實打實的大

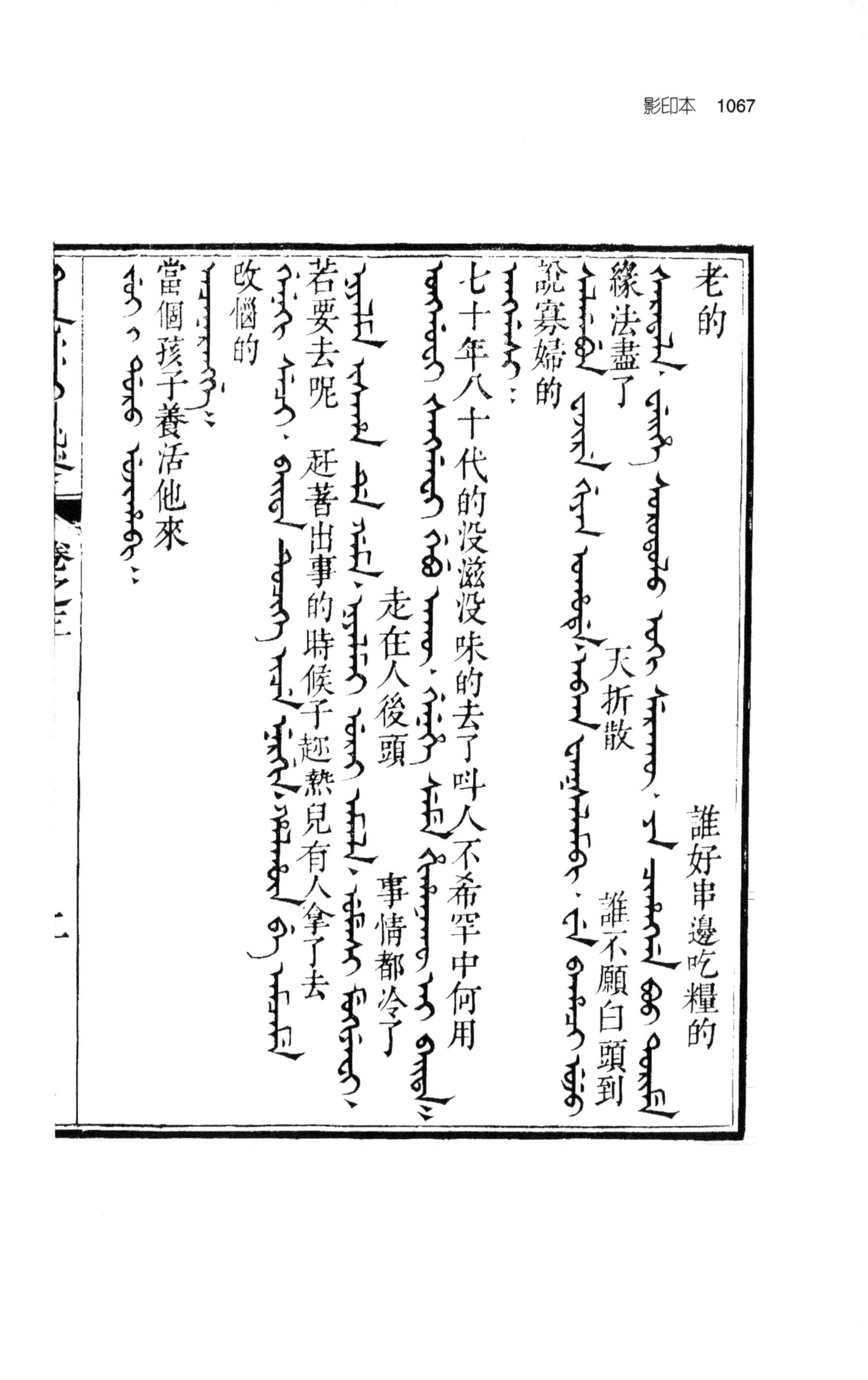

老的
誰好串邊吃糧的
緣法盡了
天折散
誰不願白頭到
說寡婦的
七十年八十代的没滋没味的去了叫人不希罕中何用
走在人後頭
事情都冷了
若要去呢
赶著出事的時候子赶熱兒有人拿了去
改惱的
當個孩子養活他來

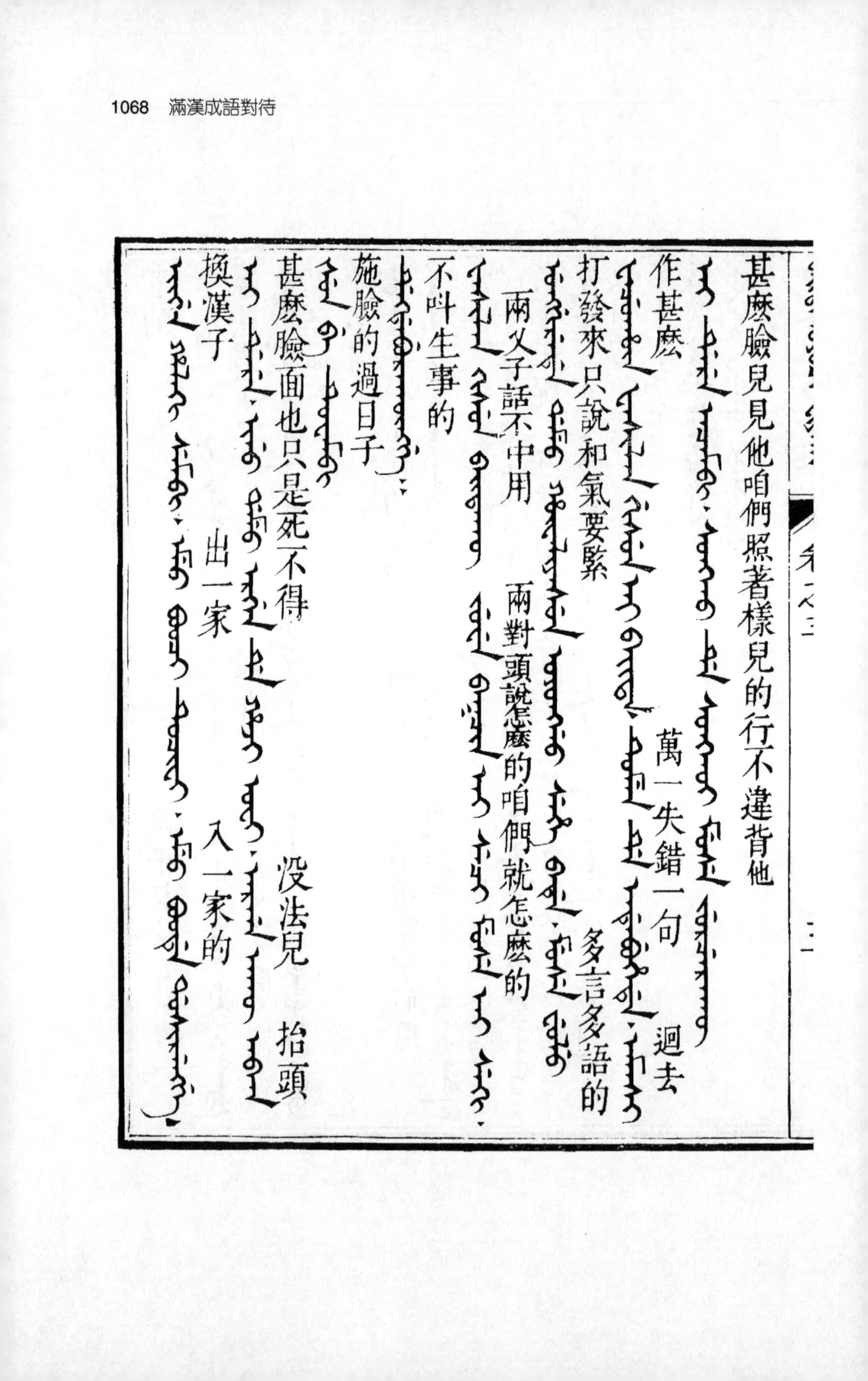

甚麼臉兒見他咱們照著樣兒的行不違背他

作甚麼　萬一失錯一句　迴去

打發來只說和氣要緊　多言多語的

兩叉子話不中用　兩對頭說怎麼的咱們就怎麼的

不叫生事的

施臉的過日子

甚麼臉面也只是死不得　没法兒　抬頭

換漢子　出一家　入一家的

是
天理照彰　把裏頭洗的淨淨兒的纔
你罷咱　你忍得人也忍得　坑人的事
東西不叫人得打破頭屑兒　譬如就是
主搶要緊　離著口兒不遠的
與管的人作對兒指望要贏著實要打算自已的
叫人再思的
是與非與別人甚麽相干

作甚麽　撩給他把咱　正經人尚不惜

你好柰煩　忒好事　死其白裏的收著

不中用的

實在的不知爲的是甚麽事來著

是個童顏　把人家小雞兒是的抵溜了去了可憐

没受過折磨的　相貌有紅似白的好看　還

長的成了丁兒了　没有蒼臉兒的孩子

可惜人的

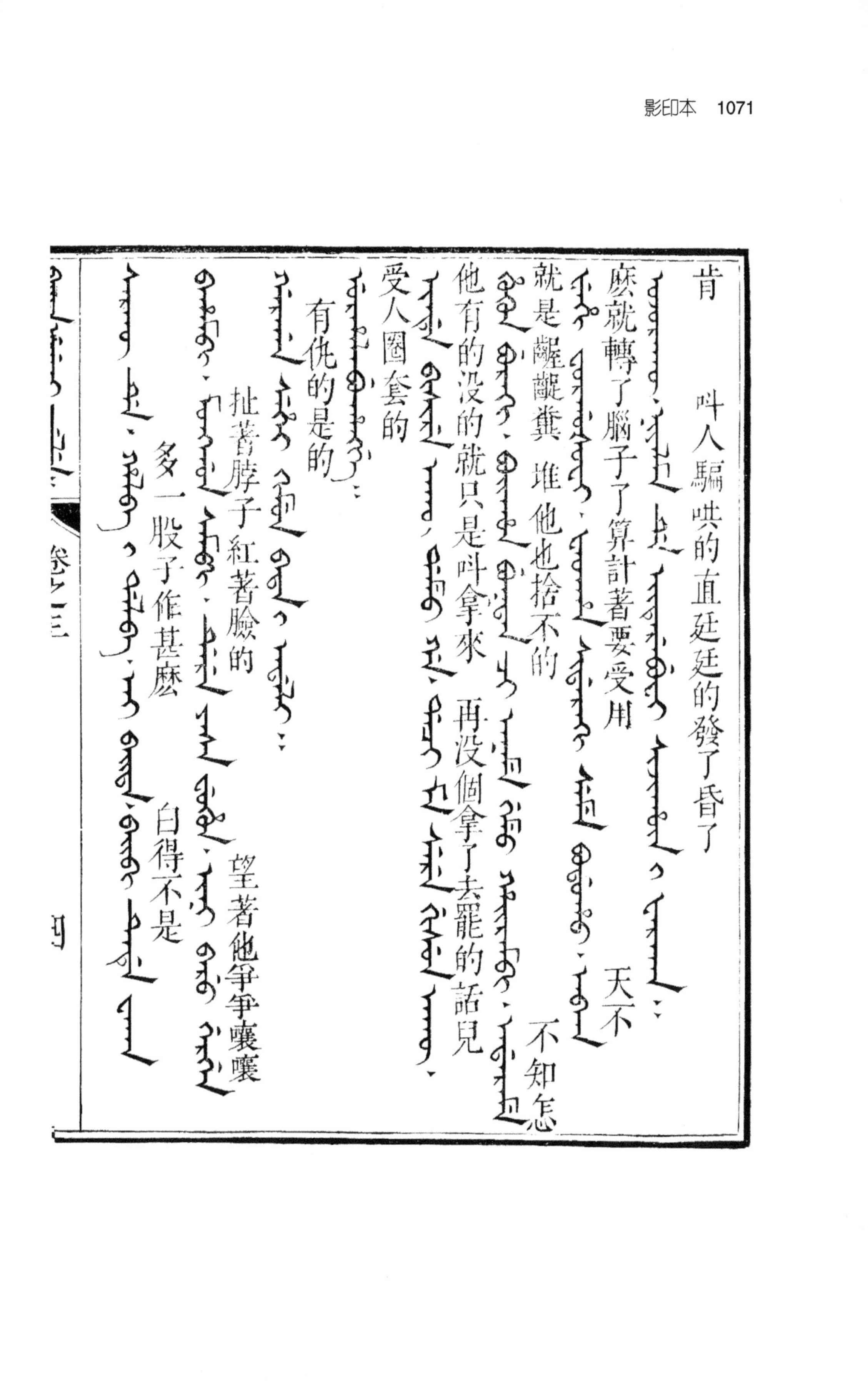

肯

叫人騙哄的直廷廷的發了昏了

天不

麽就轉了腦子了算計著要受用

不知怎

就是齷齪糞堆他也拾不的

他有的沒的就只是叫拿來

再沒個拿了去罷的話兒

受人圈套的

有佻的是的

扯著脖子紅著臉的

望著他爭爭嚷嚷

多一股子作甚麽

白得不是

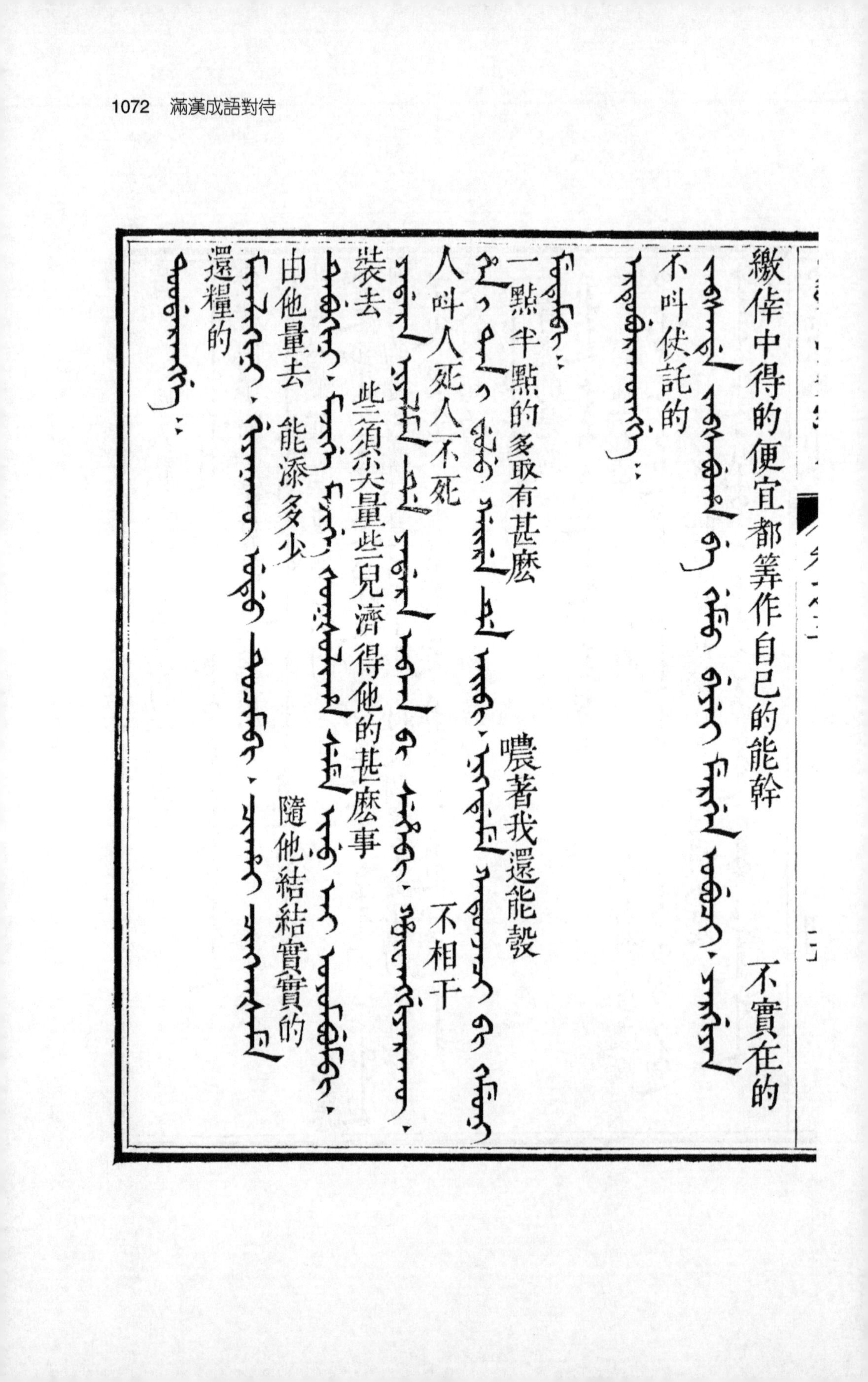

繳倖中得的便宜都算作自已的能幹　不實在的

不叫仗託的

一點半點的多最有甚麽　噥著我還能彀

人叫人死人不死　不相干

裝去　些須大量些兒濟得他的甚麽事

由他量去　能添多少　隨他結結實實的

還糧的

說話也硬氣 誰家不受窄 誰保得

完結 氣緊也不虧

自巳作的缺欠虧空 漢子家自巳塡補

叫人乾淨的

倏能幾日了 他那一撈兒的遮盖誰

於別人有何益 不看著過日子的時

撒謊誰服 說他手裏有 過得

跑了一日到晚的濕濕兒

不來望他來在那兒呢把我好相遊魂的是的出來進去

留下我孤丟丟兒一個人看家　等也等

他們背著抗著　抽著攙著一縷一行全去了

沒柰性兒的

完

在脖子後頭不理論　自作的寃孽久後叫誰替

住誰　明知道背起來　粧個不知道的丟

得的時節昏頭麻腦的怎麽那們不知個盡臟

貪的

死都忘了罷哩

你怎麽不這們的 軟的欺 硬的怕把

我另一樣兒討你嫌的是那一塊兒 在別人跟前

像人家狠嘟數落有個道理人也過得去

見了就是咯叨 你的嘴怎麽那們學貫了

不著要的

孩子們

也只爲氣他們不如人

他看不上眼

一日順便見到他家提鈴嚇號的上落兄弟

果然是個好漢子

人品浩壯聲音銅鍾兒是的

嚎橫的

事見可吽誰樂

心腸服苦受刑

稱願的

與事何益

賊還會咬著牙拿個硬

到了該吣的時候

纔歎惜後悔

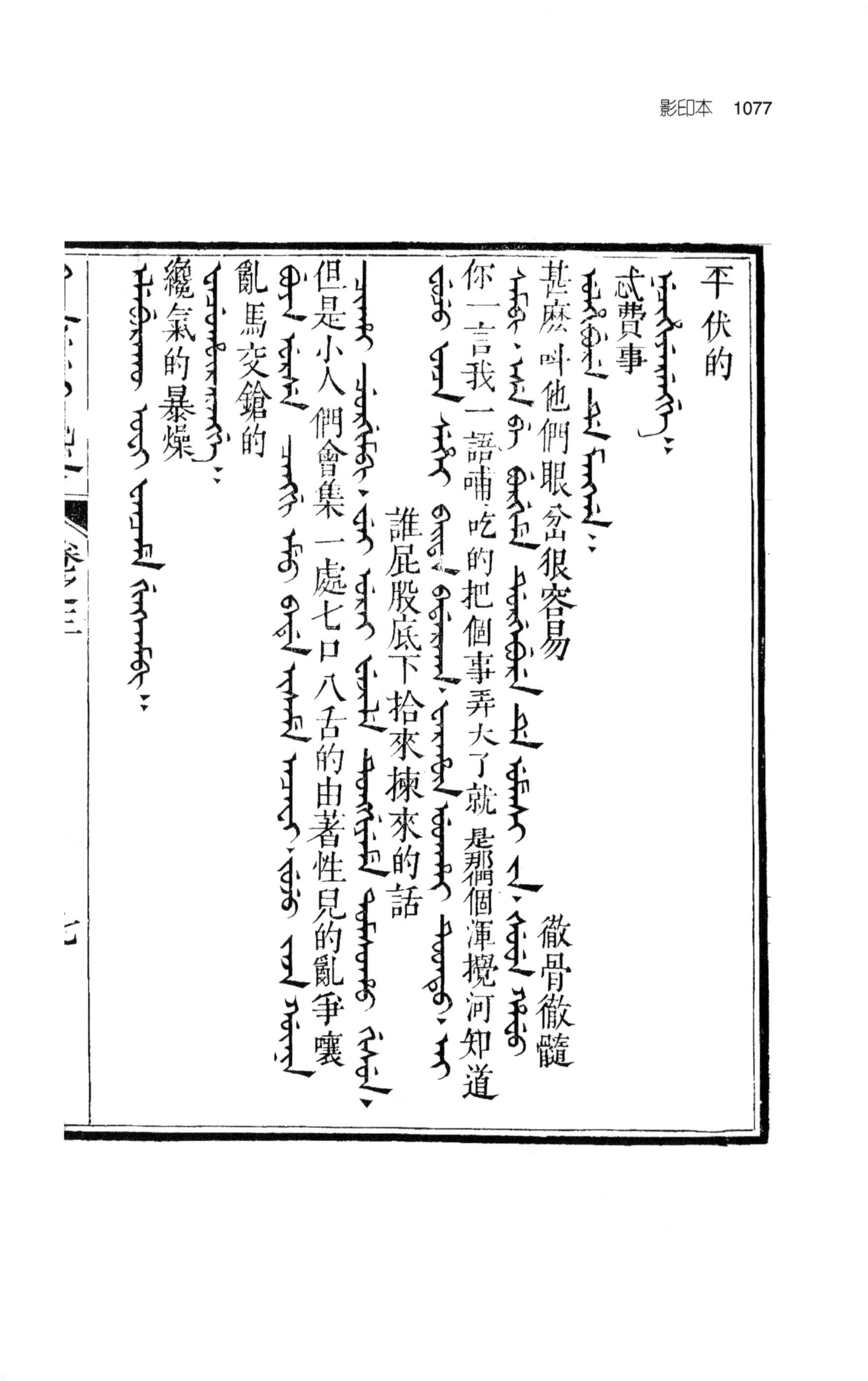

平伏的

忒費事

甚麽叫他們眼岔很容易

徹骨徹髓

你一言我一語啪吃的把個事弄大了就是那們個渾攪河知道

誰屁股底下拾來揀來的話

但是小人們會集一處七口八舌的由著性兒的亂爭嚷

亂馬交鎗的

纔氣的暴燥

奴才　慢性兒于見他扎巴不爽快我是個急性子我使不得

打頓子給倒了你了　也不是個得力的

給人的

惠　爲甚麽就要抗著決斷不行走

也是一時想的不到　大家不能得實

一班見識　你們就見短了

還照常一樣家醜不可外揚

沒得給你們個均攤雲散的别心寒

他也多吃多少

不過再給一盃吃罷了就是亮鍾子給瞧

幌幌蕩蕩的使得麽撒撒潑潑可惜了的酒

這們樣的斟麽　瞧罷咱待洋出來了怎麽拿呢

敬酒的

短強如手扒拉　且自沒人作個夥伴兒罷

你跟前　整理的攺了定不得　火棍兒

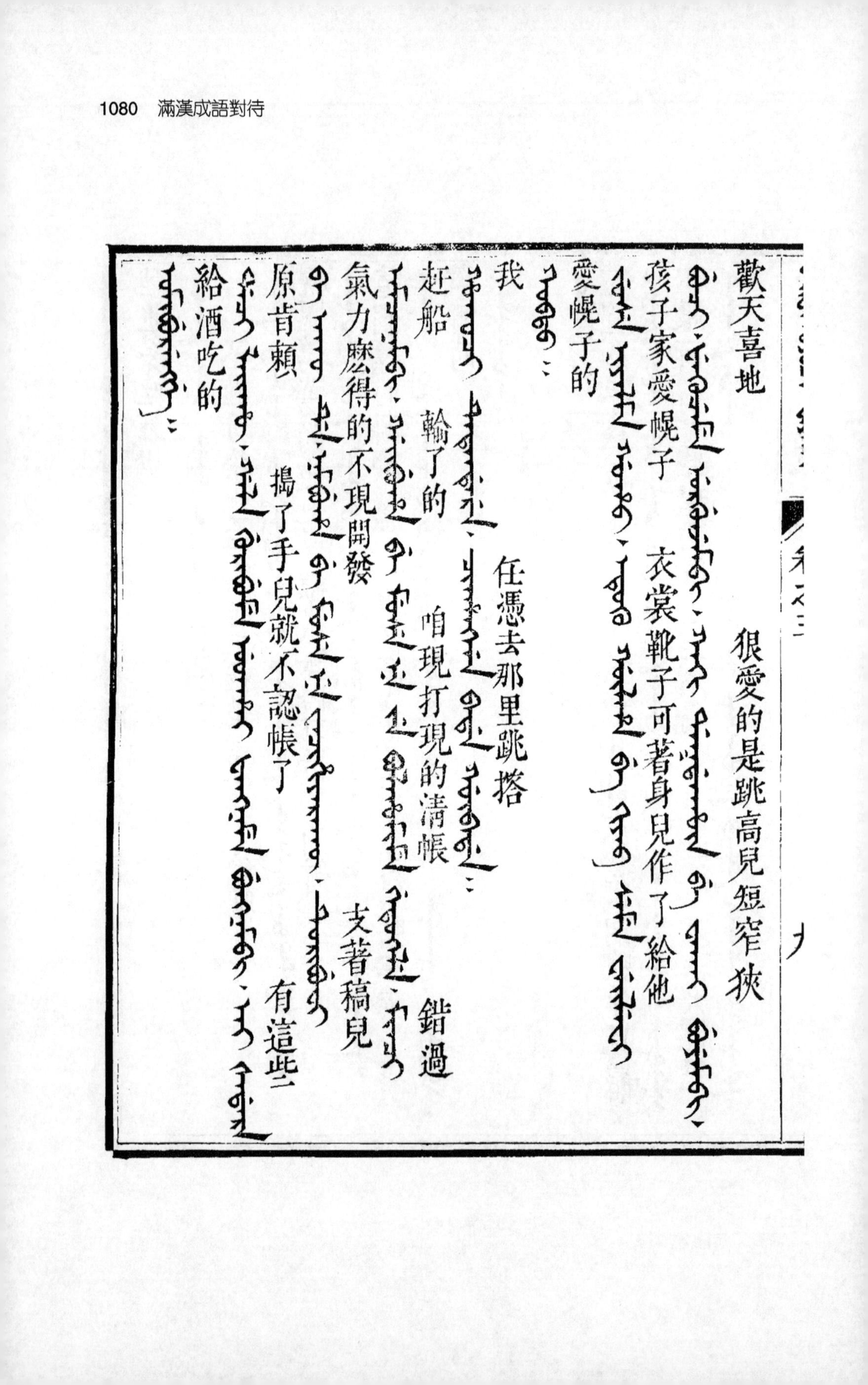

歡天喜地　很愛的是跳高兒短窄狹

孩子家愛幌子　衣裳靴子可著身兒作了給他

愛幌子的

我　任憑去那里跳搭

趕船　輸了的　咱現打現的清帳　錯過

氣力麽得的不現開發　支著稿兒

原肯賴　搗了手兒就不認帳了　有這些

給酒吃的

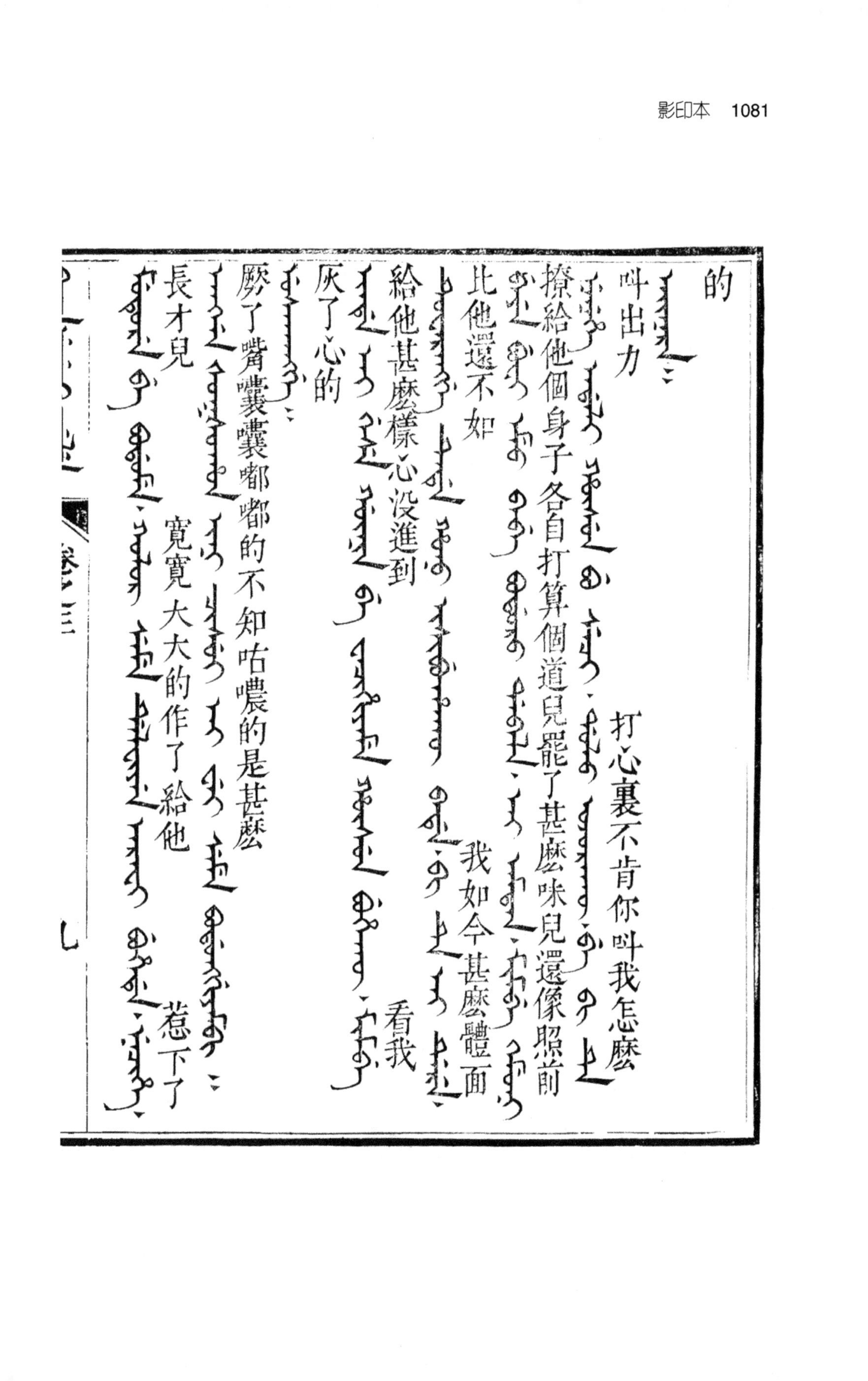

的

叫出力

打心裏不肯你叫我怎麼

撩給他個身子各自打算個道兒罷了甚麼味兒還像照前

比他還不如

我如今甚麼體面

給他甚麼樣心沒進到

看我

灰了心的

厭了嘴囔囔嘟嘟的不知咕噥的是甚麼

長才兒

寬寬大大的作了給他

惹下了

戚戚乂乂的 抽著勒著 少吃些兒

吃的不知是多了怎的 問他呢心裏只是對不著

吃多了的

就完 不許再趕

看著勝多的算回數 輸了

來 多少太偏在一邊了誰肯依

賭賽輸贏 掂度了兩半拉的力量班配了

取樂的

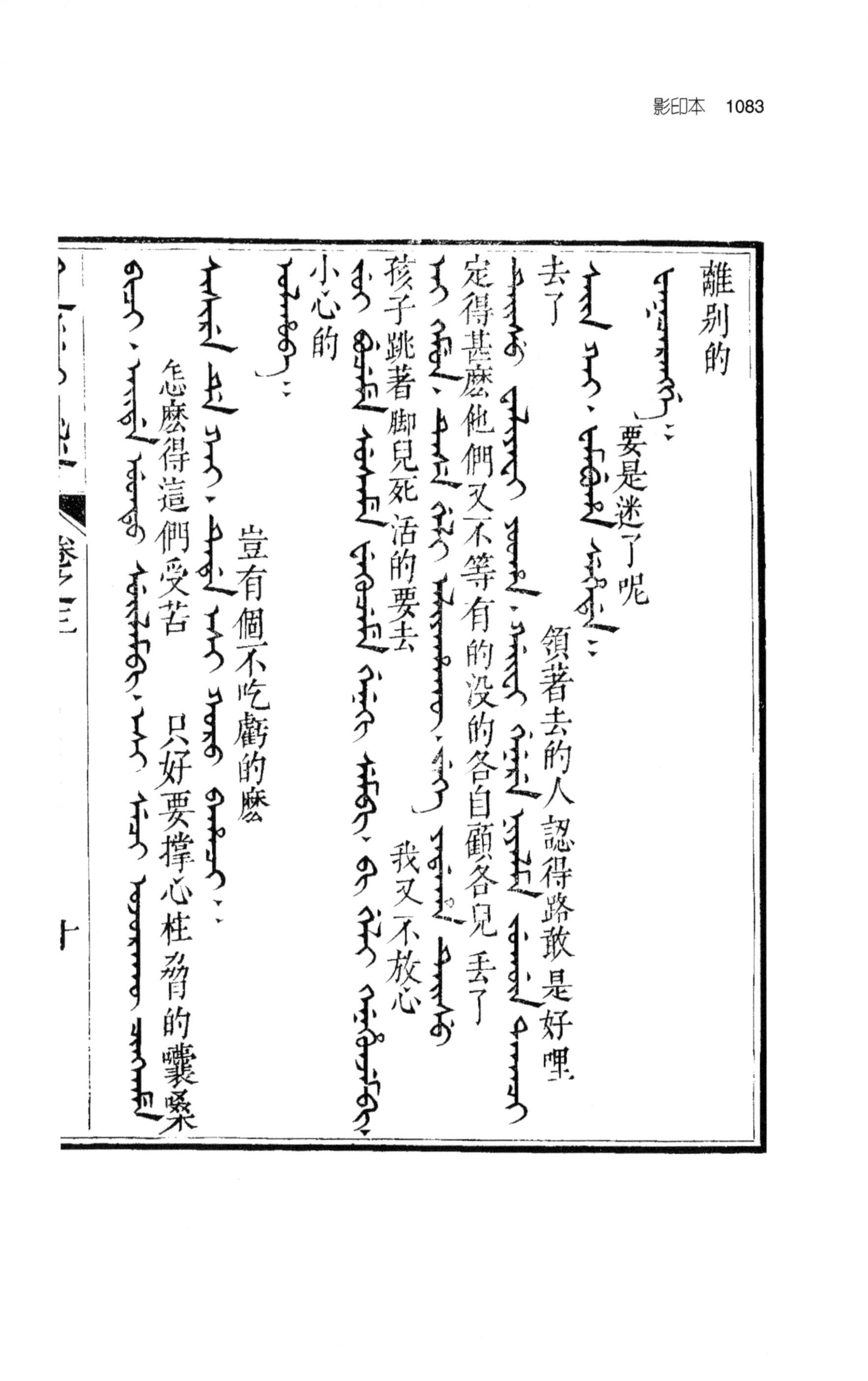

離別的

要是迷了呢

去了

領著去的人認得路敢是好哩

定得甚麽他們又不等有的没的各自顧各兒丟了

孩子跳著脚兒死活的要去

我又不放心

小心的

豈有個不吃虧的麽

怎麽得這個受苦

只好要撐心柱胷的囔桑

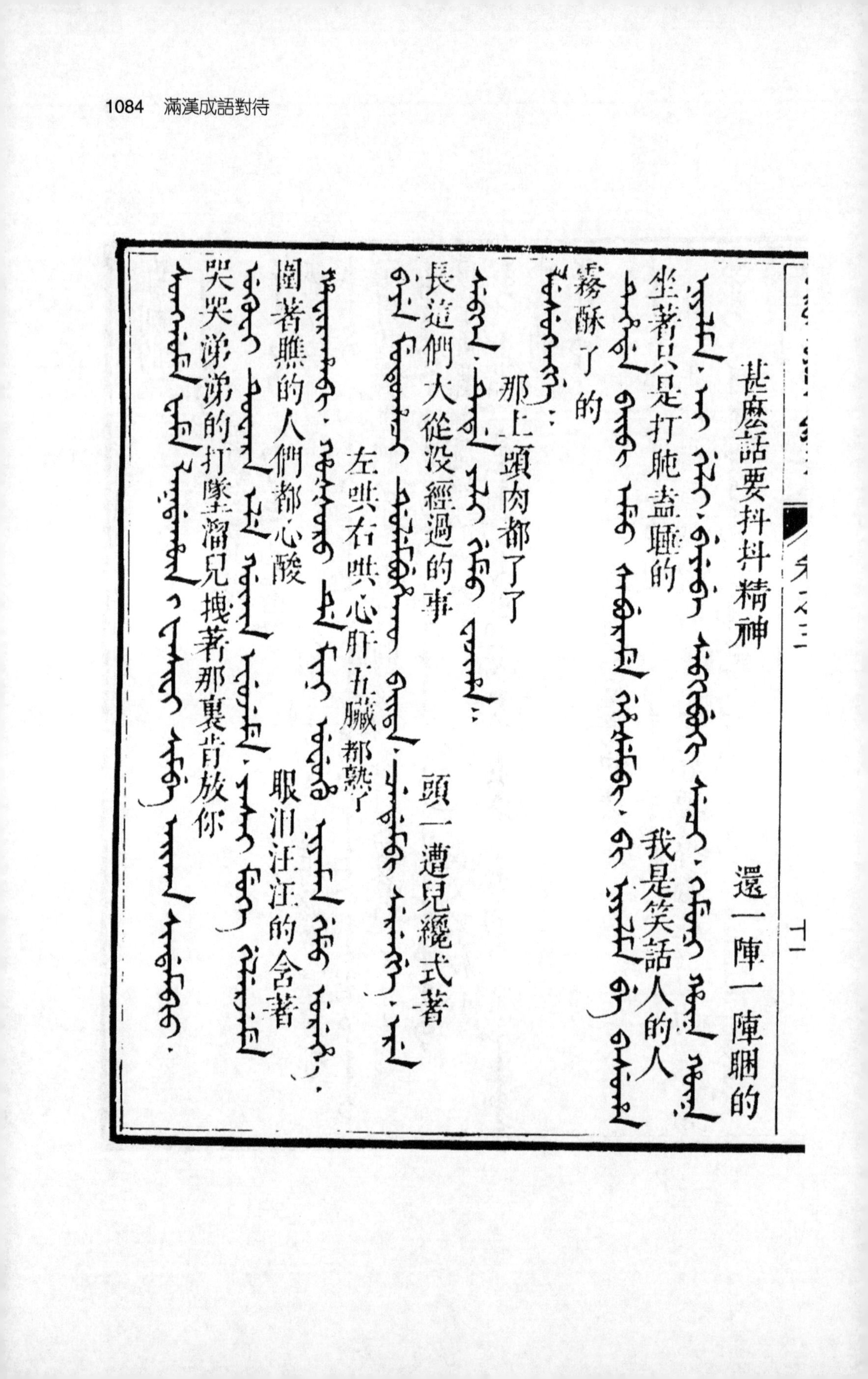

甚麽話要抖抖精神　還一陣一陣睏的

坐著只是打盹盍睡的　我是笑話人的人

霧酥了的

那上頭內都了了

長這們大從没經過的事　頭一遭兒纔式著

左哄右哄心肝五臟都熟了

闔著瞧的人們都心酸　眼泪汪汪的含著

哭哭涕涕的打墜溜兒拽著那裏肯放你

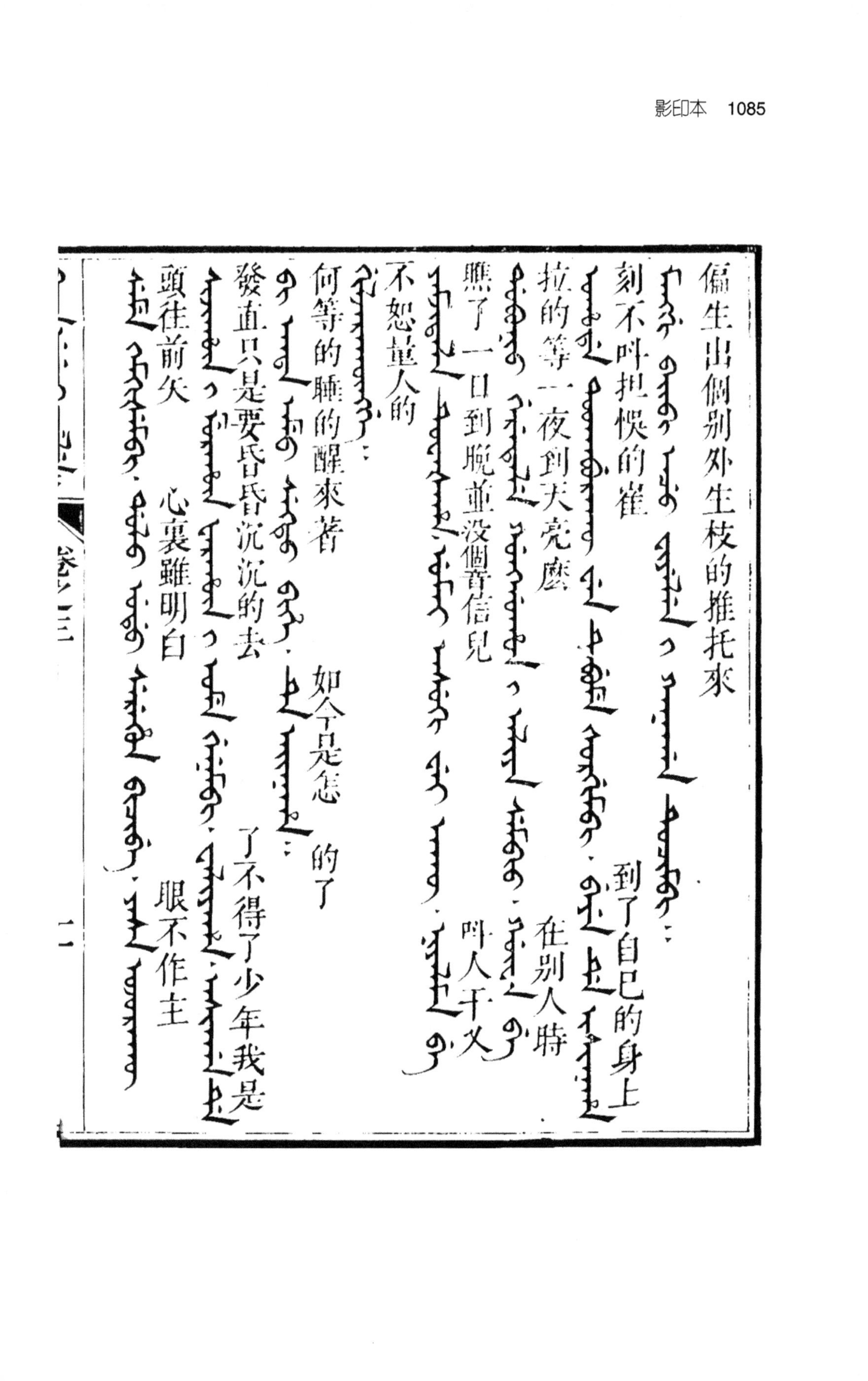

偏生出個別外生枝的推托來
刻不叫担悞的罹　到了自巳的身上
拉的等一夜到天亮麽　在別人時
瞧了一日到晚並沒個音信兒　叫人干乂
不恕量人的
何等的睡的醒來着　如今是怎的了
發直只是要昏昏沉沉的去　了不得了少年我是
頭往前欠　心裏雖明白　眼不作主

你粧的甚麽假　見了跑的

好個屣行子各人的口頭福兒　作漢子的走到那裏吃到那裏

謙讓的

誰成望他到這們個田地來著

出息的爵媽子都有了　可憐見兒的

誰把他放在眼裏來　槅開的不久

坐著相個泥塑的　站著相個木雕的來著　草木之類

出息的

與誰相干

個眼只是一脖頸子的性子　這樣的誰還管他　惱不惱呢

是的　並不給個好臉兒　圓睜著兩

倒要和勸他們進去了呢　倒像少欠甚麼沒還的

他們兩家子氷火不同爐的扭別著　好意

撩開手的

怎的

原故　記悔　現成的　爲你來提另收拾是

靠得的

値 也不看 只是閉眉合眼的爭

價錢的貴賤 高底 也不管 値不

還有的說 過了頭兒誰依

憑他拿到那裏去賣 給的價兒若少

要的價錢 出的價錢不相符

說是賣的叫了來問他 掐𠢞攀大價兒

作買賣的

淺　不熟化　這裏的規矩理法不貫

忍心離開了　搬到這裏的日子

人的規矩　戀土難移　叫窮拿的

生地方

再不叫你糟心費力

放心　火裏火把的事情你打發他　去瞧

託得　陳人　咱們一樣的有他　咱們

若是得他陪了去　好來著　人靠得

娶媳媳的　記教到了是便宜

雖是得了汗

兀塗的也喘錯　這病大意不得

狠費事　滾沸沸的開水給他嗑　溫和

一個跟著一個的希粥給他　肉食再別　重落了

傷寒的

認得了自然的求指示領教　請安去

熟　弟兄們誰是誰還不切實的知道

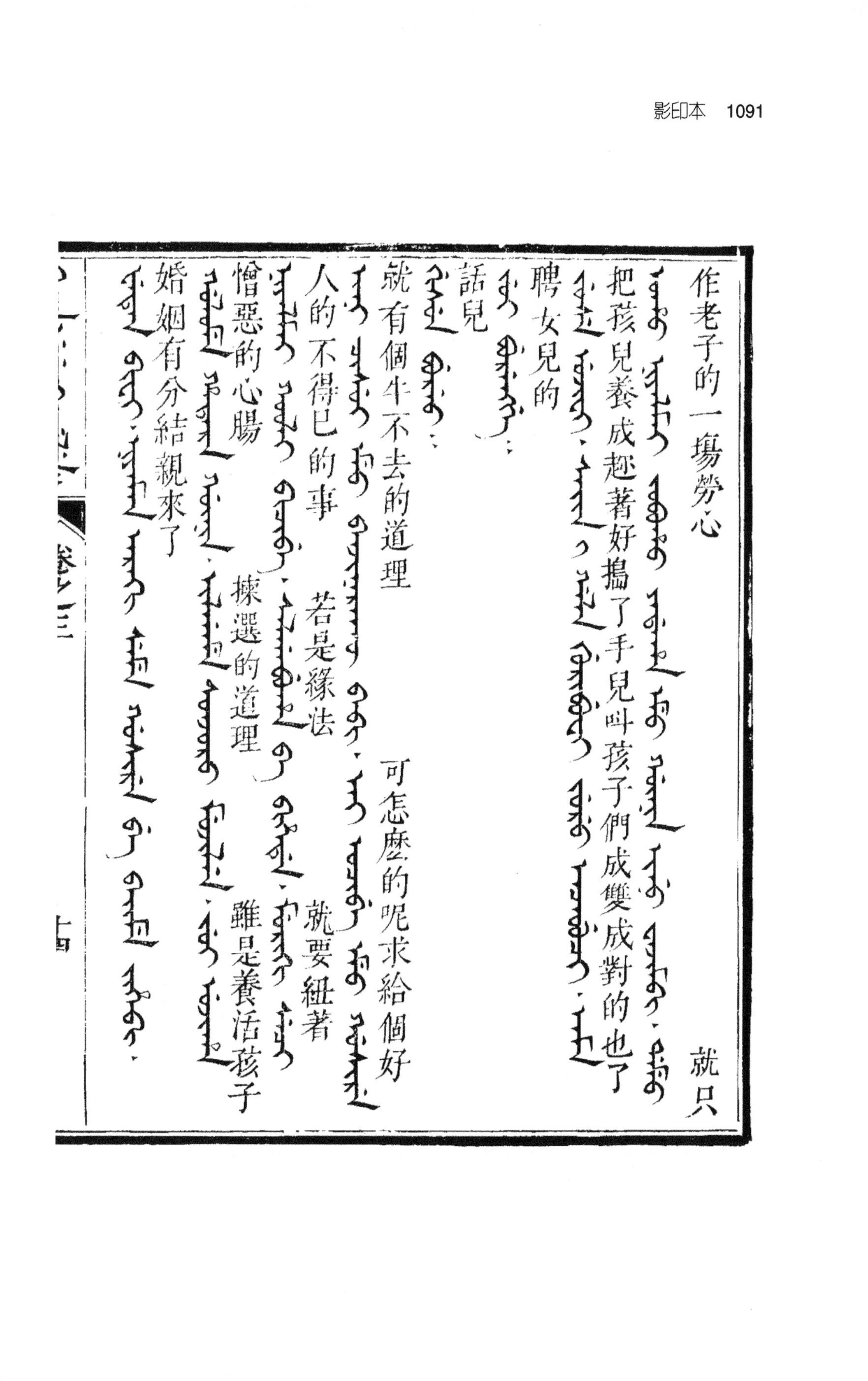

作老子的一塲勞心 就只

把孩兒養成趣著好搗了手兒叫孩子們成雙成對的也了

聘女兒的

話兒

就有個牛不去的道理 可怎麽的呢求給個好

人的不得已的事 若是緣法 就要紐著

憎惡的心腸 揀選的道理 雖是養活孩子

婚姻有分結親來了

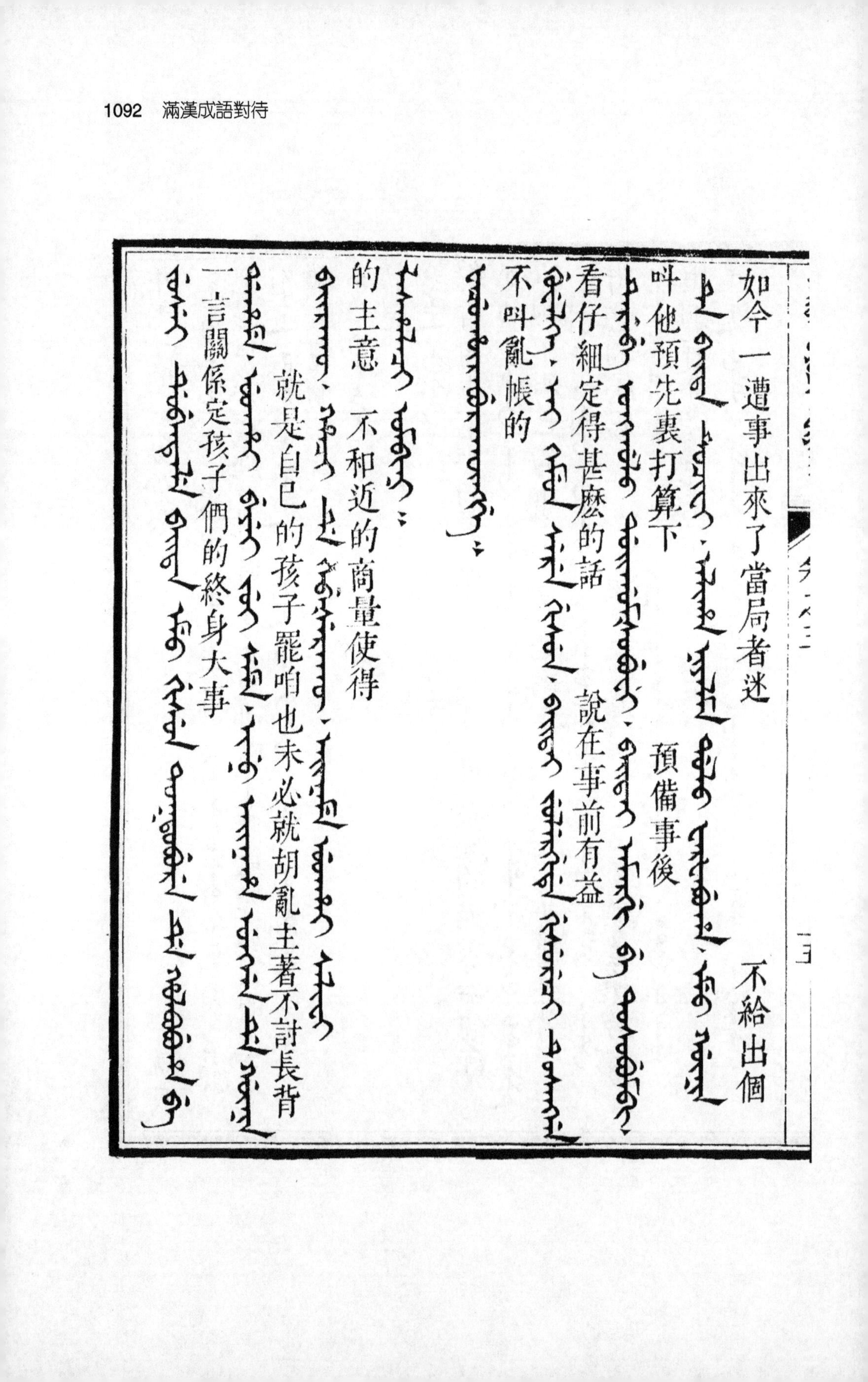

如今一遭事出來了當局者迷 不給出個

叫他預先裏打算下 預備事後

看仔細定得甚麽的話 說在事前有益

不叫亂帳的

的主意 不和近的商量使得

就是自己的孩子罷咱也未必就胡亂主著不討長背

一言關係定孩子們的終身大事

錯認了的

誰是他的掣手替他齊全

太平

你看這上頭必定有大干戈

再不能

如今也一點兒半點的破動了只差没大壞

把事情何等的機密嚴緊來著

活該事出

得了信兒的

不著要的話與事何益

主意

反倒

嚇他

我没說麽

可死了

如今為甚麼變了性學成個聽見風兒就是雨

鼻子上落著老瓜也看不見來著

打趣人的

自己啞巴那們個胡謅也有麼

了　難道不去罷　仗著嗽一聲定睛瞧時

個甚麼拿著　頭髮直豎豎的發憤　擋住去路

空落落的　沒一個人　孤丟丟兒獨自是我一個手裏沒

房墻頭兒黑孤搭的活托兒是個人　那牛拉這牛拉

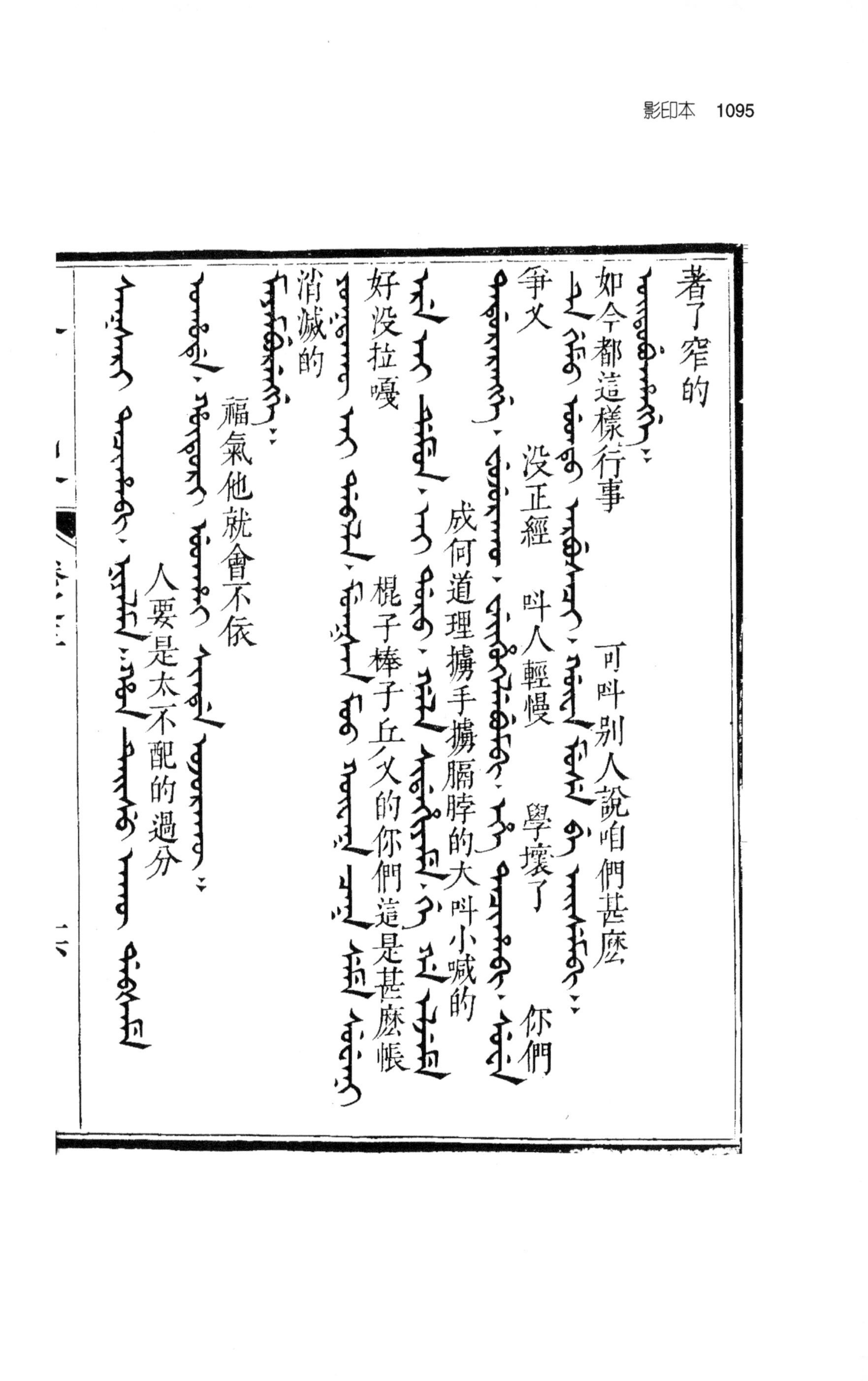

著了窄的

如今都這樣行事 可叫别人說咱們甚麽

爭文 没正經 叫人輕慢 學壞了 你們

成何道理 擄手擄膈脖的大叫小喊的

好没拉嘎 棍子棒子丘乂的你們這是甚麽帳

消滅的

福氣他就會不依

人要是太不配的過分

異樣雕鑽的編泒放臉　摩著

不知是怎的心不對椿了　出氣的是的

合他有緣的那一乘子　攙不上口兒的誇

沒溜兒的

懲的　頓踟兒跳

沒個夥件兒　原是個胆子小的人

起來魂都冒了　走了許多路了

臨去沒腦子一下子忘了就去了　塗中想

亂了綫兒的

麽田地

搪搭

活笑話兒到甚

因爲人作人

論富抬在各到處裏

憑你是誰心裏都過的去事關道理

出殯

從正路出

出殯的

也是個漢子

爲甚麽只好老老婆婆的

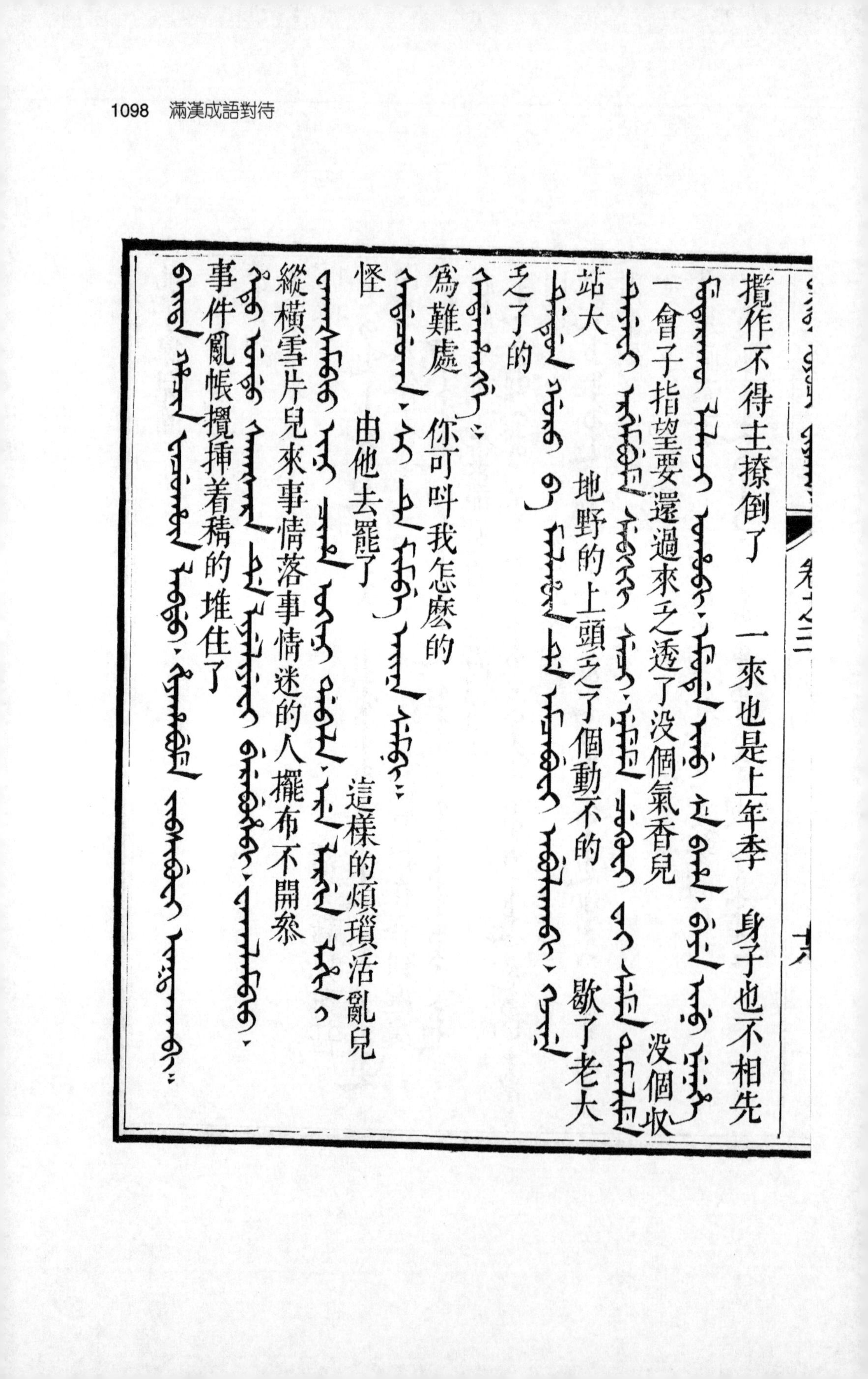

攪作不得主撩倒了　一來也是上年季　身子也不相先

一會子指望要還過來乏透了没個氣香兒　没個收

站大　地野的上頭乏了個動不的　歇了老大

乏了的

爲難處　你可叫我怎麼的

怪　由他去罷了　這樣的煩瑣活亂兒

縱横雪片兒來事情落事情迷的人擺布不開綵

事件亂帳攪揮着稠的堆住了

没心眼兒的

肚腸都是怎麽長着呢

這們大塊子死拍拍的坐着要壓坑頭子

出去見見風兒 身子也硬朗 吃的也消化

裏作甚麽 找個陰凉去處凉爽何等的好

這等一個晴乾没風的個好日子 悶着懋在家

不叫委在家裏的

了

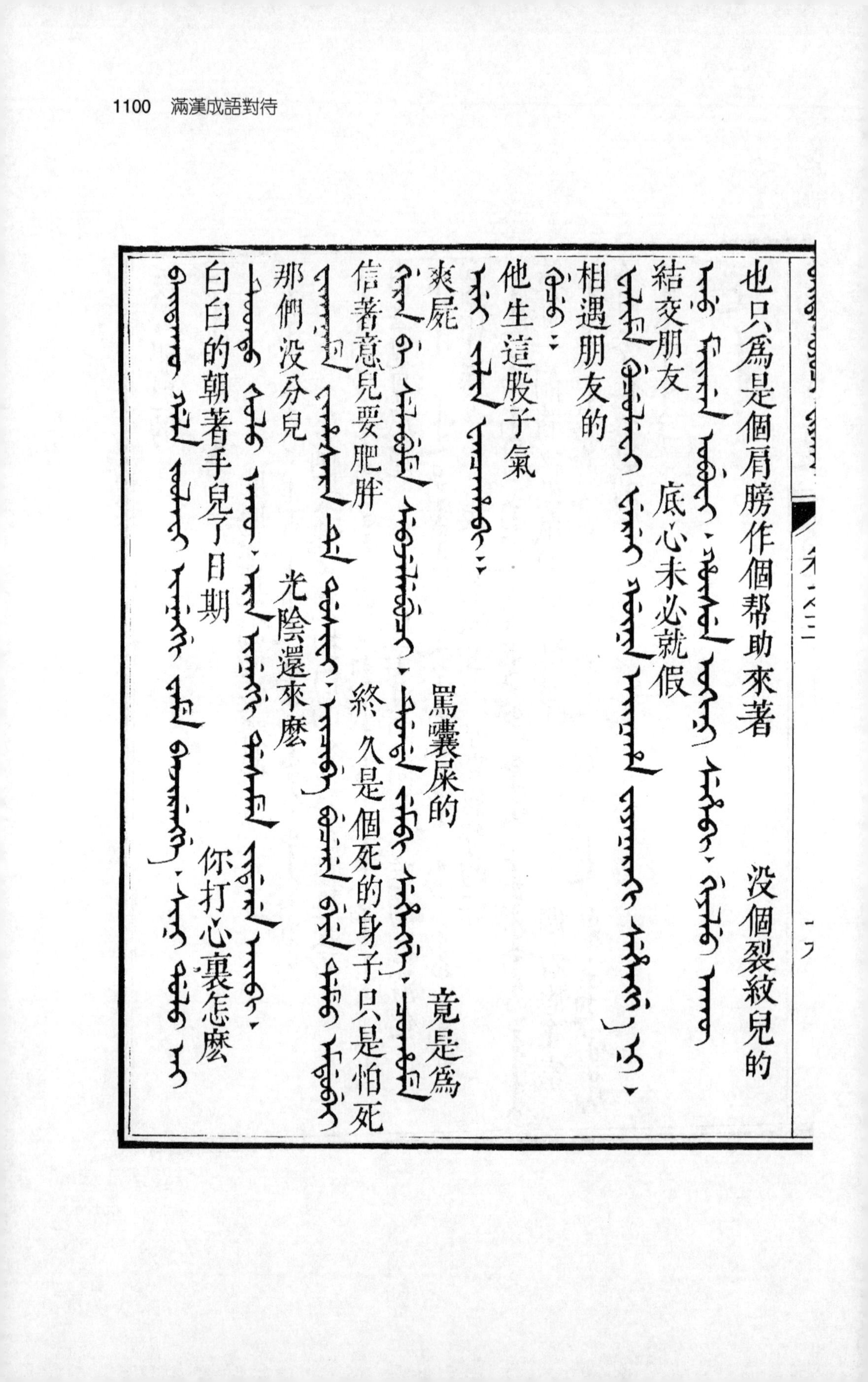

也只爲是個肩膀作個帮助來著　没個裂紋兒的

結交朋友　底心未必就假

相遇朋友的

他生這股子氣

爽屁　罵囔屎的　竟是爲

信著意兒要肥胖　終久是個死的身子只是怕死

那們没分兒　光陰還來麼

白白的朝著手兒了日期　你打心裏怎麼

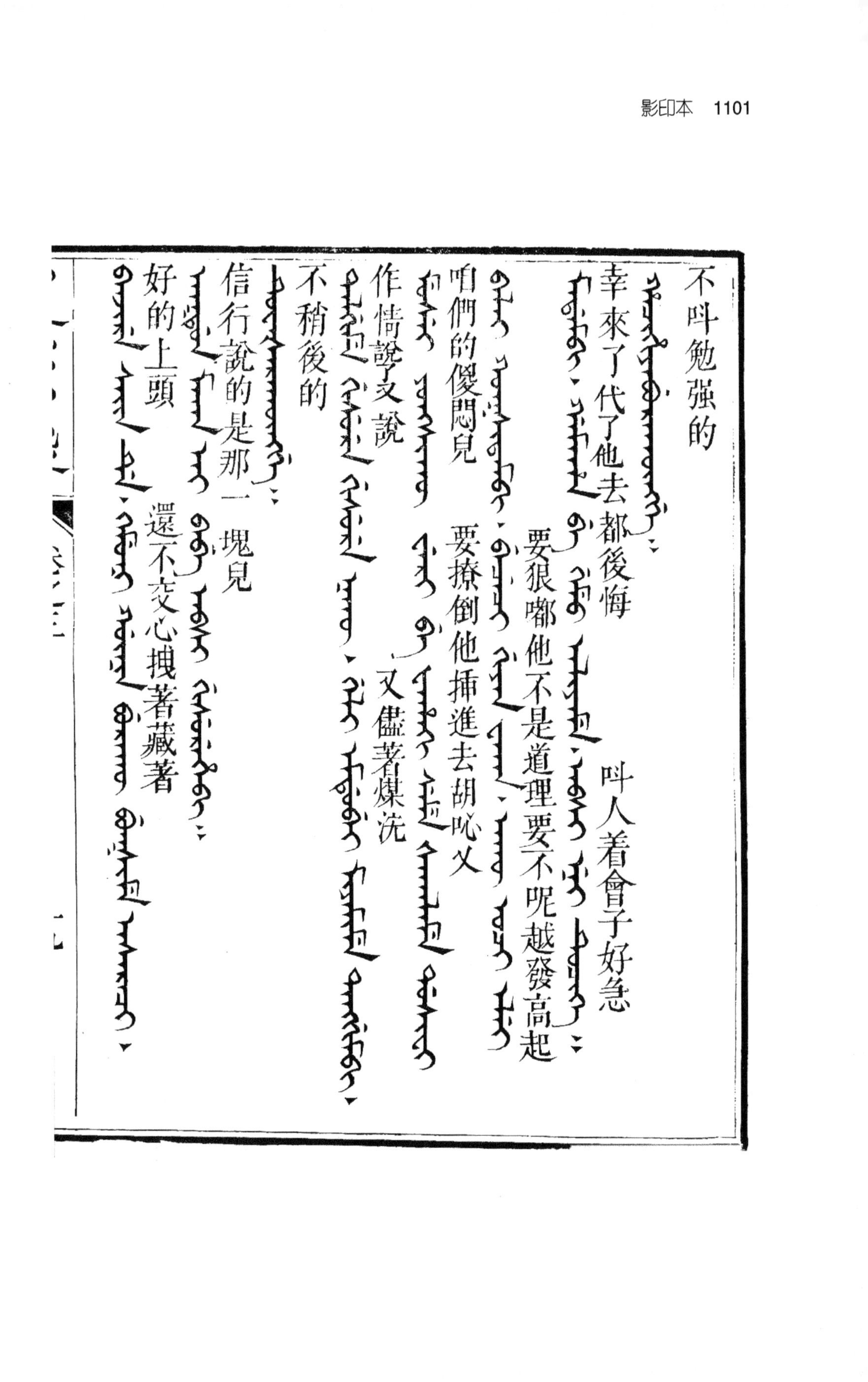

不叫勉强的

幸來了代了他去都後悔 叫人着會子好急

要狠嘟他不是道理要不呢越發高起

咱們的傻悶兒 要撩倒他插進去胡吣又

作情謊又說 又儘著煤洸

不稍後的

信行說的是那一塊兒

好的上頭 還不交心拽著藏著

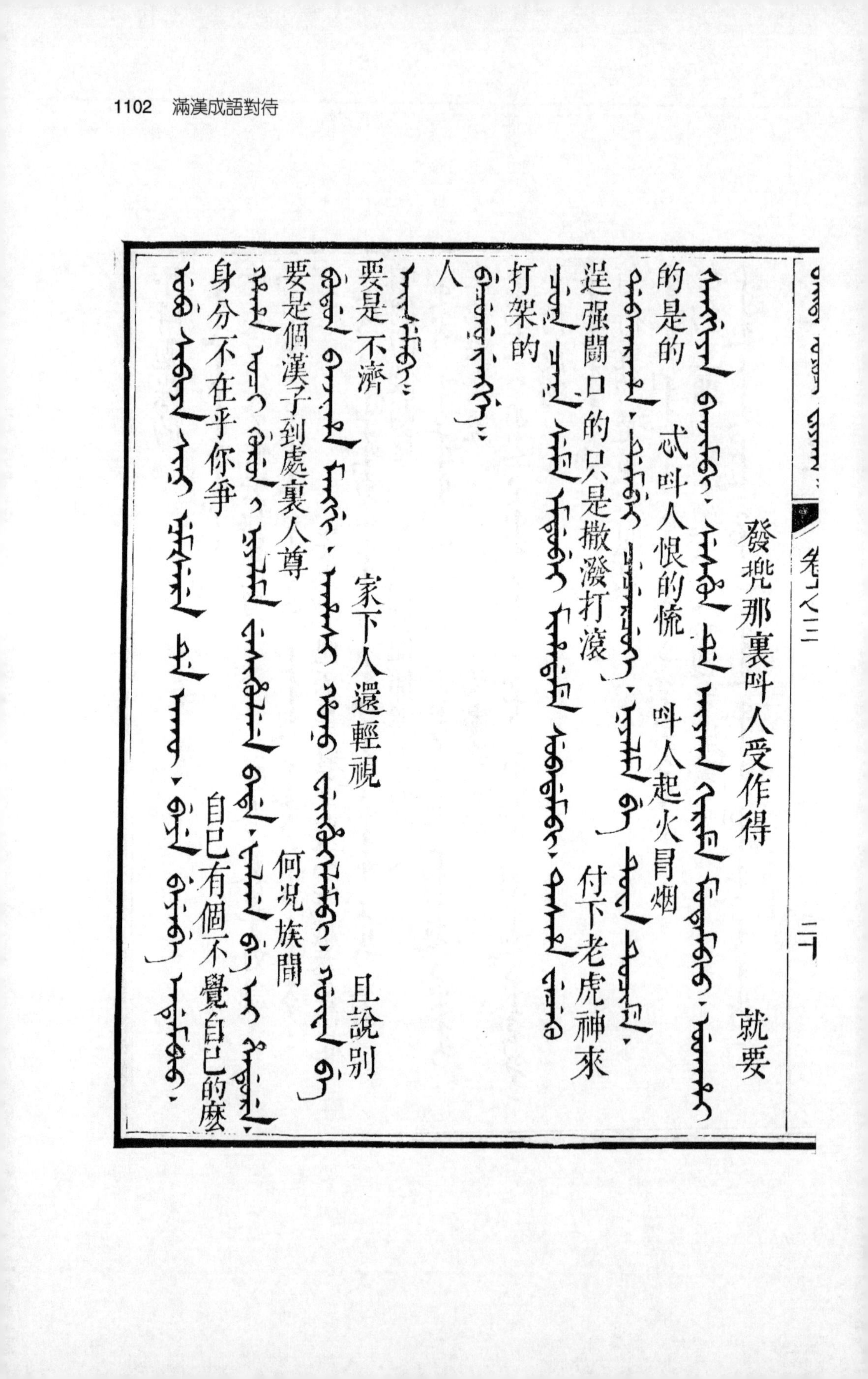

發挖那裏叫人受作得　就要

的是的　忒叫人恨的慌　叫人起火冒烟

逞强鬬口的只是撒潑打滾　付下老虎神來

打架的

人

要是不濟　家下人還輕視　且說別

要是個漢子到處裏人尊　何況族間

身分不在乎你爭　自己有個不覺自己的麼

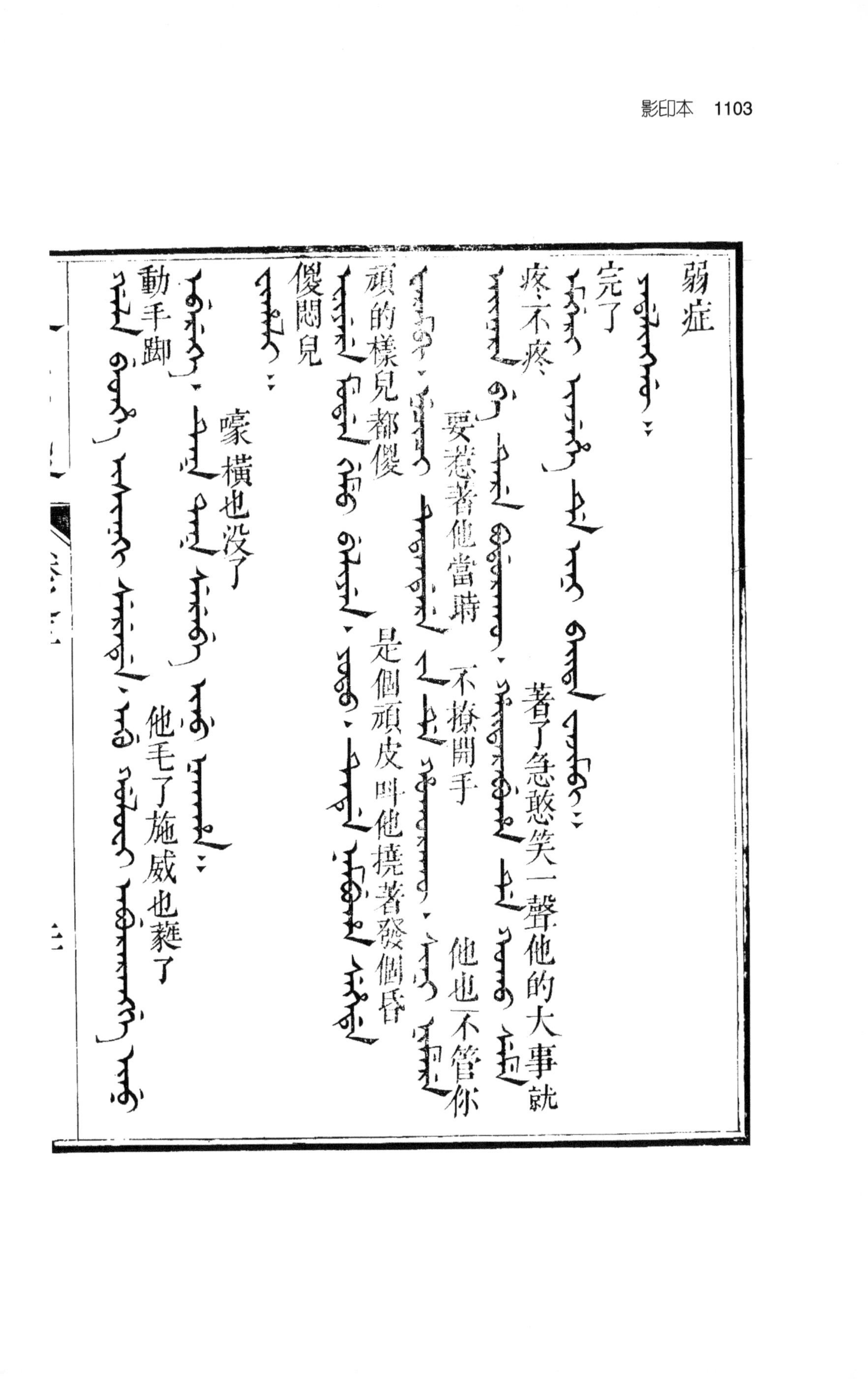

動手脚
他毛了施威也䕬了

嚎横也没了

傻悶兒

頑的樣兒都傻
是個頑皮叫他撓著發個昏

要惹著他當時
不撩開手
他也不管你

疼不疼
著了急憨笑一聲他的大事就
完了

弱症

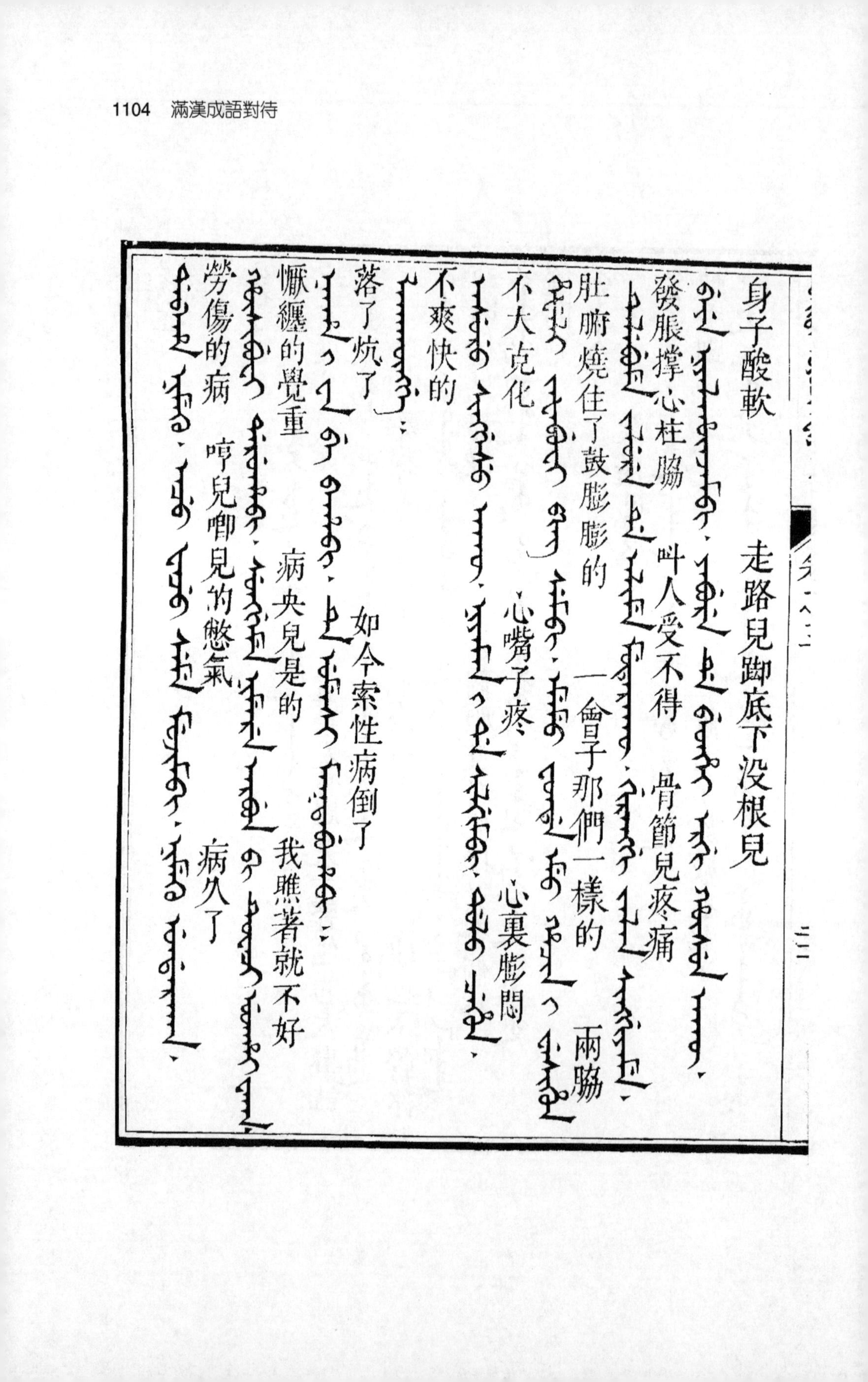

身子酸軟　走路兒脚底下沒根兒

發脹撐心柱脇　叫人受不得　骨節兒疼痛

肚腑燒住了鼓膨膨的　一會子那們一樣的　兩脇

不大克化　心嘴子疼　心裏膨悶

不爽快的

落了炕了　如今索性病倒了

懨纏的覺重　病央兒是的　我瞧著就不好

勞傷的病　哼兒唧兒的憋氣　病久了

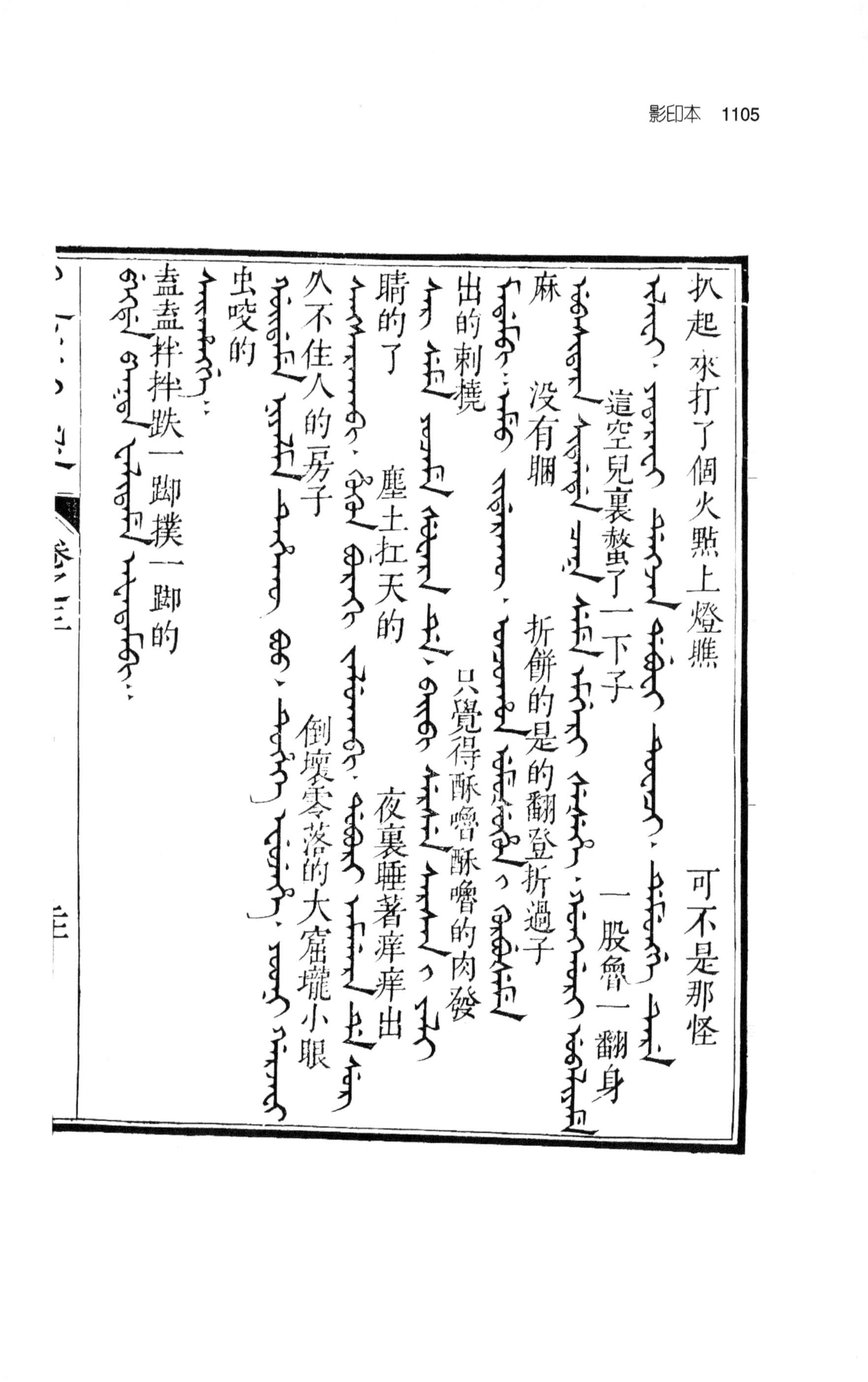

扒起來打了個火點上燈瞧　可不是那怪
這空兒裏蟄了一下子　一股魯一翻身
麻　没有睏　折餅的是的翻登折過子
出的刺撓　只覺得酥嚕酥嚕的肉發
睛的了　塵土扛天的　夜裏睡著痒痒出
久不住人的房子　倒壞零落的大窟窿小眼
虫咬的
盍盍拌拌跌一跔撲一跔的

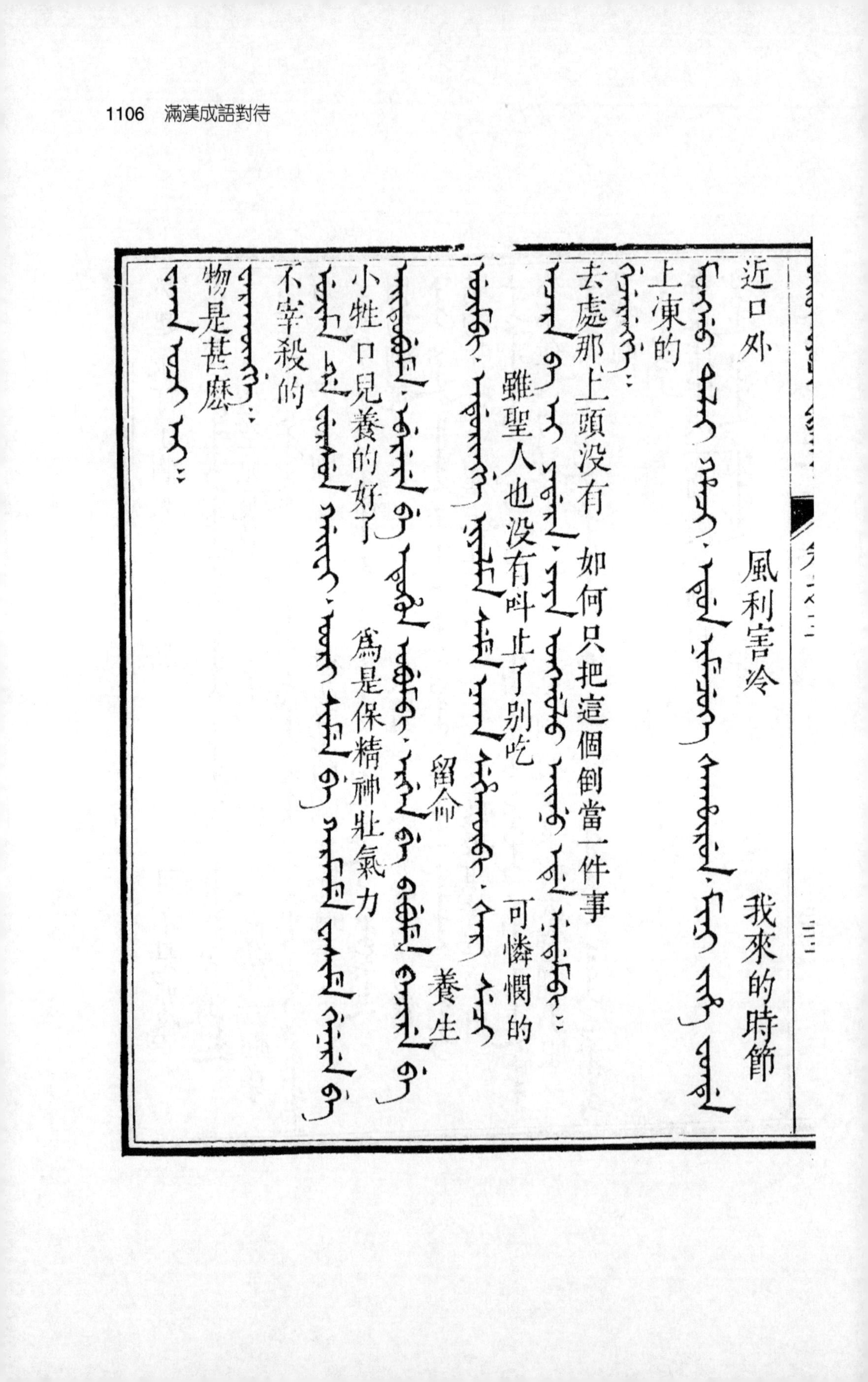

近口外 風利害冷 我來的時節

上凍的

去處那上頭沒有 如何只把這個倒當一件事

雖聖人也沒有呌止了別吃 可憐憫的

留命 養生

小牲口兒養的好了 爲是保精神壯氣力

不宰殺的

物是甚麼

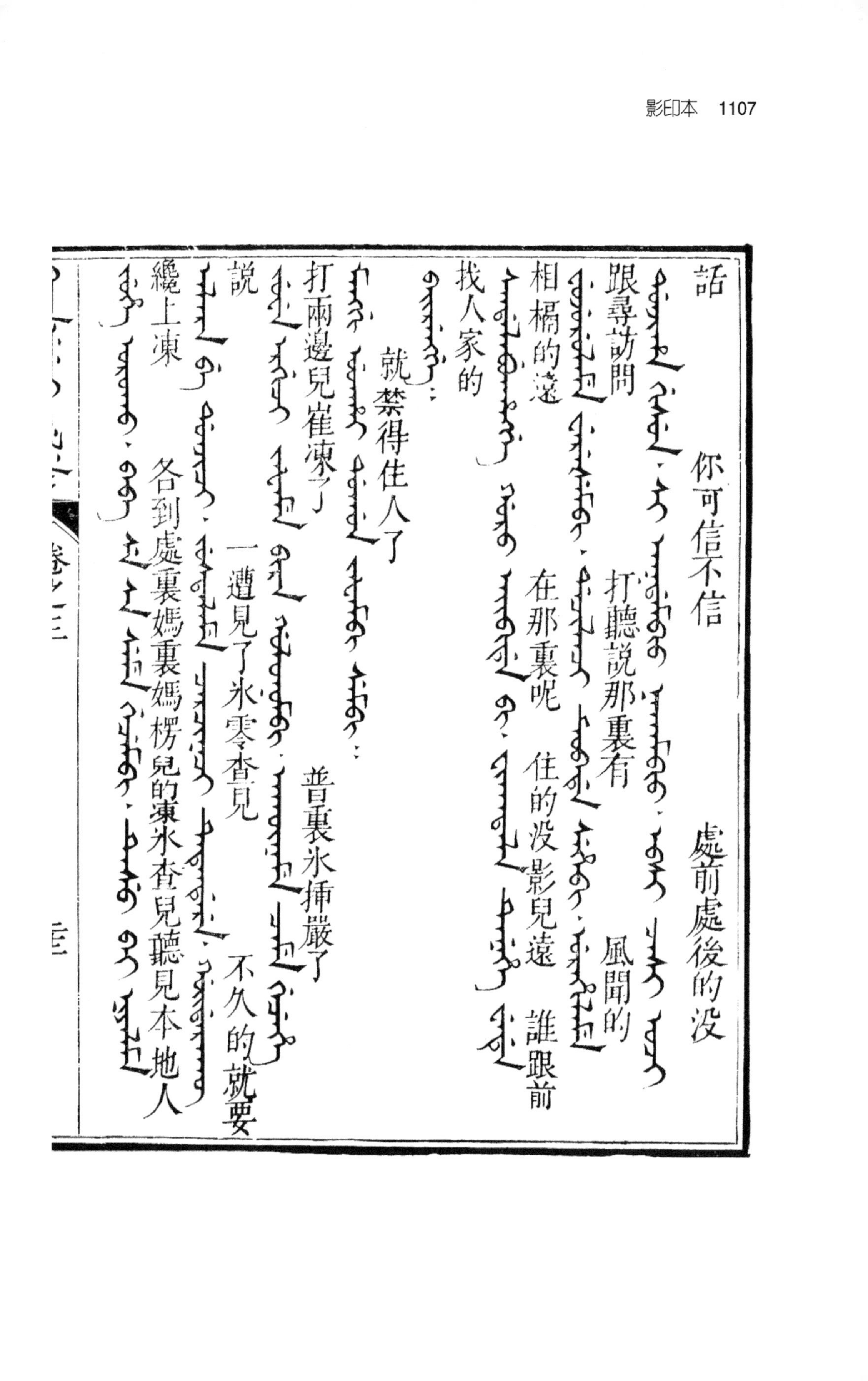

話　你可信不信　處前處後的沒

跟尋訪問　打聽說那裏有　風聞的

相梋的遠　在那裏呢　住的沒影兒遠　誰跟前

找人家的

就禁得住人了

打兩邊兒崔凍了　普裏氷揷嚴了

說　一遭見了氷零査兒　不久的就要

纔上凍　各到處裏媽裏媽楞兒的凍氷査兒聽見本地人

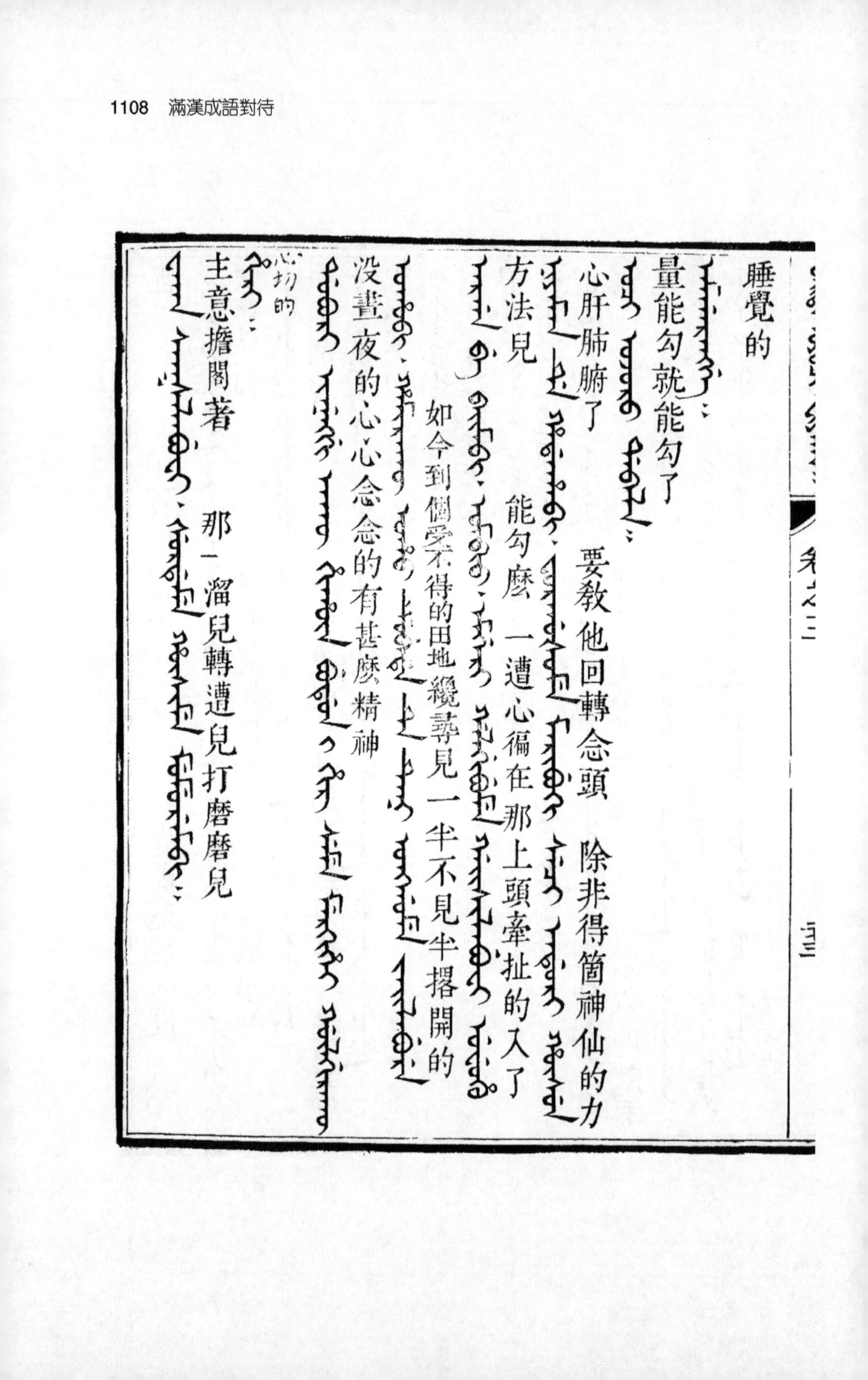

睡覺的

量能勾就能勾了

心肝肺腑了　要教他回轉念頭　除非得箇神仙的力

方法兒　能勾麼　一遭心徧在那上頭牽扯的入了

如今到個受不得的田地纔尋見一半不見半摺開的

没晝夜的心心念念的有甚麽精神

心扐的

主意擔閣著　那一溜兒轉遭兒打磨磨兒

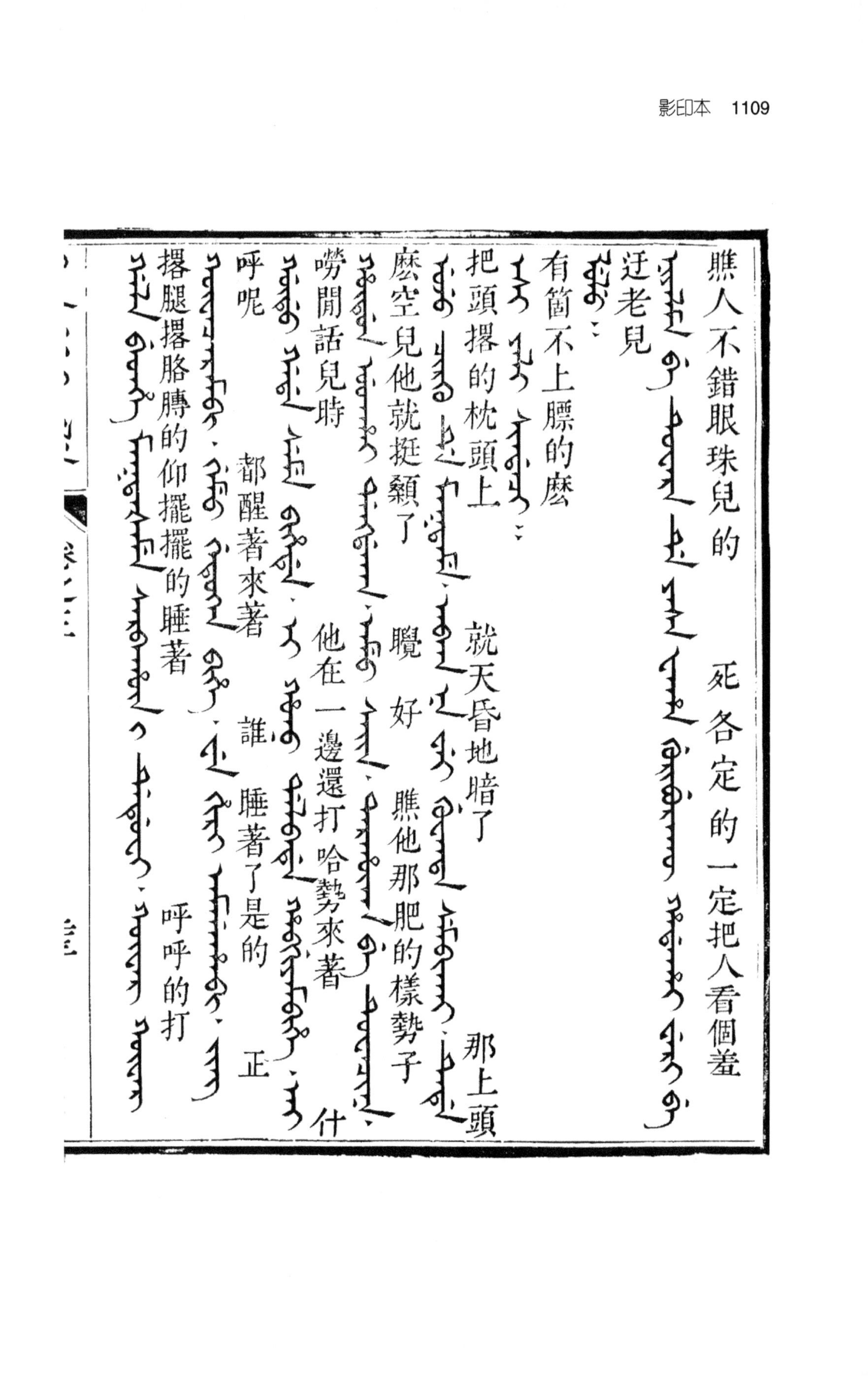

瞧人不錯眼珠兒的　死各定的一定把人看個羞

赶老兒

有箇不上膘的麼

把頭擱的枕頭上　就天昏地暗了　那上頭

麼空兒他就挺顙了　朧　好　瞧他那肥的樣勢子

嘮閒話兒時　他在一邊還打哈勢來著　什

呼呢　都醒著來著　誰　睡著了是的　正

擱腿擱胳膊的仰擺擺的睡著　呼呼的打

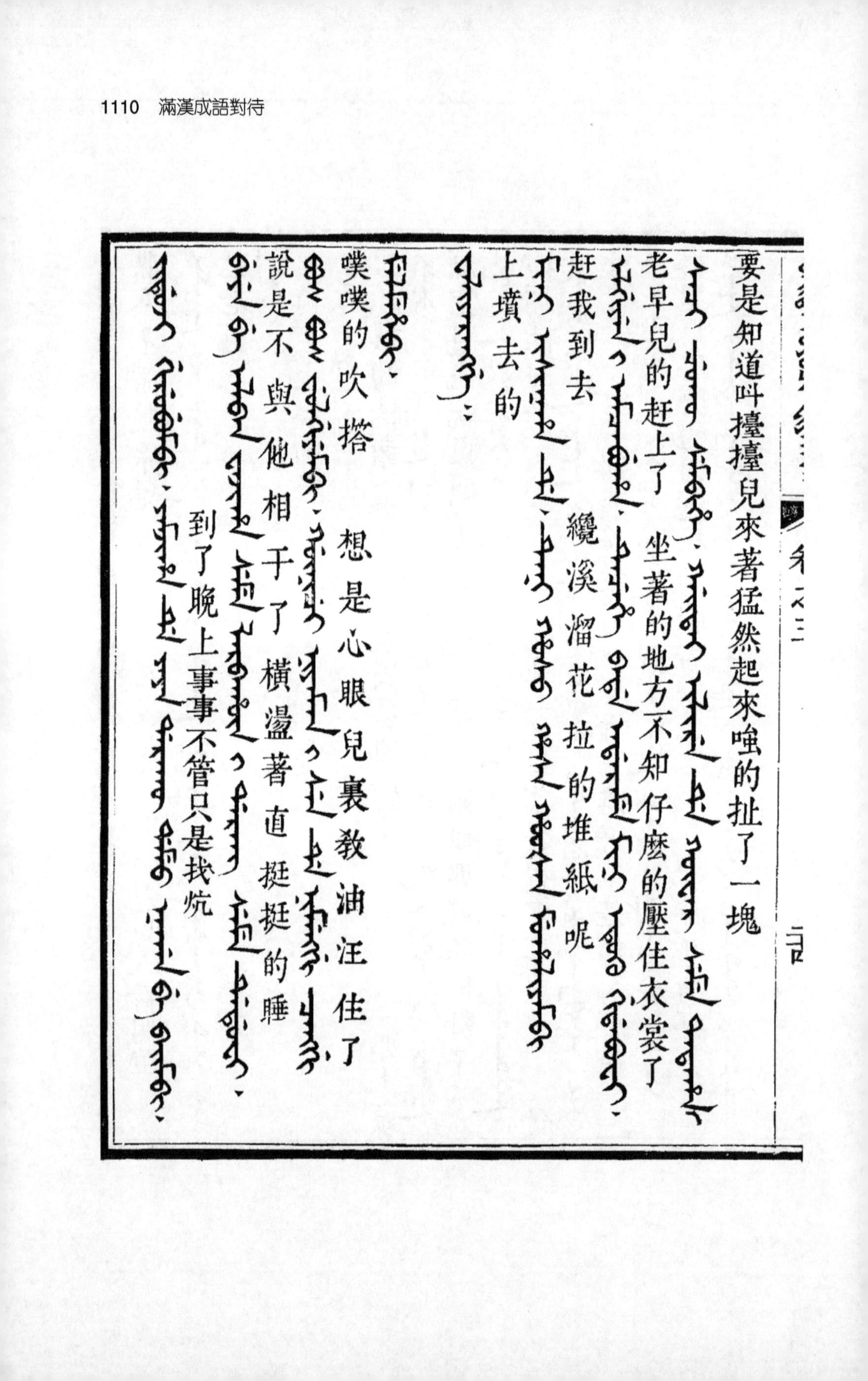

要是知道叫擡擡兒來著猛然起來唵的扯了一塊

老早兒的赶上了　坐著的地方不知仔麽的壓住衣裳了

赶我到去　纔溪溜花拉的堆紙呢

上墳去的

噗噗的吹搭　想是心眼兒裏教油汪住了

說是不與他相干了横溢著直挺挺的睡

到了晚上事事不管只是找炕

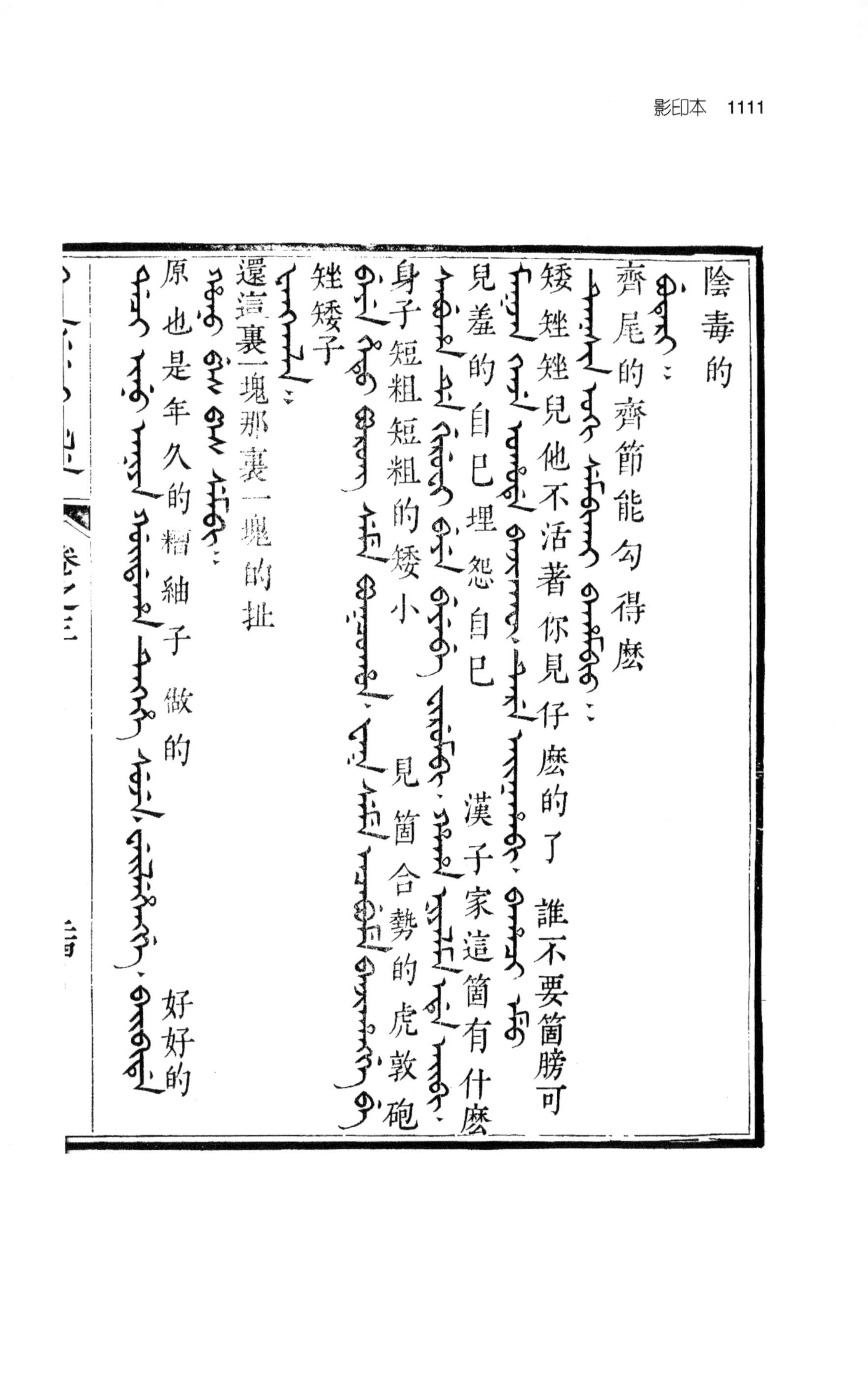

陰毒的

齊尾的齊節能勾得麽

矮矬矬兒他不活著你見仔麽的了　誰不要箇膀可

見羞的自已埋怨自已　漢子家這箇有什麽

身子短粗短粗的矮小　見箇合勢的虎敦砲

矬矮子

還這裏一塊那裏一塊的扯

原也是年久的糟紬子做的　好好的

用的房子　一來有功於世感激不盡

當初未必單爲祈福將有用之地葢造無

說寺廟的

急他怎的

惡感應之理若合符節時候不到你

瞞他不得　善的善　惡的

事事兒脫可拉的顯露出來　纔知道一點

明亮的青天　怎麼晚了當昏了呢

本身到了呢算他的班兒 人頭兒不勾貼班兒

不久 能換了几班隔了多少時又該著我了

不該我的班兒這一班我該脫班兒存下 下班兒

官差

的深心

逼遮護 著作養命之源 也是憂民切亂

雄受苦護攬 著作終身之地 小人受

供養答報他不致於休[illegible] 二來英

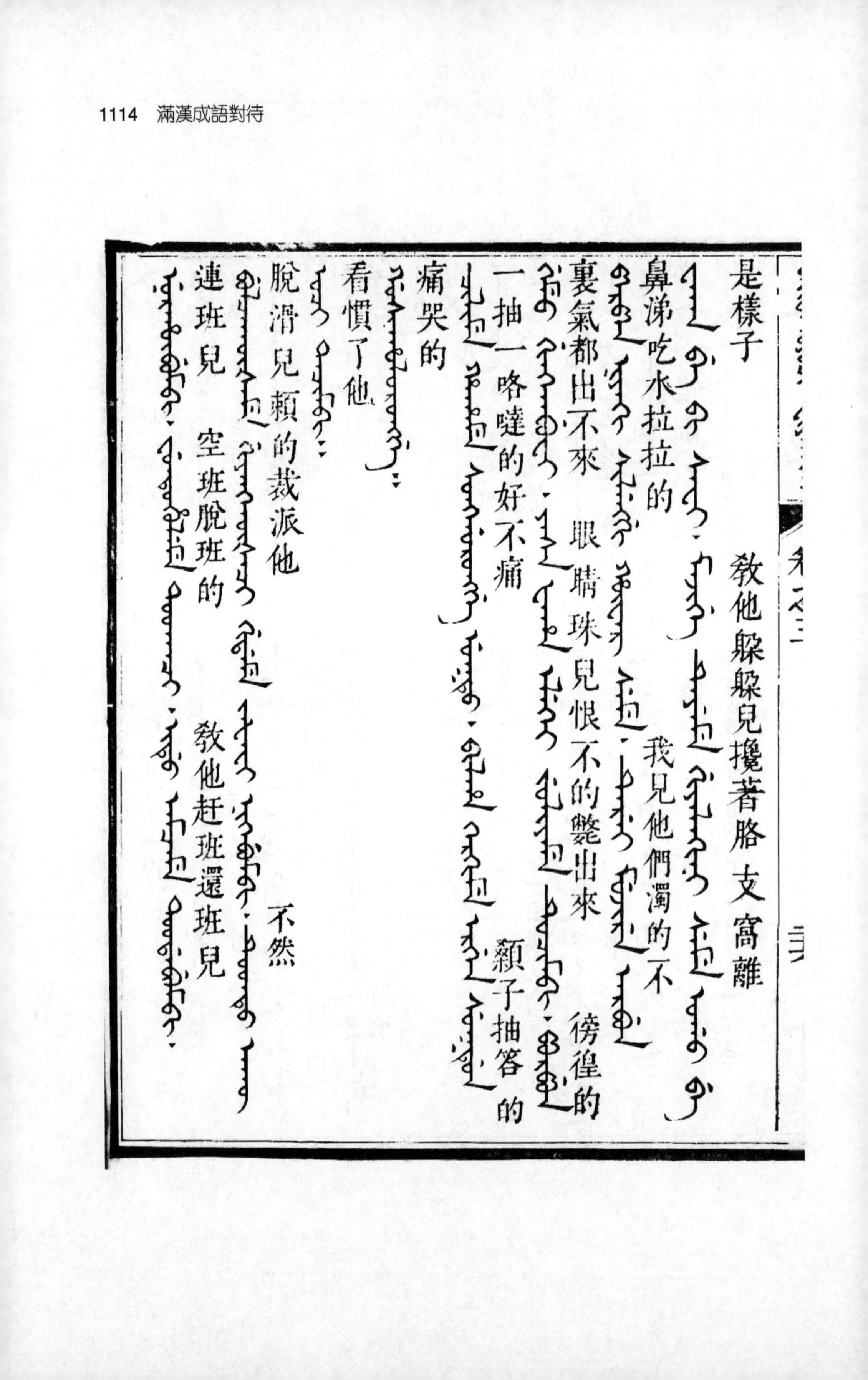

是樣子
教他躲躲兒攙著胳支窩離
鼻涕吃水拉拉的
我見他們濁的不
裏氣都出不來
眼睛珠兒恨不的甏出來
徬徨的
一抽一咯噎的好不痛
額子抽答的
痛哭的
看慣了他
脫滑兒賴的裁派他
不然
連班兒
空班脫班的
教他赶班還班兒

痛苦的

軍機必要正法

繩子扯 均勻 的里數 違悞了

取箇直 撤的時節打根裏迭著捲了來

編 腰站 張了去的繞遠抄近都要

接連著大兵沿途安 臺站去 中間

兵臺

開了

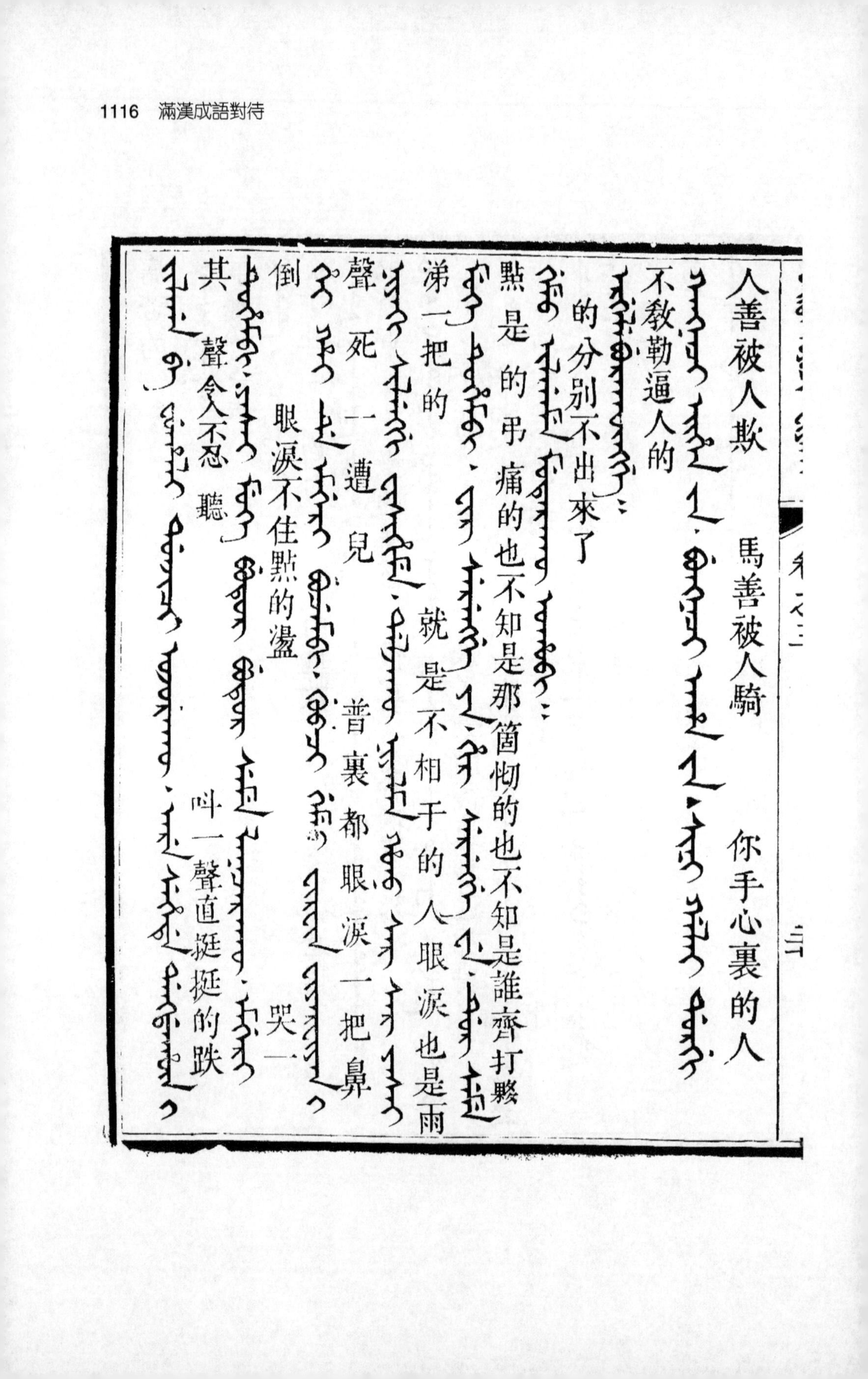

人善被人欺 馬善被人騎 你手心裏的人

不教勒逼人的

的分别不出來了

點是的弔痛的也不知是那箇惚的也不知是誰齊打夥

涕一把的 就是不相干的人眼淚也是雨

聲死一遭兒 普裏都眼淚一把鼻

倒 眼淚不住點的溢 哭一

其 聲令人不忍聽 叫一聲直挺挺的跌

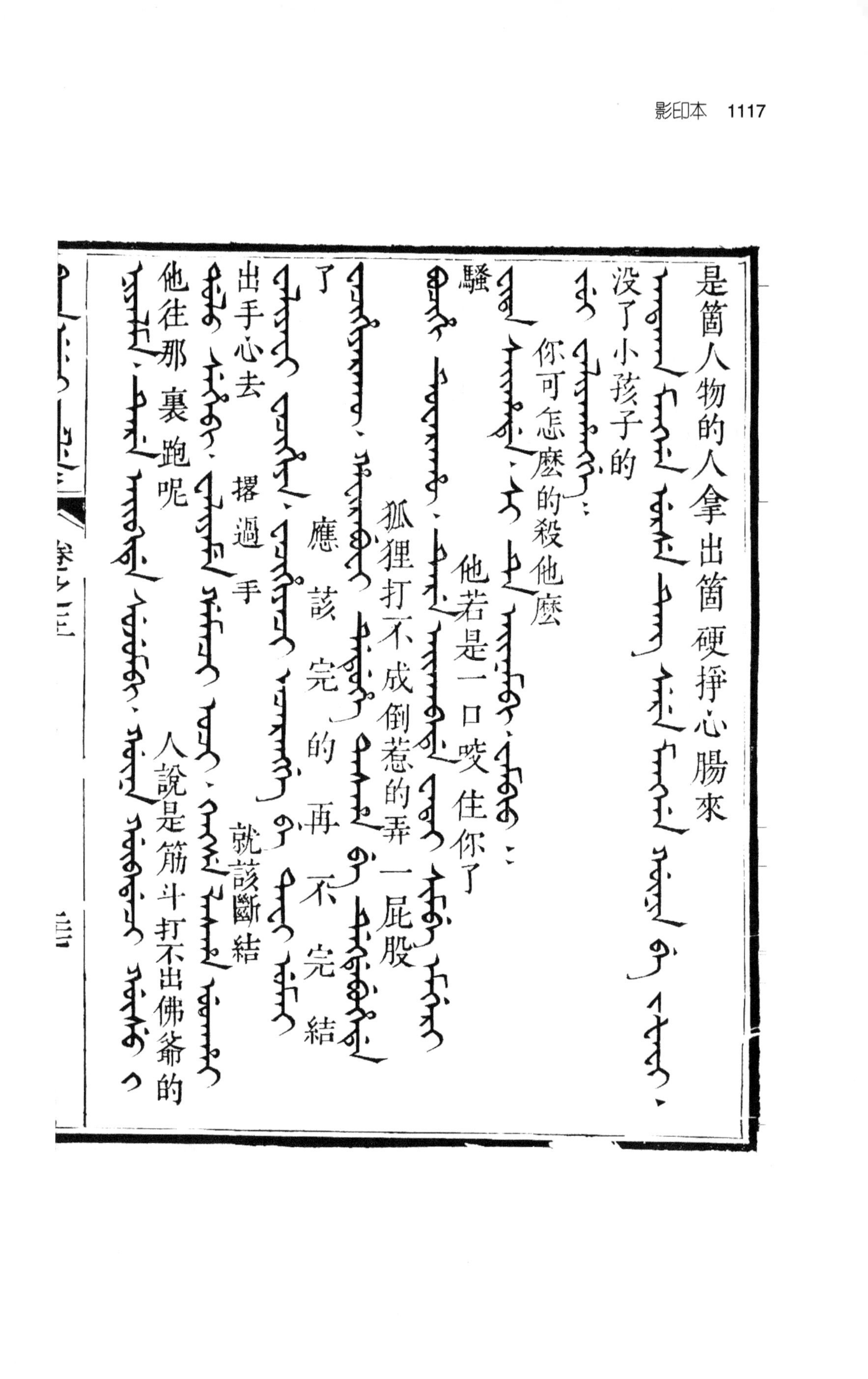

是箇人物的人拿出箇硬掙心腸來

沒了小孩子的

你可怎麼的殺他麼

騷

他若是一口咬住你了

了

狐狸打不成倒惹的弄一屁股

應該完的再不完結

出手心去　撂過手　就該斷結

他往那裏跑呢　人說是筋斗打不出佛爺的

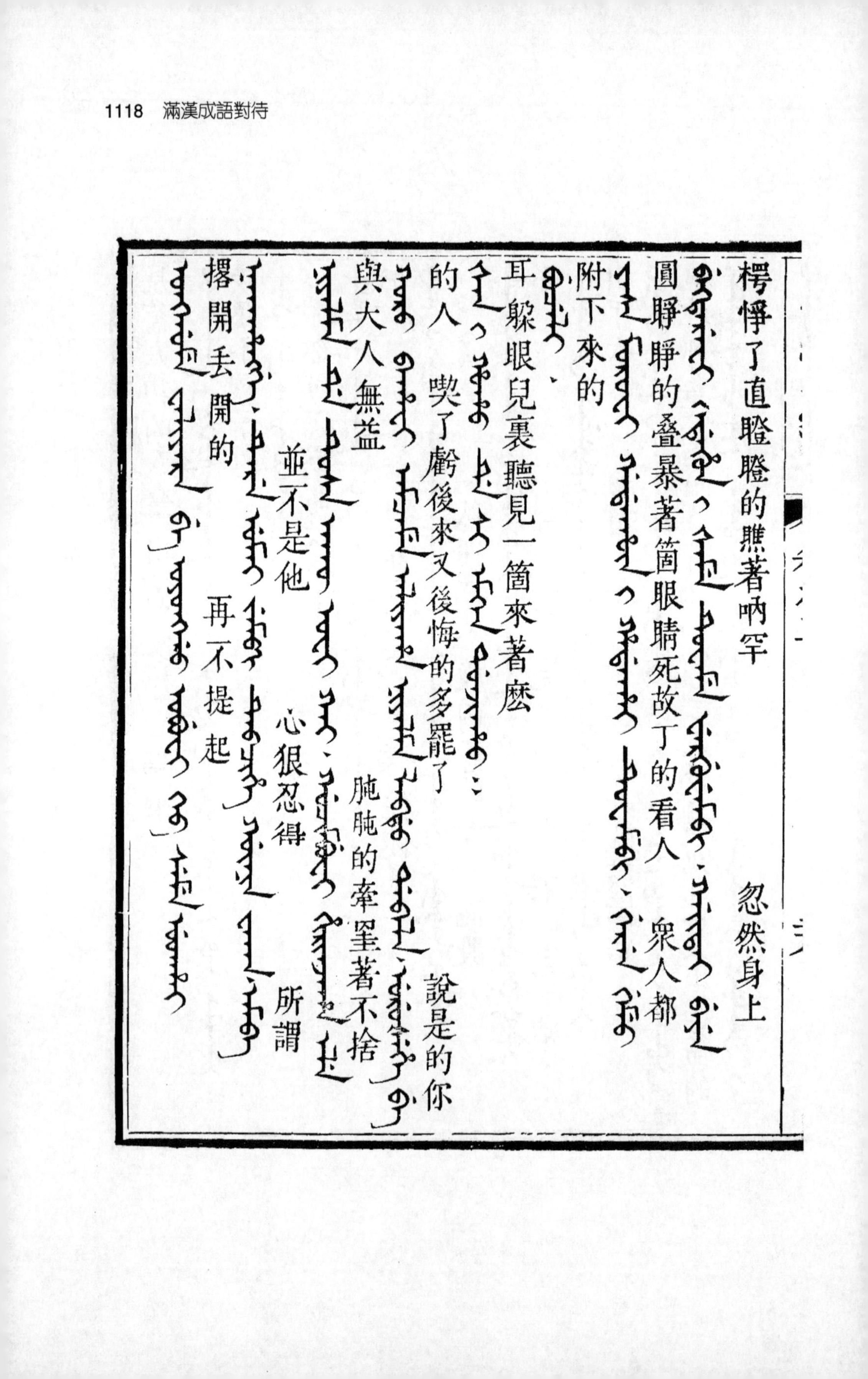

楞憆了直瞪瞪的瞧著吶罕　忽然身上
圓睜睜的叠暴著箇眼睛死故丁的看人　衆人都
附下來的
耳躲眼兒裏聽見一箇來著麽
的人　喫了虧後來又後悔的多罷了　說是的你
與大人無益　朧朧的牽罣著不捨
並不是他　心狠忍得　所謂
擄開丢開的　再不提起

箇工夫再交

等起來了再去睡

人來查

撓住了輕易不饒

坐更坐

刻兒

迎著來的人截著問

仔細巡的

袋兒解了

別給鎗帶帽兒

別壓籌數

好生看守

露明兒坐著

別在背眼處

弓罩

坐堆子的

恨的咬牙切齒的

亂抖戰

口裏只管糊說亂道的

牙齒

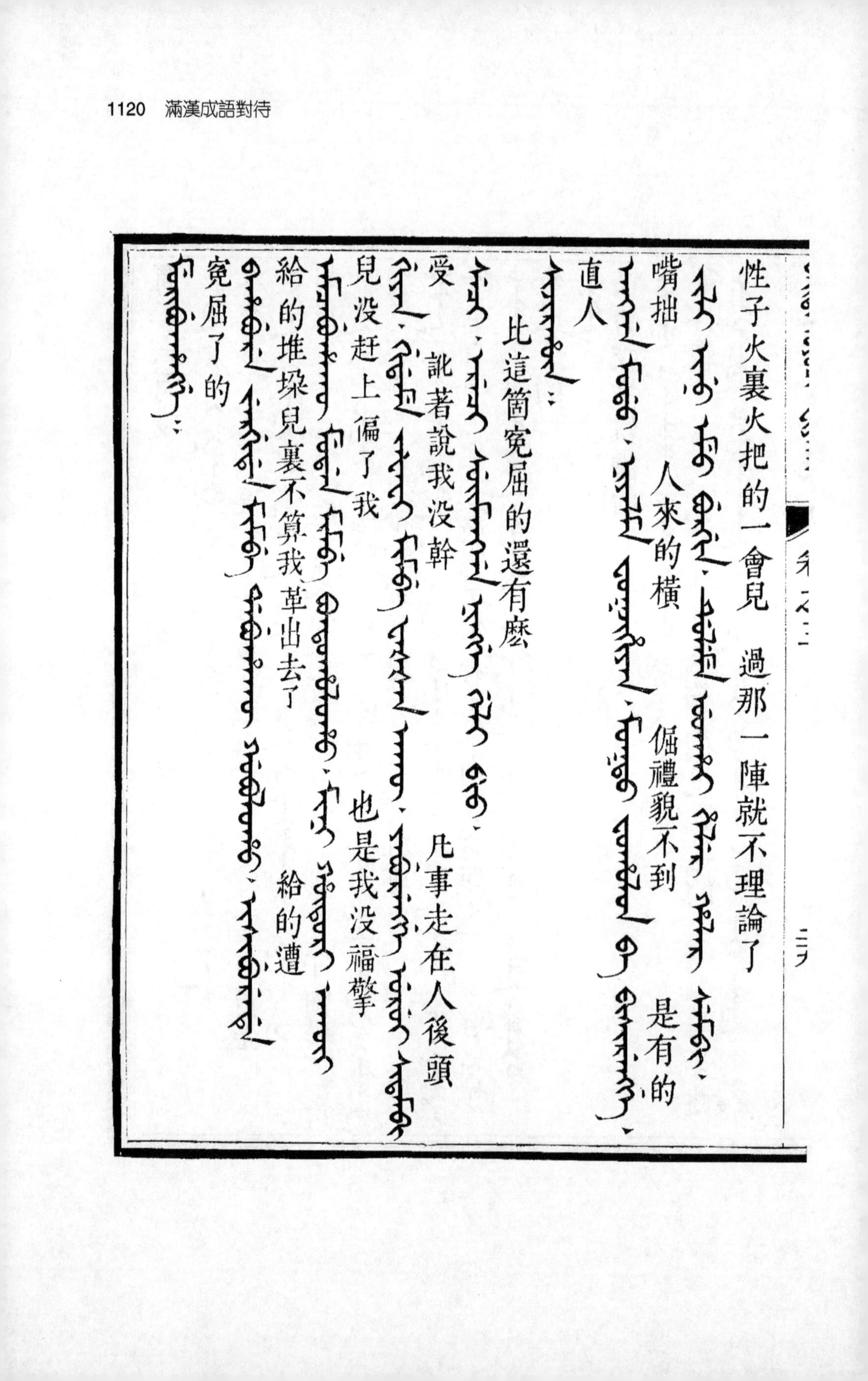

性子火裏火把的一會兒　過那一陣就不理論了

嘴拙　人來的橫　倔禮貌不到　是有的

直人

比這箇寃屈的還有麽

受　訛著說我没幹　凡事走在人後頭

見没赶上偏了我　也是我没福孽

給的堆垜兒裏不算我革出去了　給的遭

寃屈了的

嘆息的

到處裏著唇不著嘴的嚇唬

沒箇收攬　空頭大　拿著那裏的　沒影兒的事情

跳跳躦躦的　沒見怎麼的就荒的賊眉鼠眼的　嘴頭子

楞頭青

是

拉兒的挪給他背起來　都應起來給你陪不

知道秉性的只讓過他的性頭兒　後頭把不是全可

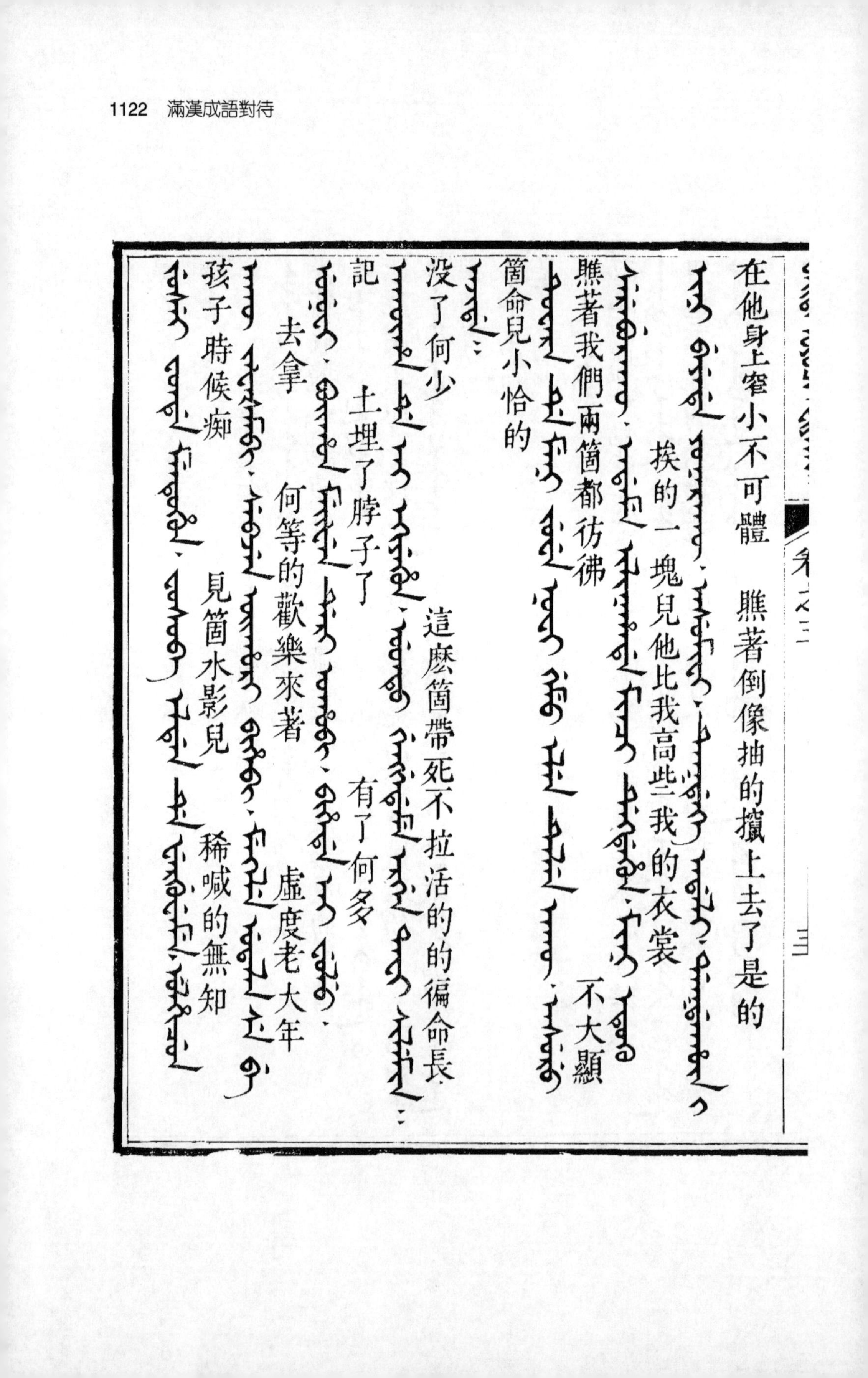

在他身上窄小不可體　瞧著倒像抽的攮上去了是的

挨的一塊兒他比我高些我的衣裳

瞧著我們兩箇都彷彿　不大顯

箇命兒小恰的

沒了何少　這麼箇帶死不拉活的的徧命長

記　土埋了脖子了　有了何多

去拿　何等的歡樂來著　虛度老大年

孩子時候痴　見箇水影兒　稀喊的無知

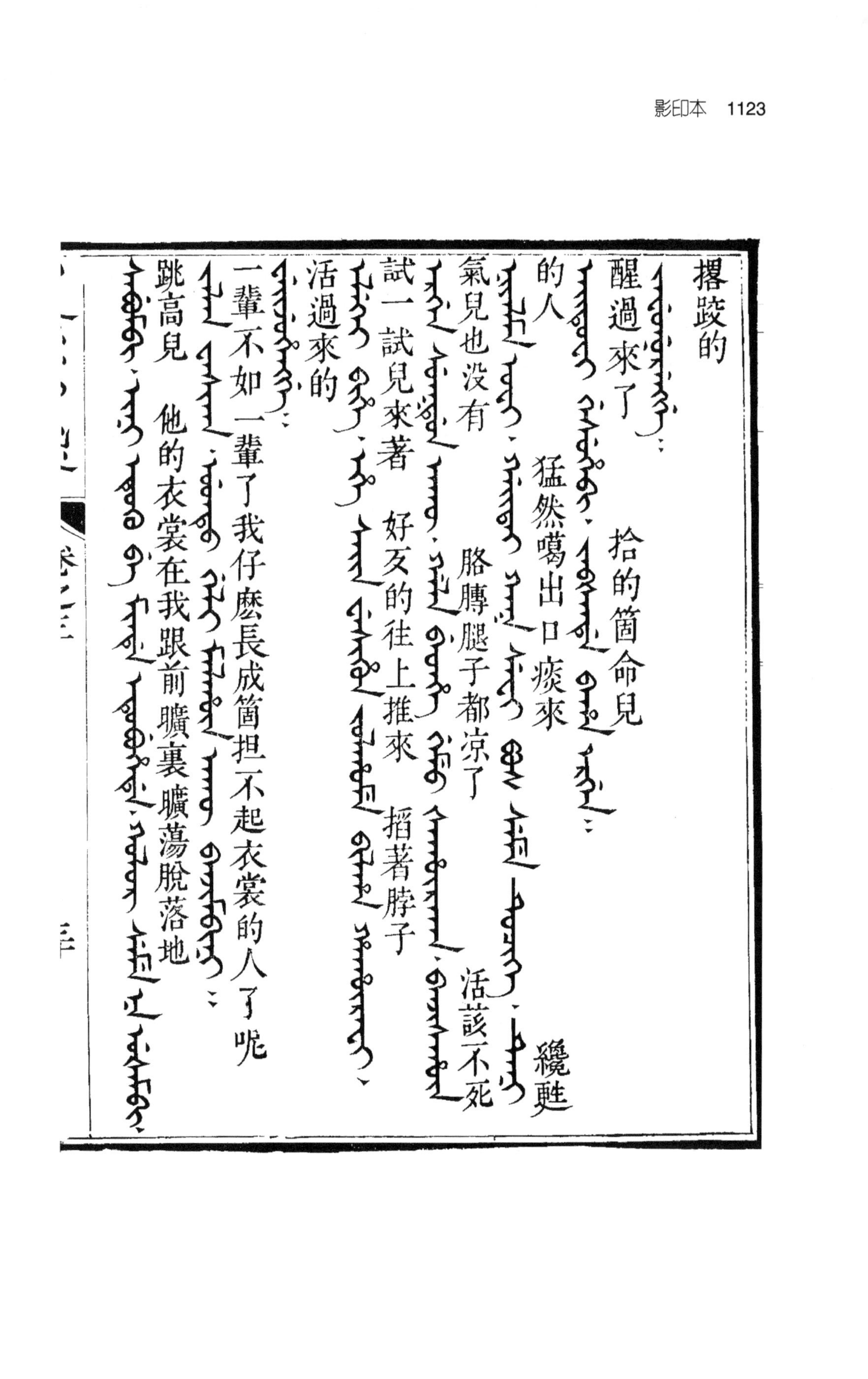

撂跤的

醒過來了 拾的箇命兒

的人 猛然噶出口痰來 纔甦

氣兒也沒有 胳膊腿子都涼了 活該不死

試一試兒來著 好歹的往上推來 搯著脖子

活過來的

一輩不如一輩了我仔麼長成箇担不起衣裳的人了呢

跳高兒 他的衣裳在我跟前曠裏曠蕩脫落地

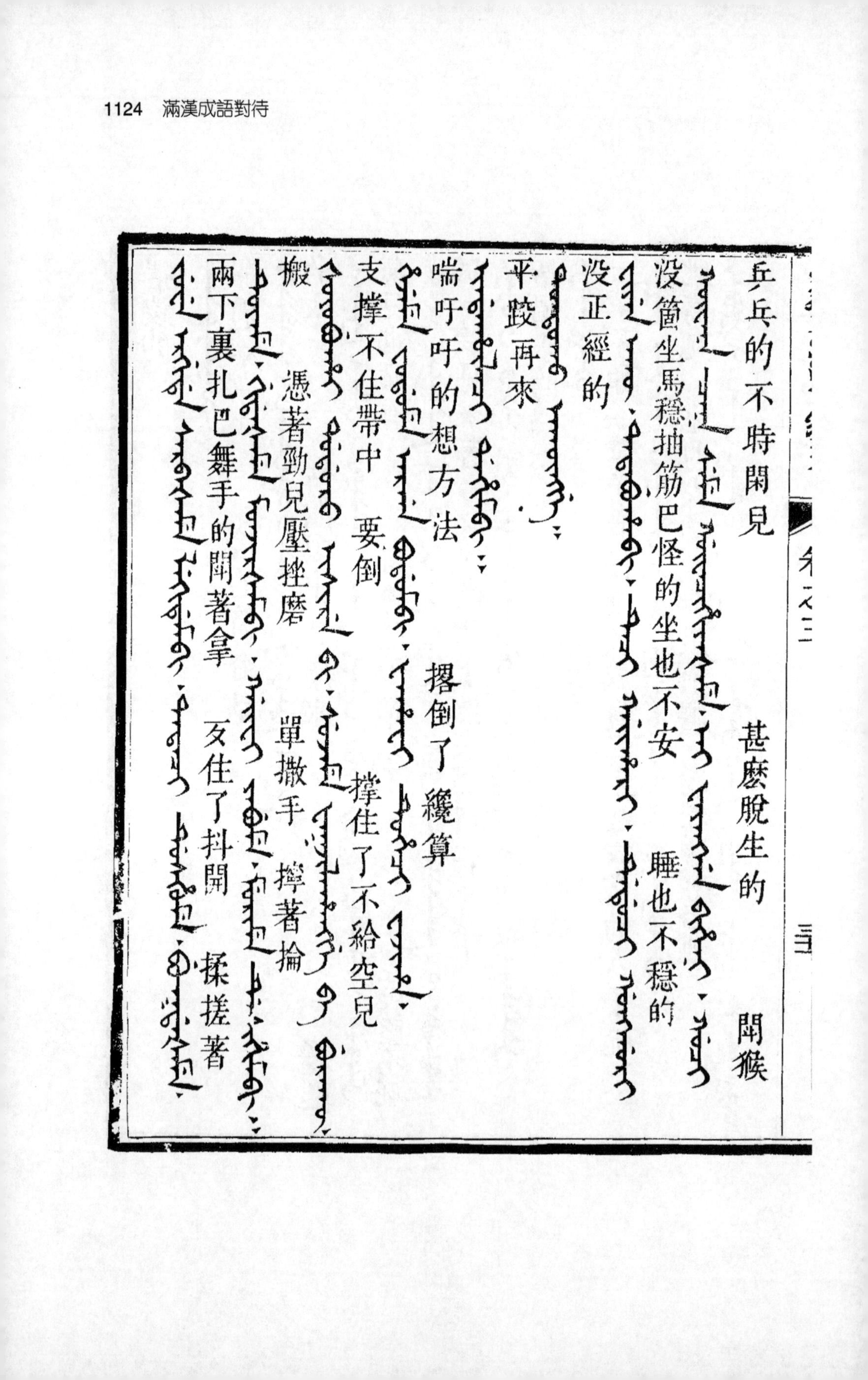

乒乒的不時閙兒　甚麽脫生的　閙猴

沒箇坐馬穩抽筋巴怪的坐也不安　睡也不穩的

沒正經的

平跶再來

喘吁吁的想方法　搊倒了纔算

支撐不住帶中　要倒　撐住了不給空兒

搬　憑著勁兒壓挫磨　單撒手　擰著掄

兩下裏扎巴舞手的閙著拿　歹住了抖開　揉搓著

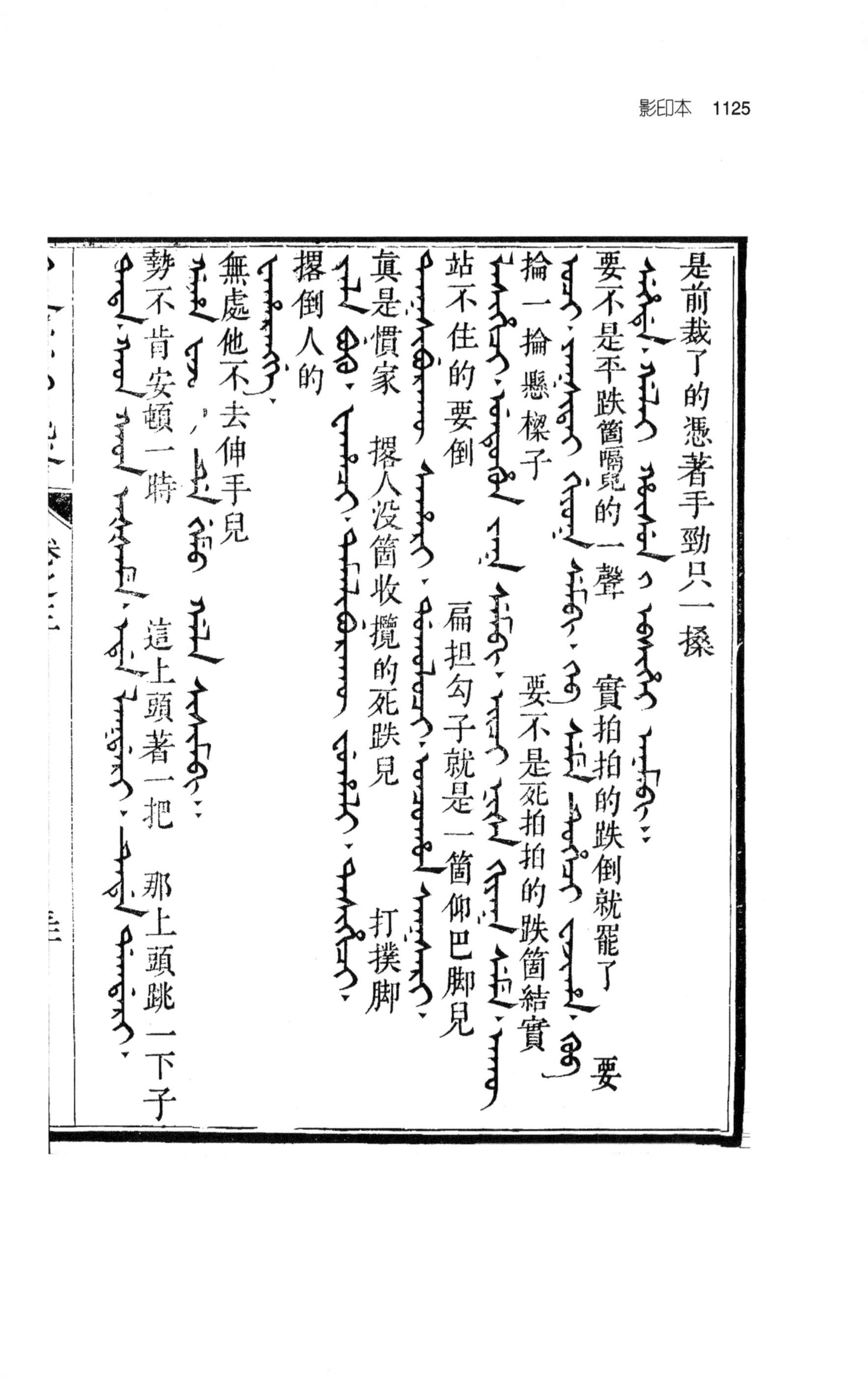

是前裁了的憑著手勁只一搡

要不是平跌箇嗝兒的一聲 實拍拍的跌倒就罷了 要

掄一掄懸樑子 要不是死拍拍的跌箇結實

站不住的要倒 扁担勾子就是一箇仰巴脚兒

真是慣家 撂人沒箇收攬的死跌兒 打撲脚

撂倒人的

無處他不去伸手兒

勢不肯安頓一時 這上頭著一把 那上頭跳一下子

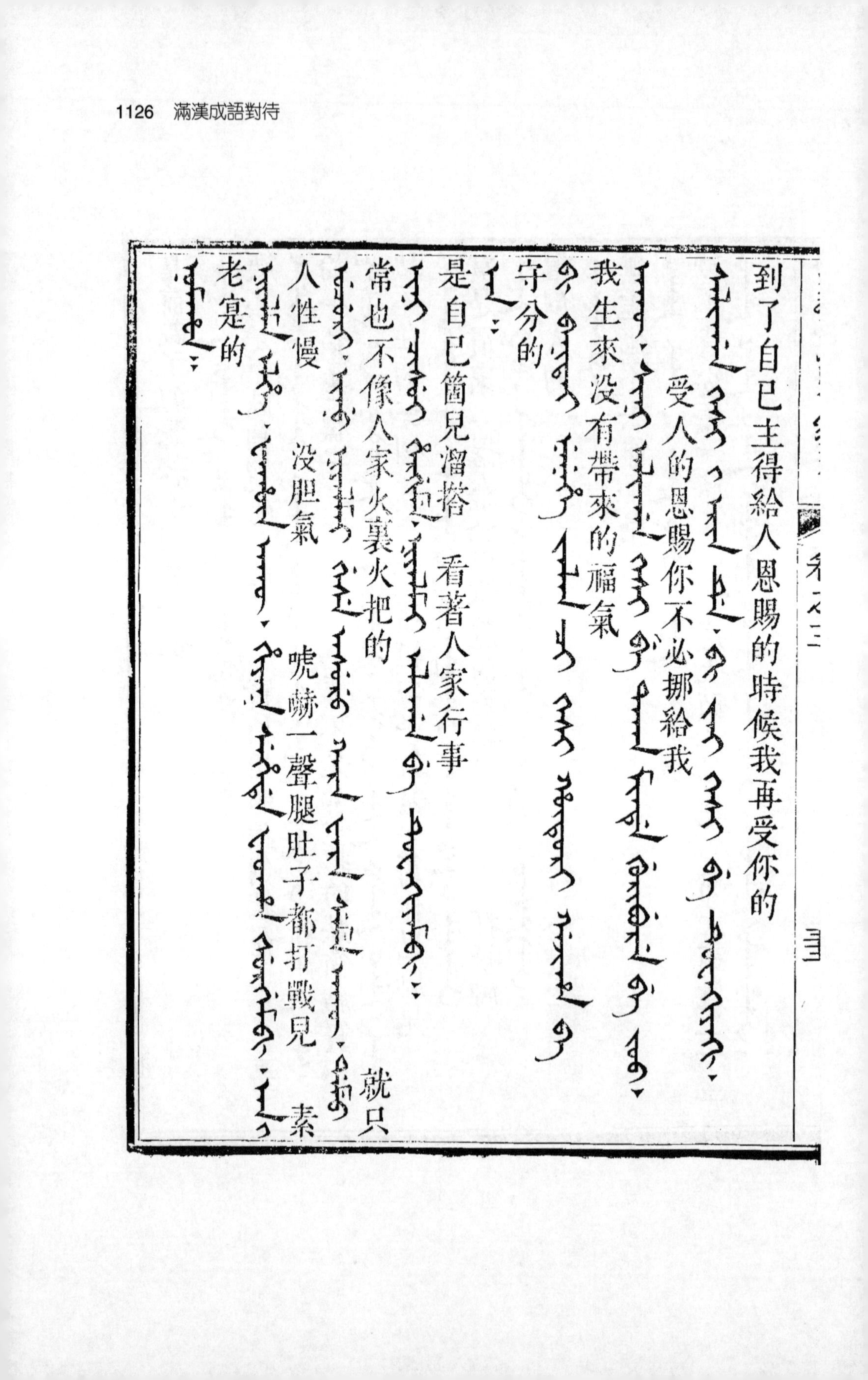

到了自己主得給人恩賜的時候我再受你的

受人的恩賜你不必挪給我

我生來没有帶來的福氣

守分的

是自己箇兒溜搭

看著人家行事

常也不像人家火裏火把的

就只

人性慢

没胆氣

唬赫一聲腿肚子都打戰兒

素

老寔的

裏不教我出氣

你們教我那裏去出氣

子

只說你别管我

心裏的氣滿了

這

也還好

魚跌子的是的一仰一合的亂折箇

蹀躞搥胸的嚎啕痛哭

聽勸

慘切的

這麼的

我的窮家計

罷罷

要有造化如何教我

受恩不成反成了害

看仔細倒躭悞了

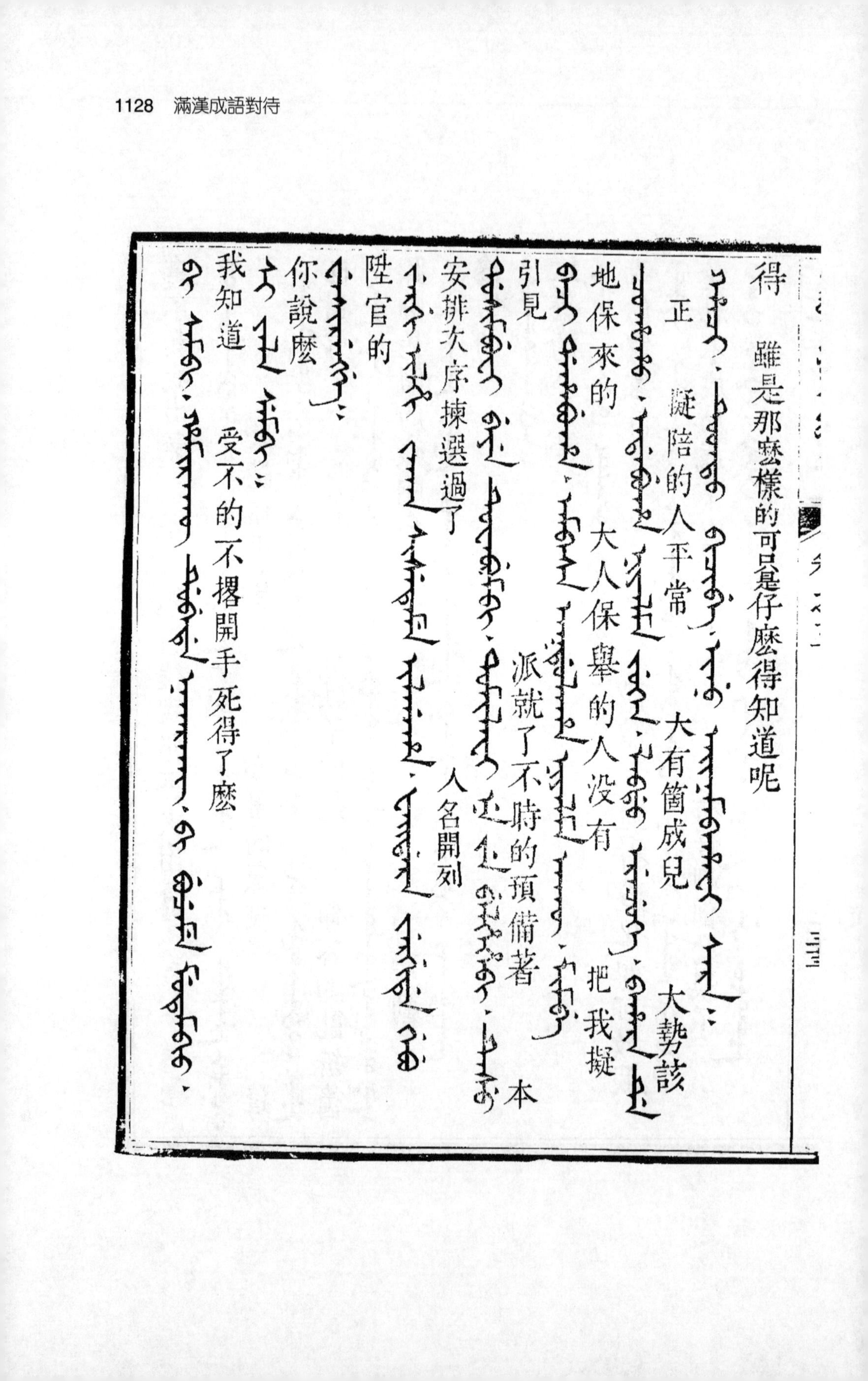

得 雖是那麽樣的可只是仔麽得知道呢

正 擬陪的人平常 大有箇成兒 大勢該

地保來的 大人保舉的人沒有 把我擬

引見 派就了不時的預備著 本

安排次序揀選過了 人名開列

陞官的

你說麽

我知道 受不的不撂開手死得了麽

他們夾著鞭子　放著蹬子一拍馬的去了

騎馬的

在馬上等著你呢

給馬帶上嚼子　果實的人都齊齊接接的到了騎

頭我也不理他　胡裏馬裏的撂上鞍子

扯著脖子吶喊搖旗的儘著叫　那上

夸塌夸塌的敲門　我早知道來了

會邀來的

小孩子家 正是血氣方剛的時候 打那上頭

戰戰夛縮的抱著夾兒嘴唇子都紫了

小廝子 什麽上頭受傷沒箇火力了 一點冷禁不得

軟乂的

搭憨搭憨充數兒的影影綽綽的何曾模著影兒

咕顛兒咕顛兒拿腿子攉馬的 沿路兒留下了

野鷄溜子跟著顛的都霎下了

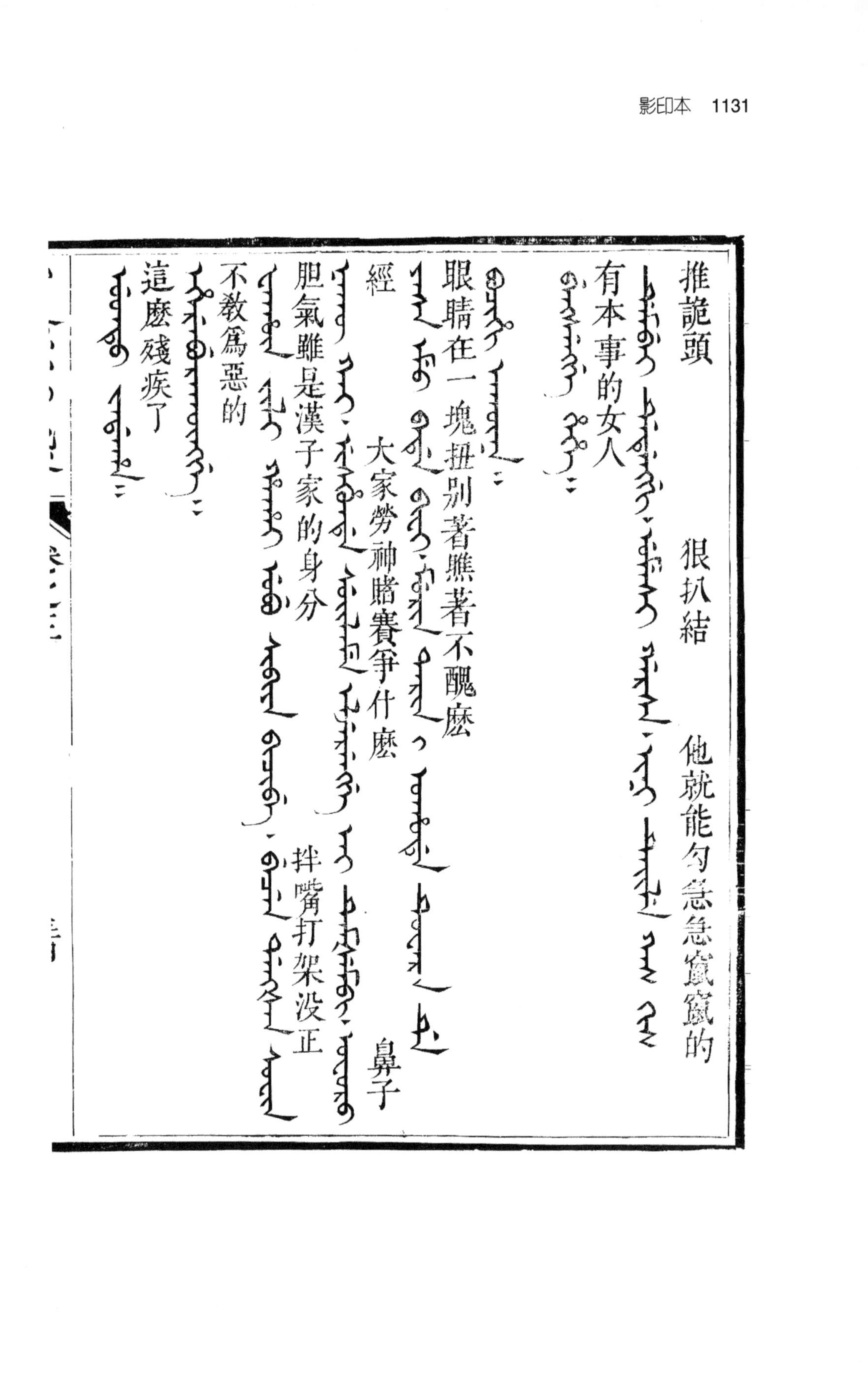

推詭頭　狠扒結　他就能勾急急簋簋的

有本事的女人

眼睛在一塊扭別著瞧著不醜麽

經　大家勞神賭賽爭什麽　鼻子

胆氣雖是漢子家的身分　拌嘴打架沒正

不教爲惡的

這麽殘疾了

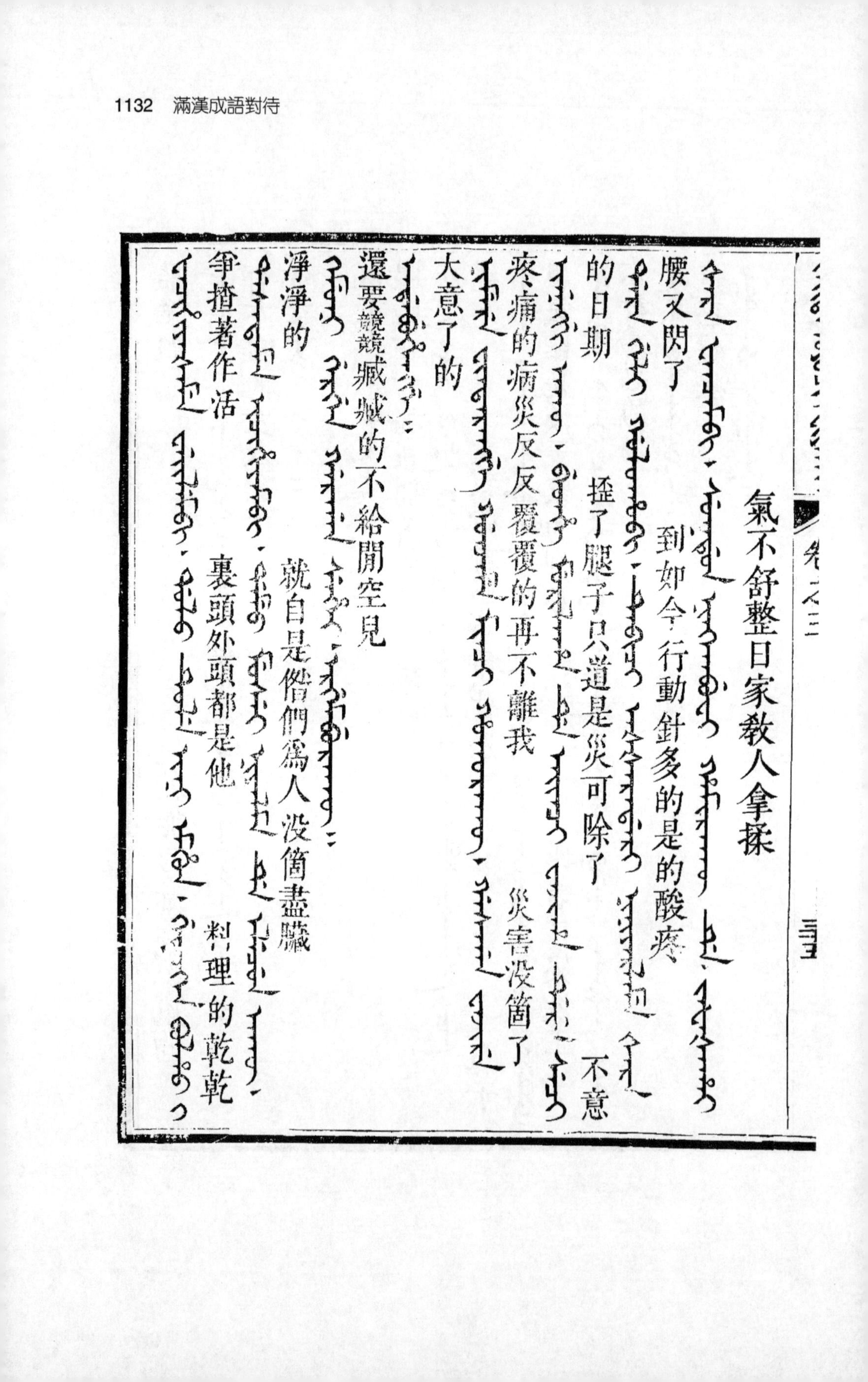

氣不舒整日家教人拿揉

腰又閃了　到如今行動針多的是的酸疼

的日期　挃了腿子只道是災可除了　不意

疼痛的病災反反覆覆的再不離我　災害沒個了

大意了的

還要競競臧臧的不給閒空兒

淨淨的　就自是偺們爲人沒個盡臟

爭揸著作活　裏頭外頭都是他　料理的乾乾

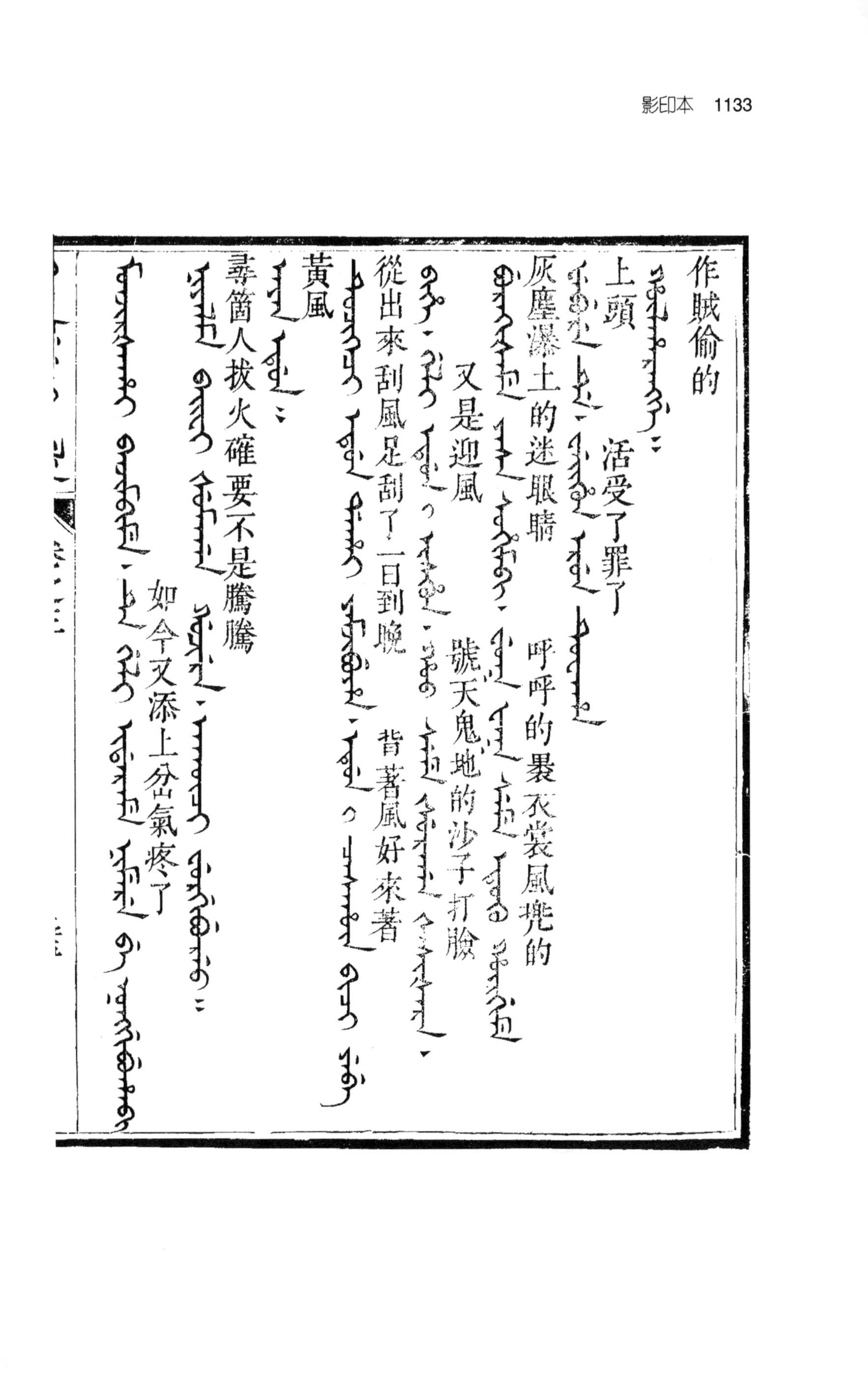

作賊偷的

上頭 活受了罪了

灰塵瀑土的迷眼睛 呼呼的畧衣裳風撓的

又是迎風 號天鬼地的沙子打臉

從出來刮風足刮了一日到晚 背著風好來著

黃風

尋箇人拔火礶要不是騰騰 如今又添上岔氣疼了

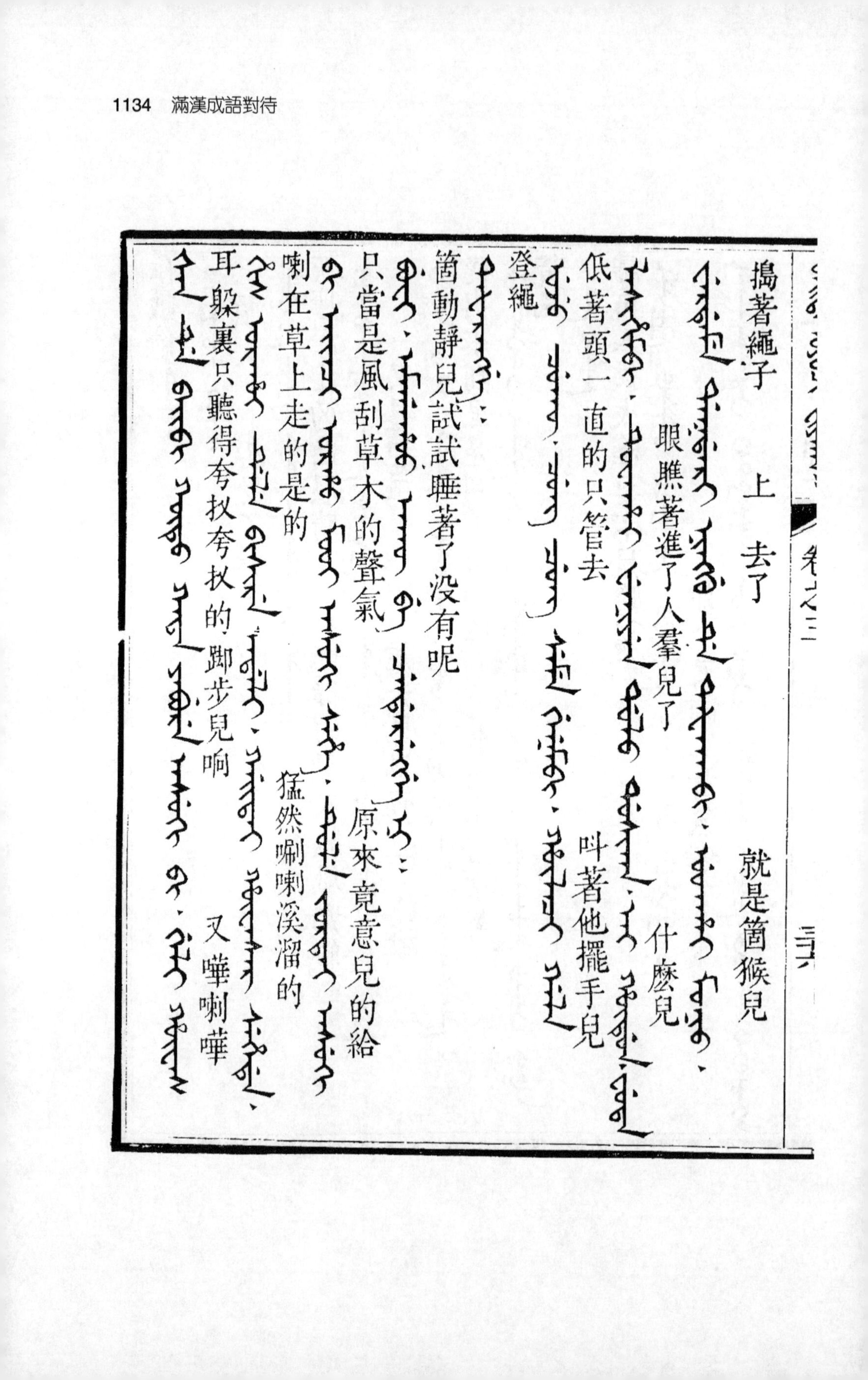

搗著繩子上去了 就是箇猴兒

眼瞧著進了人羣兒了 什麼兒

低著頭一直的只管去 叫著他擺手兒

登繩

箇動靜兒試試睡著了沒有呢

只當是風刮草木的聲氣 原來竟意兒的給

喇在草上走的是的 猛然喇喇溪溜的

耳躲裏只聽得夸扠夸扠的跐步兒响 又嘩喇嘩

說符咒的

什什哈哈的嘴都凍掮了

飄屁是的凍的篩糠抖戰的 鼓噜著箇腰打心裏發禁

我披的穿的算不得单薄

行人都把迎風的那半拉帽撇下來

寒那 蜇臉蜇耳 躲的臘勢 刀子刮的是的

冷天

那麽樣的伶便

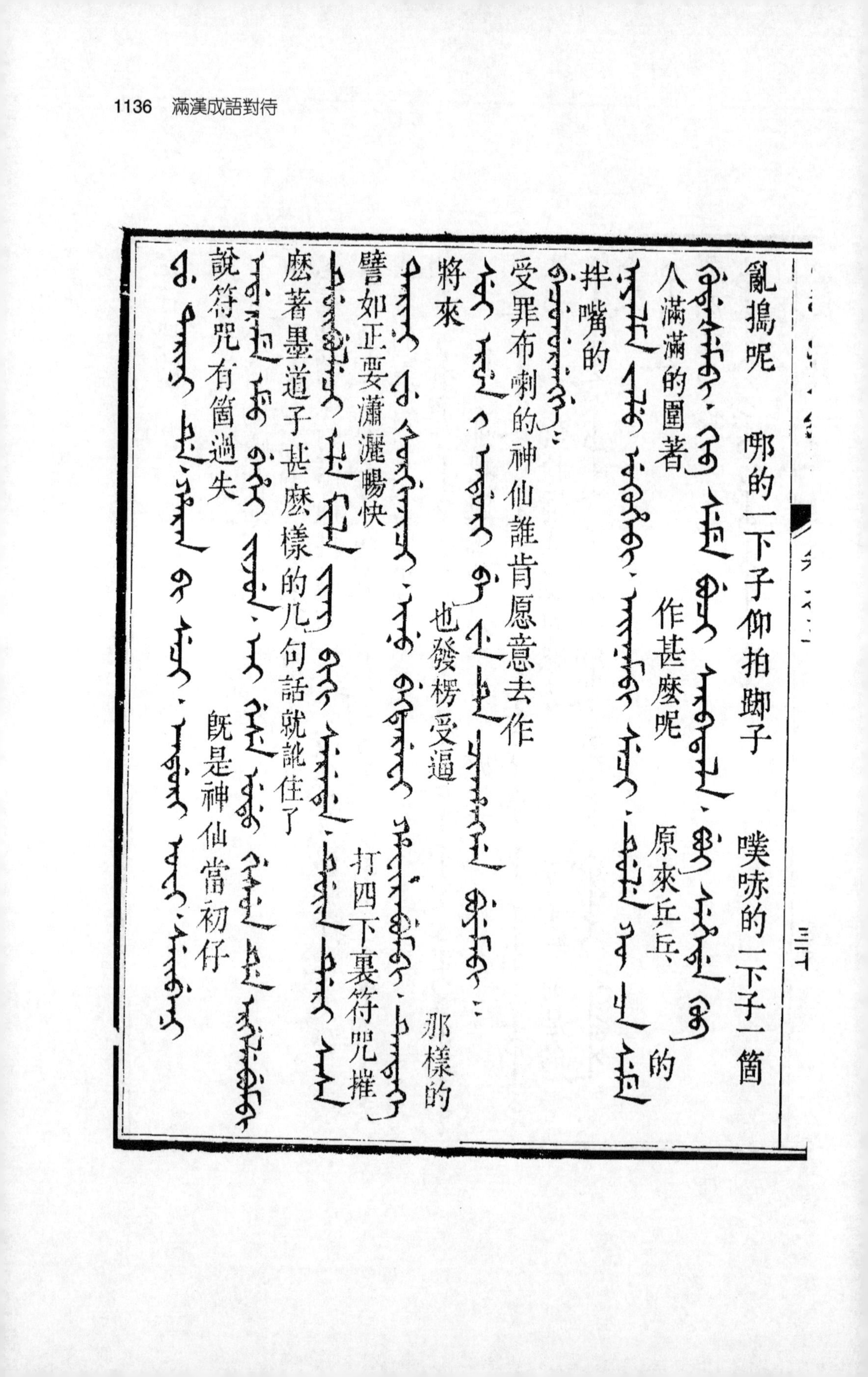

亂搗呢　啷的一下子仰拍踋子　噗哧的一下子一箇

人滿滿的圍著　作甚麼呢　原來乒乓的

拌嘴的

受罪布喇的神仙誰肯願意去作

將來　也發楞受逼　那樣的

譬如正要瀟灑暢快　打四下裏符咒攛

麽著墨道子甚麽樣的几句話就詀住了

說符咒有箇過失　既是神仙當初仔

耳躲裏只聽得喉婁哈喇的寒嗔聲　一番身

打呼的打呼　說睡語的說睡語

我沒睡死　朦朧著來著　其餘

上弔的

手了

咬抓的　乍了廟了　如今未必撂開

們大吆小喊的幫助著撒潑　撓掐的

嘴啃地　正在那裏杵的杵熱熱鬧鬧的搗拳頭　女人

失火的

都燎的拘裹撅連的　你這是仔麼說

箇心眼兒　你瞧擋著道放的那樣子　帽子

這是仔麼說　你一把我一把零抽了又買麼　或没

收起來　摞在一邊子　撒一半丢一半的你

哈張的

那邊　扯著脖子叫喊呢

爬起來叫家下人時　迭不的穿衣裳

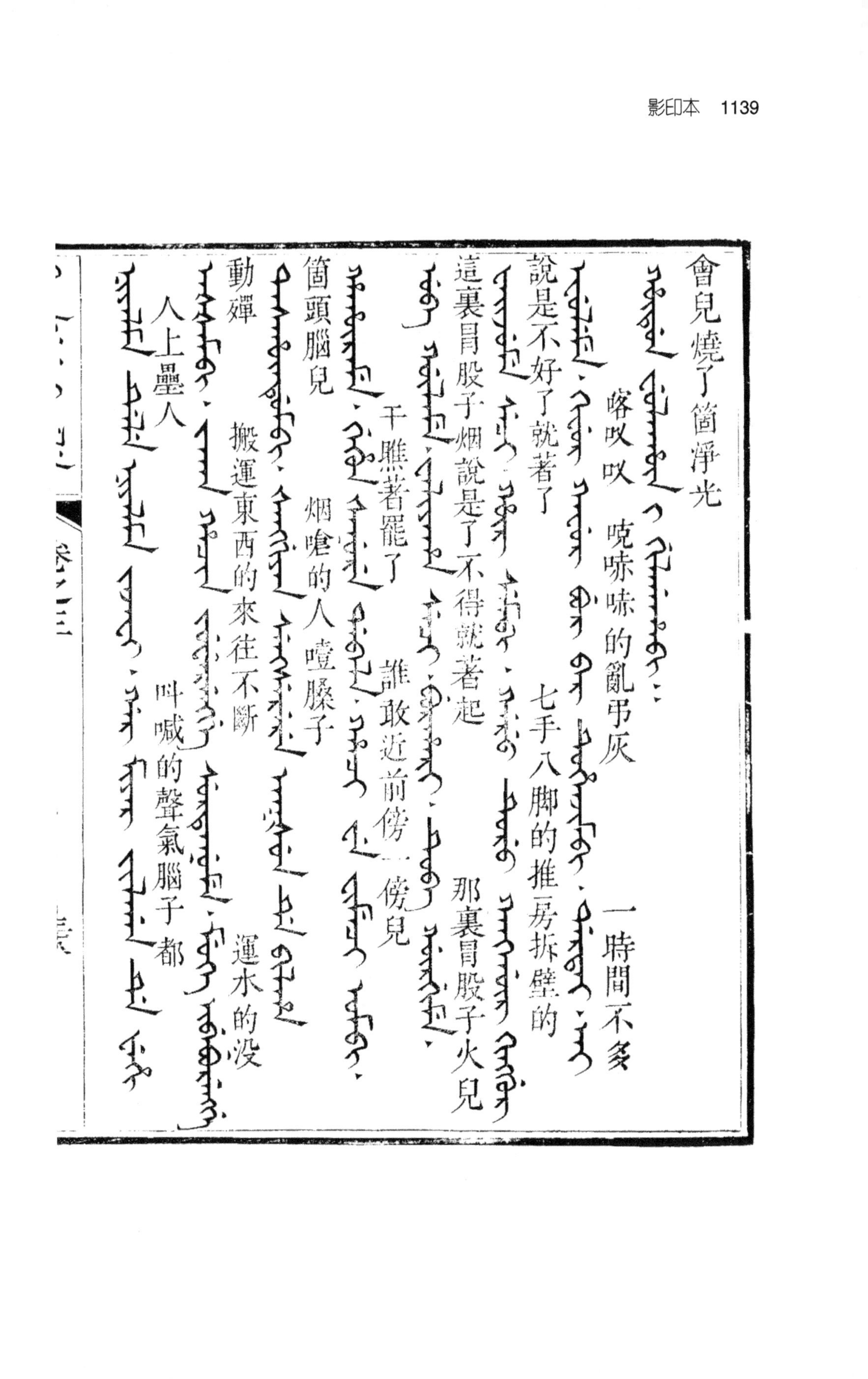

會兒燒了箇淨光　一時間不多

喀吹吹　吭哧哧的亂弔灰

說是不好了就著了　七手八腳的推房拆壁的

這裏冒股子烟說是了不得就著起　那裏冒股子火兒

干瞧著罷了　誰敢近前傍一傍兒

箇頭腦兒　烟嗆的人噎膆子

動彈　搬運東西的來往不斷　運水的沒

人上壘人　叫喊的聲氣腦子都

隔立著箇眼睛　偏著箇眼睛珠兒瞧人　行動

邪眼

要是不改不好　他的肉疼罷了

忘八抓蝦　教他仔麼的都由著偺們　這上頭再

折磨擺佈他　打爬塌了打抽抽了　打胡農了　只打他一箇

葢子　不怕說不得打他箇利害　百式百樣的

有大不是　結結實實的打他箇死　輕者鑿腦

呌人怕的

伸腰拉胯的坐著 又圍蹭 又爬八

盔子股堆著坐著呢 拘拳的受不得怎的又

打窩戶眼裏偷瞧時 搬著 膊羅

瞧的

心裏怎麼得知道 有一遭兒瞧著他也傷心

也只是比近視 強些罷了 得什麼濟 他的

活是箇螃蠏 一抹僉子的只偏邪

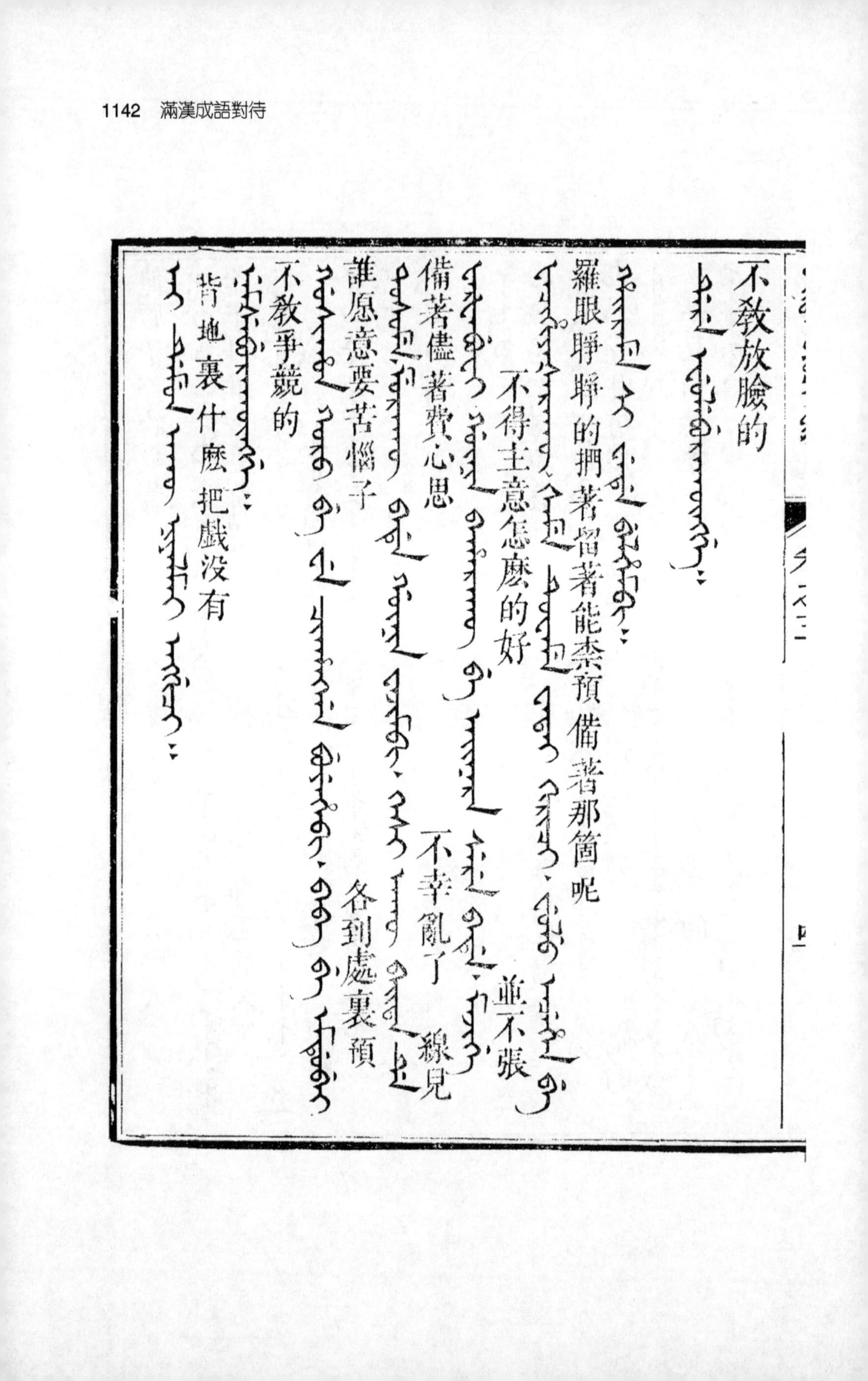

不敎放臉的

羅眼睜睜的抦著留著能彀預備著那箇呢

不得主意怎麽的好　並不張

備著儘著費心思　不幸亂了綠兒

誰愿意要苦惱子　各到處裏預

不敎爭競的

背地裏什麽把戲沒有

整日家昏昏沉沉的打踉蹌兒　昏頭昏腦的

病還沒得好伶俐　軟又只是暈倒倒的

病了的

仔麽一會見就成了仇敵了

爭強鬬勝　一輩子的好親戚

是要緊的　浮隔著箇尸首　只去

俗　還是得箇永遠安葬的地步

停著喪勒措人破費人不是達了家的好風

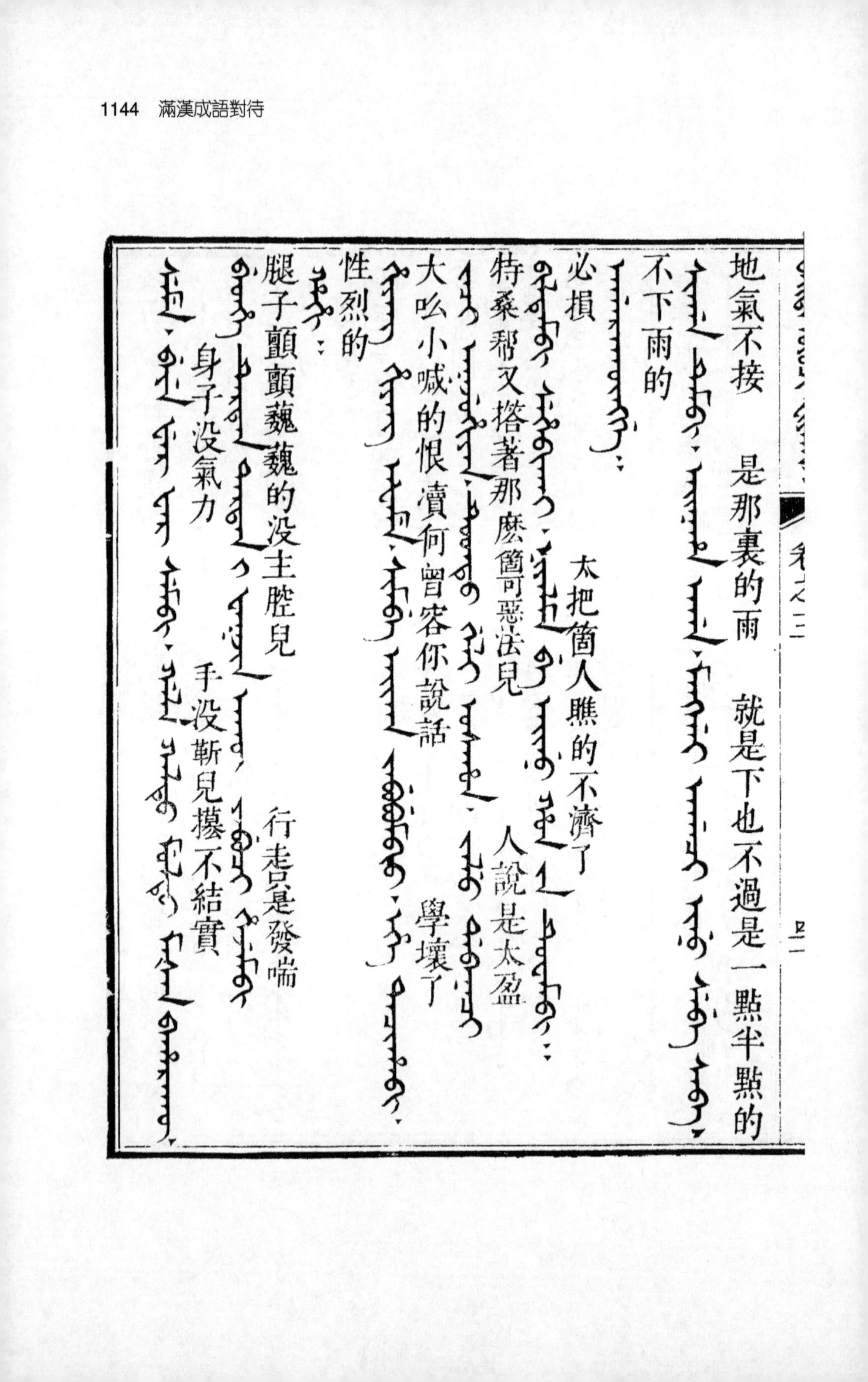

地氣不接　是那裏的雨　就是下也不過是一點半點的

不下雨的

必損

特桑郡又搭著那麽箇可惡法兒　太把箇人瞧的不濟了　人說是太盈

大吆小喊的恨瀆何曾容你說話　學壞了

性烈的

腿子顫顫巍巍的沒主腔兒　行者只是發喘

身子沒氣力　手沒斳兒攥不結實

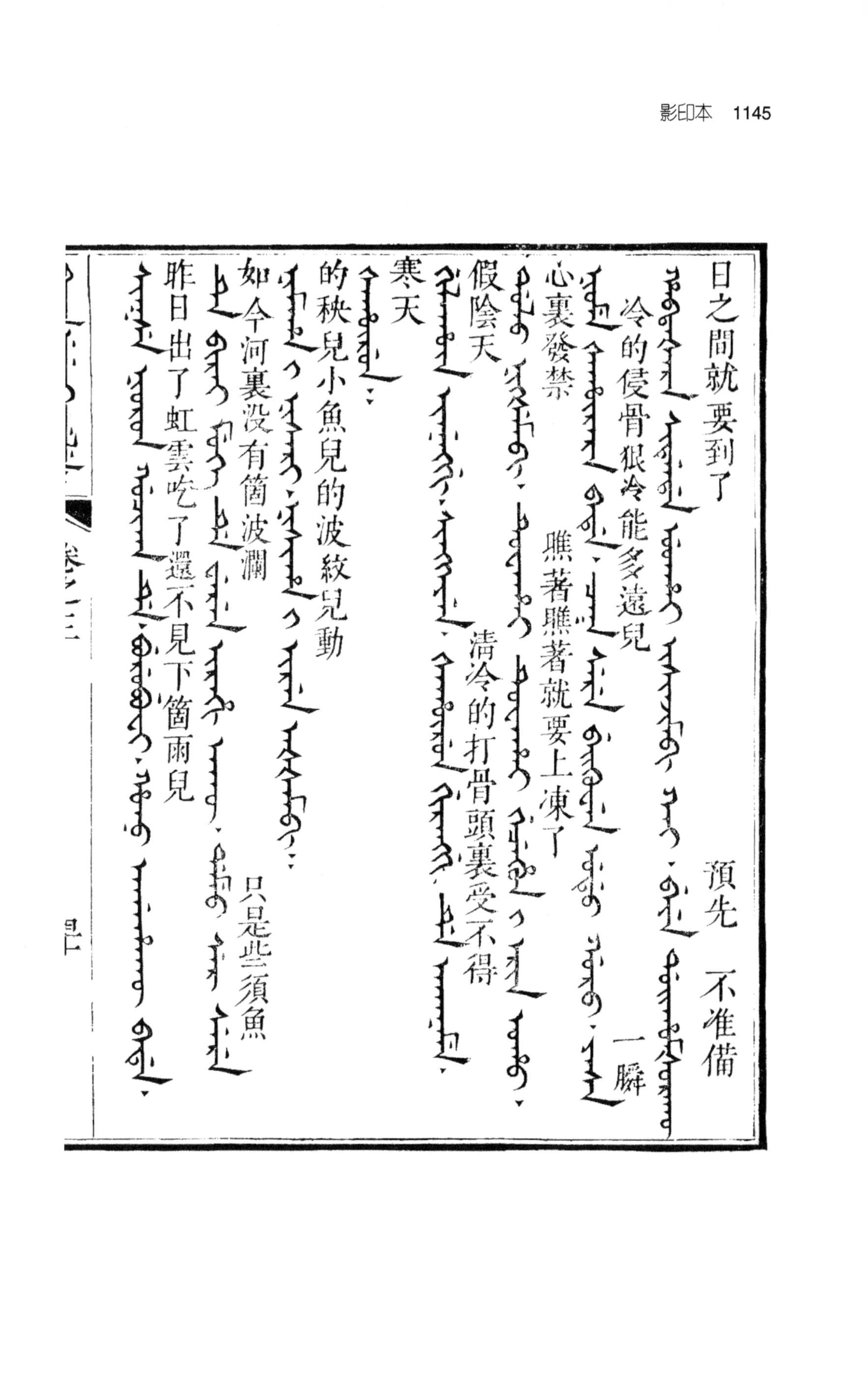

日之間就要到了　預先　不准備

冷的侵骨狠冷能多遠兒　一瞬

心裏發禁　瞧著瞧著就要上凍了

假陰天　凊冷的打骨頭裏受不得

寒天

的秧兒小魚兒的波紋兒動

如今河裏没有箇波瀾　只是些須魚

昨日出了虹雲吃了還不見下箇雨兒

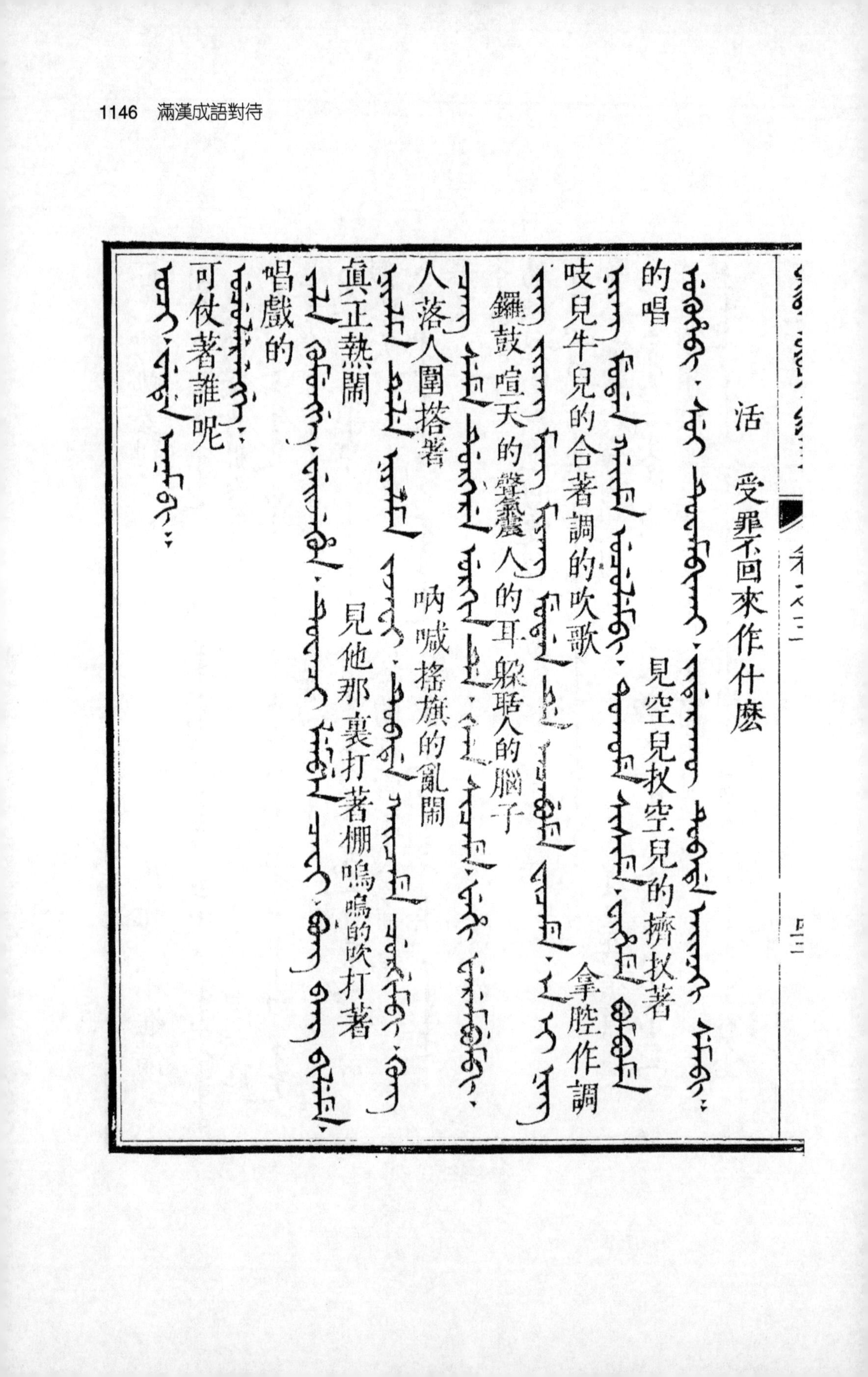

活

受罪不回來作什麼

的唱

見空兒扠空兒的擠扠著

吱兒牛兒的合著調的吹歌

拿腔作調

鑼鼓喧天的聲齉人的耳躲聒人的腦子

人落人圍搭著

吶喊搖旗的亂鬧

真正熱鬧

見他那裏打著棚嗚嗚的吹打著

唱戲的

可仗著誰呢

的也見過
未必都像你這箇樣兒
上乍下窄
長的是箇什麽樣兒長的不配
没鼻子没臉的箇胖頭大臉胆子
死个搭的是箇屁股
醜的
麽情弊
也使得
不容倒腳頂替的
這上頭有箇什
罷了
你頂我的窩兒來
赦不過是我替你去
可了心的

還是禿他禿他的跳

瞧見了雖是還過來不怕了

心裏
打心裏驚

不防備冷个丁的好不唬了一大跳

猛然後頭怪聲喝了一聲

背著西朝著東站著來著
唬一跳的

爬爬的是箇甚麽東西

蠢就蠢些兒罷了天生的

你這箇矮

著地不論那裏巴結著赶人家　誰和他　你一盤子來

長的不配　他倒也　伶俐　他雖頭攻

詭頭人

誑子㗎人

了不的分明是不大理會的上頭那麼著了怎麼好改了

理會是眞　到後來知道了眞箇的羞的我

雖　是耳躲裏嫣里嫣郎的　聽見了　没大著實的

追悔的

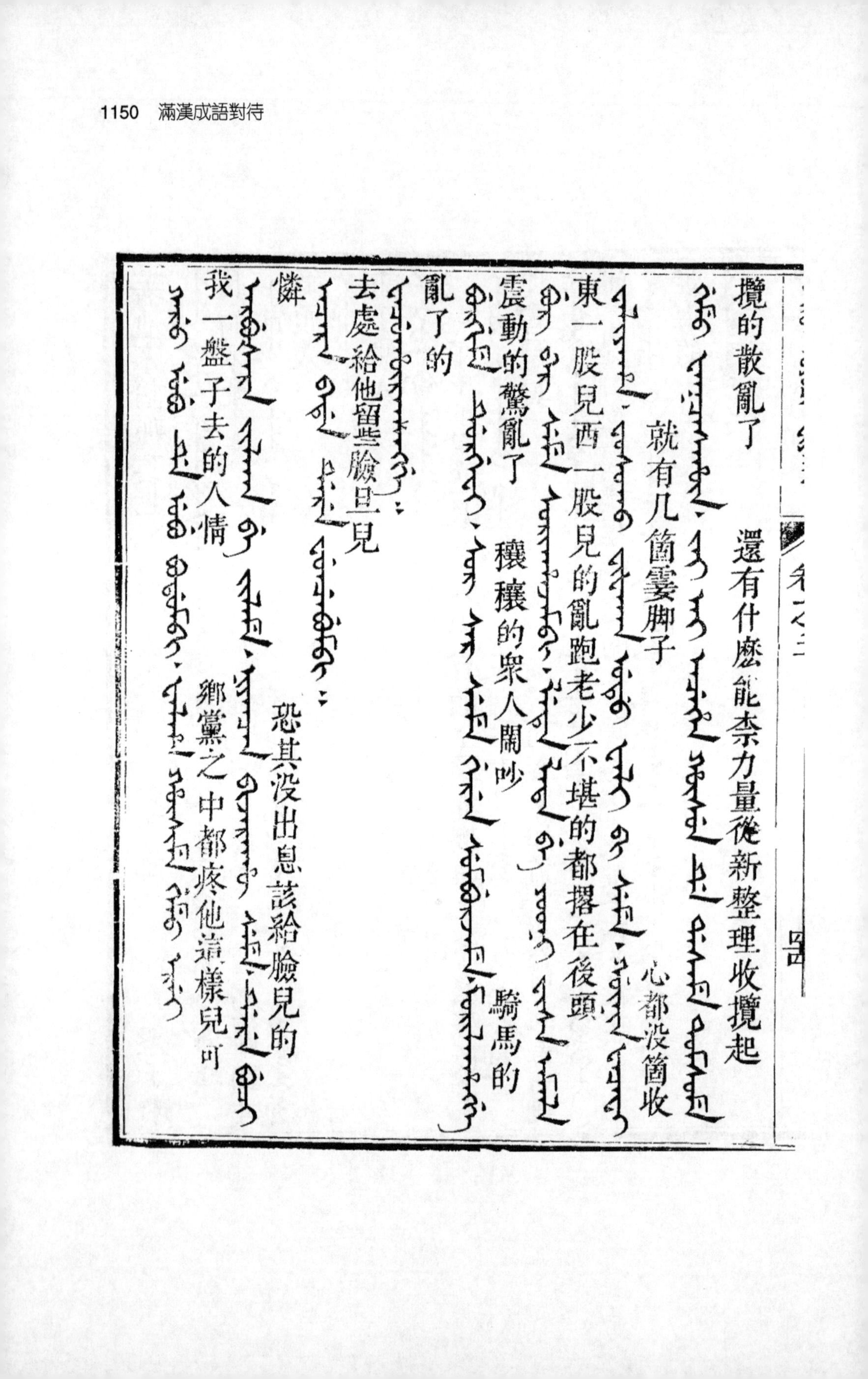

攪的散亂了　還有什麼能奈力量從新整理收攪起

就有几箇霎脚子　心都没箇收

東一股見西一股見的亂跑老少不堪的都撂在後頭

震動的驚亂了　穰穰的衆人鬧吵　騎馬的

亂了的

去處給他留些臉旦兒

憐　恐其没出息該給臉兒的

我一盤子去的人情　鄉黨之中都疼他這樣兒可

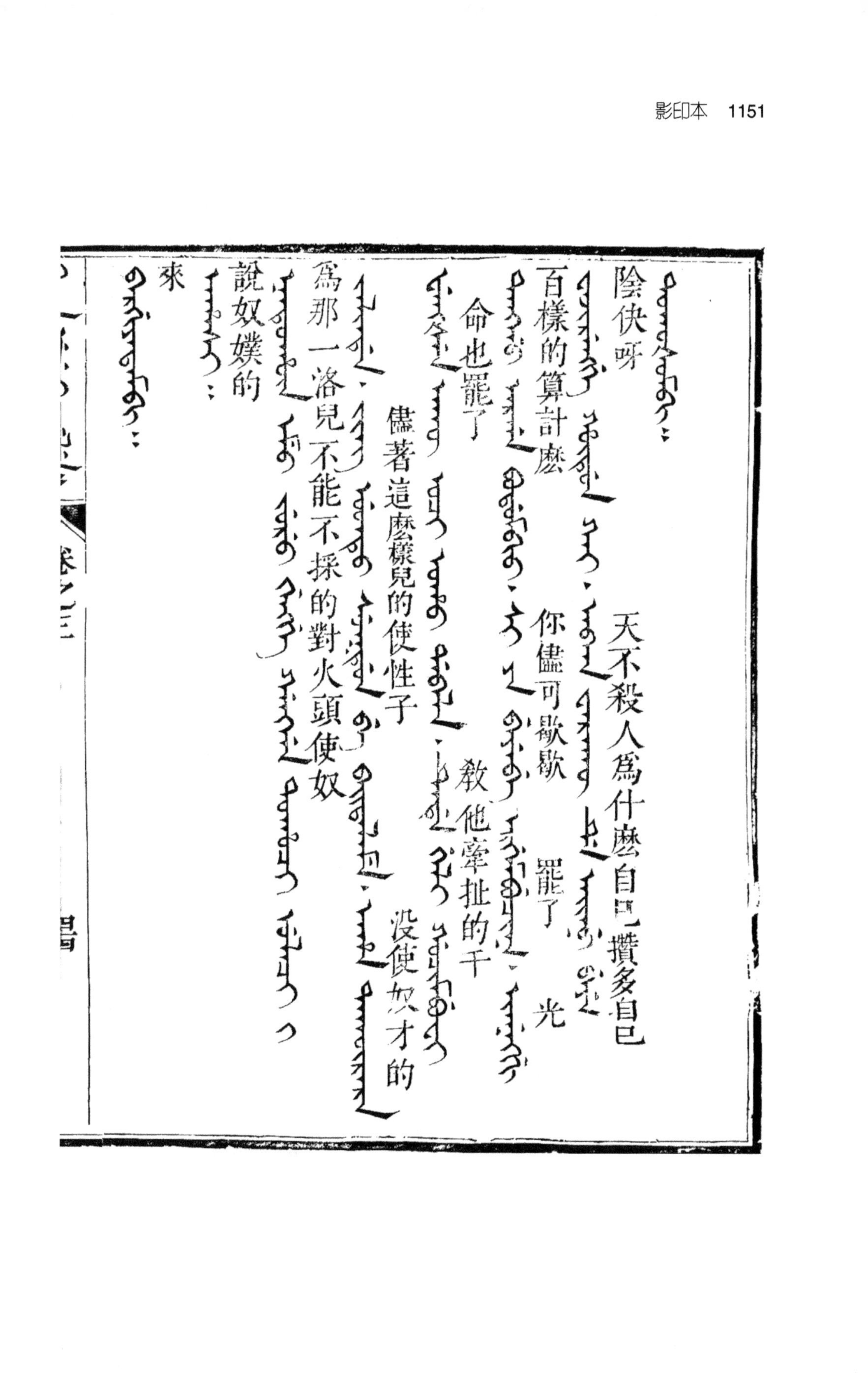

陰佚呀

天不殺人爲什麼自己攢多自巳

百樣的算計麽

你儘可歇歇

罷了

光

命也罷了

教他牽扯的干

儘著這麼樣兒的使性子

沒使奴才的

爲那一洛兒不能不採的對火頭使奴

說奴嫫的

來

喫食上都不像先了　只是倒

弱了的

入墳塋

箇什麼漢子　雖死有什麼臉兒

死麼　把這箇訛著的冤屈我不能明白算

担著教快死罷　什麼話　我肯容易就

什麼　人家的事　撅在我身上　委曲著你

是箇漢子的

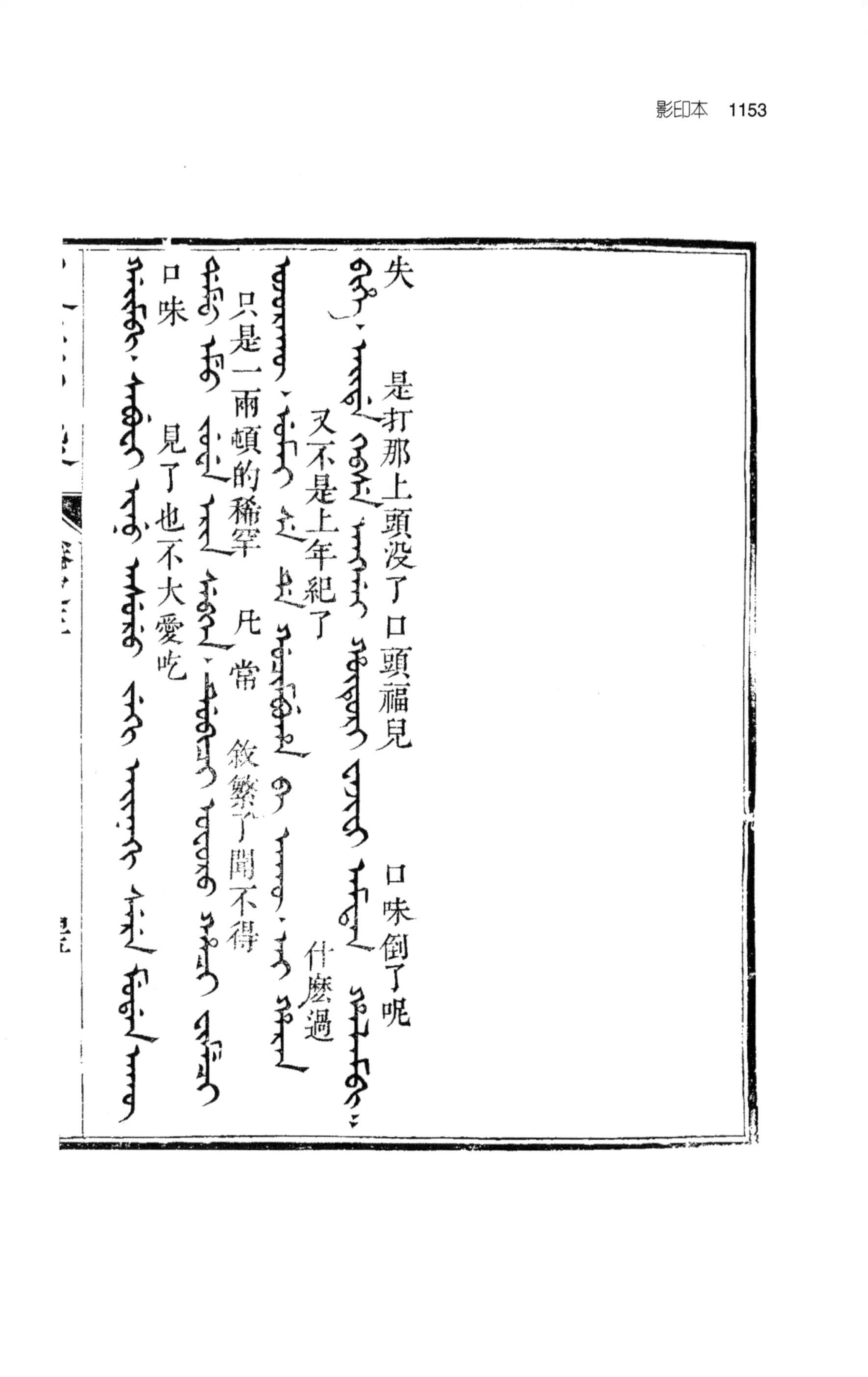

失

是打那上頭沒了口頭福兒　口味倒了呢

又不是上年紀了　什麽過

只是一兩頓的稀罕　凡常　敘繁了聞不得

口味　見了也不大愛吃

裁樹的

總剩下也只是些　箍輪柴頭零星兒罷了

了　燒的待完了

盡都是些燒柴　糟了的　爛了的　晒的乾透

死木頭　去了皮的光桿　倒了的樹科㕚之類

總是些不中用的　鋸砍倒的　年久的

木柴

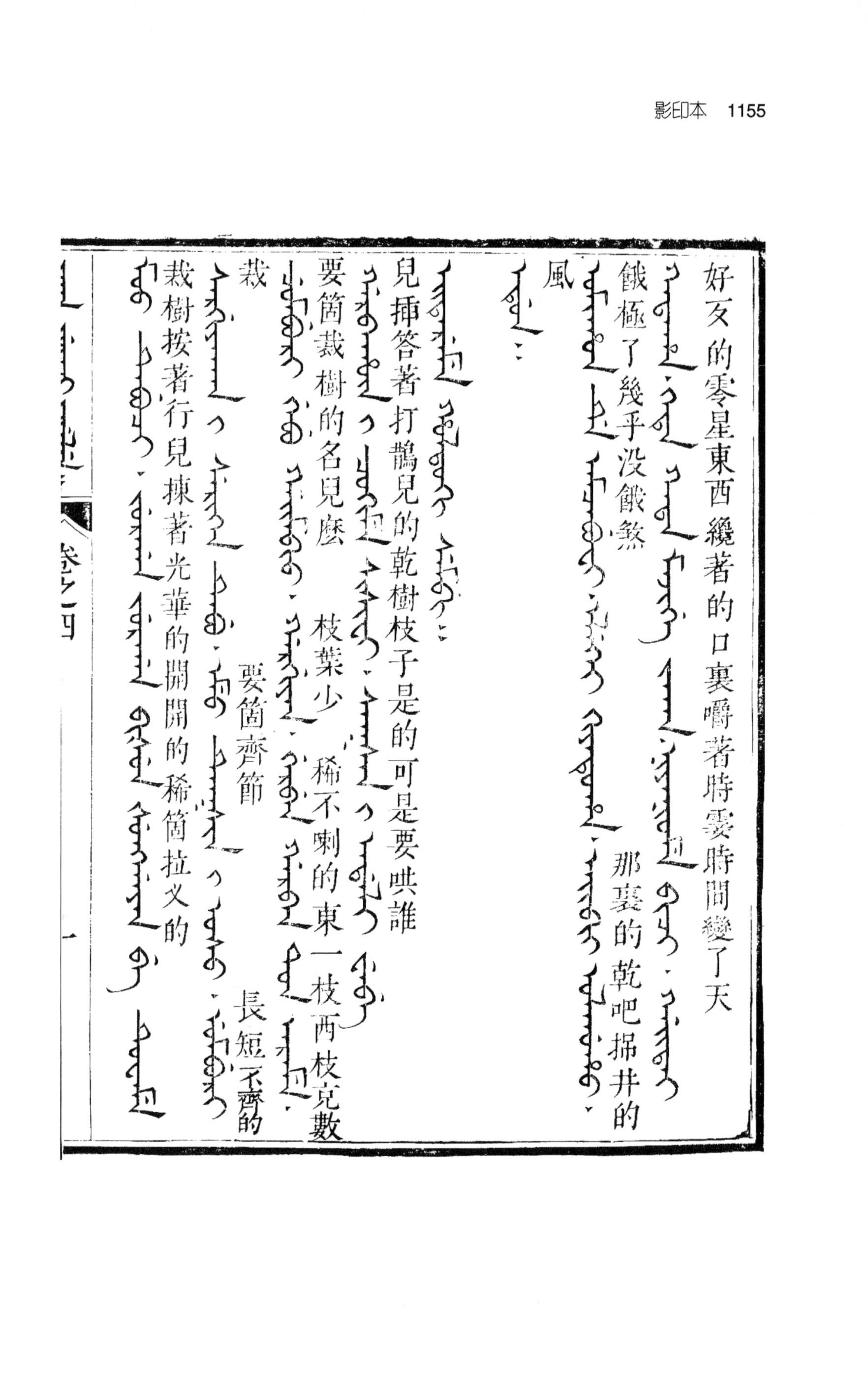

好歹的零星東西纔著的口裏嚼著時霎時間變了天

餓極了幾乎沒餓煞

那裏的乾吧掃井的

風

見挿答著打鶻兒的乾樹枝子是的可是要哄誰

要箇裁樹的名兒麼

枝葉少

稀不剌的東一枝西枝克數

裁

要箇齊節

長短不齊的

裁樹按著行兒揀著光華的開開的稀箇拉乂的

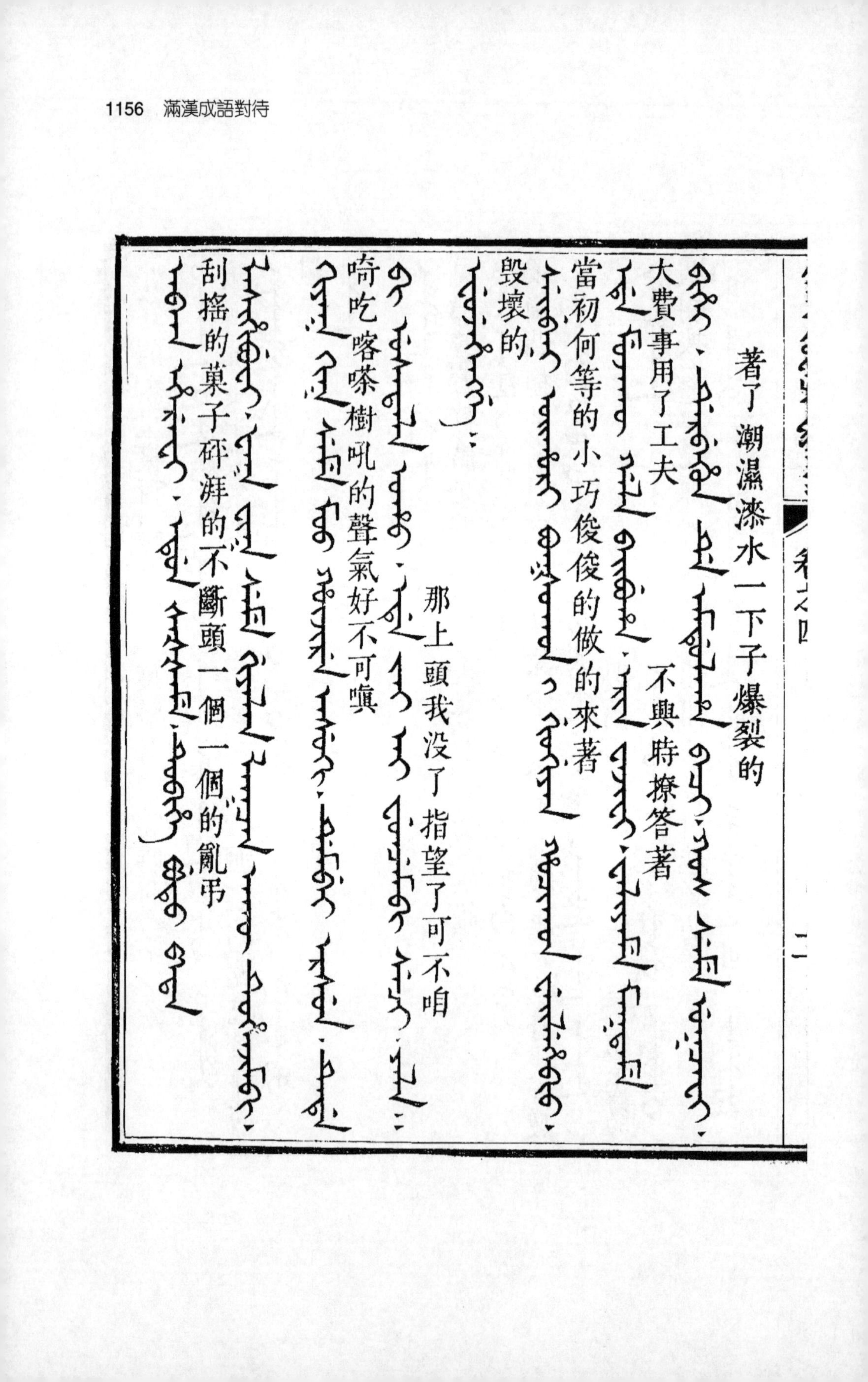

著了潮濕滲水一下子爆裂的

大費事用了工夫 不與時撩答著

當初何等的小巧俊俊的做的來著

毀壞的

那上頭我沒了指望了可不咱

嗬吃喀嗏樹吼的聲氣好不可嗔

刮搖的菓子砰湃的不斷頭一個一個的亂弔

囫圇半片的扒拉了

頓有砂子什麼大緊 不管怎麼的

吃 說甚麼給他個没意思 就是一兩

說是有砂子 儞著說是没有 人家好心給

吃著瞧瞧 嘎喳嘰喳的牙嗔

給吃的

如今都五零四散的零散了

晒東西的

那不是日頭焐著那裏了趕著日頭晒個陽乾

要不晒個晌叭喇子乾　著了潮受了汚氣

衣裳就變色

一發索性晒個焦乾　收著纔好

鐵器

著的爐裏鎔化了

晾冷了從新燒的通紅的折

錘打的沒了重皮夾皮折做條子

盛得滿滿的一盆子湯 撻了去豁喇的全倒在陽溝眼

勒得的

就截斷了 只是耗奪津脈留著做什麼

該銷去的就削歹了 該裁去的

看著傷折的去了他 曲湾的撅了去

樹枝兒

拔絲

的是的

點頭呼腦的 倒像乍見了望著你响快親相

嘰嗒呱喇的抖搜精神 在柁樑上

年年思舊有個信行 啣泥壘巢

燕子

你們聽麼 這成個甚麼話

這是怎麼說 羞的倒說是你管我呢

裏倒了個畚盡 看見了說你

是個殘壞不中用的東西是實 雖是那麽個兒

傷壞的

哭聲 三塊木頭像歡笑

們時常說來著 一塊木頭像哼哼 兩塊木頭像

再也是不會滅 老家兒

就著 火焔兒一遭著起

一把子碎木柴上著些個穰草 一吹呼的

火

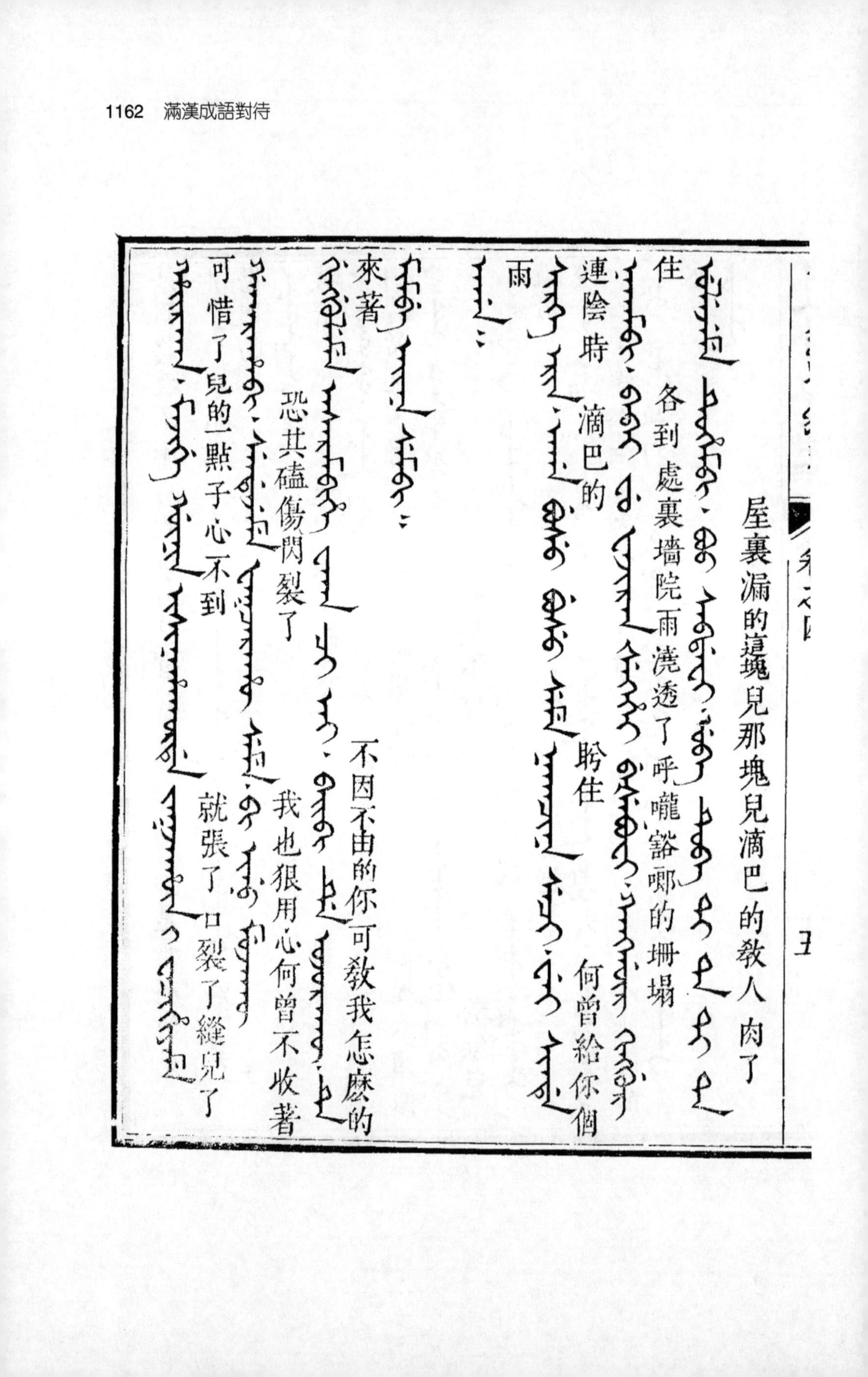

屋裏漏的這塊兒那塊兒滴巴的教人肉了

住 各到處裏墻院雨澆透了呼嚨豁啷的栅塌

連陰時滴巴的 盼住 何曾給你個

雨

來著 不因不由的你可教我怎麼的

恐其磕傷閃裂了 我也狠用心何曾不收著

可惜了兒的一點子心不到 就張了口裂了縫兒了

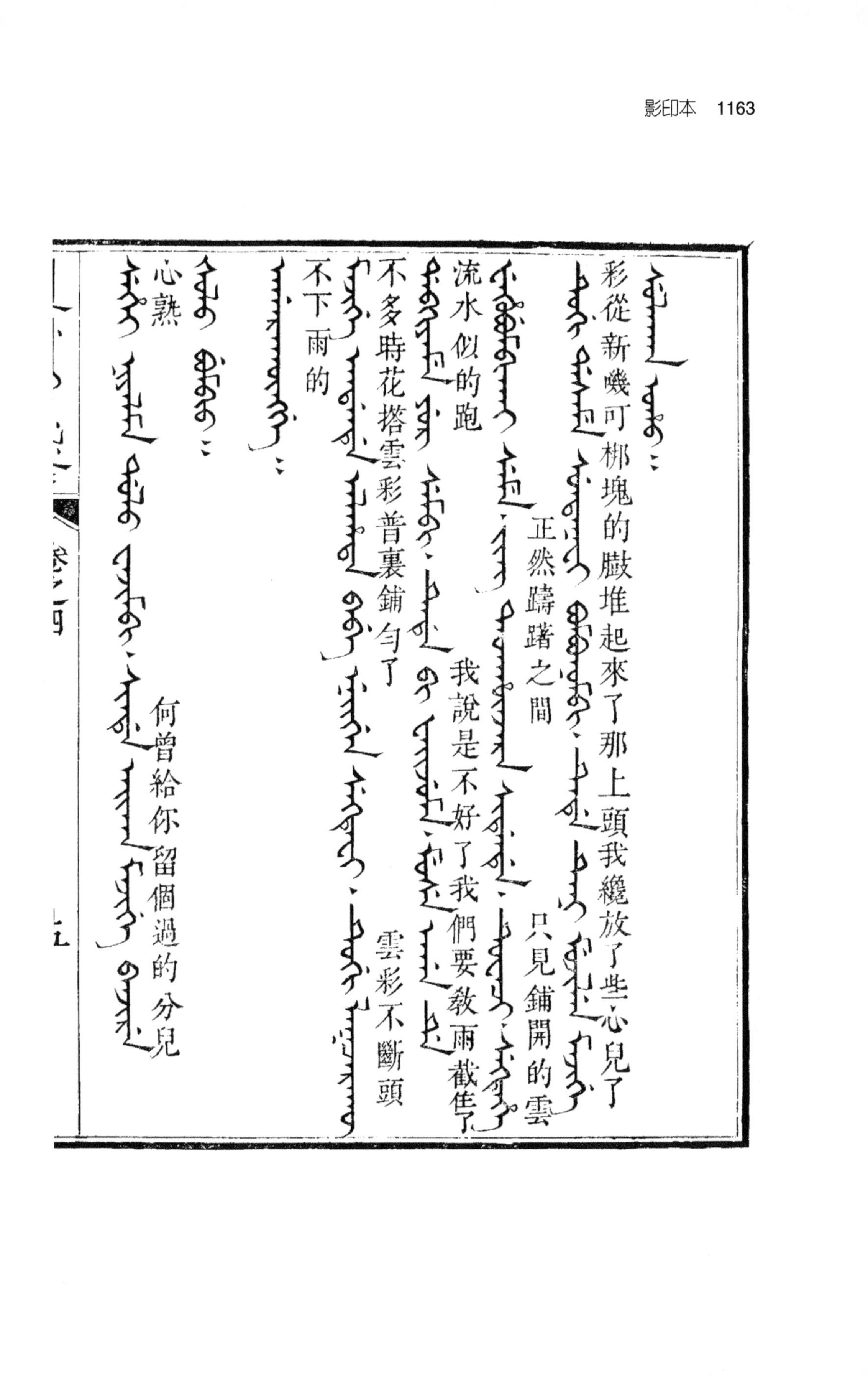

彩從新嘰可梆塊的臌堆起來了那上頭我纔放了些心兒了

正然躊躇之間　只見鋪開的雲

流水似的跑　我說是不好了我們要教雨截住了

不多時花搭雲彩普裏鋪勻了　雲彩不斷頭

不下雨的

心熟　何曾給你留個留過的分兒

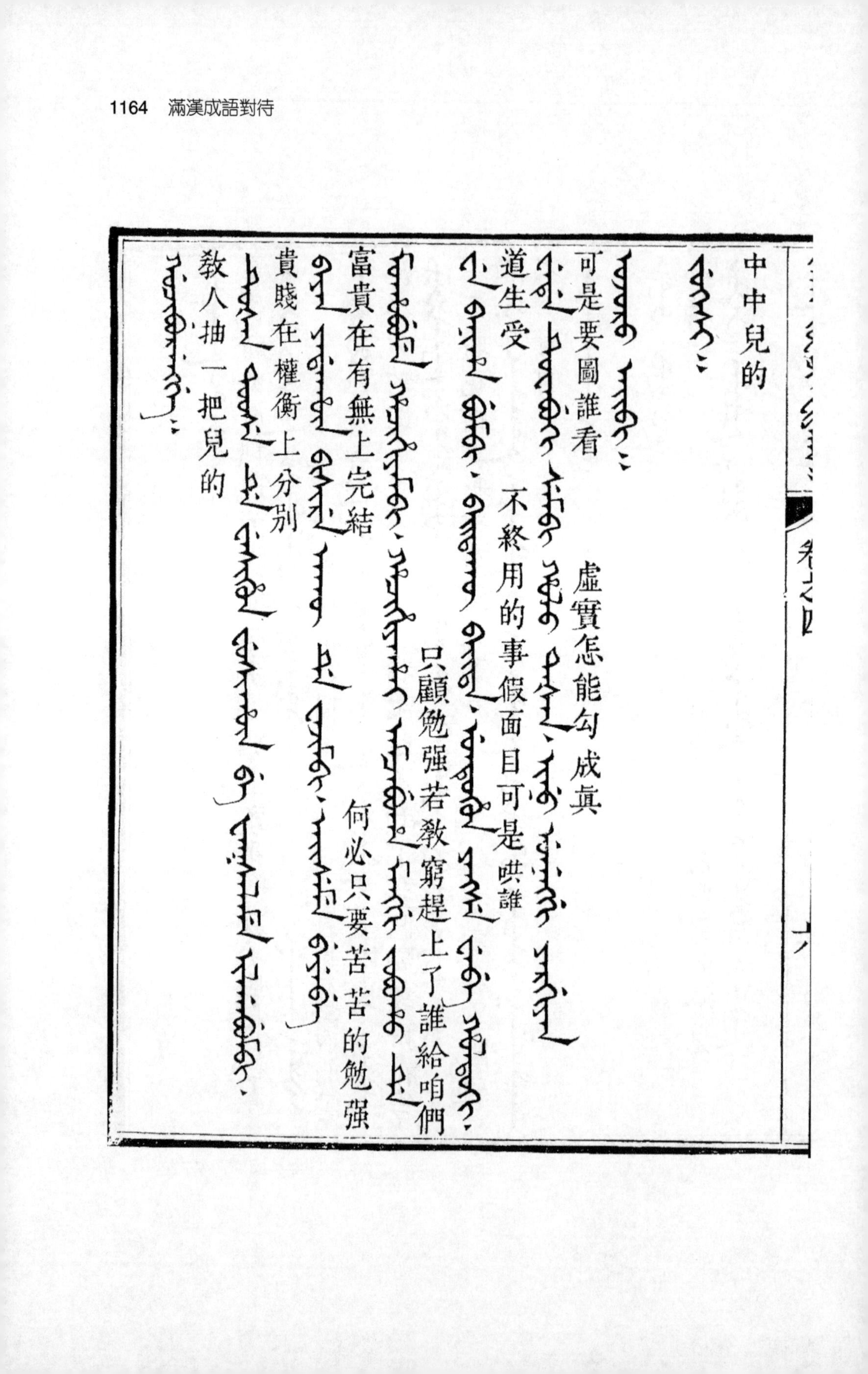

中中兒的

可是要圖誰看 虛實怎能勾成眞

道生受 不終用的事假面目可是哄誰

只顧勉強若教窮趕上了誰給咱們

富貴在有無上完結 何必只要苦苦的勉強

貴賤在權衡上分別

教人抽一把兒的

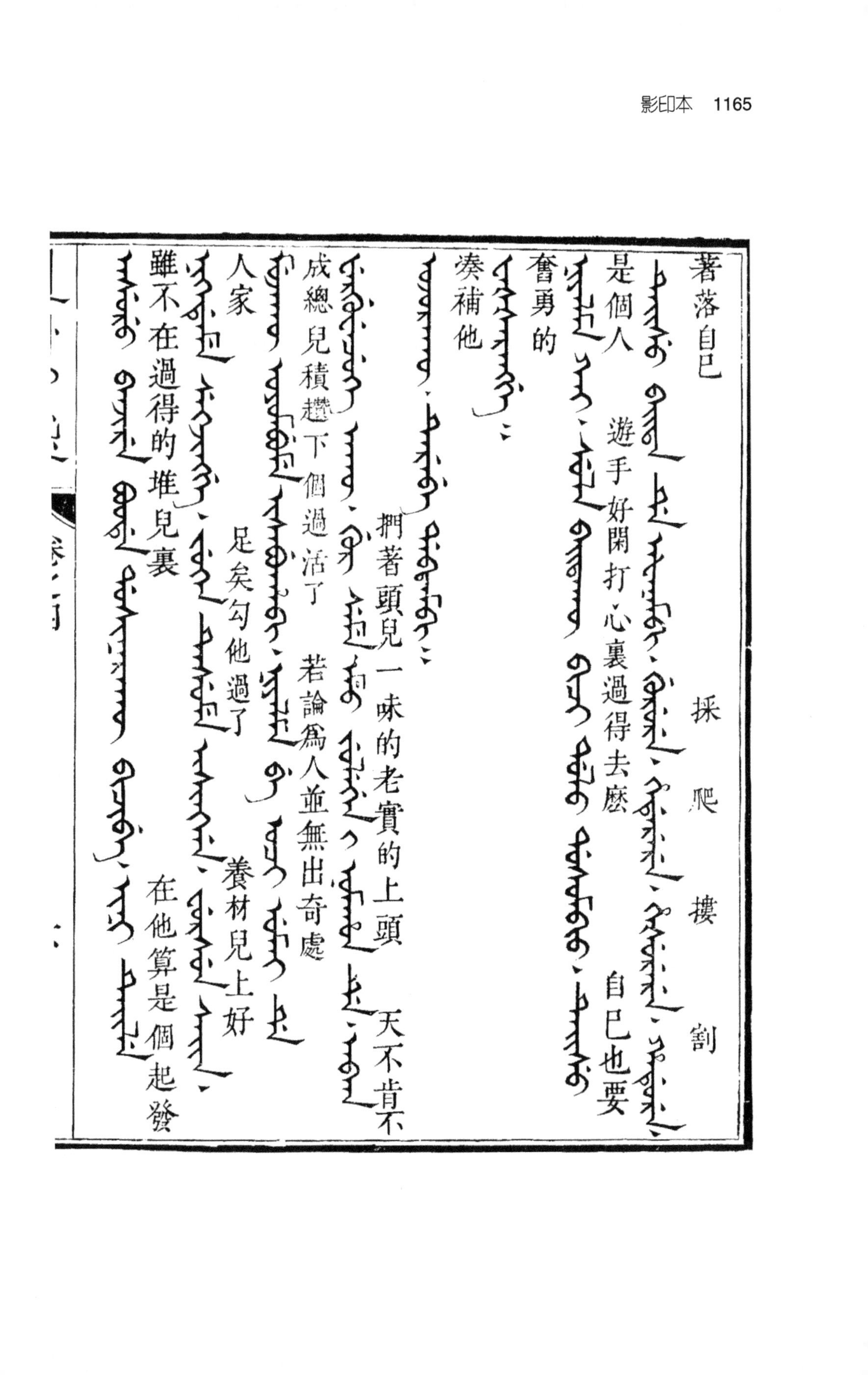

著落自己 採 爬 摟 劄
是個人 遊手好閑打心裏過得去麽 自己也要
奮勇的
湊補他
拙著頭兒一味的老實的上頭 天不肯不
成總兒積趲下個過活了 若論爲人並無出奇處
人家 足矣勾他過了 養材兒上好
雖不在過得的堆兒裏 在他算是個起發

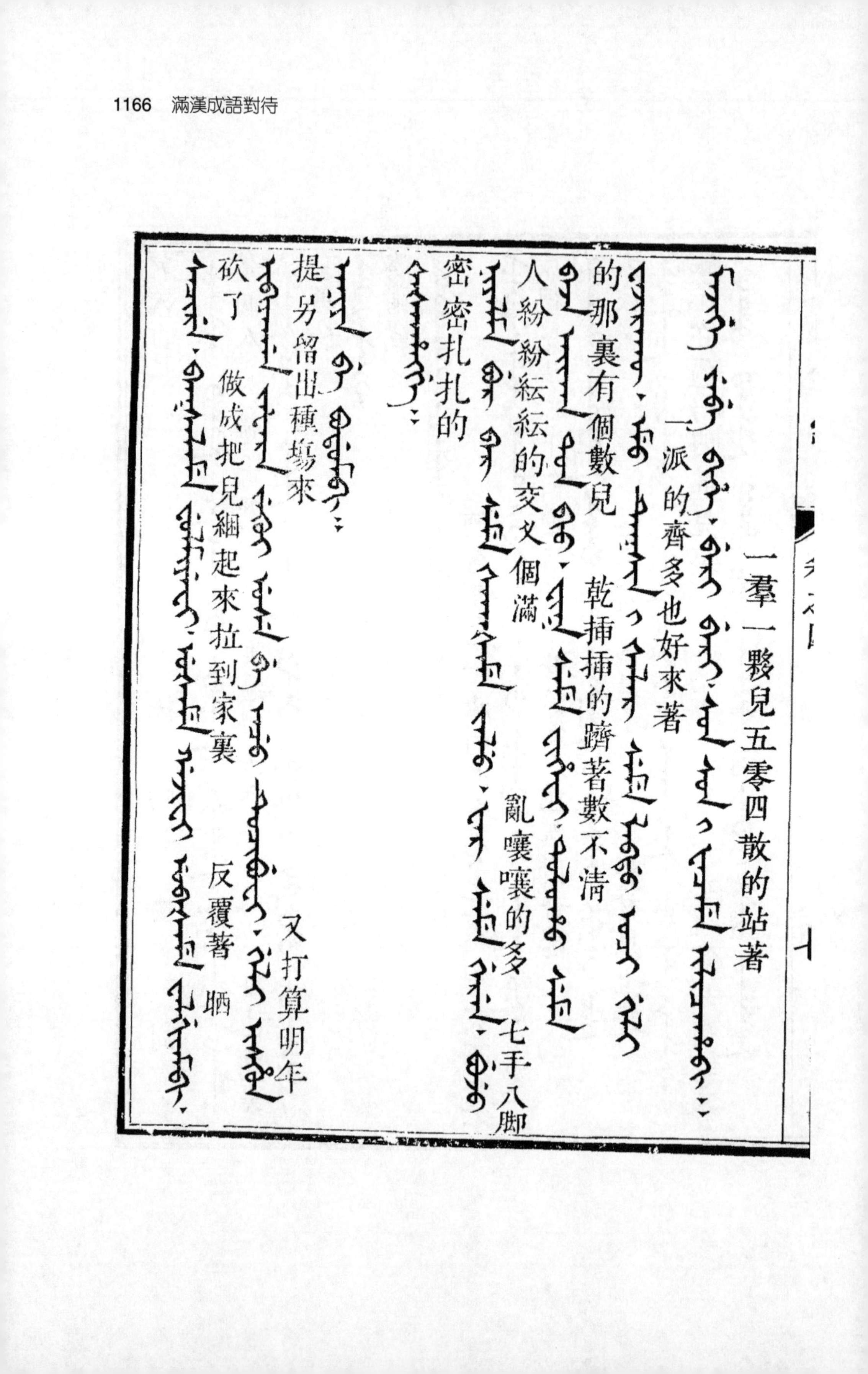

一羣一夥兒五零四散的站著

一派的齊多也好來著

乾揷揷的蹐著數不清

的那裏有個數兒

亂嚷嚷的多

七手八脚

人紛紛紜紜的交叉個滿

密密扎扎的

又打算明年

提另留出種場來

反覆著 晒

砍了 做成把兒細起來拉到家裏

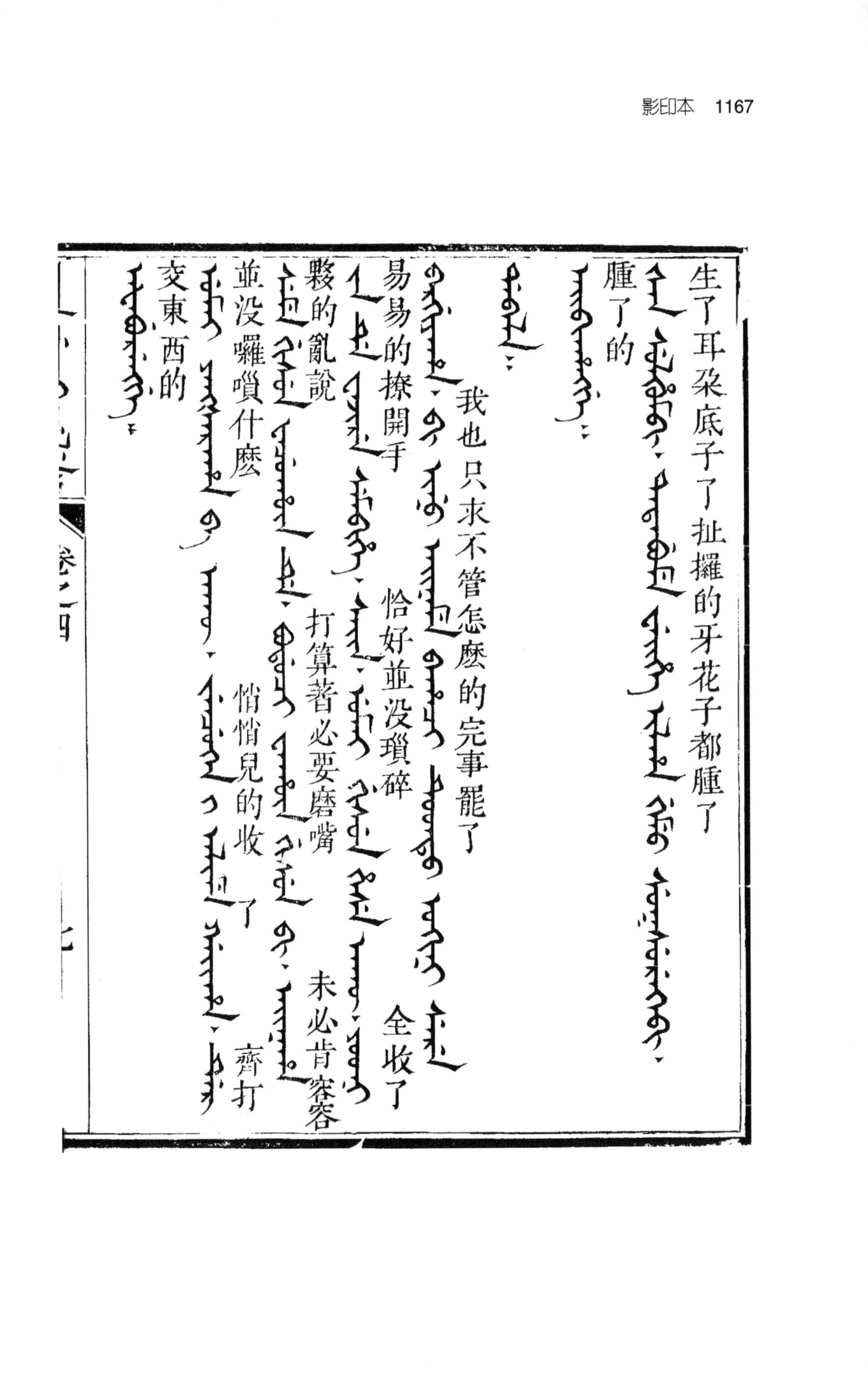

生了耳朶底子了扯攞的牙花子都腫了

腫了的

我也只求不管怎麽的完事罷了

易易的撩開手恰好並沒瑣碎全收了

斅的亂說打算著必要磨嘴未必肯容容

並沒囉嗊什麽悄悄兒的收了齊打

交東西的

的水 有不斷頭急冒的水

水有各樣的响聲 有長流水 有直冒

水 怕什麽

弔了肐滓兒 就有些硬根子罷咱

不套就勾了 收了口兒

潰了膿想是要出頭兒 由他自已破罷

普裏發起來 看那紫跎踏的跳膿的樣子

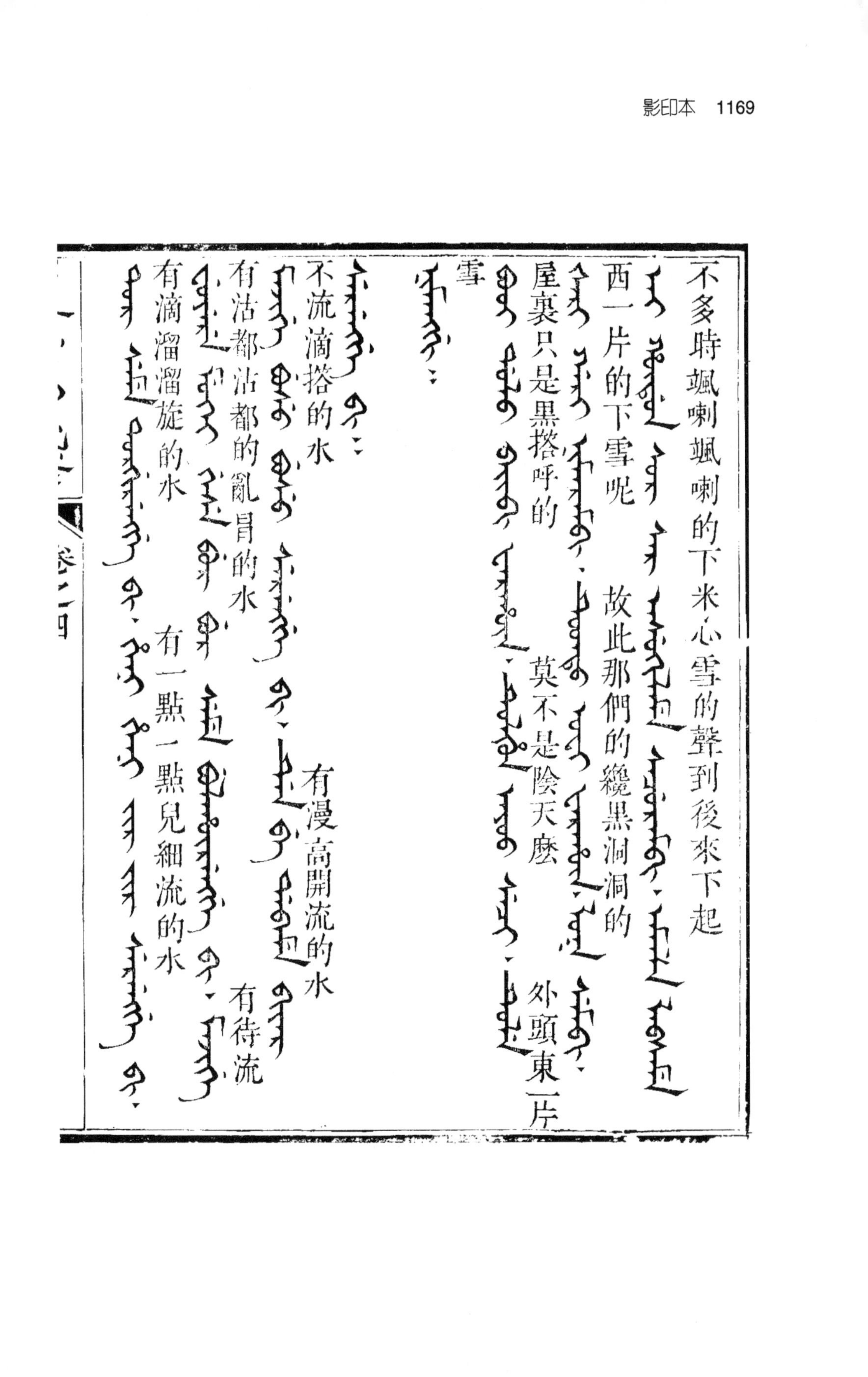

不多時颯喇颯喇的下米心雪的聲到後來下起

西一片的下雪呢　故此那們的纔黒洞洞的

屋裏只是黒搭呼的　莫不是陰天麽　外頭東一片

雪

不流滴搭的水　有漫高開流的水

有沽都沽都的亂冒的水　有待流

有滴溜溜旋的水　有一點一點兒細流的水

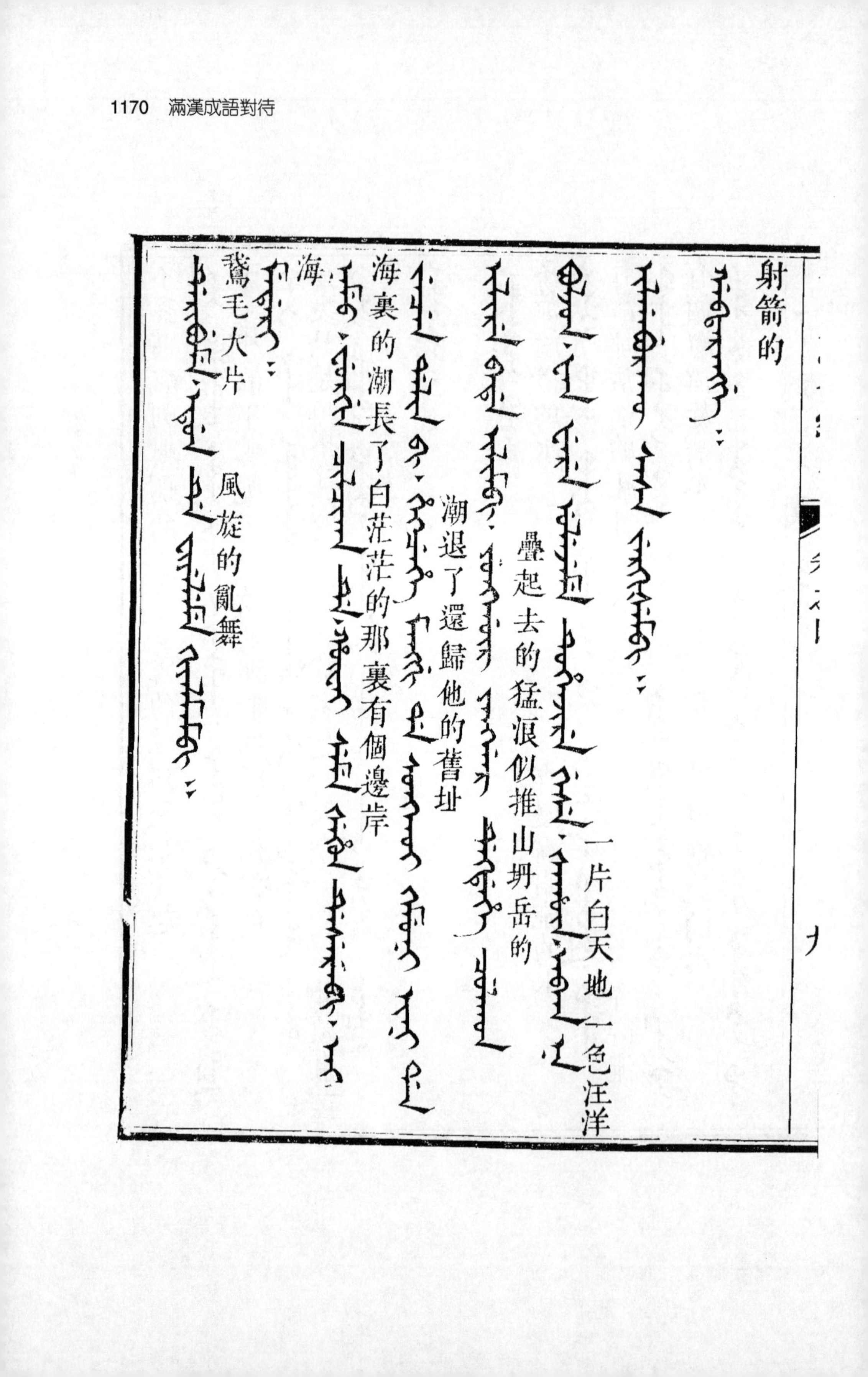

射箭的

一片白天地一色汪洋

疊起去的猛浪似推山坍岳的

潮退了還歸他的舊址

海裏的潮長了白茫茫的那裏有個邊岸

海

鷲毛大片

風旋的亂舞

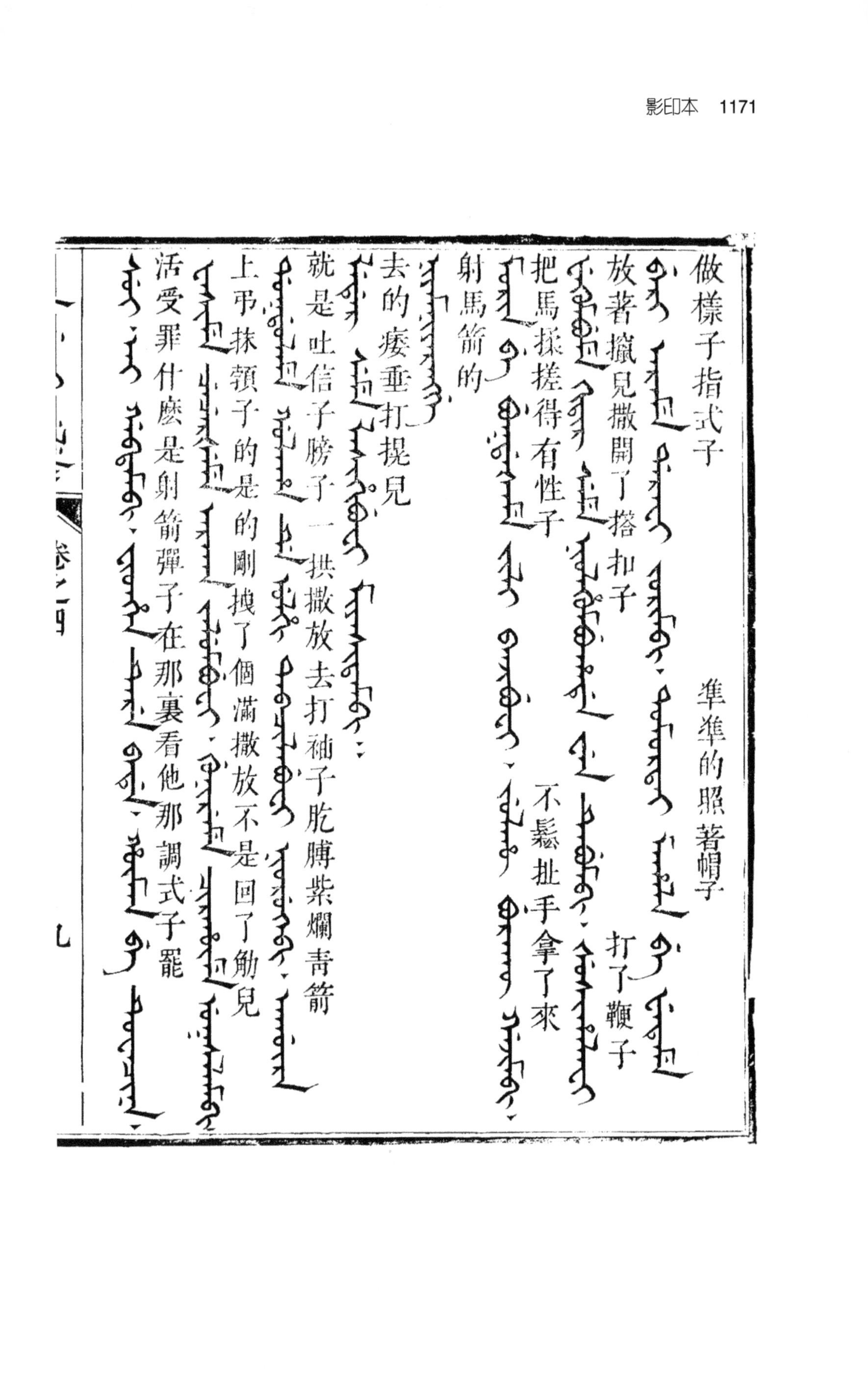

做樣子指式子　準準的照著帽子

放著擸兒撒開了搭扣子　打了鞭子

把馬採搓得有性子　不鬆扯手拿了來

射馬箭的

去的瘦垂打提兒

就是吐信子膀子一拱撒放去打袖子肐膊紫爛青箭

上弔抹額子的是的剛拽了個滿撒放不是回了觔兒

活受罪什麼是射箭彈子在那裏看他那調式子罷

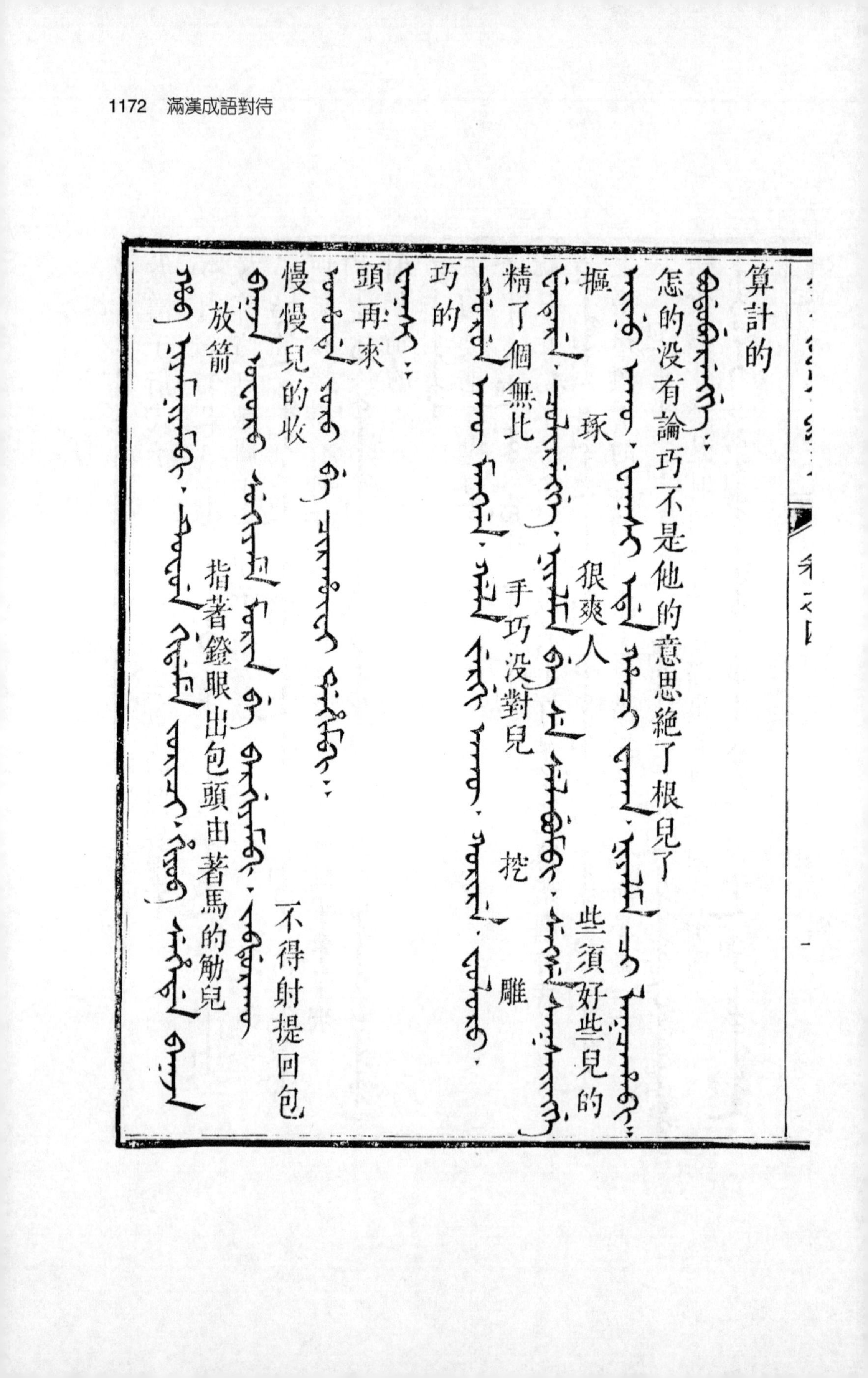

算計的

怎的沒有論巧不是他的意思絕了根兒了

摳 琢 狠爽人 些須好些兒的

精了個無比 手巧沒對兒 挖 雕

巧的

頭再來

慢慢兒的收 不得射提回包

放箭 指著鐙眼出包頭由著馬的觔兒

不生動

枯瘦如柴瘦乾了

吃的東西不長精神

血脈塞閉著

癆傷的

很容易

又不繁不至於亂

看多少短的補給

扣除折算

用過後

提另再取

一年得多少纔勾

扣算起來記著

每日用多少

月頭見著多少

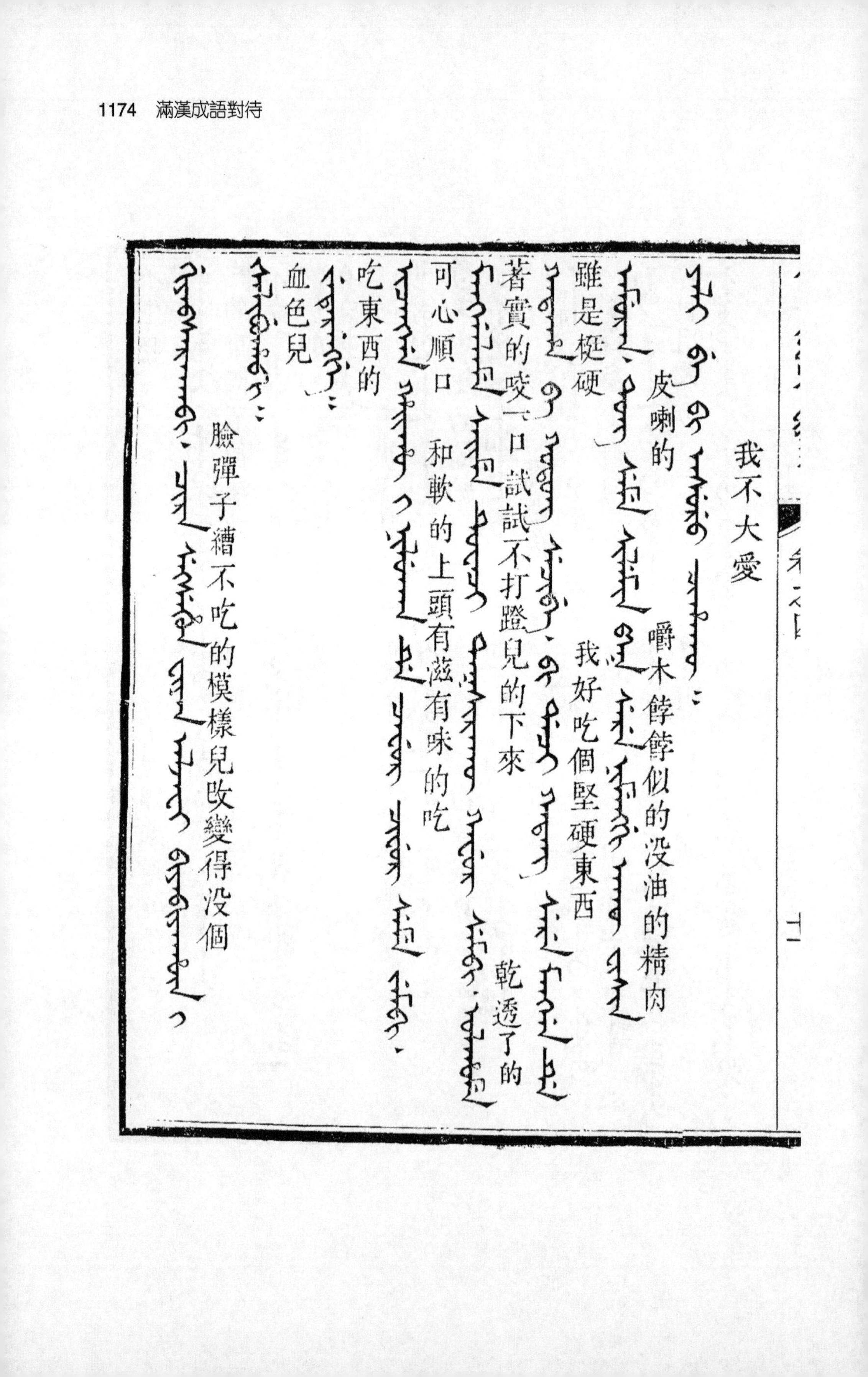

我不大愛

皮喇的 嚼木餑餑似的没油的精肉

雖是梃硬 我好吃個堅硬東西

著實的咬一口試試不打蹬兒的下來 乾透了的

可心順口 和軟的上頭有滋有味的吃

吃東西的

血色兒 臉彈子糟不吃的模樣兒改變得没個

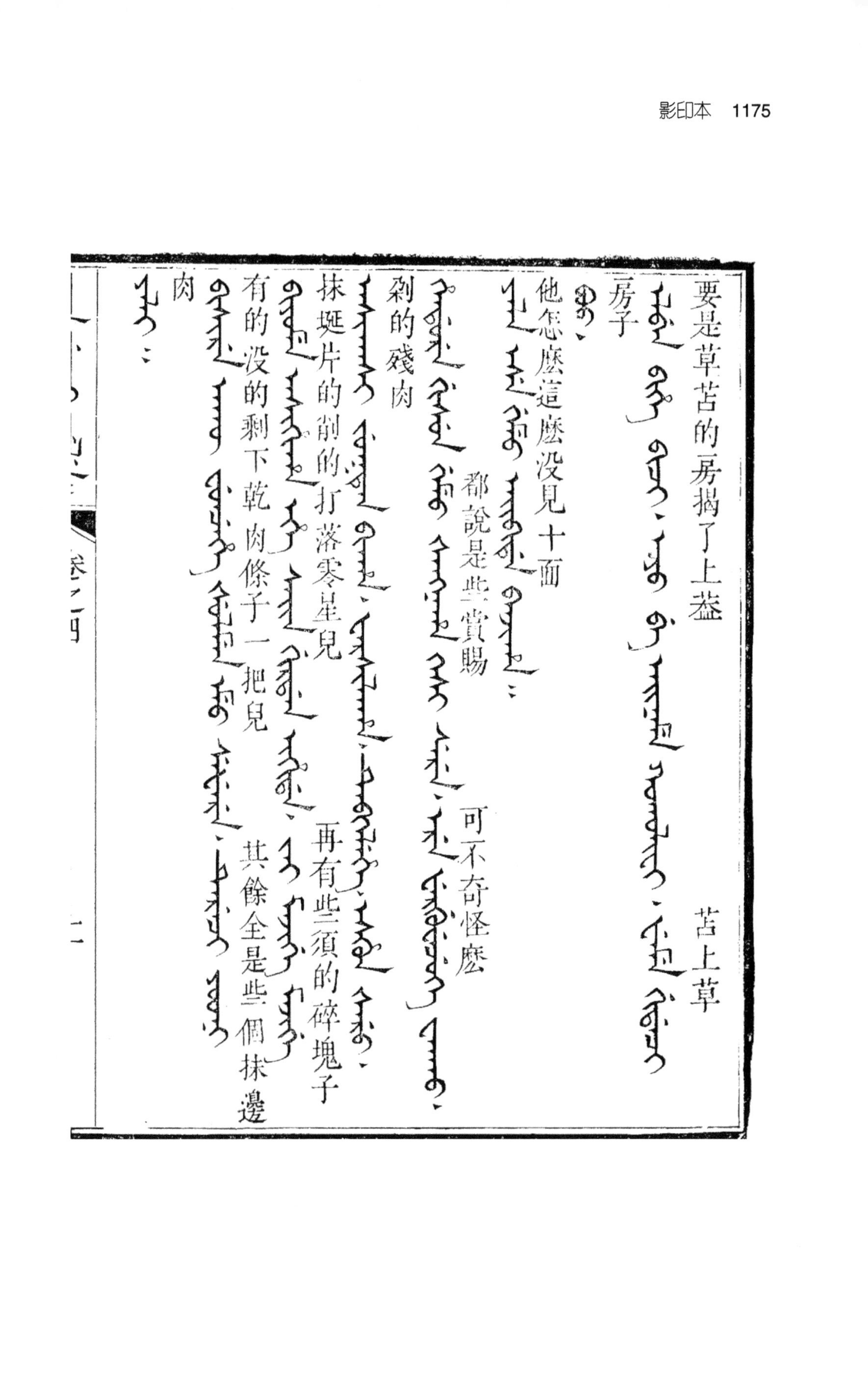

要是草苦的房揭了上蓋 苫上草
房子
他怎麽這麽没見十面
都說是些賞賜 可不奇怪麽
剩的殘肉
抹埏片的削的打落零星兒 再有些須的碎塊子
有的没的剩下乾肉條子一把兒 其餘全是些個抹邊
肉

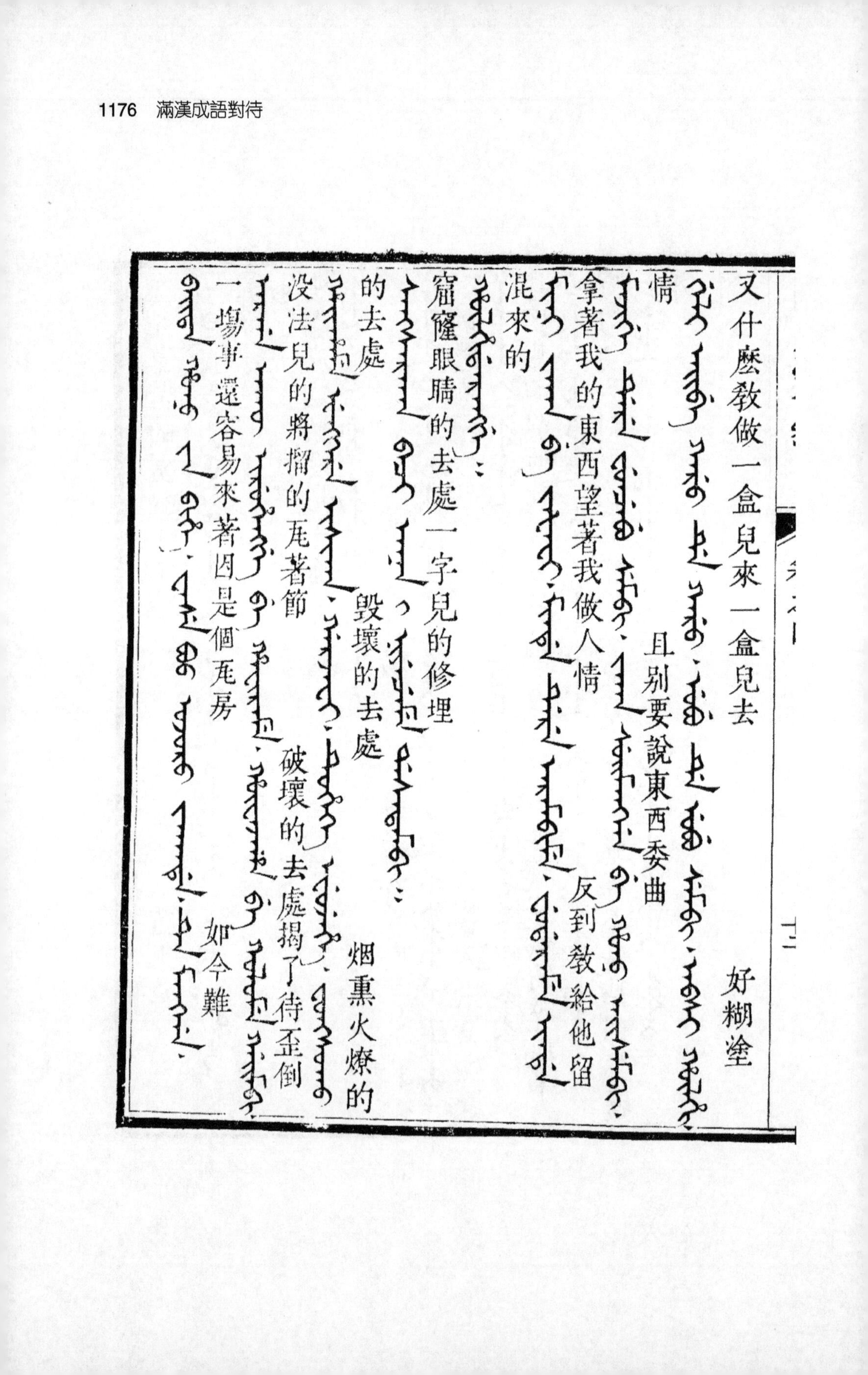

又什麽教做一盒兒來一盒兒去

好糊塗

且別要說東西委曲

反到教給他留

情

拿著我的東西望著我做人情

混來的

窟窿眼睛的去處一字兒的修理

的去處

毀壞的去處

烟熏火燎的

沒法兒的將擱的瓩著節

破壞的去處揭了待歪倒

一塲事還容易來著因是個瓩房

如今難

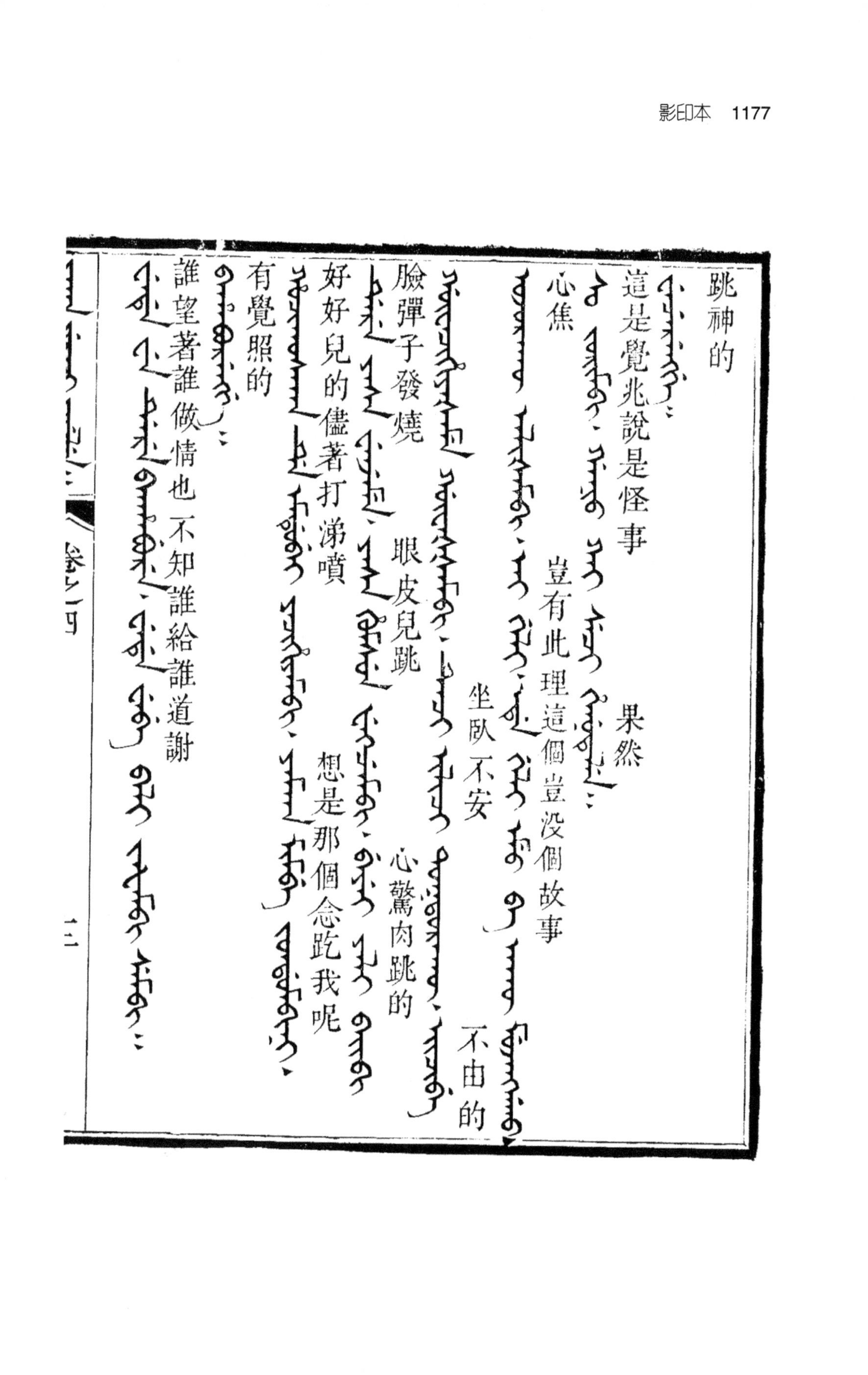

跳神的

這是覺兆說是怪事　果然

心焦　豈有此理這個豈沒個故事

坐臥不安　不由的

臉彈子發燒　眼皮兒跳　心驚肉跳的

好好兒的儘著打涕噴　想是那個念跎我呢

有覺照的

誰望著誰做情也不知誰給誰道謝

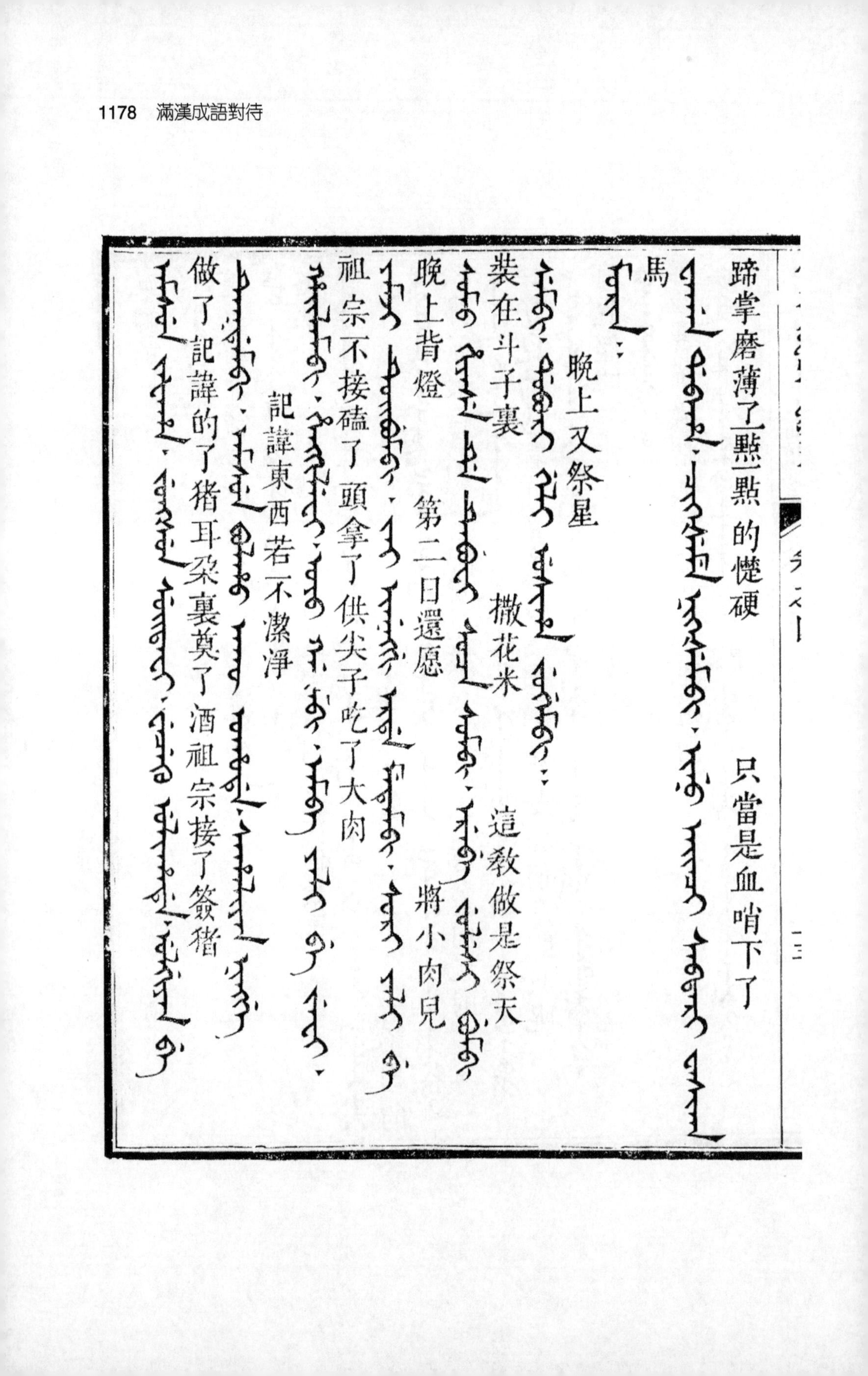

蹄掌磨薄了一點一點的懂硬 只當是血哨下了

馬

晚上又祭星

裝在斗子裏 撒花米 這教做是祭天

晚上背燈 第二日還愿 將小肉兒

祖宗不接磕了頭拿了供尖子吃了大肉

記諱東西若不潔淨

做了記諱的了豬耳朵裏奠了酒祖宗接了領豬

攏著罷咱　捧得了麽　這都是衆人攢的

撿起來拾一半撩一半你這是怎麽說

可惜物件的

枯了的馬

動不得的馬　裏膘都没了　是個瘦

還是個有筋骨的馬　雖並不是個口兒老

沿路兒　折磨著來了　乏的剛剩口氣兒到了

⿰犭固都弔上去了　原是個欠膘的瘦馬

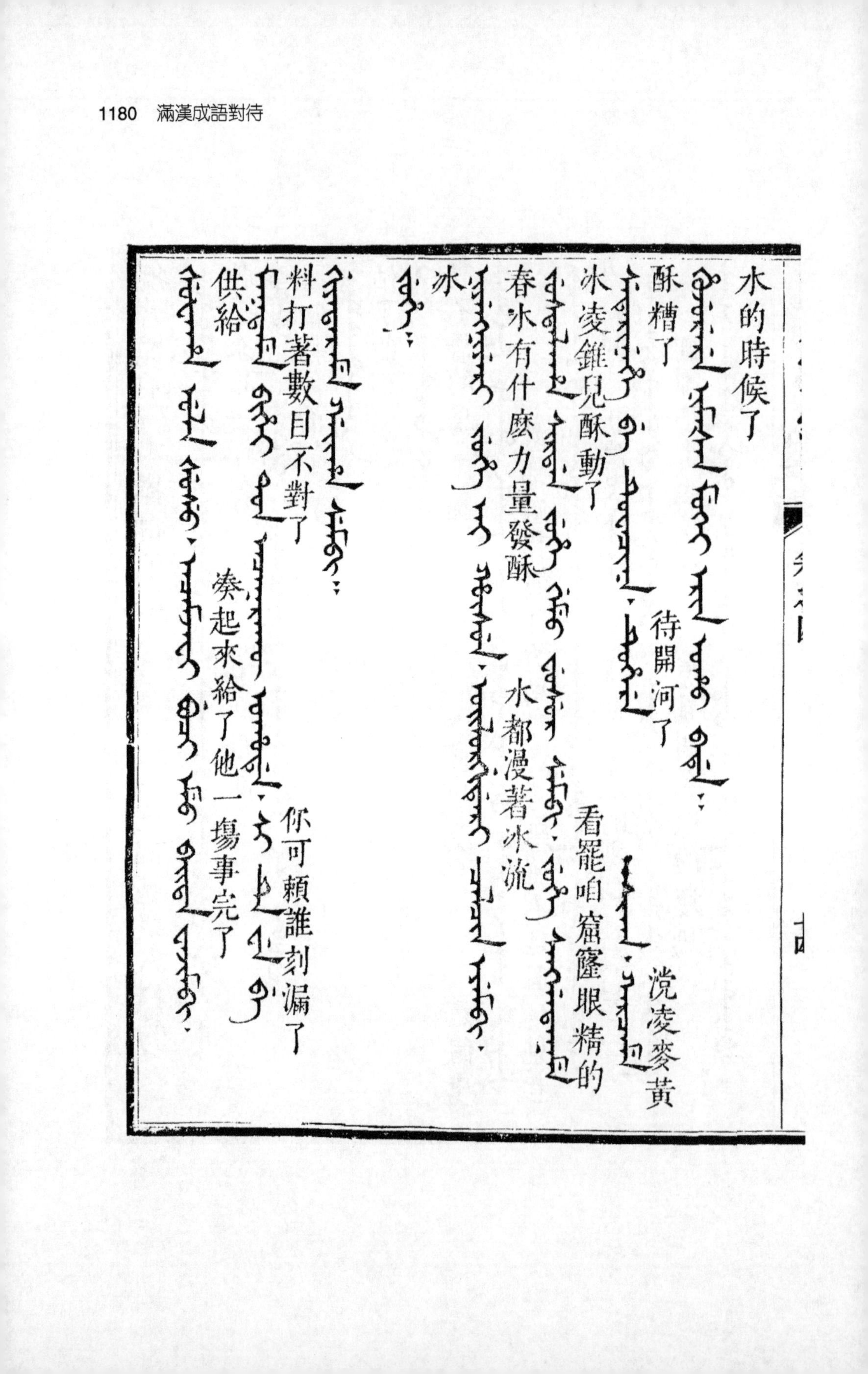

水的時候了

酥糟了

待開河了

澇凌麥黄

冰凌錐兒酥動了

看罷咱窟窿眼精的

春氷有什麽力量發酥

水都漫著冰流

冰

料打著數目不對了

你可賴誰刻漏了

供給

湊起來給了他一塲事完了

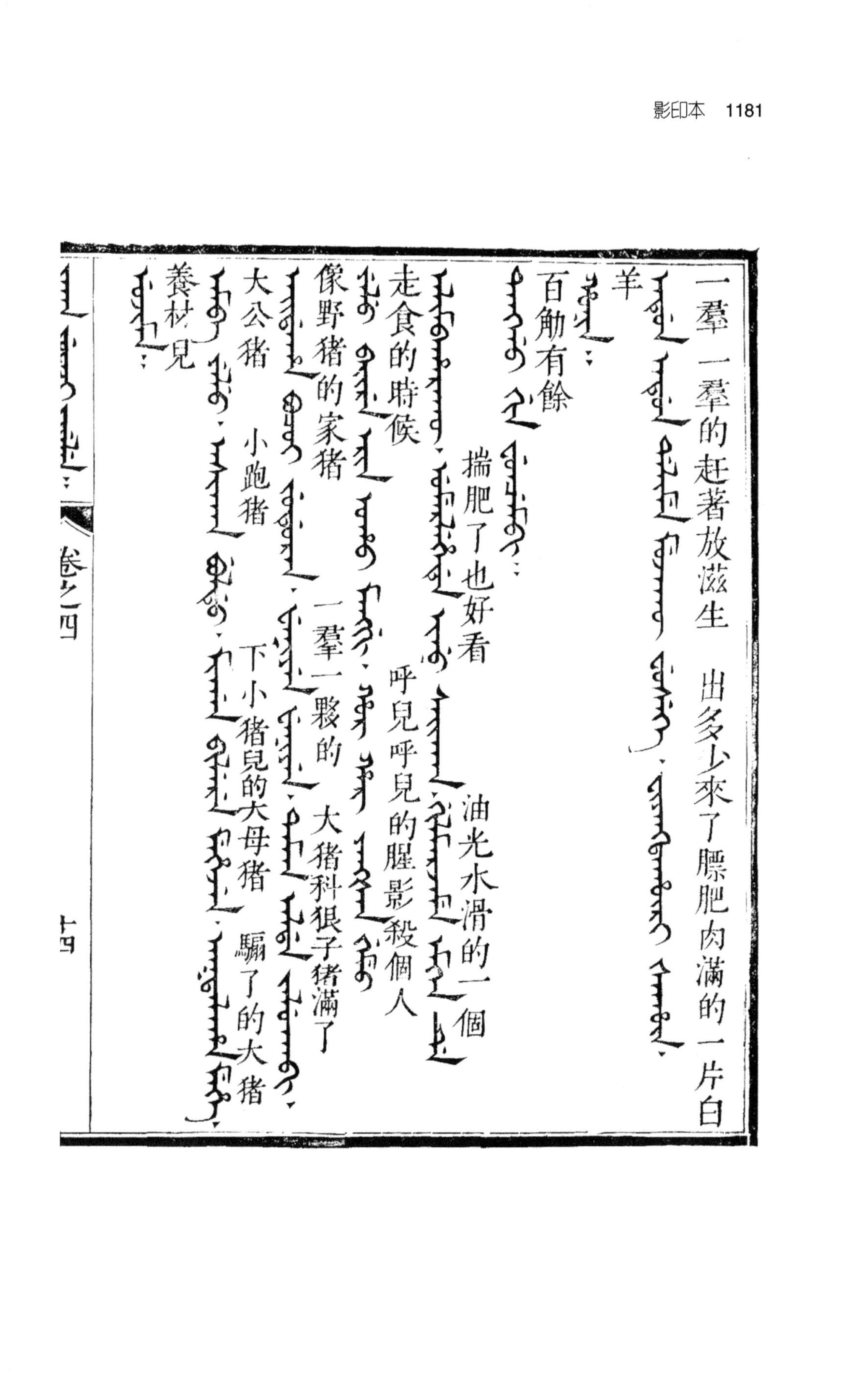

一羣一羣的赶著放滋生　出多少來了膘肥肉滿的一片白羊

百觔有餘

揣肥了也好看　油光水滑的一個

走食的時候　呼兒呼兒的腥影殺個人

像野猪的家猪　一羣一夥的　大猪科狠子猪滿了

大公猪　小跑猪　下小猪兒的大母猪　騸了的大猪

養材兒

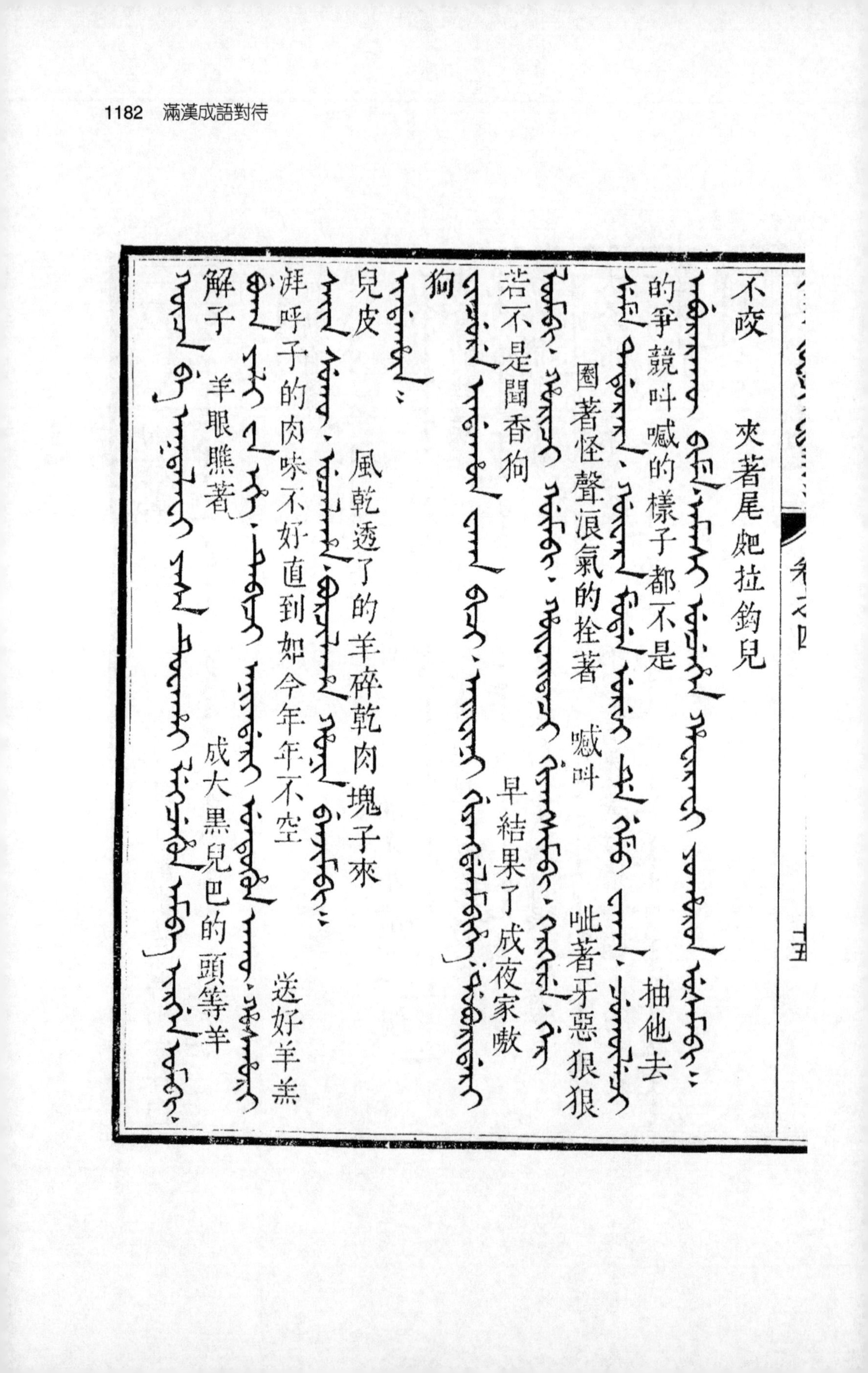

不咬　夾著尾爬拉鈎兒

的爭競叫喊的樣子都不是　抽他去

圈著怪聲浪氣的拴著　嘁叫　呲著牙惡狠狠

若不是聞香狗　早結果了戍夜家敷

狗

兒皮　風乾透了的羊碎乾肉塊子來

湃呼子的肉味不好直到如今年年不空　送好羊羔

解子　羊眼瞧著　成大黑兒巴的頭等羊

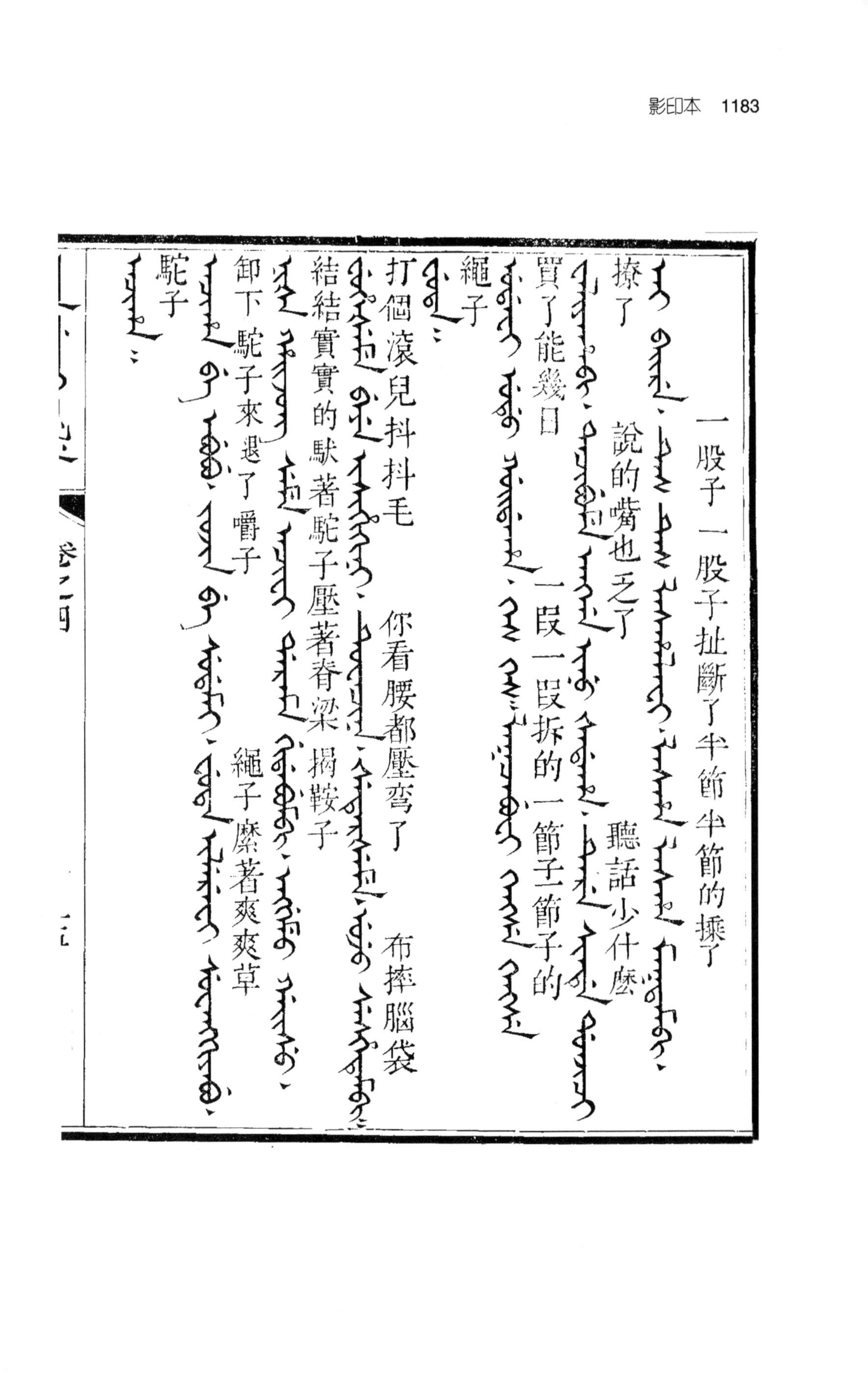

一股子一股子扯斷了半節半節的揉了

搡了 說的嘴也乏了 聽話少什麼

買了能幾日 一段一段拆的一節子一節子的

繩子

打個滾兒抖抖毛 你看腰都壓彎了 布摔腦袋

結結實實的馱著駝子壓著脊梁 揭鞍子

卸下駝子來退了嚼子 繩子縻著爽爽草

駝子

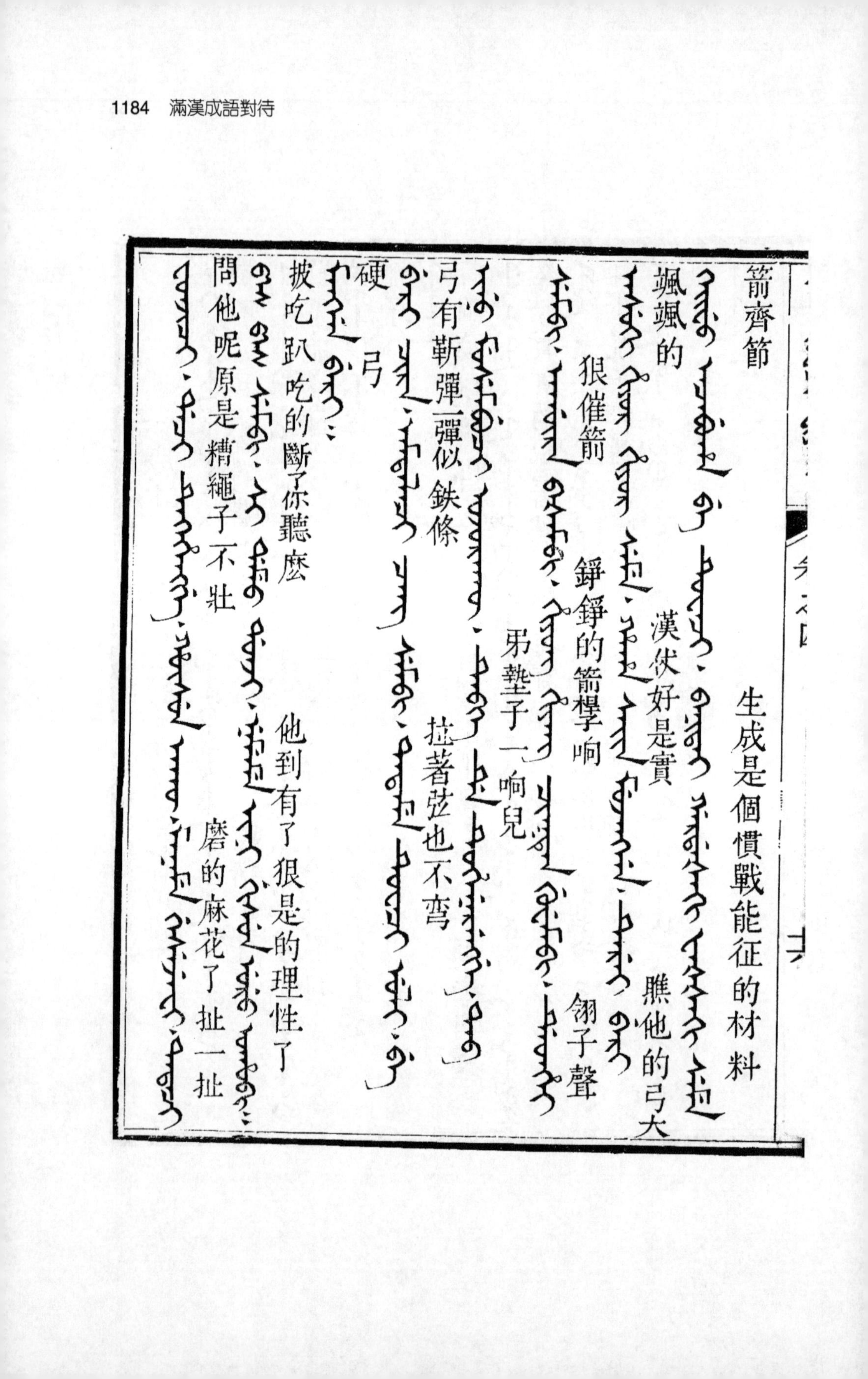

箭齊節　生成是個慣戰能征的材料

颯颯的　漢伏好是實　瞧他的弓大

狠催箭　錚錚的箭樸響　翎子聲

另墊子一响兒

弓有靳彈一彈似鉄條　拉著弦也不弯

硬　弓

披吃趴吃的斷了你聽麼　他到有了狠是的理性了

問他呢原是糟繩子不壯　磨的麻花了扯一扯

不會射的

透

著鼓子一個比著一個的熟練

照直出去的出去

雙貫透的雙貫

右試一試見的要不是拐著就是傍著

善射

賭強逞能

都是箭箭著箭不離左

射箭的

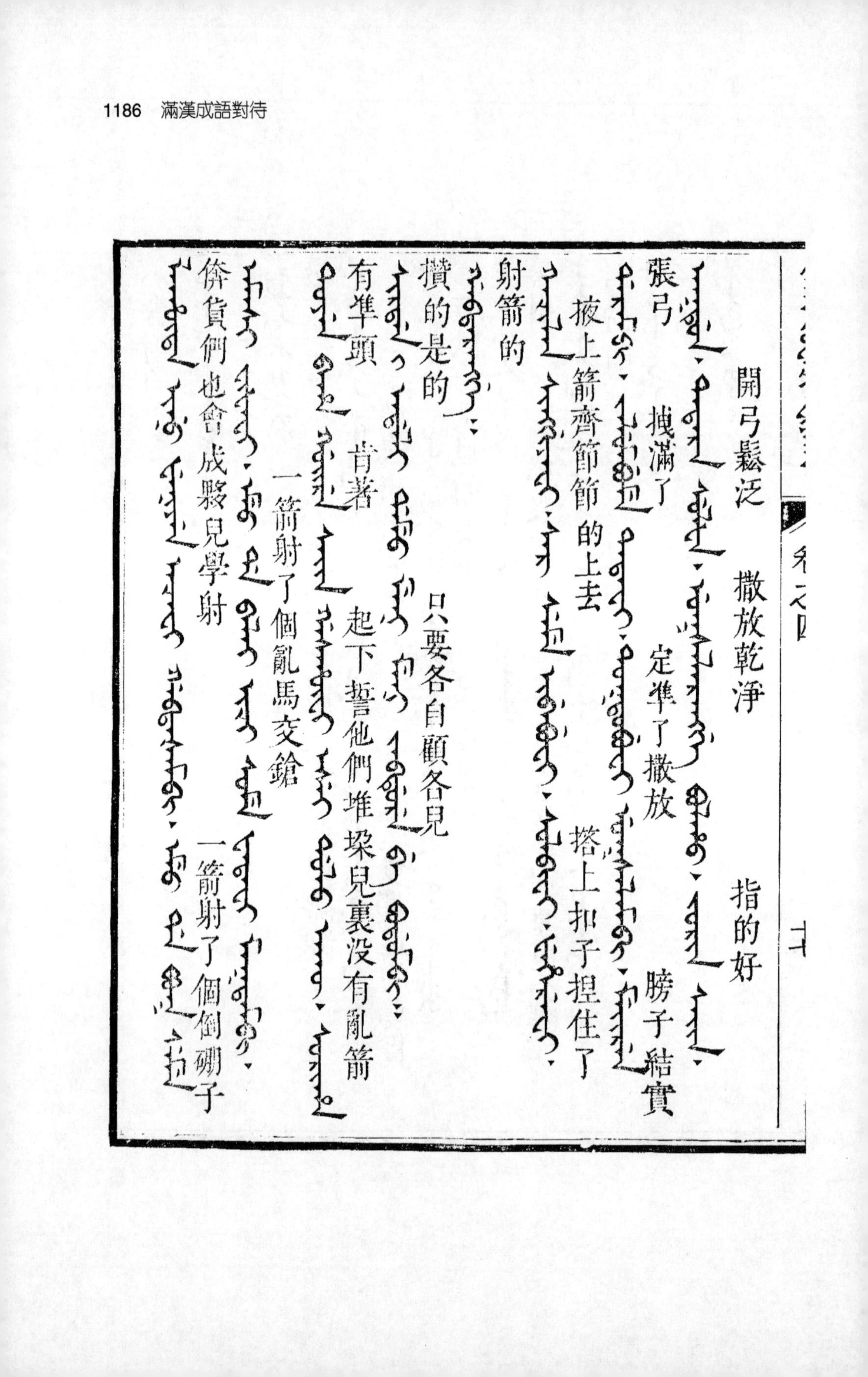

開弓鬆泛　撒放乾淨　指的好

張弓　搜滿了　定準了撒放　膀子結實

掖上箭齊節節的上去　搭上扣子捏住了

射箭的

攢的是的　只要各自顧各兒

有準頭　肯著　起下誓他們堆垛兒裏没有亂箭

一箭射了個亂馬交鎗

儕貨們也會成夥兒學射　一箭射了個倒硼子

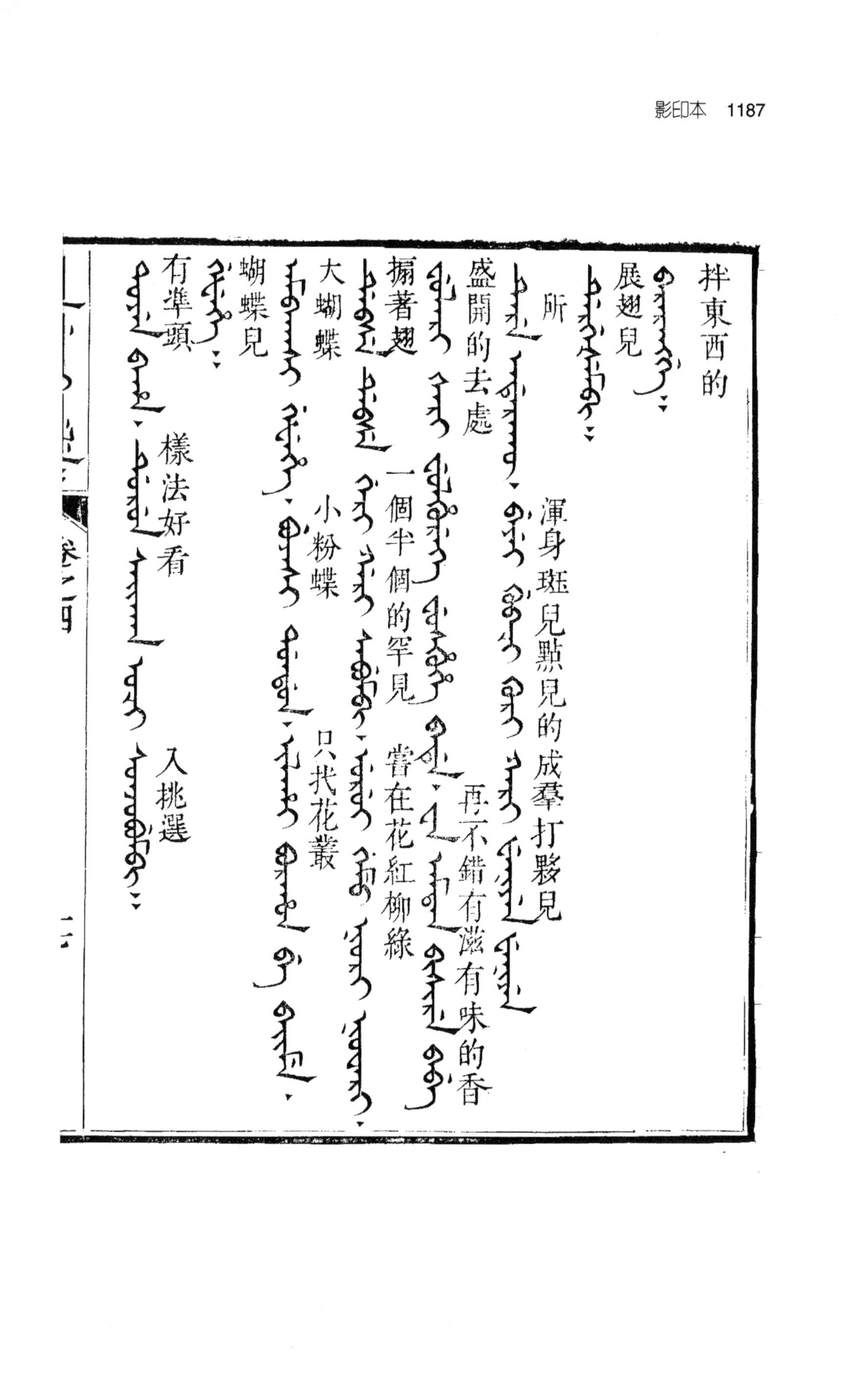

拌東西的

展翅兒

所

渾身斑兒點兒的成羣打夥兒

盛開的去處

再不錯有滋有味的香

搧著翅

一個半個的罕見

嘗在花紅柳綠

大蝴蝶

小粉蝶

只找花叢

蝴蝶兒

有準頭

樣法好看

入挑選

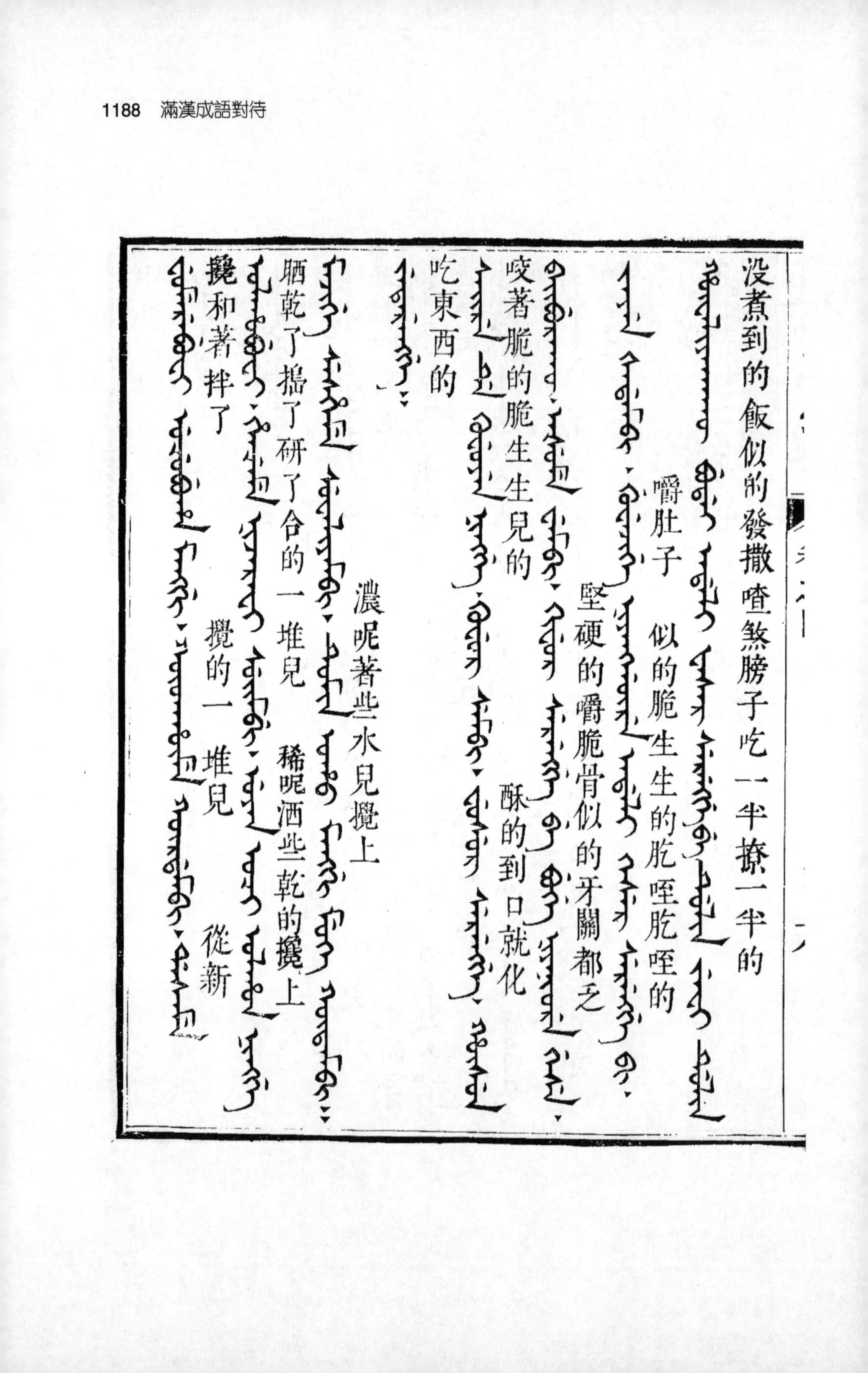

沒煮到的飯似的發撒喳煞膀子吃一半撩一半的

嚼肚子 似的脆生生的肐哩肐哩的

堅硬的嚼脆骨似的牙關都乏

咬著脆的脆生生兒的 酥的到口就化

吃東西的

濃呢著些水兒攪上

晒乾了搗了研了合的一堆兒 稀呢洒些乾的攙上

攙和著拌了 攪的一堆兒 從新

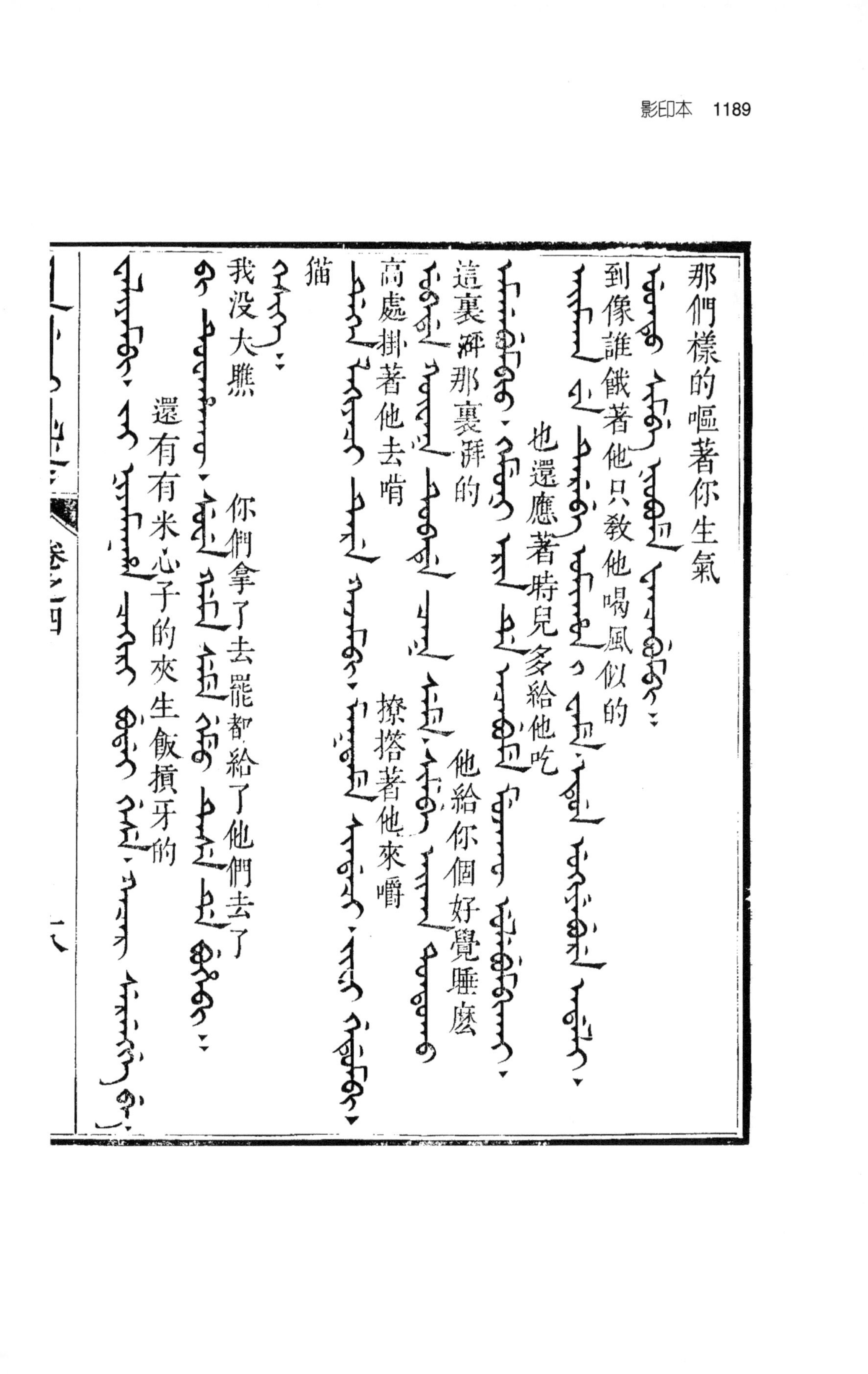

那們樣的嘔著你生氣

到像誰餓著他只教他喝風似的

也還應著時兒多給他吃

這裏洴那裏屛的

他給你個好覺睡麼

高處掛著他去啃

撩搭著他來嚼

猫

我没大瞧

你們拿了去罷都給了他們去了

還有有米心子的夾生飯摃牙的

是一塊野厰荒地來著 大家你我一同開墾了

種地的

這是怎麽說

還是照舊原封兒送回來

送了去呢闇風兒沒動

刀子攪似的 心亂了 你替我出個主意兒

沒了日期了 早晚要離别了起身 我如今心裏

抱怨的

鬆了扣兒了是怎的開的驚的跑了望那裏去找　再三

拴的鬆了是怎的回了靳兒了　結的趷踏不結實

說馬的

誰

如今成了熟地了　就是寸地誰肯讓

肯長荒草　就是那個多佔些兒使得來著

攔兩頭兒立下疆界　先前没鋤到

各自各自的交界處刨下邊

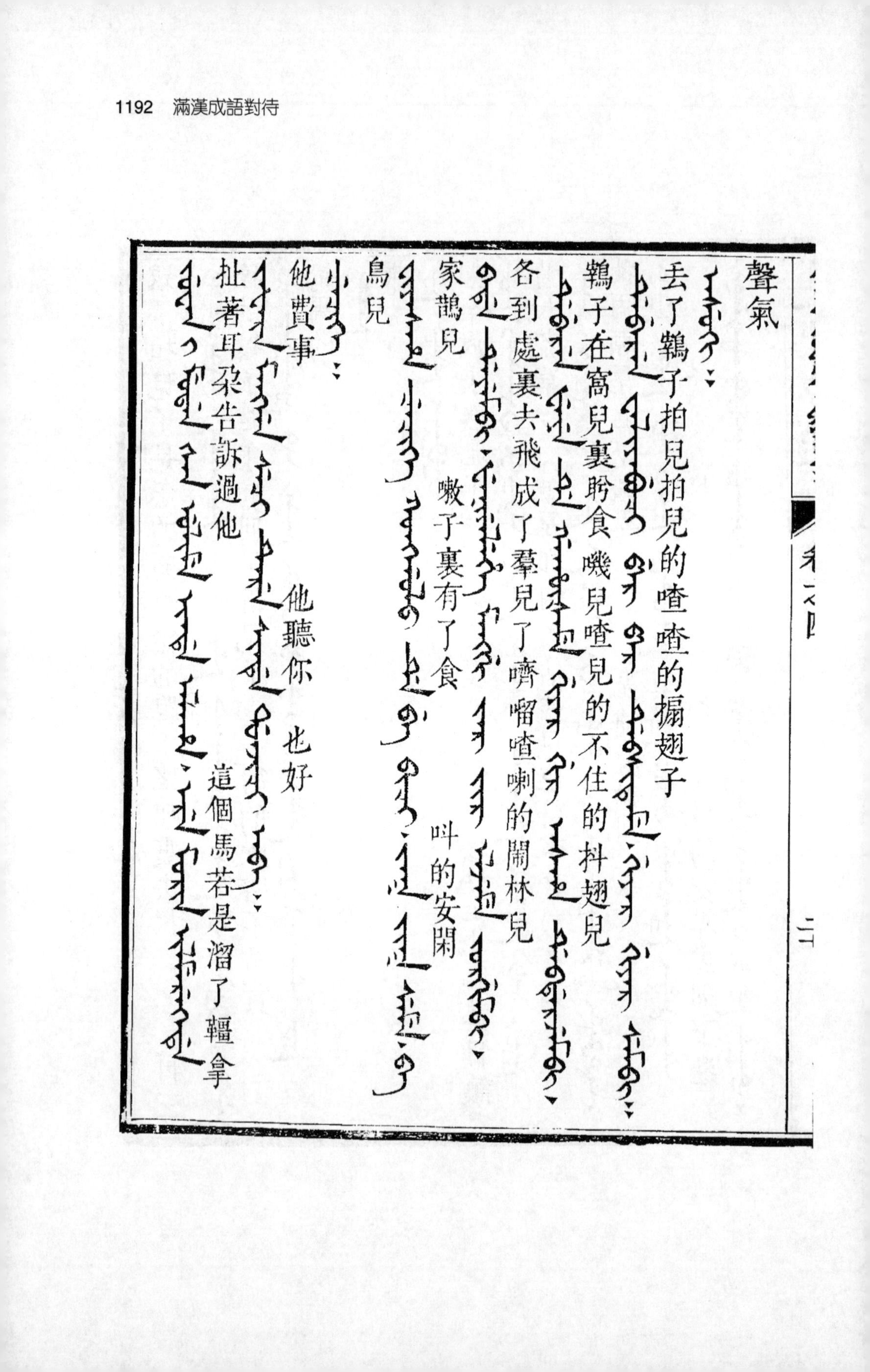

聲氣

丟了鶉子拍兒拍兒的喳喳的搧翅子

鶉子在窩兒裏盼食嘰兒喳兒的不住的抖翅兒

各到處裏去飛成了羣兒了嚌嚁喳喇的鬧林兒

家鵲兒　嗽子裏有了食　叫的安閑

鳥兒

他費事　他聽你　也好

扯著耳朵告訴過他　這個馬若是溜了韁拿

撒懶兒的

纔指望得

成了稈兒滴溜搭喇的　擂槌弔掛的

荳角兒成了都魯了糧食纔開花結子兒一槩纔熟了

糧食

試他一試撲忒兒的沉下水去了

撩的水裏當是漂著來　奇事

攮一下子雙管兒透　望裏頭攪著瞧空膛兒

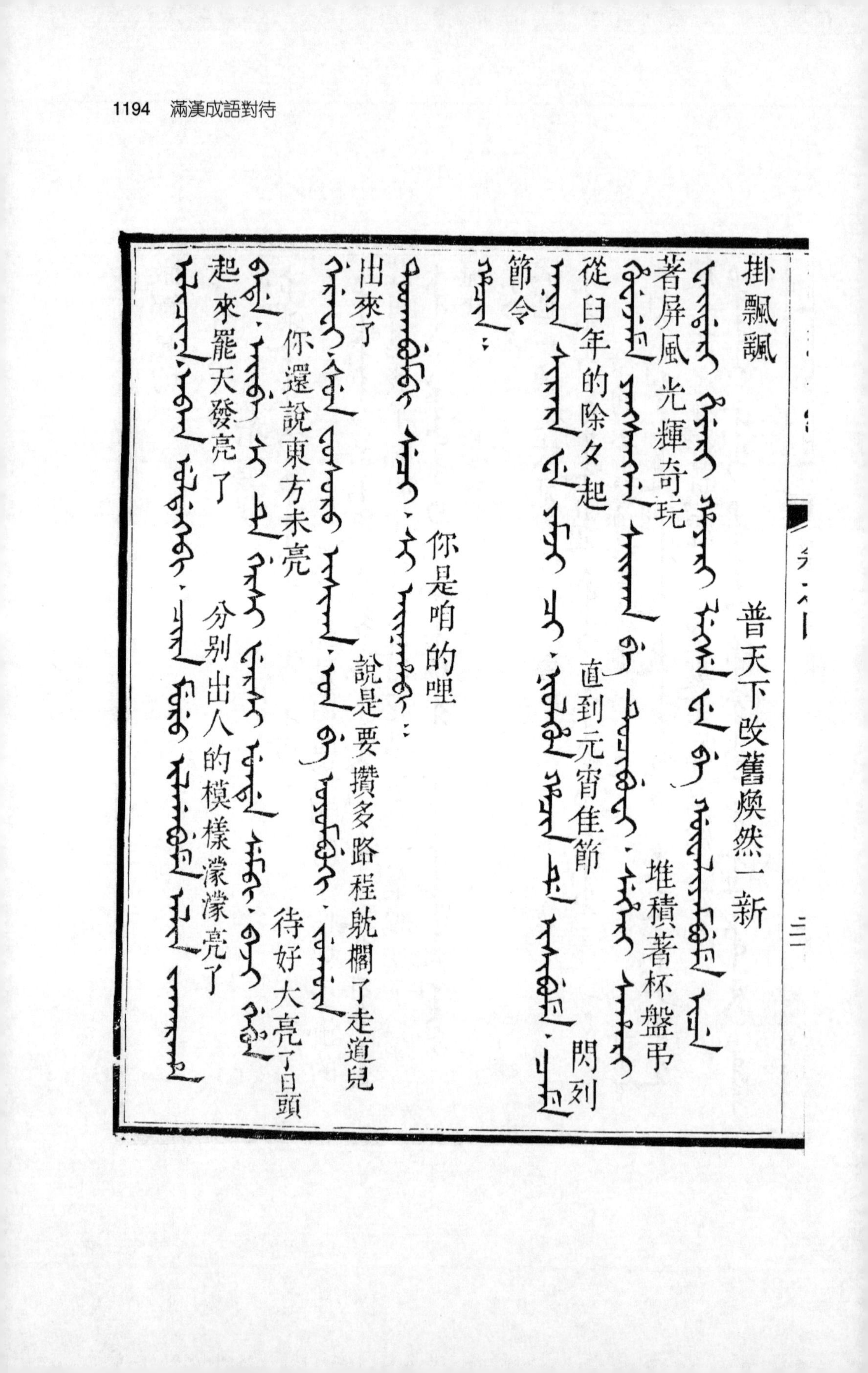

掛飄飄　普天下改舊煥然一新

著屏風光輝奇玩　堆積著杯盤弔

從臼年的除夕起　直到元宵佳節　閃列

節令

你是咱的哩

出來了　說是要攢多路程就擱了走道兒

你還說東方未亮　待好大亮了日頭

起來罷天發亮了　分別出人的模樣濛濛亮了

吃了飯 到傍晌了 算著正午晌午錯

打算日高起來著 趕整理了衣冠

約模的

反到要加倍操勞 安勞之心

惜苦 為什麽

都不是了 節令遇這件事 想來也只是

人人 爭强 瞧起來

家家逞豪賣富

見　旁邊只是教　放箭　只要到　脫
手兒轉的馬也是個他　且莫說是畧了張開的遭數
跑　跑的圓泛平穩　盪子直　就是隨
不慣　馬上不熟　乾見他打抹抹兒不得射有幾轡頭
學射馬箭的
時　晚了黑了到得去
只好是　日頭落　要不是沒日頭　黃昏
纔起身去　下午未必到得去

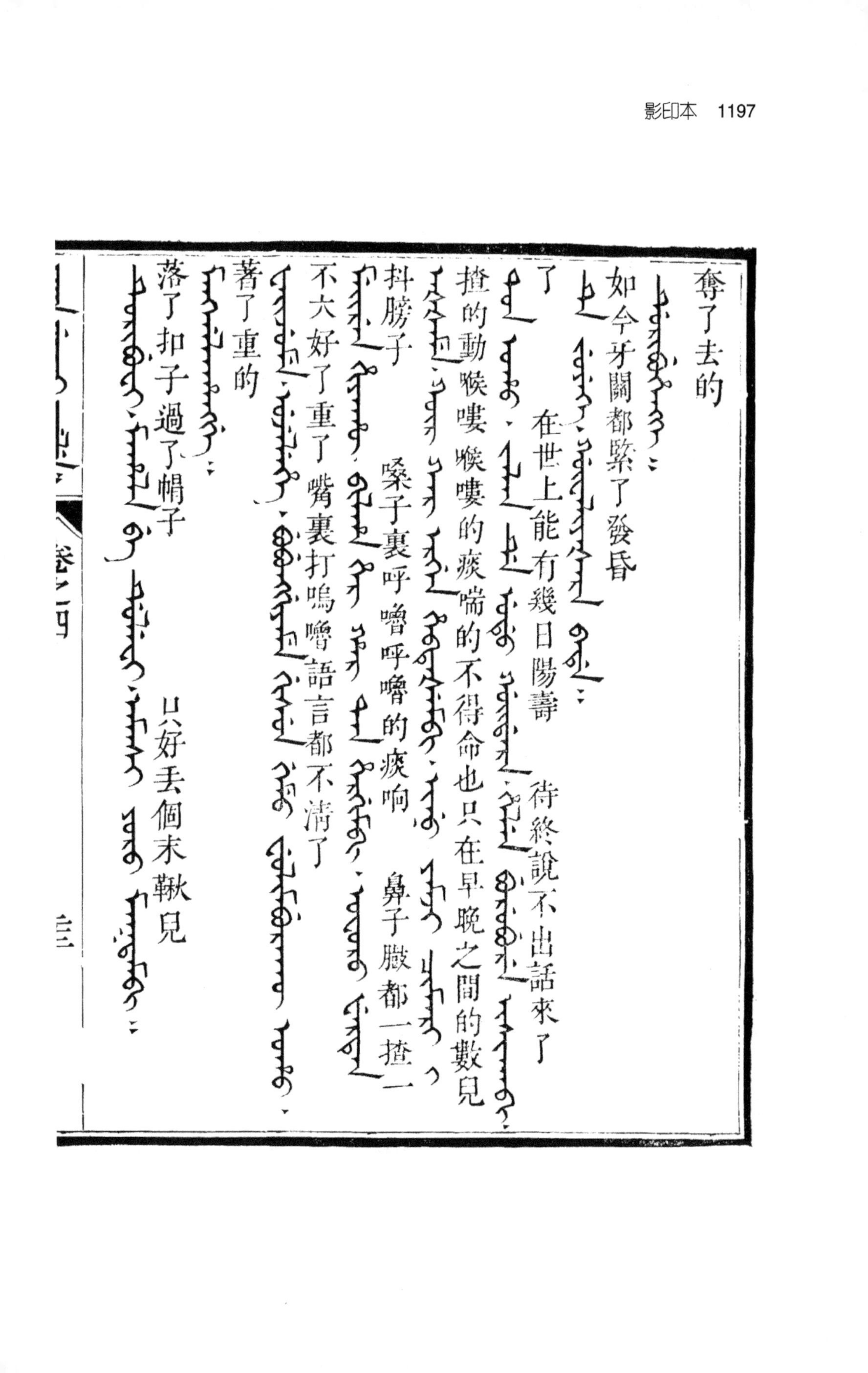

奪了去的

如今牙關都緊了發昏

了　在世上能有幾日陽壽　待終說不出話來了

揝的動喉嘍喉嘍的痰喘的不得命也只在早晚之間的數兒

抖膀子　嗓子裏呼嚕呼嚕的痰响　鼻子臌都一揝一揝

不大好了重了嘴裏打鳴嚕語言都不清了

著了重的

落了扣子過了帽子　只好丟個末鞦兒

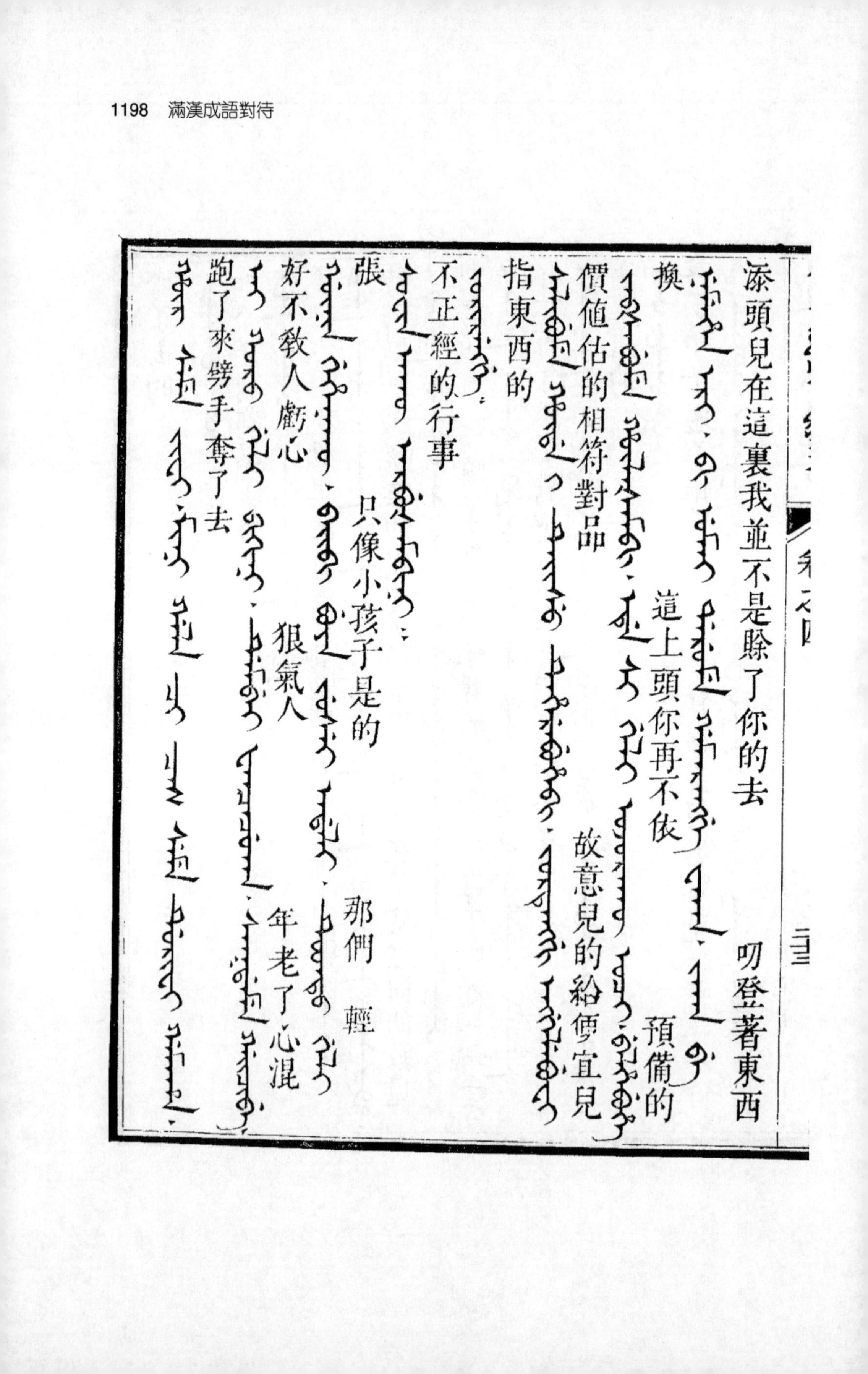

添頭兒在這裏我並不是賒了你的去

叨登著東西
換

道上頭你再不依

預備的
價值估的相符對品

故意兒的給便宜兒
指東西的

不正經的行事

張

只像小孩子是的

那們
輕

好不教人虧心

狠氣八

年老了心混

跑了來膀手奪了去

笋雞兒小雞兒裏頭臌露子雞的肉多種子大

雞

氣喘跋蹋的箍魯著這個腿死的活的掙命

駕轅 拉套的牲口苦腦子

地飜漿了爛泥插水的車輛東倒西歪的窄窩大

陷泥

纔贖這上頭你何苦的多疑

換東西

也只爲原是我的東西我

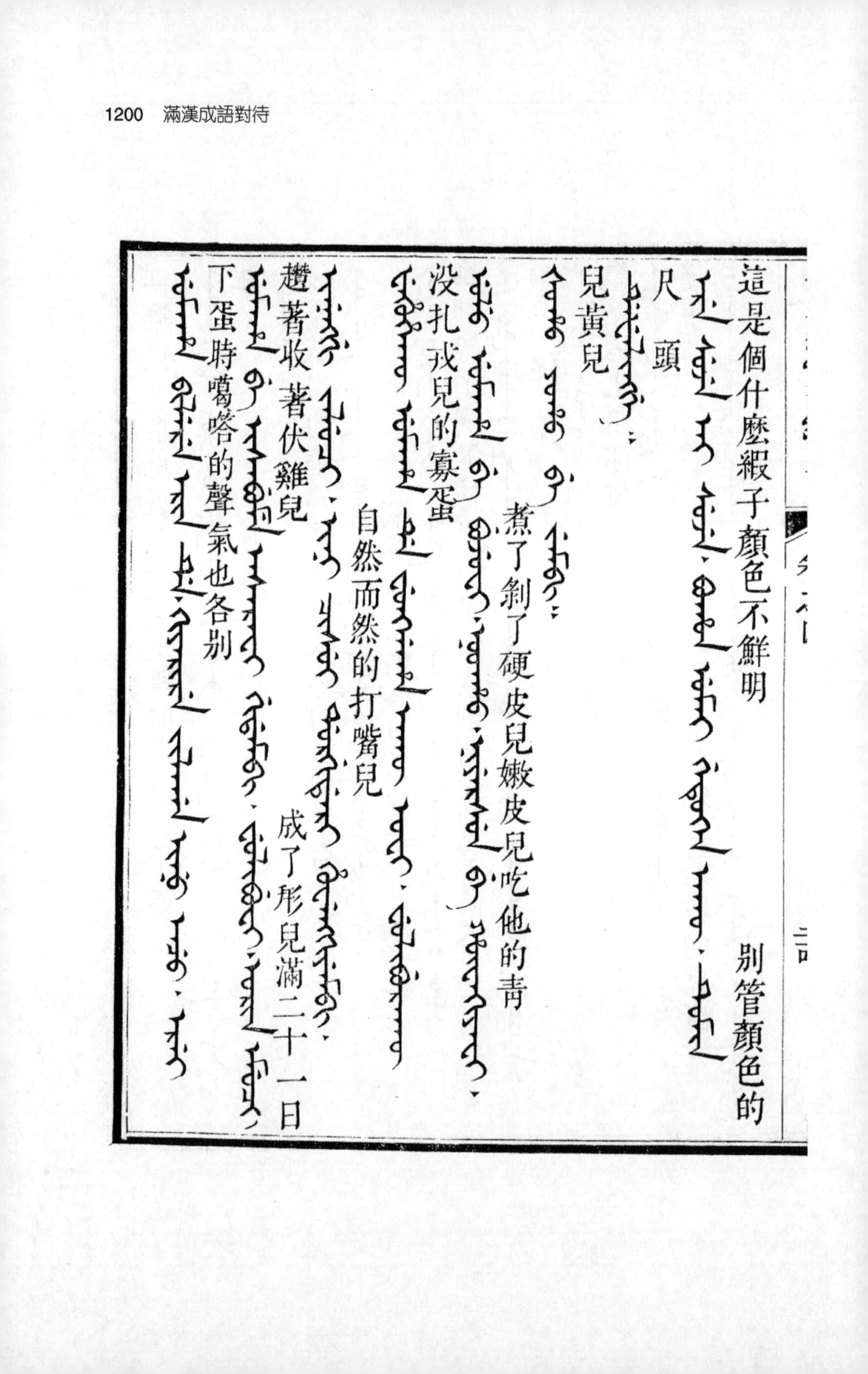

這是個什麼緞子顏色不鮮明

別管顏色的尺頭

煮了剝了硬皮兒嫩皮兒吃他的青兒黃兒

沒扎戎兒的寡蛋

自然而然的打嘴兒

趲著收著伏雞兒

成了形兒滿二十一日

下蛋時噶嗒的聲氣也各別

有另一樣的本事 頗皮 練長

膀胸脯子 都生的好就只是三岔骨屁股樑子醜 雖沒

竹簽似的耳朵乾吃呼喇的個大骨膀子頦頸子銀鞍前夾

馬

不現豁的我不希罕

的耀眼精光的也罷 顏色

除了沒花兒素的 凡是花黎胡韶

深淺 揀著普裏一色的要

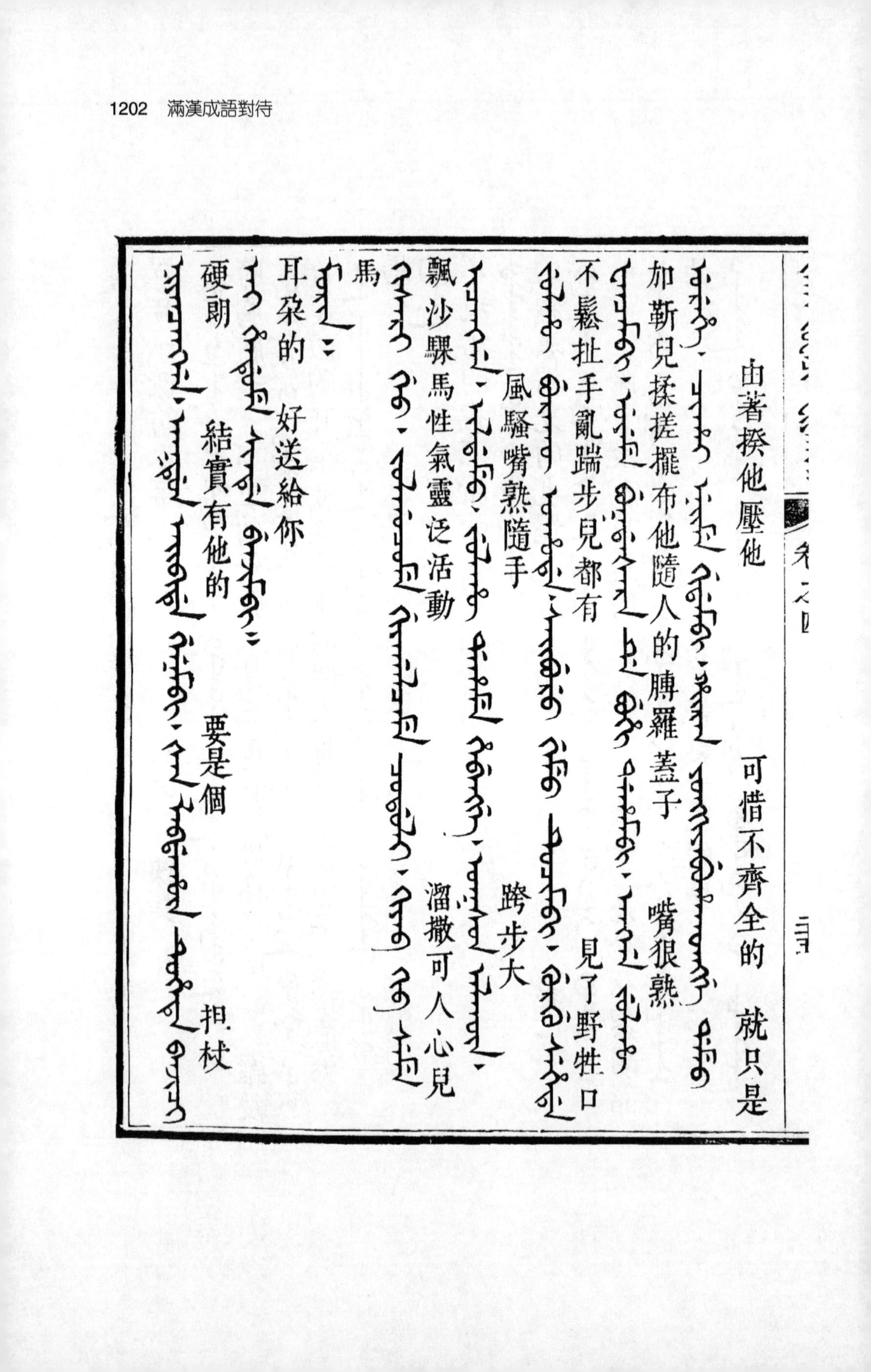

由著揆他壓他　可惜不齊全的　就只是

加斬兒揉搓擺布他隨人的膊羅蓋子　嘴狠熟

不鬆扯手亂踹步兒都有　見了野牲口

風騷嘴熟隨手　跨步大

飄沙騍馬性氣靈泛活動　溜撒可人心兒

馬

耳朵的　好送給你

硬朗　結實有他的　要是個　拐杖

奴才也打草兒　納底子　納綁子

奴材老婆

要年景　多也在人力取齊

眼瞧著長的拔節兒　雖說是

土兒冒嘴兒　不久的發芽兒　一遭長了苗

庄稼纔裂的拱土兒了　種的庄稼纔頂著

庄稼

額子紂些

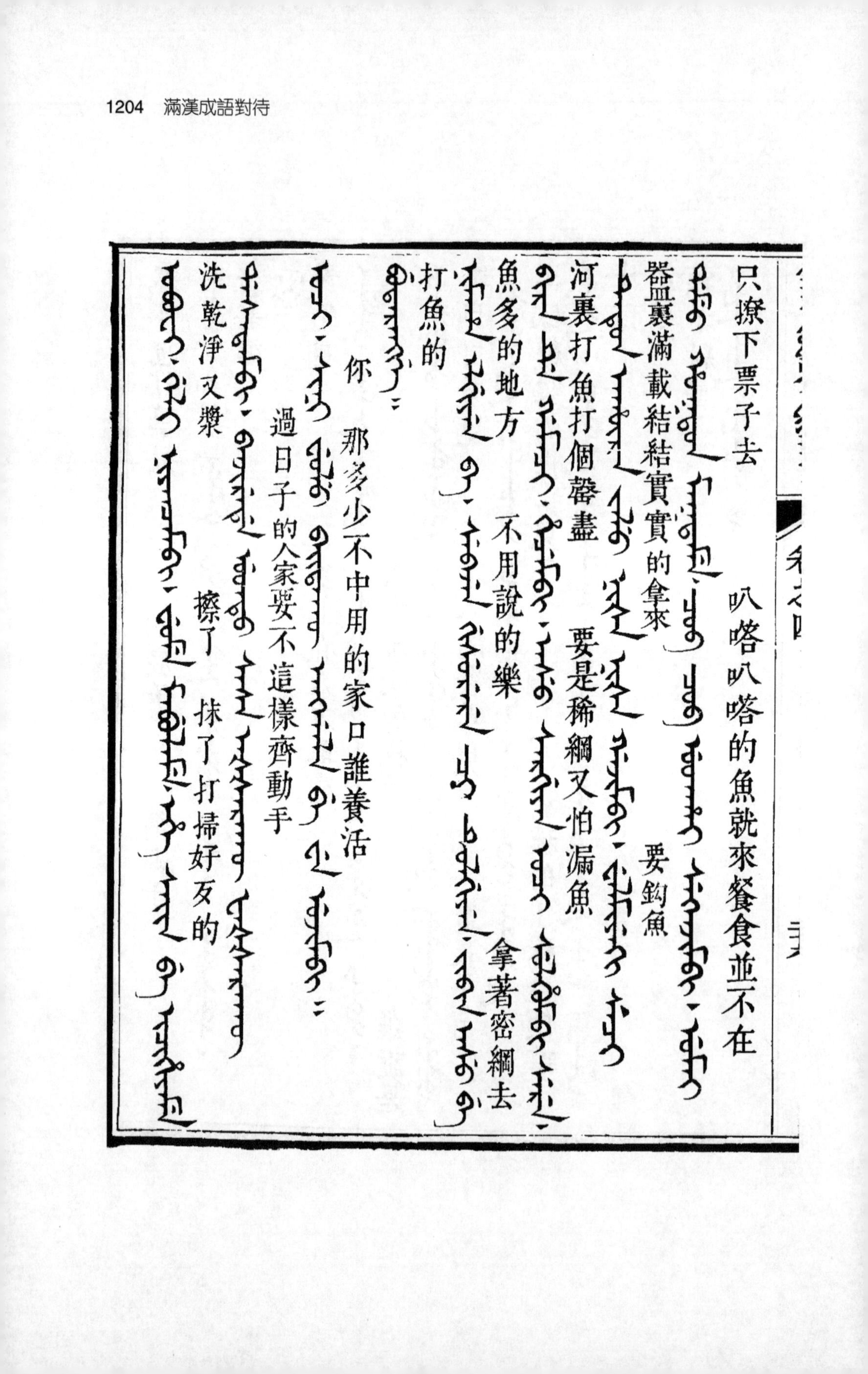

叭嗒叭嗒的魚就來餐食並不在

只撩下票子去

罄盡滿載結結實實的拿來

河裏打魚打個罄盡　要鈎魚

要是稀網又怕漏魚

魚多的地方　不用說的樂　拿著密網去

打魚的

你　那多少不中用的家口誰養活

過日子的人家要不這樣齊動手

洗乾淨又漿　擦了　抹了打掃好歹的

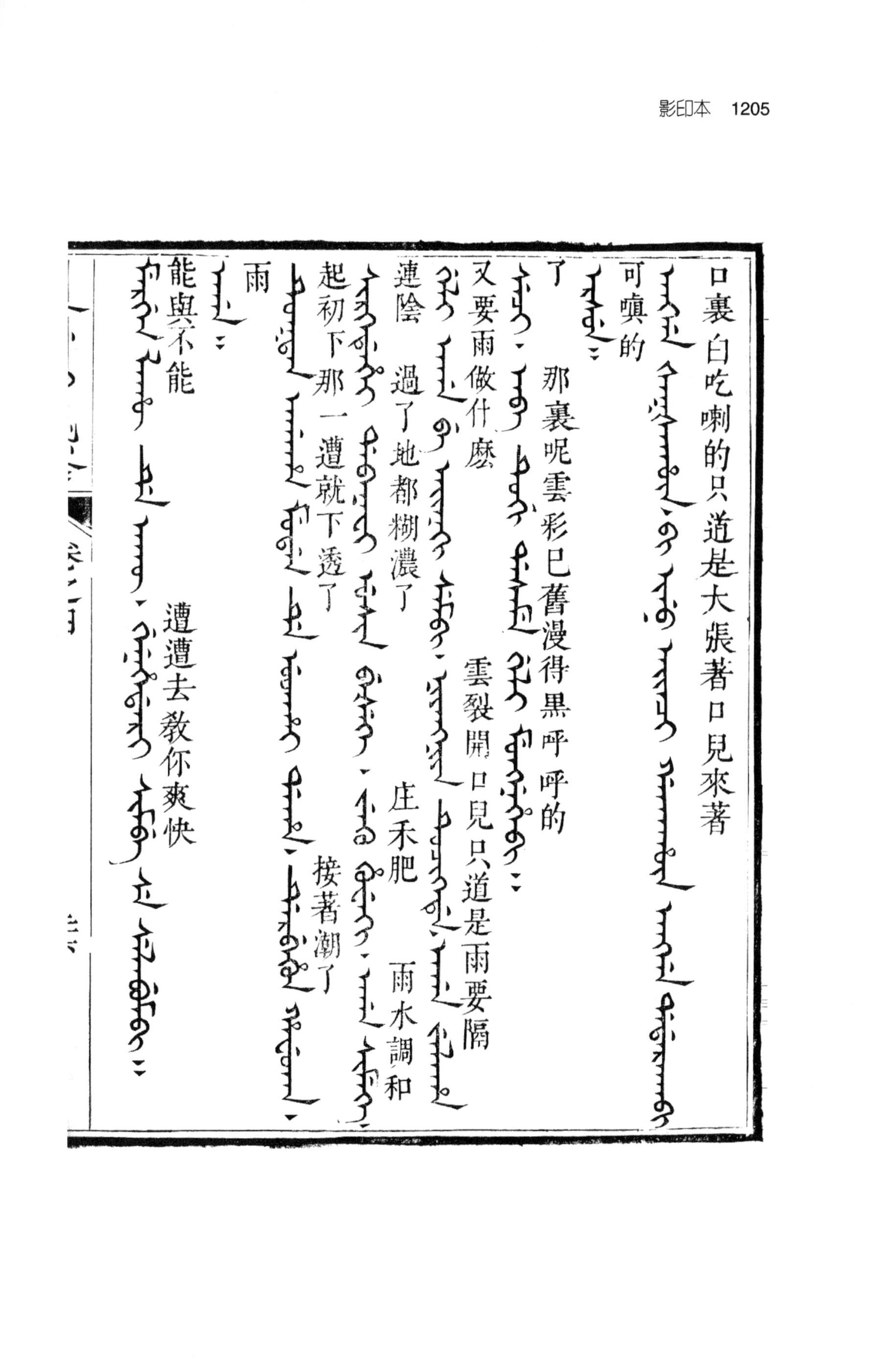

口裏白吃喇的只道是大張著口兒來著

可嗔的

了

那裏呢雲彩已舊漫得黒呼呼的

又要雨做什麼

雲裂開口兒只道是雨要隔

連陰

過了地都糊濃了

庄禾肥

雨水調和

起初下那一遭就下透了

接著潮了

雨

能與不能

遭遭去教你爽快

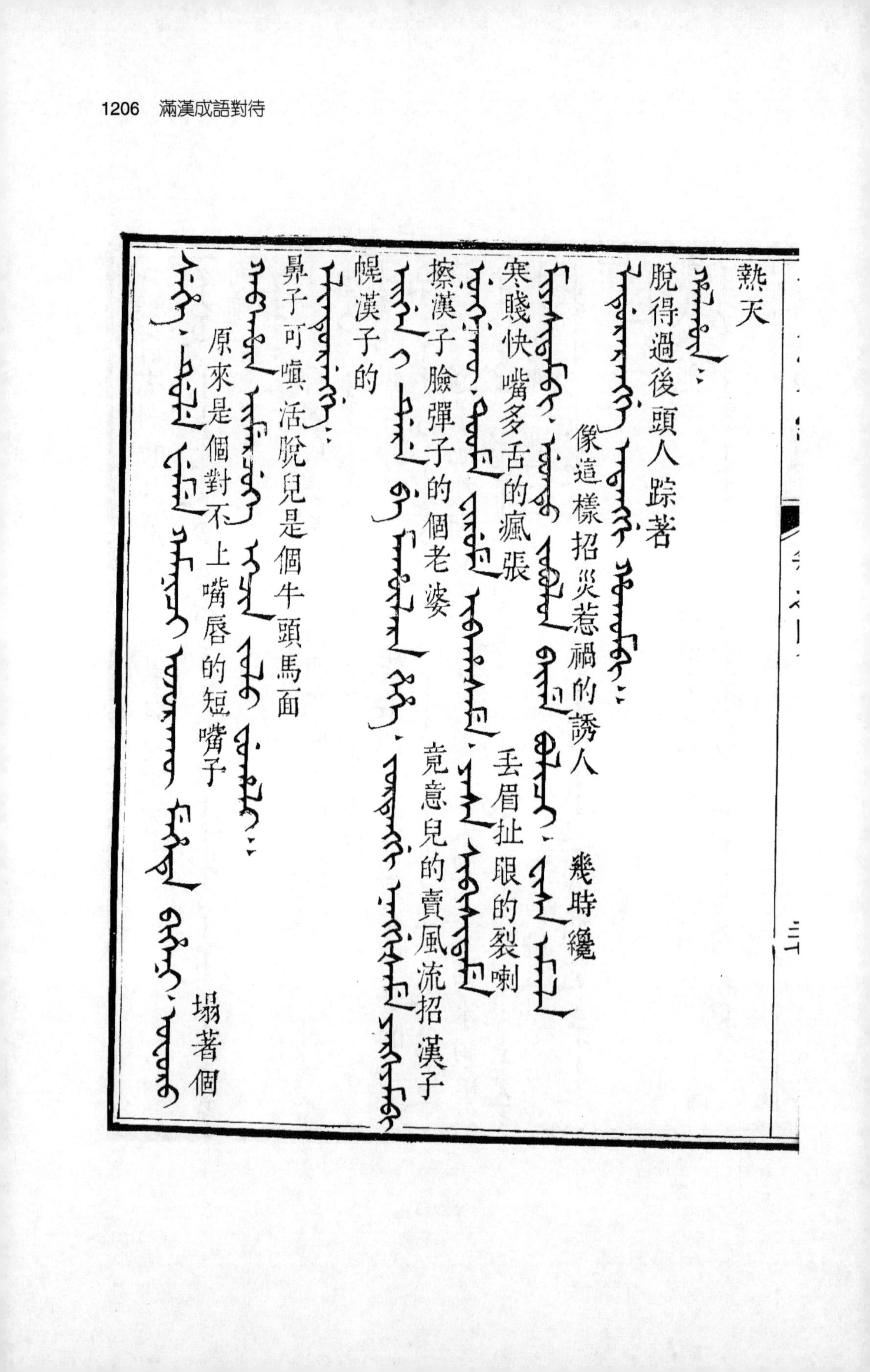

熱天

脫得過後頭人蹤著

像這樣招災惹禍的誘人

幾時纔

寒賤快嘴多舌的瘋張

丢眉扯眼的裂喇

擦漢子臉彈子的個老婆

竟意兒的賣風流招漢子

幌漢子的

鼻子可嗔活脫兒是個牛頭馬面

原來是個對不上嘴唇的短嘴子

塌著個

強的 到這裏沒輸嘴 我豈有個

年末了的話來著 多少多少嘴巴狠譏口

人弱隨著年紀 老家兒嘗說

經過的

討風

潮都噌的躁熱 要乘凉 那裏去

乾燥熱的還好些 受做不得的是他那一番的

大熱的個天道 烏塗烝殺個人

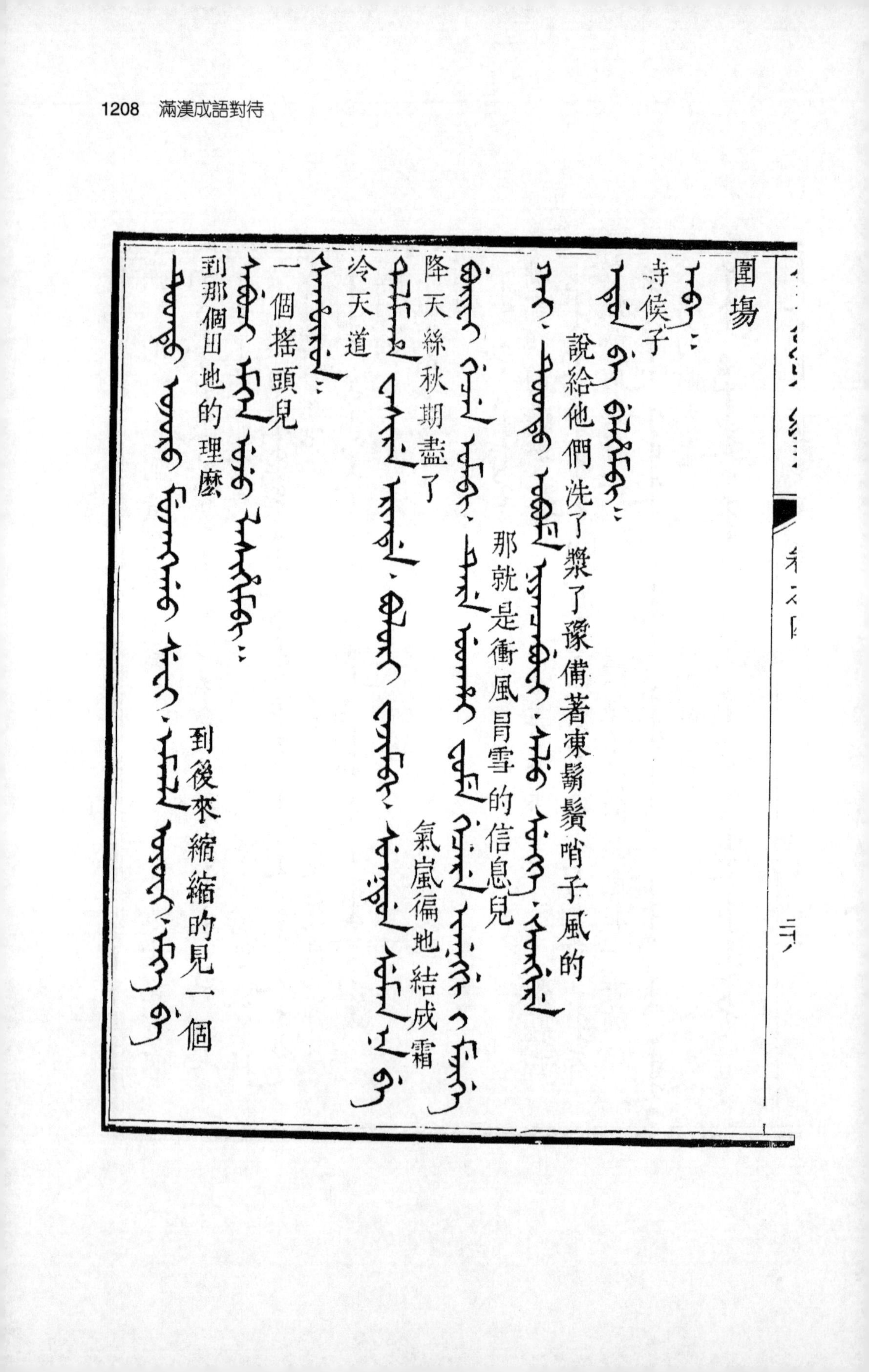

圍場

侍候子

說給他們洗了漿了豫備著凍鬍鬚哨子風的

那就是衝風冒雪的信息兒

降天絲秋期盡了

氣嵐偏地結成霜

冷天道

一個搖頭兒

到那個田地的理麽

到後來縮縮的見一個

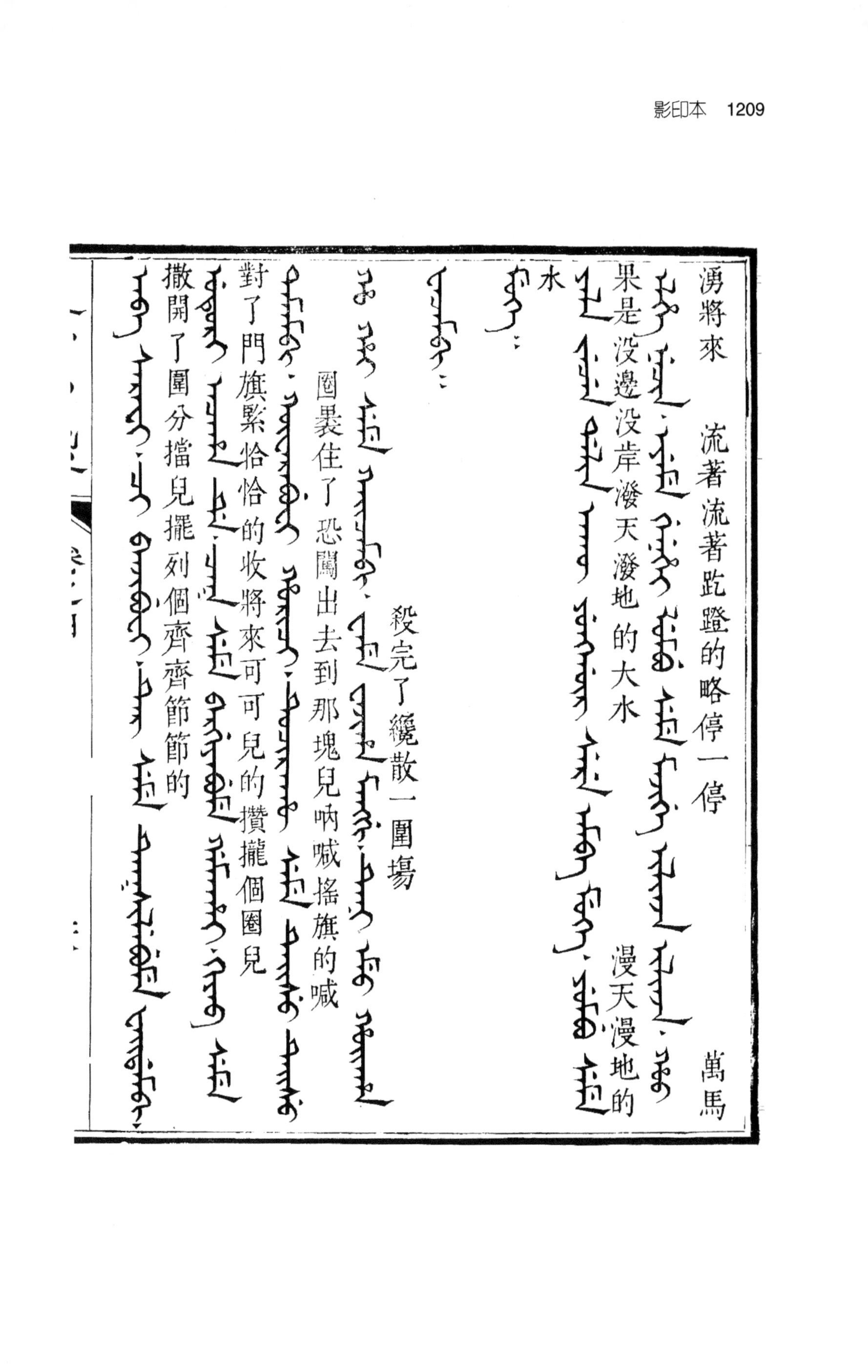

湧將來　流著流著跐蹬的略停一停　萬馬

果是沒邊沒岸潑天潑地的大水　漫天漫地的

水

殺完了纔散一圍場

圈裹住了恐闖出去到那塊兒吶喊搖旗的喊

對了門旗緊恰恰的收將來可可兒的攢攏個圈兒

撒開了圍分擋兒擺列個齊齊節節的

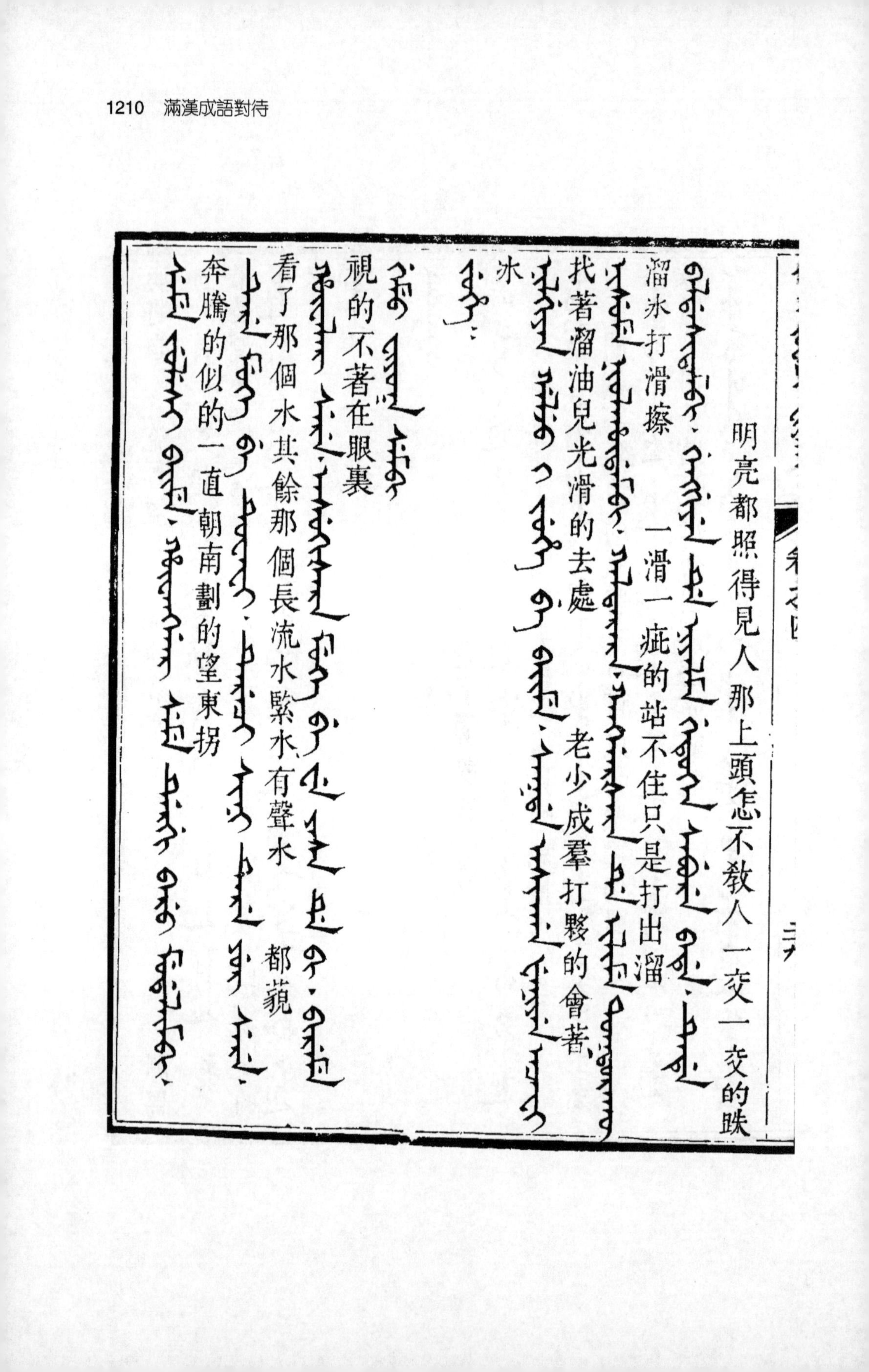

明亮都照得見人那上頭怎不教人一交一交的跌

溜冰打滑擦　一滑一疵的站不住只是打出溜

找著溜油兒光滑的去處　老少成羣打夥的會著

冰

視的不著在眼裏

看了那個水其餘那個長流水緊水有聲水　都藐

奔騰的似的一直朝南劃的望東拐

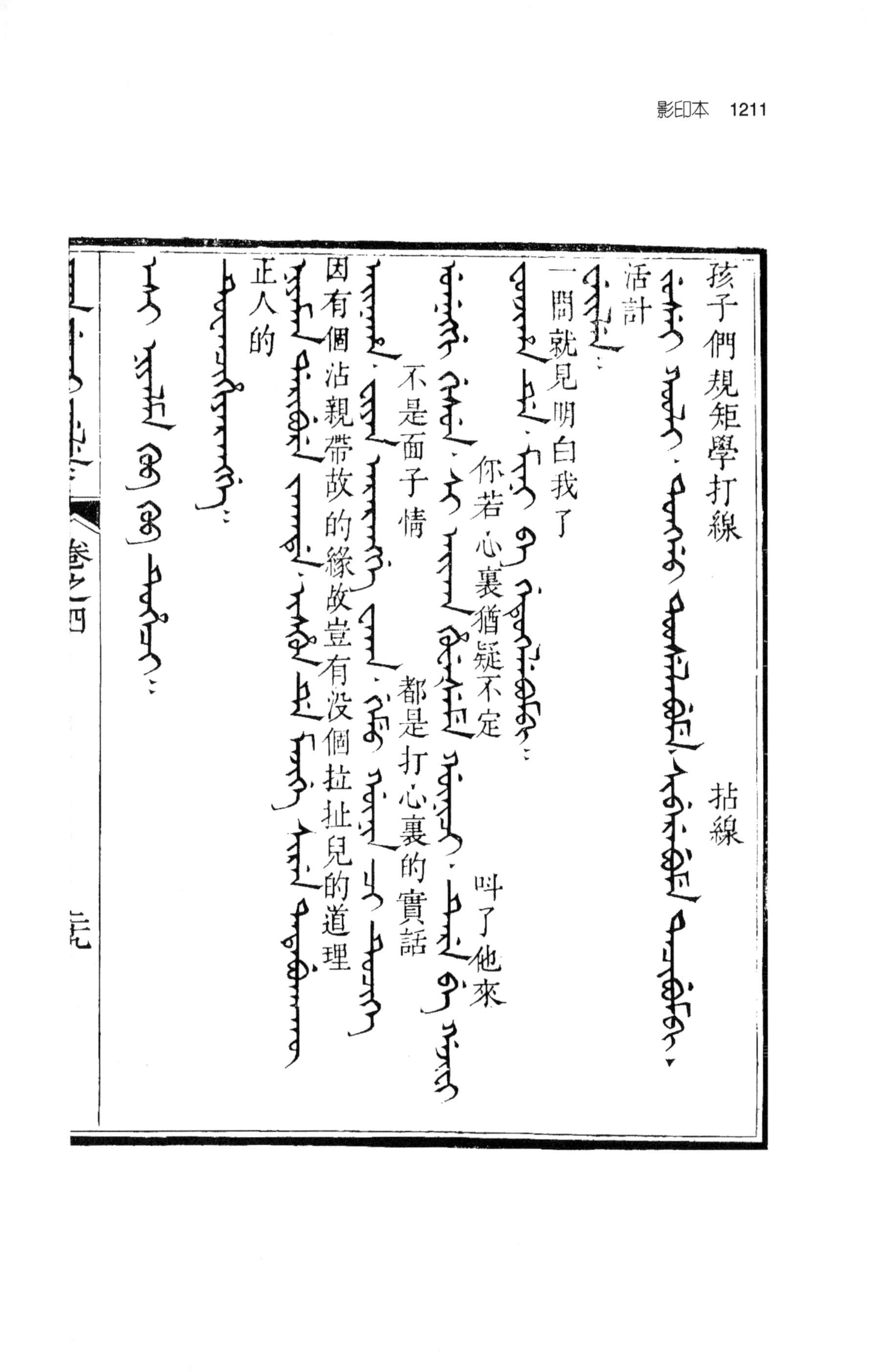

孩子們規矩學打線

拈線

活計

一問就見明白我了

你若心裏猶疑不定

叫了他來

不是面子情

都是打心裏的實話

因有個沾親帶故的緣故豈有沒個拉扯兒的道理

正人的

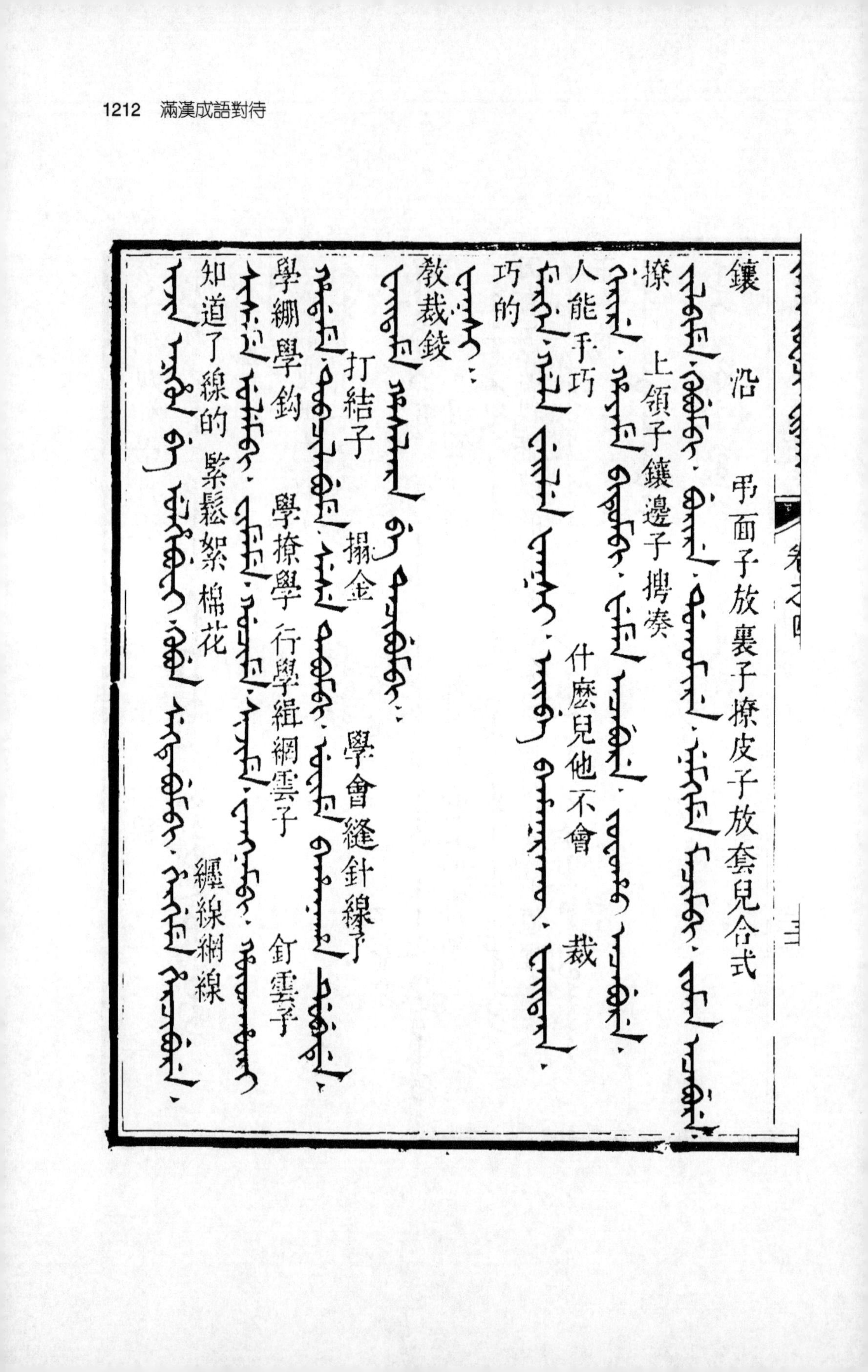

鑲沿 弔面子放裏子擦皮子放套兒合式

擦 上領子鑲邊子攢湊

人能手巧 什麼兒他不會 裁

巧的

教裁鉸

打結子 搦金 學會縫針線了

學綳學鉤 學擦學 行學緝綱雲子 釘雲子

知道了線的緊鬆絮棉花 纏線綳線

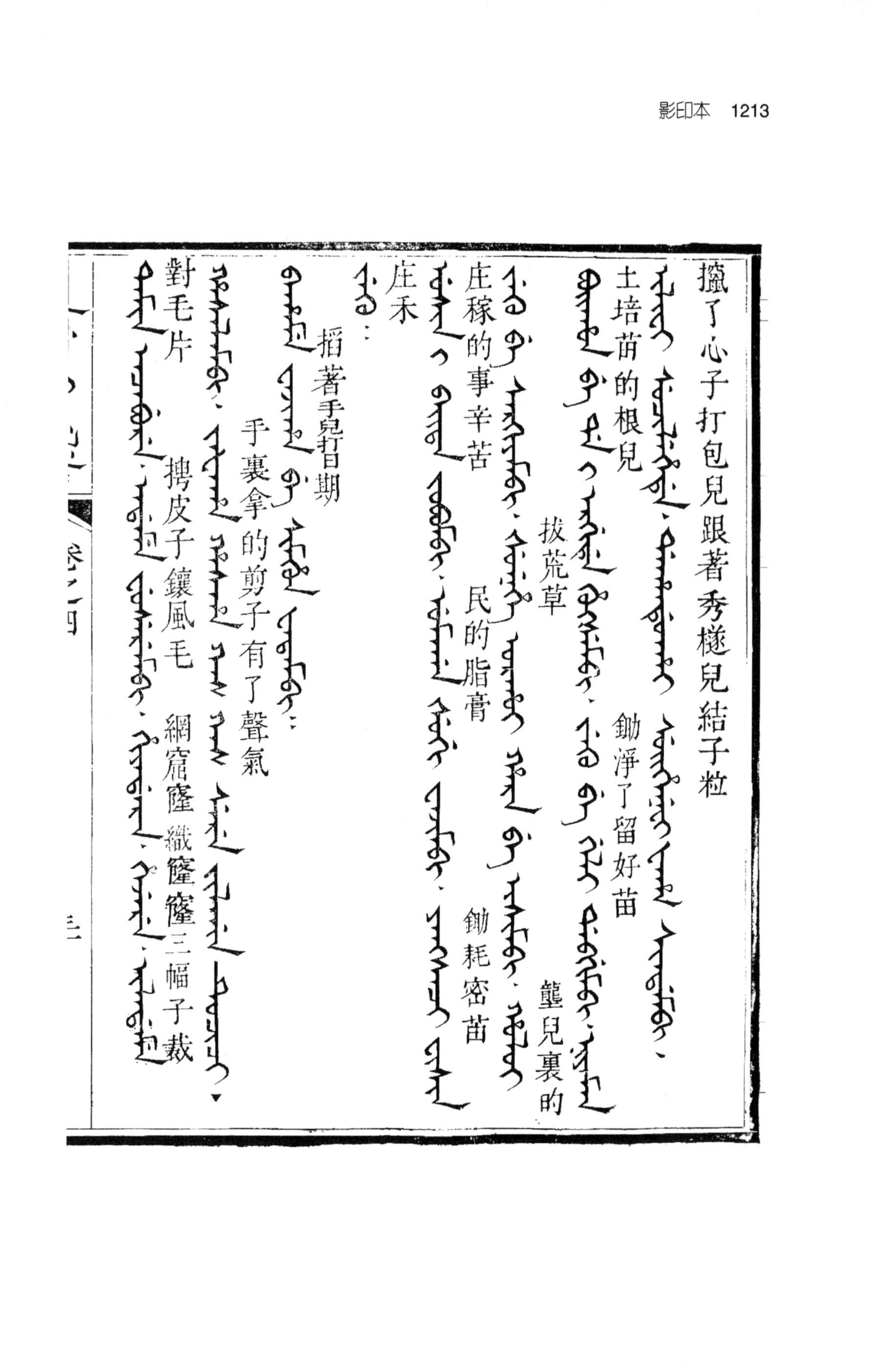

擸了心子打包兒跟著秀穗兒結子粒

土培苗的根兒

鋤淨了留好苗

拔荒草

壟兒裏的

庄稼的事辛苦

民的脂膏

鋤耗密苗

庄禾

掐著手兒打日期

手裏拿的剪子有了聲氣

對毛片

拷皮子鑲風毛

綑窟窿織窟窿三幅子裁

子研麪 細細的篩 死跎踏

候 好鬆煞這個完了 拉豆子 磨了碎米

碓搗的米不好 再串串 都是去了糙皮的簸的時

米

成羣打夥的糞土兒

作性 五道眉兒串樹枝 鹿嗅母鹿

到了撒花兒撩蹶兒的時候 發騷 搖頭布擦腦袋的

走獸

射箭的魁首

罷咱不好麼

與其到跟前白看著

你預先趕早些兒

了

就不中用了

做他怎麼

就收攬起來整治縫

碎的鋪拉開

綻了爲什麼只等拆開的時候

麻花兒破動頭兒了

趕早兒的

的不得閑

庄家人兒是那裏的空兒

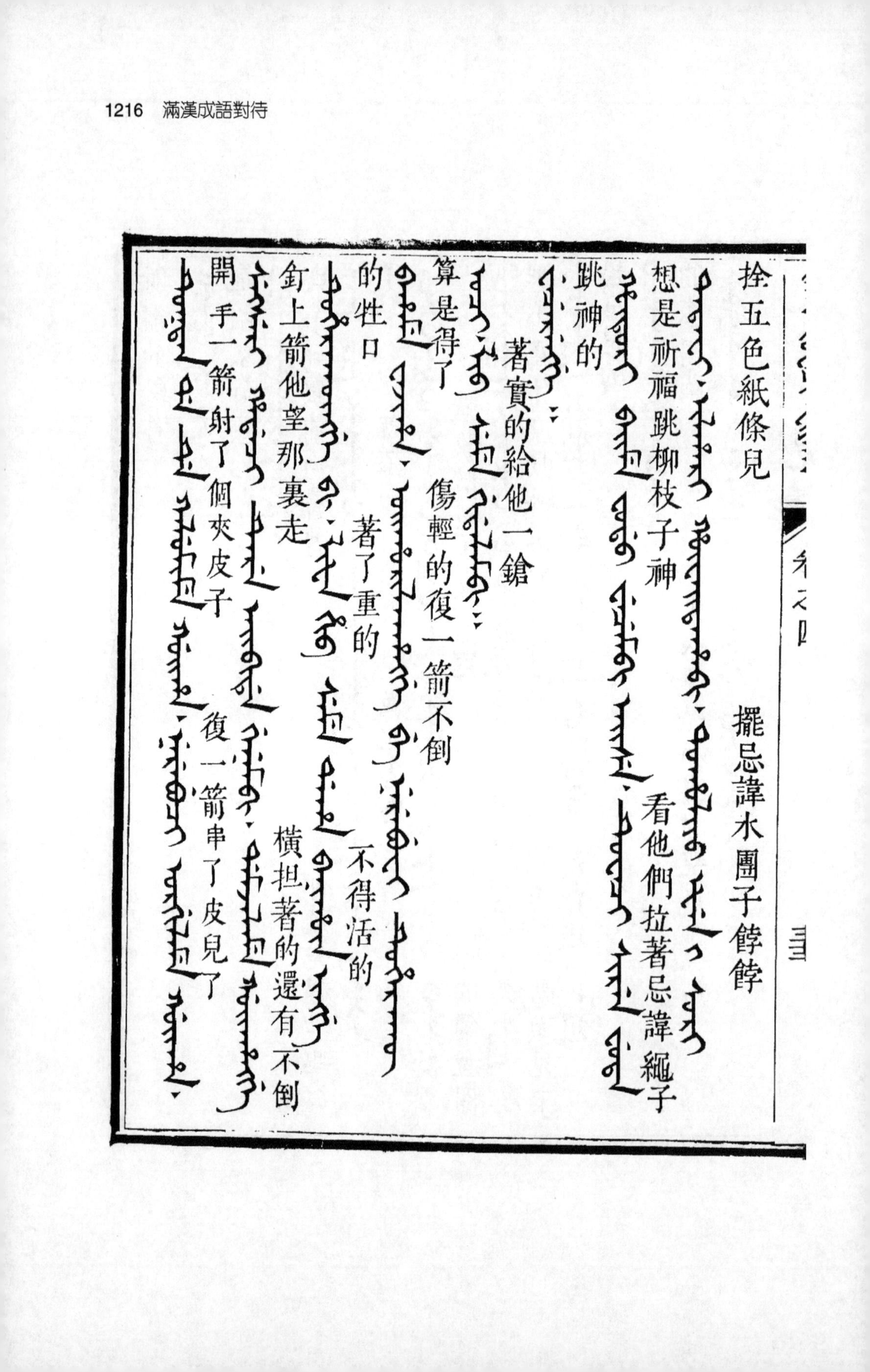

拴五色紙條兒 擺忌諱水團子餑餑

想是祈福跳柳枝子神 看他們拉著忌諱繩子

跳神的

著實的給他一鎗

算是得了 傷輕的復一箭不倒

的牲口 著了重的 不得活的

釘上箭他望那裏走 橫担著的還有不倒

開手一箭射了個夾皮子 復一箭串了皮兒了

垜著　交叉瑪兒的圈起來搶著　劈柴提另收拾

柴堆兒跟前看仔細火　堆著　戳著

一攢兒一把兒的捆下　攢的一堆兒　垜著　草垜

拾掇東西的

割暫身兒

胡鬧　足足兒的跳了一夜　捻鬼祟

這裏的祭祀纔完　隔壁子請了巫者來

給孩子們釘忌諱補釘掛壽索兒

一場雨垂了頭兒的

普裏都活了滋生起來了

葉兒捲了搭拉著稔了

花心兒設一設兒都乾了

看那剩下的花蔕兒

都是澆水不到的緣故

不拉兒的花䕶都纔開的花瓣兒角兒開的緊恰恰的花謝了

花兒開紅了

開的鮮明

影影朝朝的見幾個希離

花兒

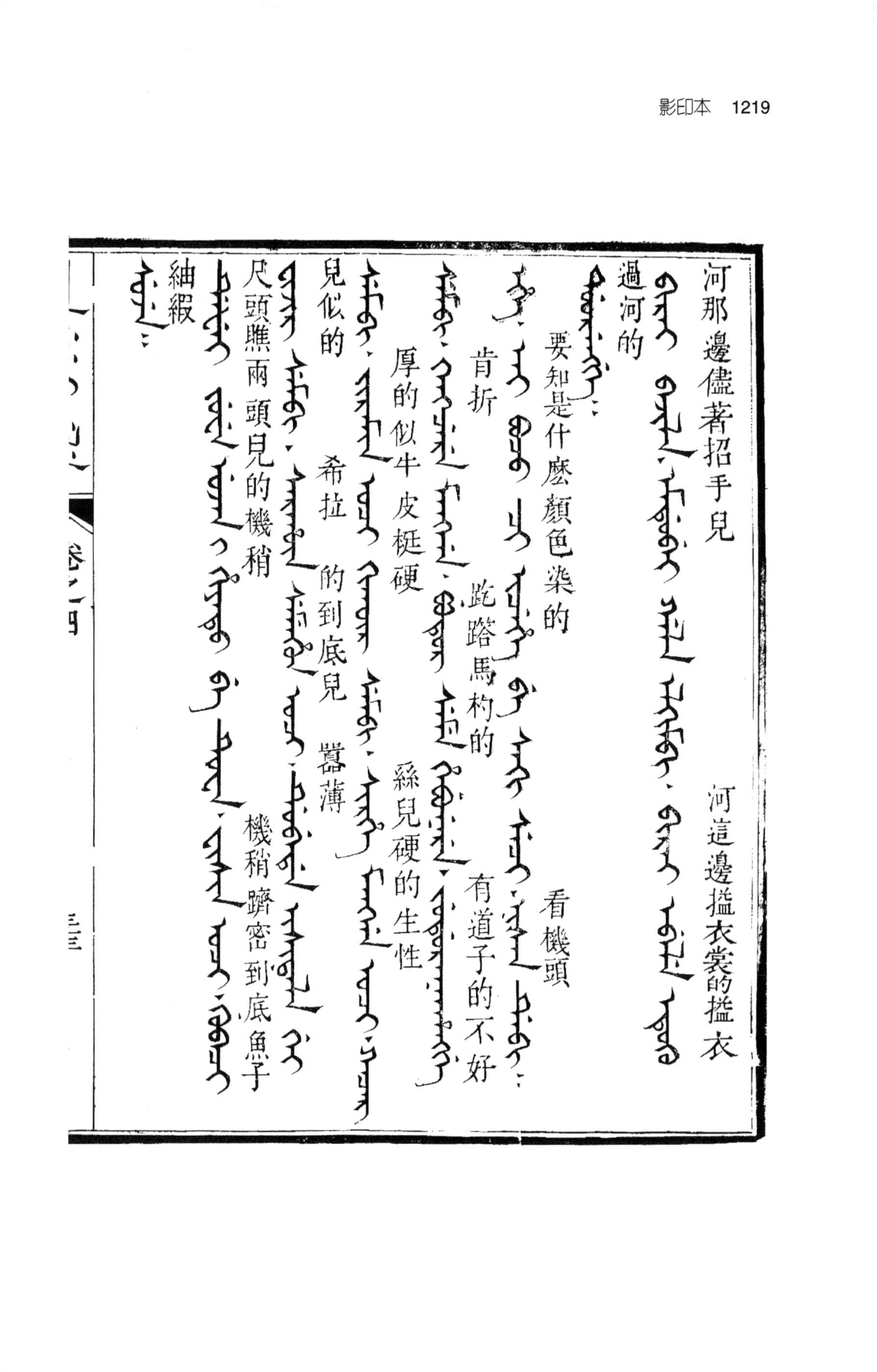

河那邊儘著招手兒
河這邊搵衣裳的搵衣
過河的
看機頭
要知是什麼顏色染的
肯折
跐踏馬杓的
有道子的不好
厚的似牛皮梃硬
絲兒硬的生性
見似的
希拉
的到底兒
囂薄
尺頭瞧兩頭兒的機稍
機稍躋密到底魚子
紬緞

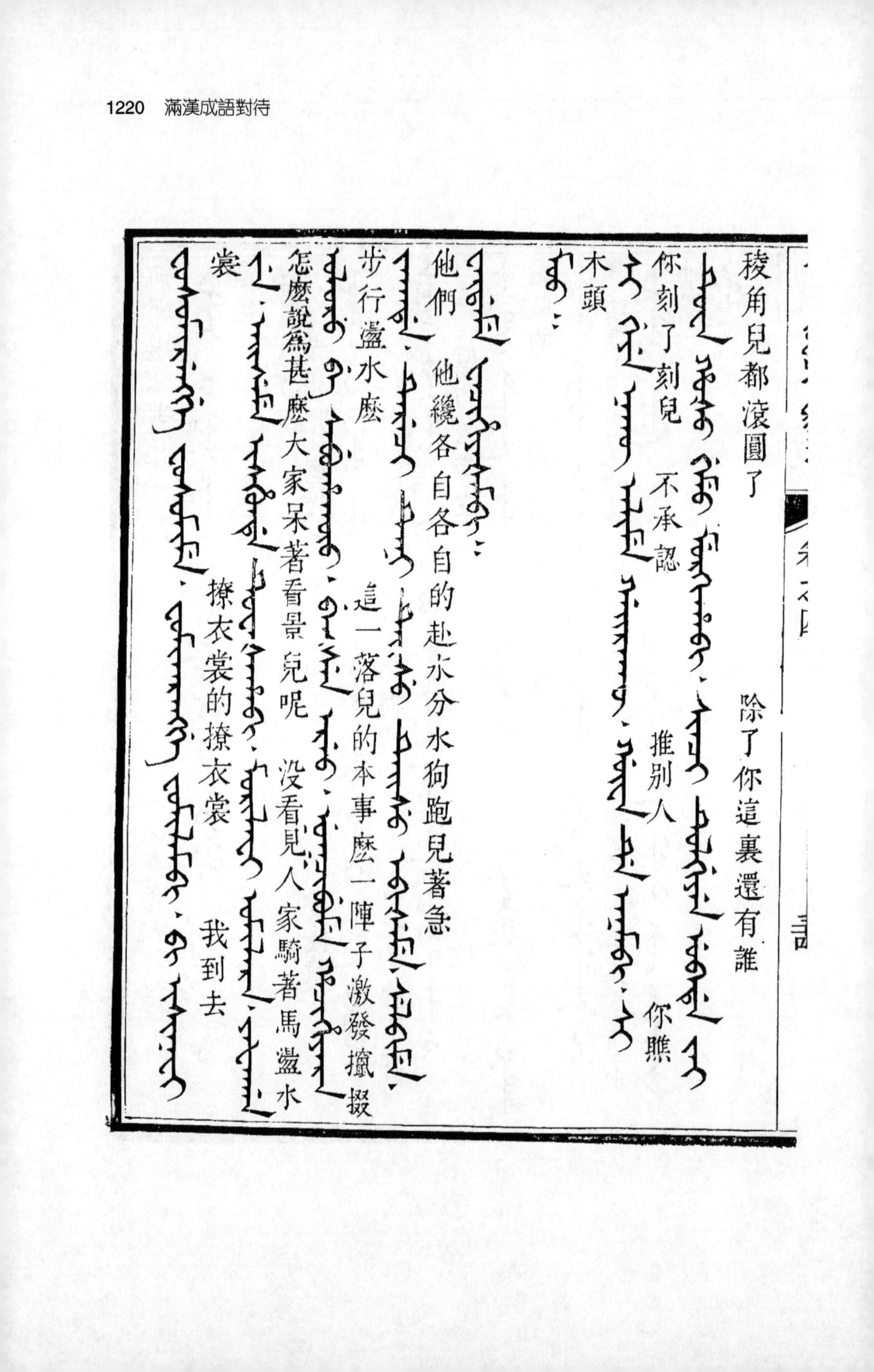

稜角兒都滾圓了　除了你這裏還有誰

你刻了刻兒　不承認　推别人　你瞧

木頭

他們　他纔各自各自的赴水分水狗跑兒著急

步行盪水麽　這一落兒的本事麽一陣子激發攛掇

怎麽說爲甚麽大家呆著看景兒呢　没看見人家騎著馬盪水

裳　撩衣裳的撩衣裳　我到去

脫了毛了 鏽尾子 有了賊尾子了 怎的不佳的只管
馬
破鋪陳爛補釘壓壓把把的裝載了個滿
是什麽吶喊打開瞧時 好歹的
筐兒著一個手跨著 兩個人搭著一個包袱
擡的
完了 事情可打那裏出來呢
你若是劈劈砍砍 燒了也就

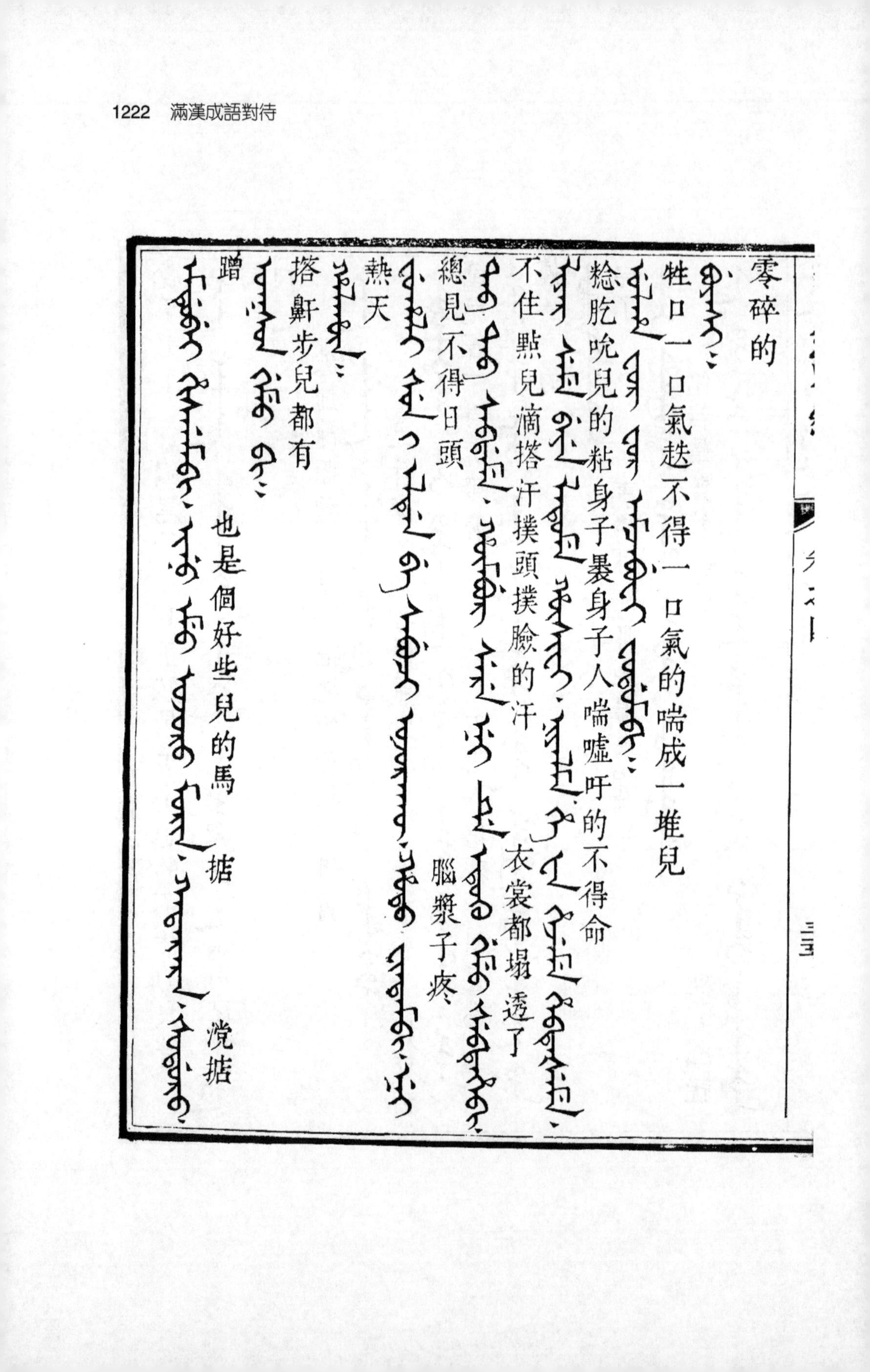

零碎的

牲口一口氣趕不得一口氣的喘成一堆兒

䊵肐吃兒的粘身子褁身子人喘嘘吁的不得命

不住點兒滴搭汗撲頭撲臉的汗衣裳都塌透了

總見不得日頭腦漿子疼

熱天

搭鼾步兒都有

蹭　也是個好些兒的馬　据　淌据

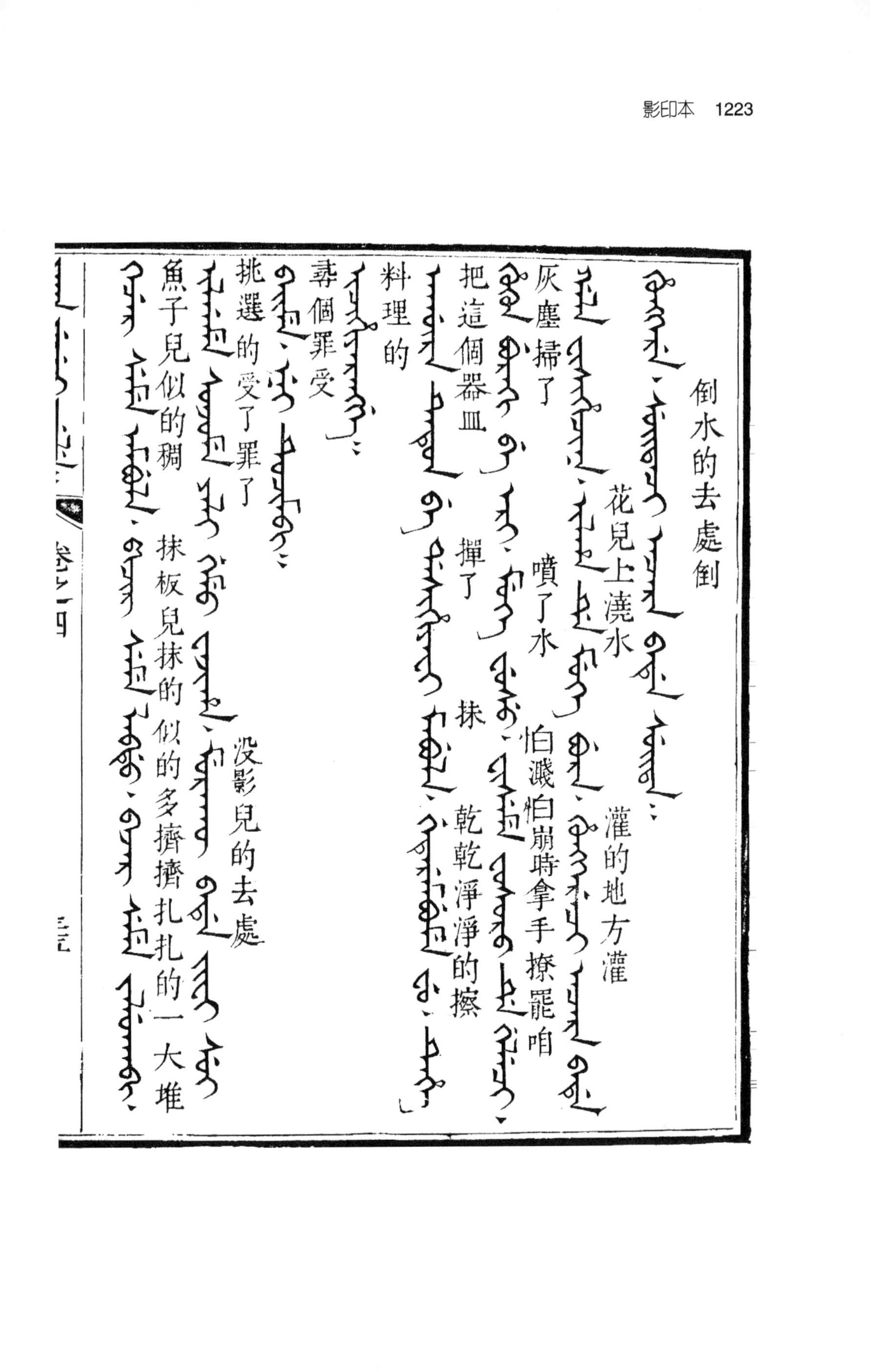

倒水的去處倒

花兒上澆水

灌的地方灌

灰塵掃了

噴了水

怕濺怕崩時拿手撩罷咱

把這個器皿

撣了

抹

乾乾淨淨的擦

料理的

尋個罪受

挑選的受了罪了

沒影兒的去處

魚子兒似的稠

抹板兒抹的似的多擠擠扎扎的一大堆

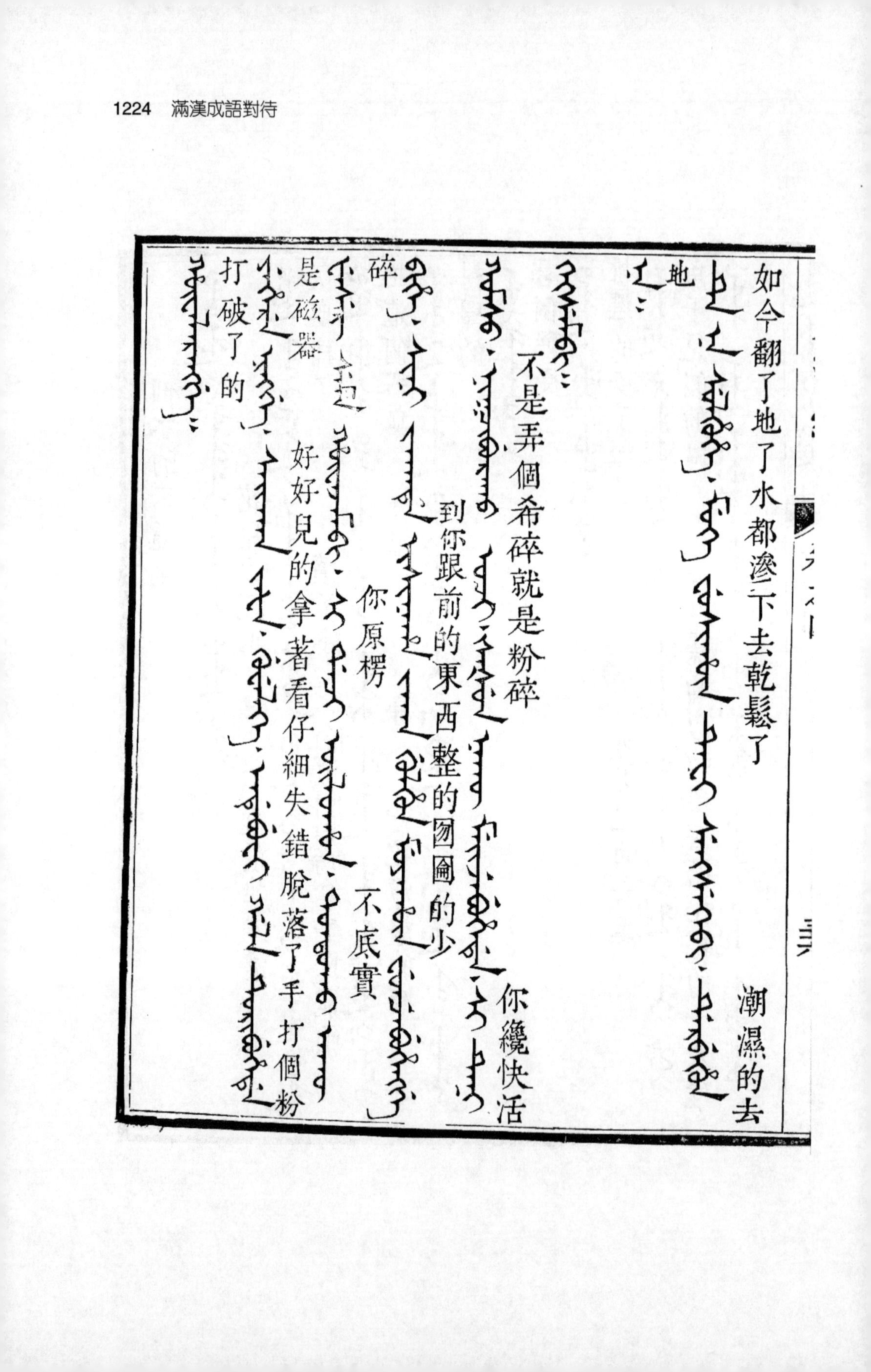

如今翻了地了水都滲下去乾鬆了　潮濕的去地

你纔快活　不是弄個希碎就是粉碎

到你跟前的東西整的囫圇的少

你原楞　不底實

好好兒的拿著看仔細失錯脫落了手打個粉碎

是磁器打破了的

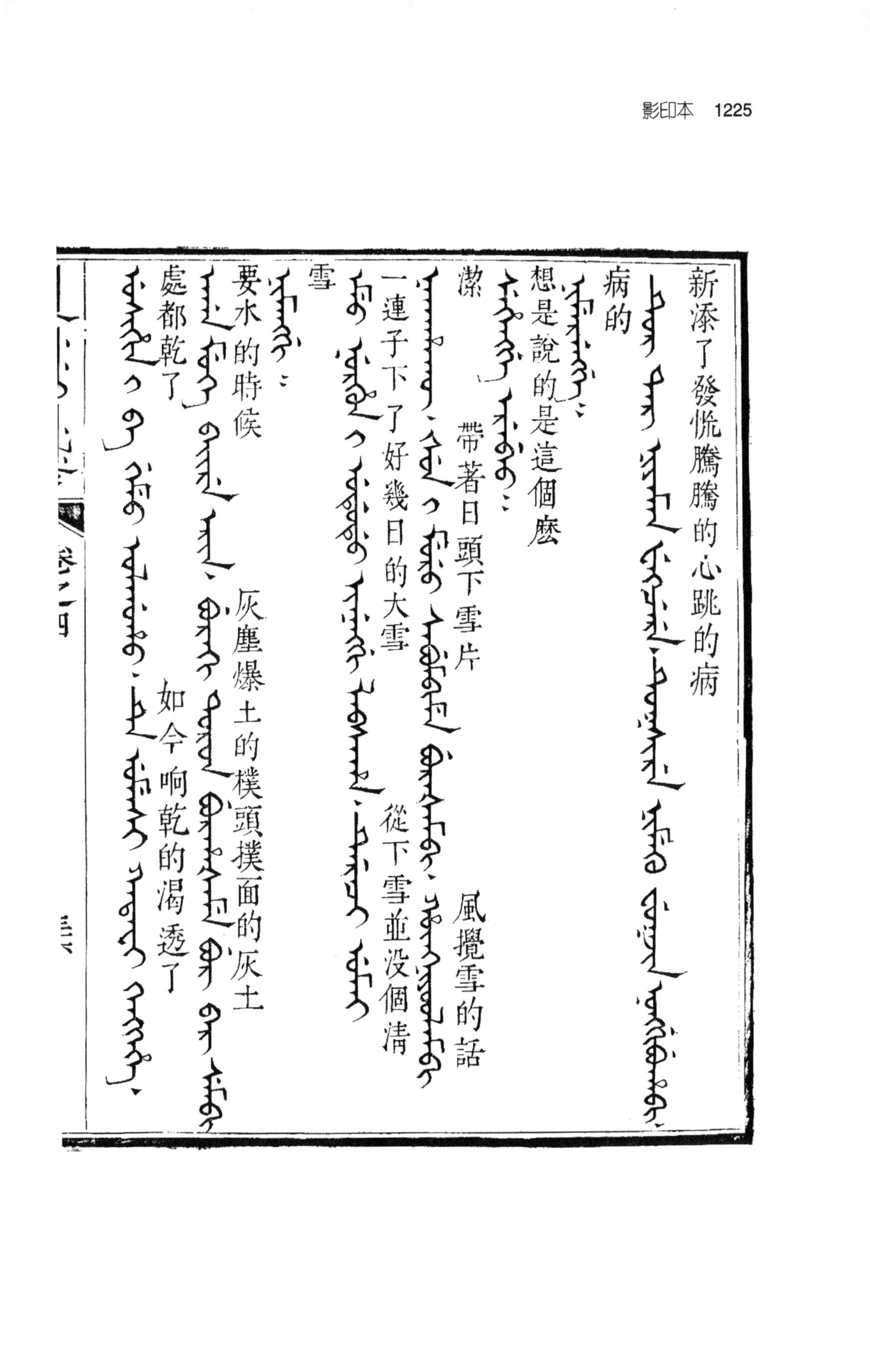

新添了發慌騰騰的心跳的病

病的

想是說的是這個麽

潔

帶著日頭下雪片

風攪雪的話

一連子下了好幾日的大雪

從下雪並没個清

雪

要水的時候

灰塵爆土的樸頭撲面的灰土

處都乾了

如今晌乾的渴透了

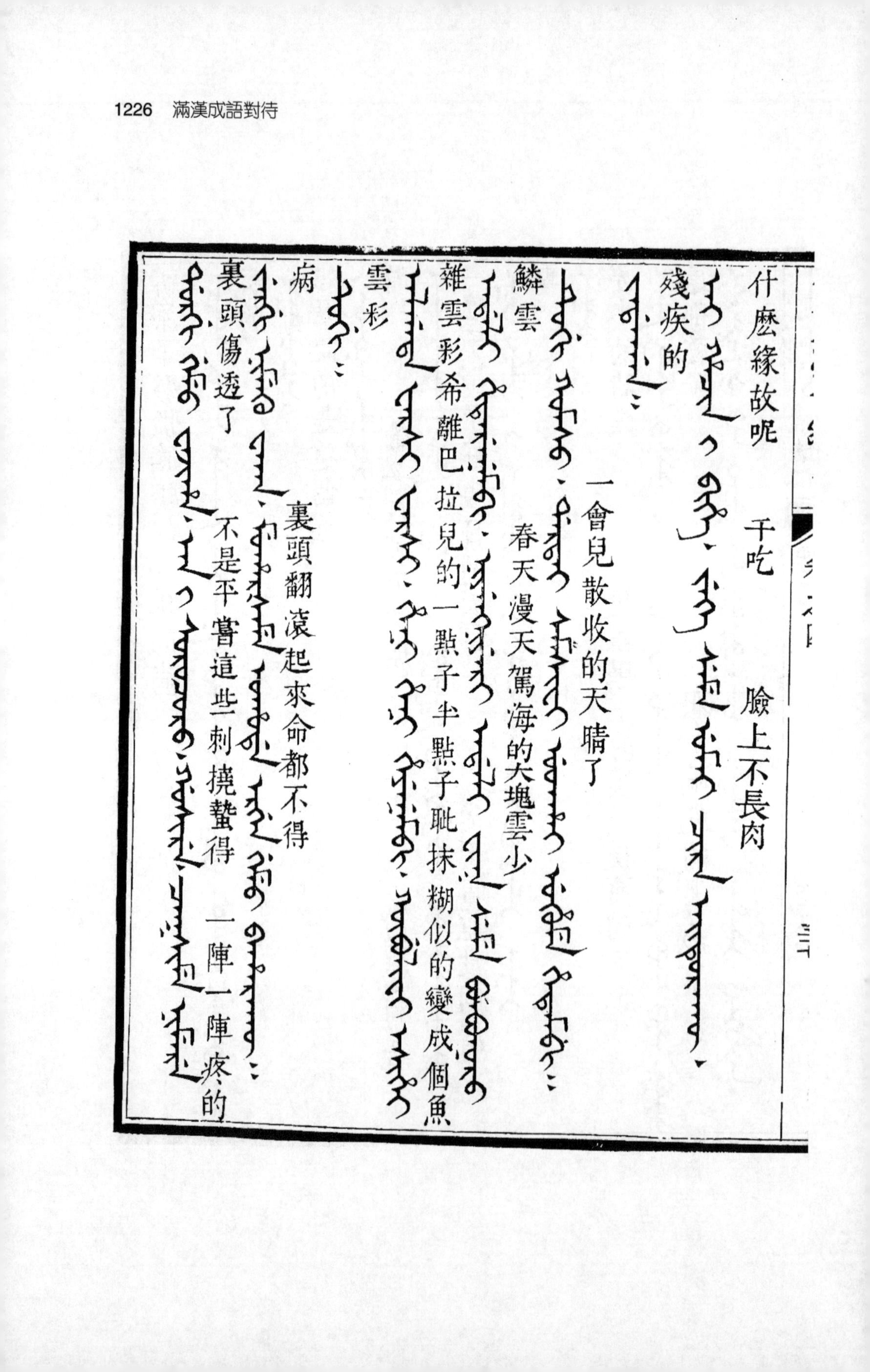

什麼緣故呢 干吃 臉上不長肉

殘疾的

一會兒散收的天晴了

鱗雲 春天漫天駕海的大塊雲少

雜雲彩希離巴拉兒的一點子半點子恥抹糊似的變成個魚

雲彩

病 裏頭翻滾起來命都不得

裏頭傷透了 不是平嘗這些刺撓蟄得 一陣一陣疼的

的弱了去吐嘔著要成噎膈病

你只賸著 這樣的發酸望上漾漸漸而

飯後一定要醋心 乾嘔惡心吐

身上不好的

落了枕的似的

來 那們一樣的發燒乾燥 頦子皺的到像

一下子 麻 木的不知道了 說是熱將起

一陣一陣 跳著窩著的疼 那一遭兒

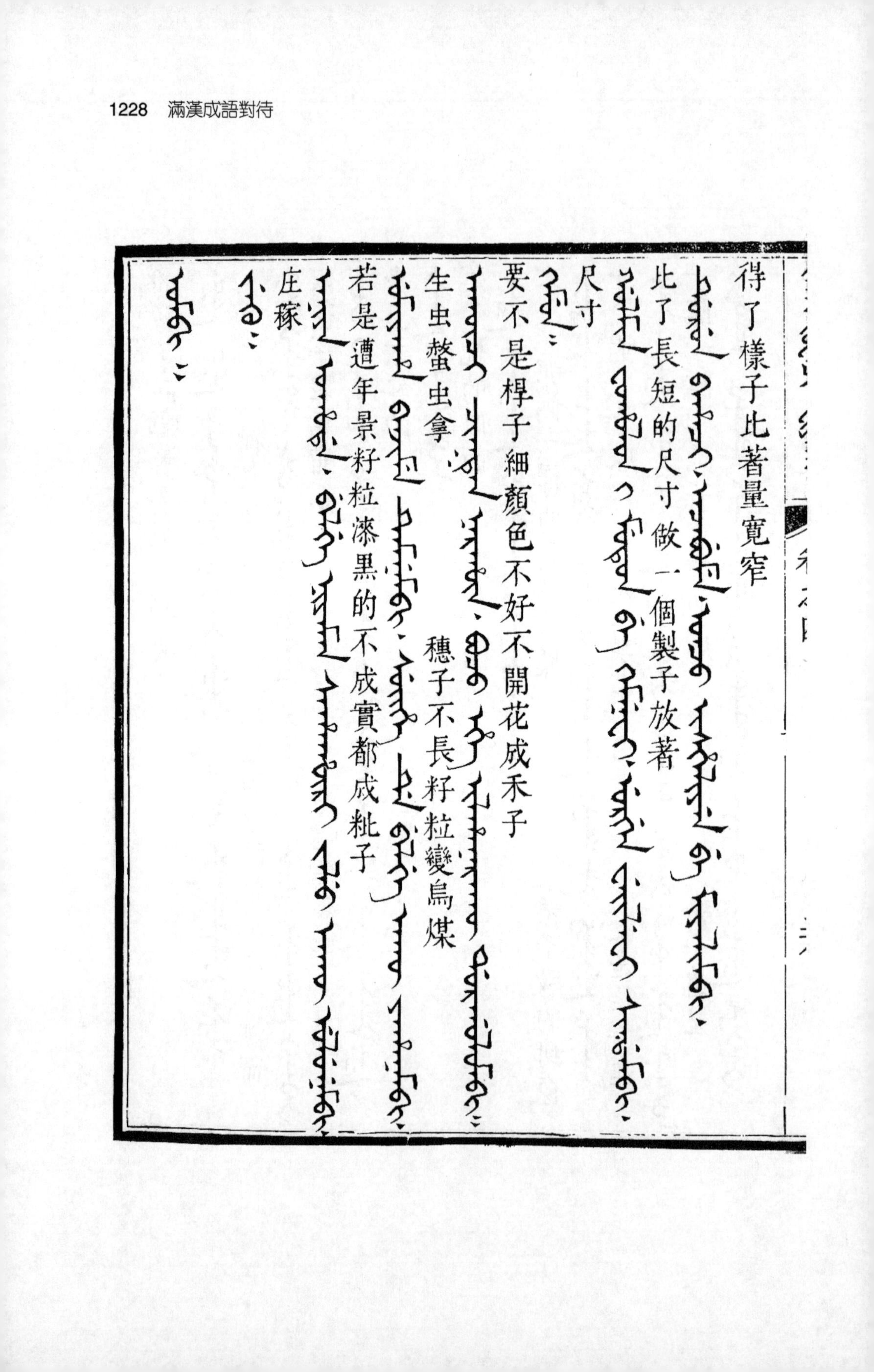

得了樣子比著量寬窄

比了長短的尺寸做一個製子放著

尺寸

要不是桿子細顏色不好不開花成禾子

生虫螌虫拿 穗子不長籽粒變烏煤

若是遭年景籽粒漆黑的不成實都成粃子

庄稼

說凍的

攢起來竟成桃花水下來了

的水想來濟得什麼事

好

利害積

化了

紫泥底下還有底氷

氷化了

澇凌積成的氷堆

如今一點半點的鎔

氷

的桃出來

成方的四楞兒的另放著

成材料

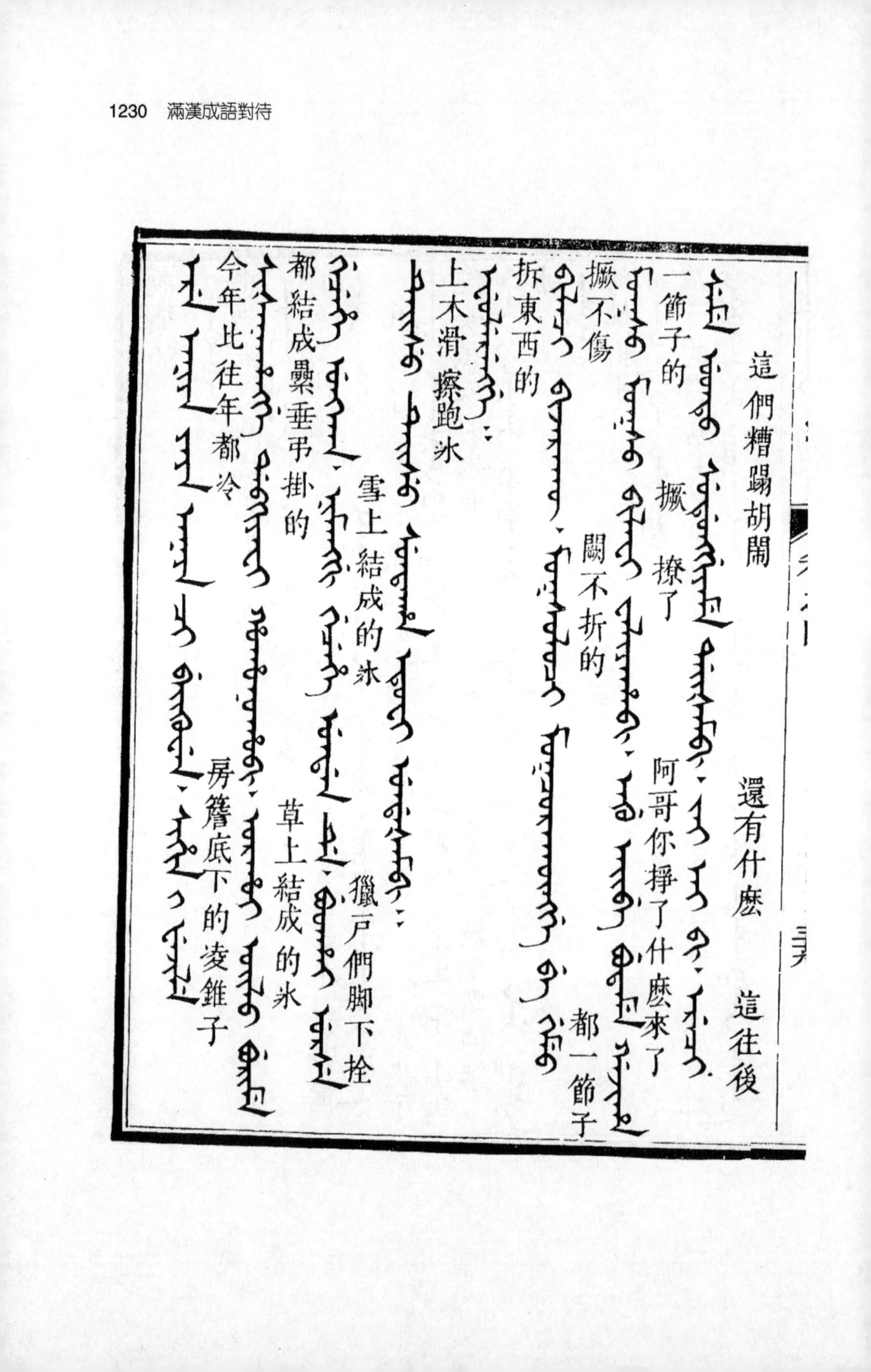

這們糟蹋胡鬧 還有什麼 這往後

一節子的 撅 撩了 阿哥你掙了什麼來了

撅不傷 闕不折的 都一節子

拆東西的

上木滑擦跑冰

雪上結成的冰 獵戶們脚下拴

都結成纍垂弔掛的 草上結成的冰

今年比往年都冷 房簷底下的凌錐子

馬一樣的起騍

走食的時候子了怎的　只見他起陽怪叫也像

也叫他是個花頭的名字　是個玉眼　沒有母狗

鼻子口花　頭眼上沒白毛

這個長毛耳朵的細狗從七八個月胖子時拿了來白額兒狗

望那裏跑

阿哥只請這們著　咱們誰不睄誰

慢慢的解開打掃一根鏽住了也使不得

絲一縷兒　縩麻線麻一肘兒　繞亂了

絲

樣兒的土性兒

起的灰　落的塵　刮上去的塵土各是各

著了水跟著水流　砂土發散

土性不一樣　膠泥稔的如膠條　瀉黃土

土

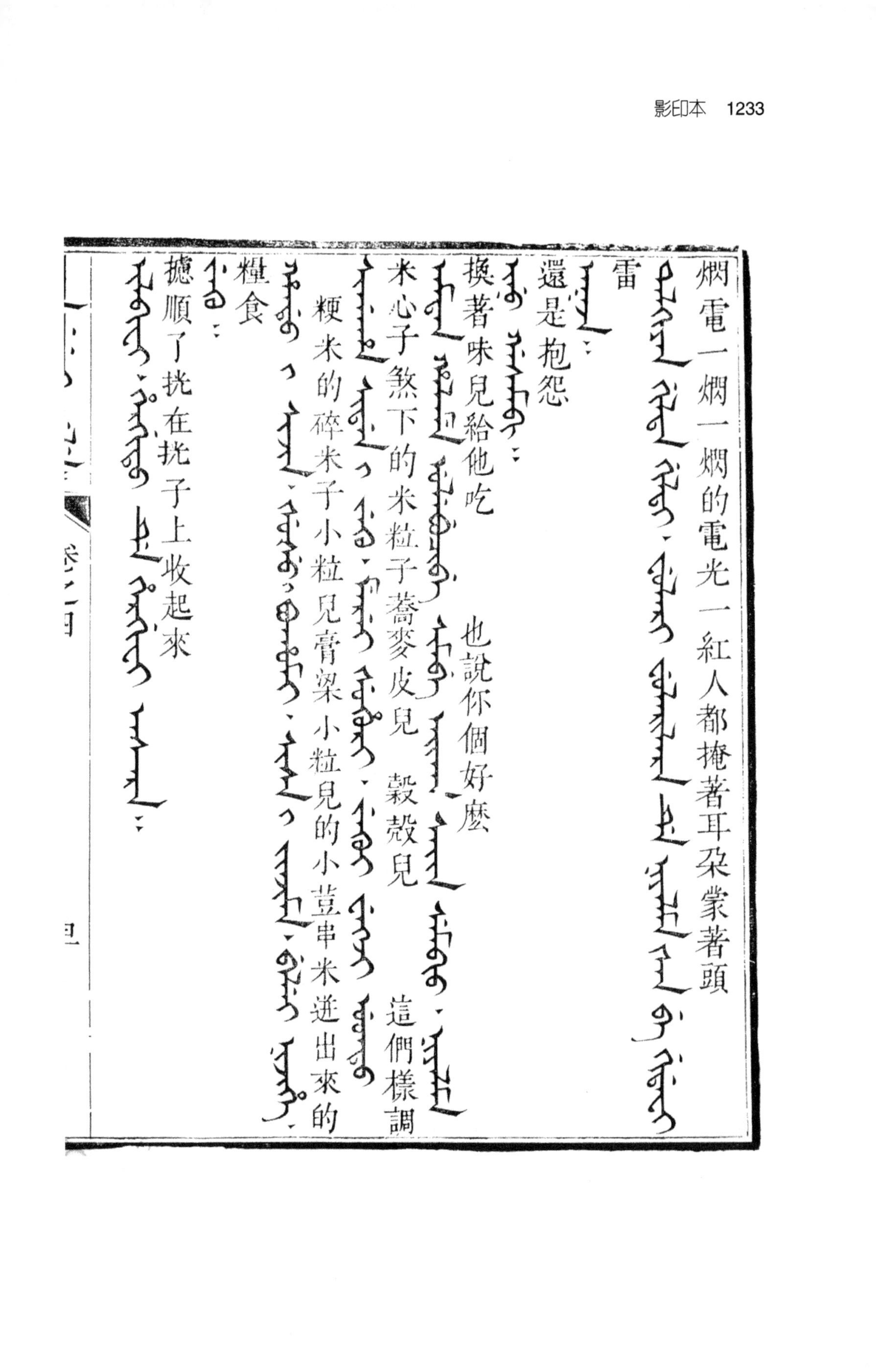

烱電一烱一烱的電光一紅人都掩著耳朶蒙著頭

雷

還是抱怨

換著味兒給他吃　也說你個好麽

米心子煞下的米粒子蕎麥皮兒　縠殼兒　這們樣調

粳米的碎米子小粒兒青粱小粒兒的小荳串米迸出來的

糧食

攄順了扰在扰子上收起來

土裏頭三楞八怪的薑石

皮没疤拉囫圇光滑的鵞卵石

畫有道兒的畫石

石頭的樣數多

木變石

灘裏的大塊石

没重石頭

刮喇的震人耳朵的霹靂唬的人鑽頭没縫兒

不斷頭的沉雷震的人怕怕的還好些兒

乾擦拉的迅雷

不教人得主意

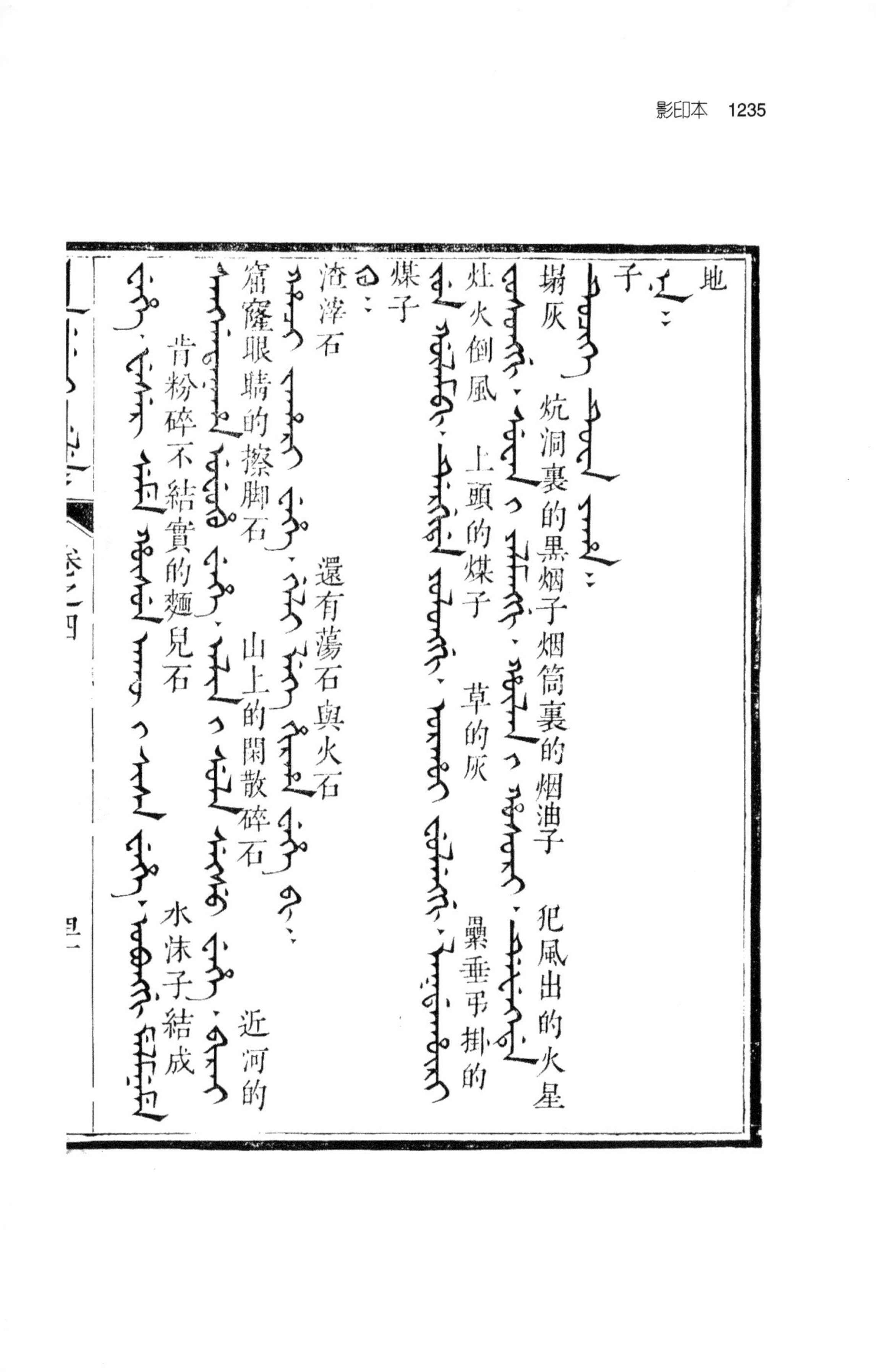

地

子

塌灰

炕洞裏的黒烟子烟筒裏的烟油子

犯風出的火星

灶火倒風

上頭的煤子

草的灰

纍垂弔掛的

煤子

渣滓石

還有蕩石與火石

窟窿眼睛的擦脚石

山上的閑散碎石

近河的

背粉碎不結實的麵兒石

水沫子結成

直頃直倒

急一陣慢一陣的發端起泡兒

總然下雨細雨一陣緊似一陣幾里可里的瓢潑似的大雨

收成的年景雨水調勻

風也順當

田禾

揷泥帶水的陷泥地

行起行落的殭了皮兒的軟地

下透了的糊濃地

濃地裏的稀粥

開了的地顫多梭的

漿地軟顫顫的

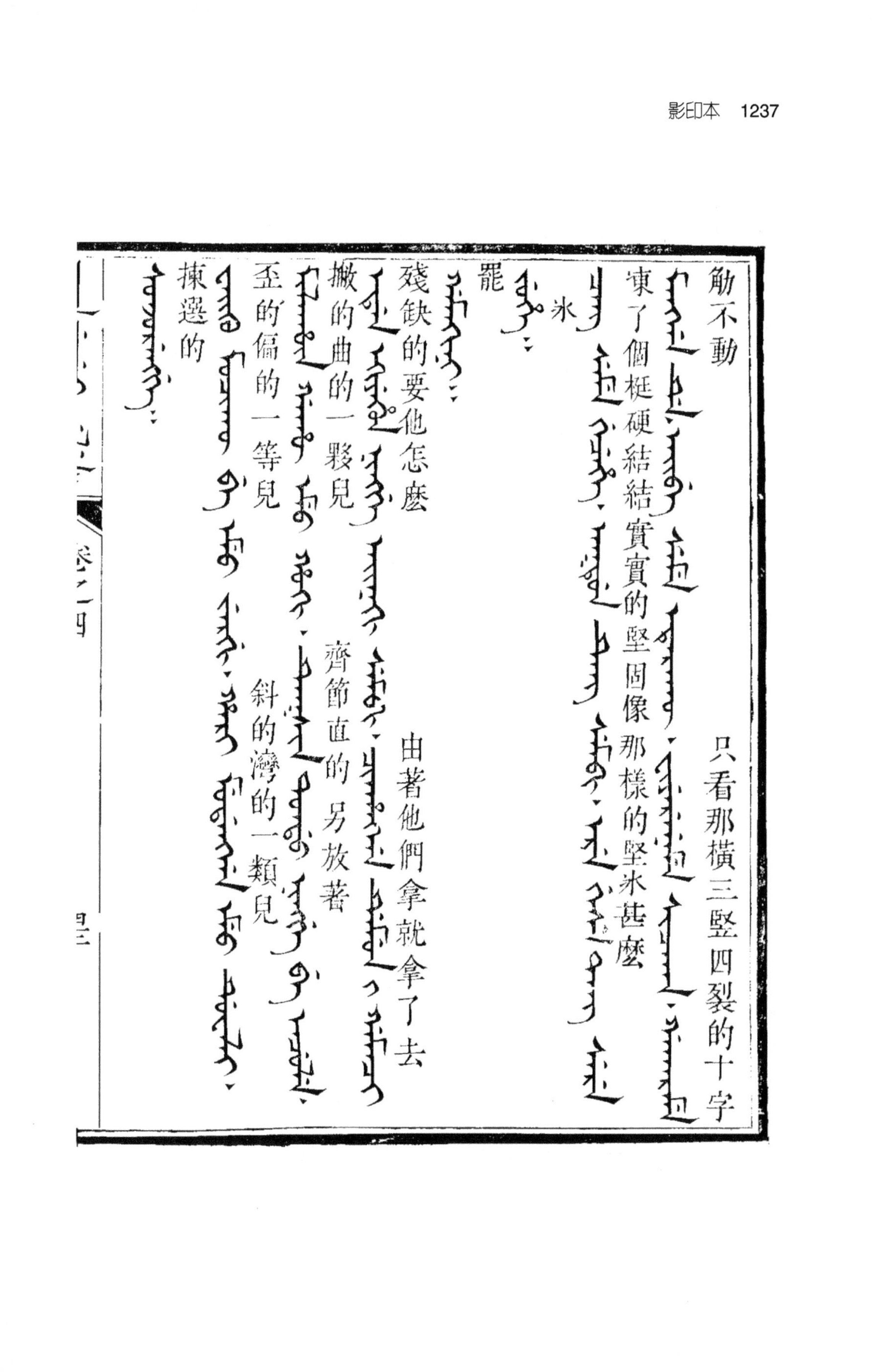

觔不動

只看那横三竪四裂的十字

凍了個梃硬結結實實的堅固像那樣的堅冰甚麼

冰

罷

殘缺的要他怎麼

由著他們拿就拿了去

撇的曲的一綹兒

齊節直的另放著

歪的偏的一等兒

斜的灣的一類兒

揀選的

狐媚子

崖峻嶺的峰頭上

了個空什麼空兒孤零零的上在椏椏乂乂黑呼呼的懸

去截他的岔兒在山懷裏可可兒的撞見慌手慌腳的射

一個鹿擦著上岡子來　我悄悄兒的從山腰裏橫

走獸

八道凍的罷　當中起脊兒凍了個徹底

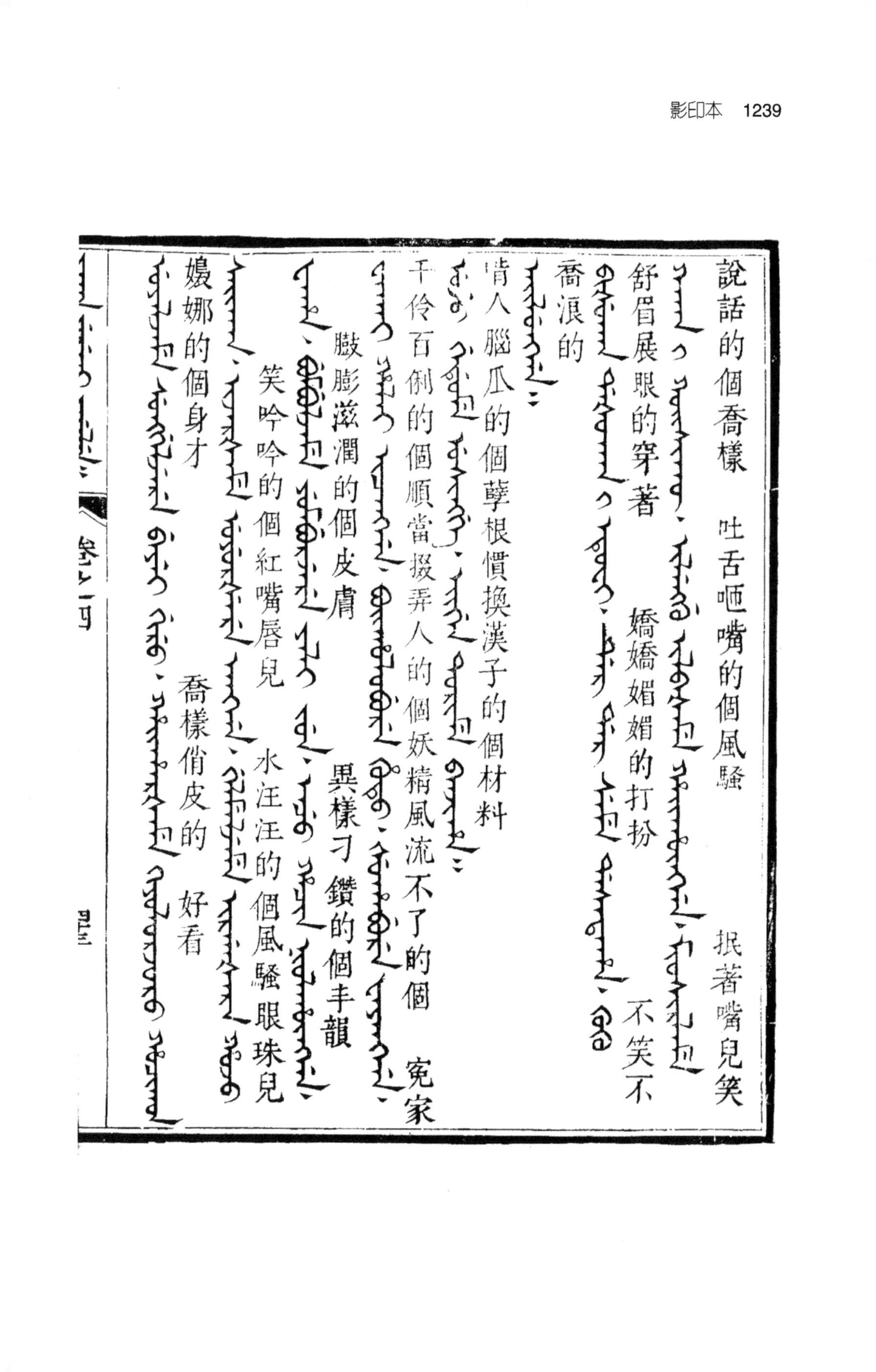

說話的個喬樣 吐舌咂嘴的個風騷 抿著嘴兒笑

舒眉展眼的穿著 嬌嬌媚媚的打扮 不笑不

喬浪的

背入腦瓜的個孽根慣換漢子的個材料

千伶百俐的個順當掇弄人的個妖精風流不了的個 寃家

皷膨滋潤的個皮膚 異樣刁鑽的個丰韻

笑吟吟的個紅嘴唇兒 水汪汪的個風騷眼珠兒

嬝娜的個身才 喬樣俏皮的 好看

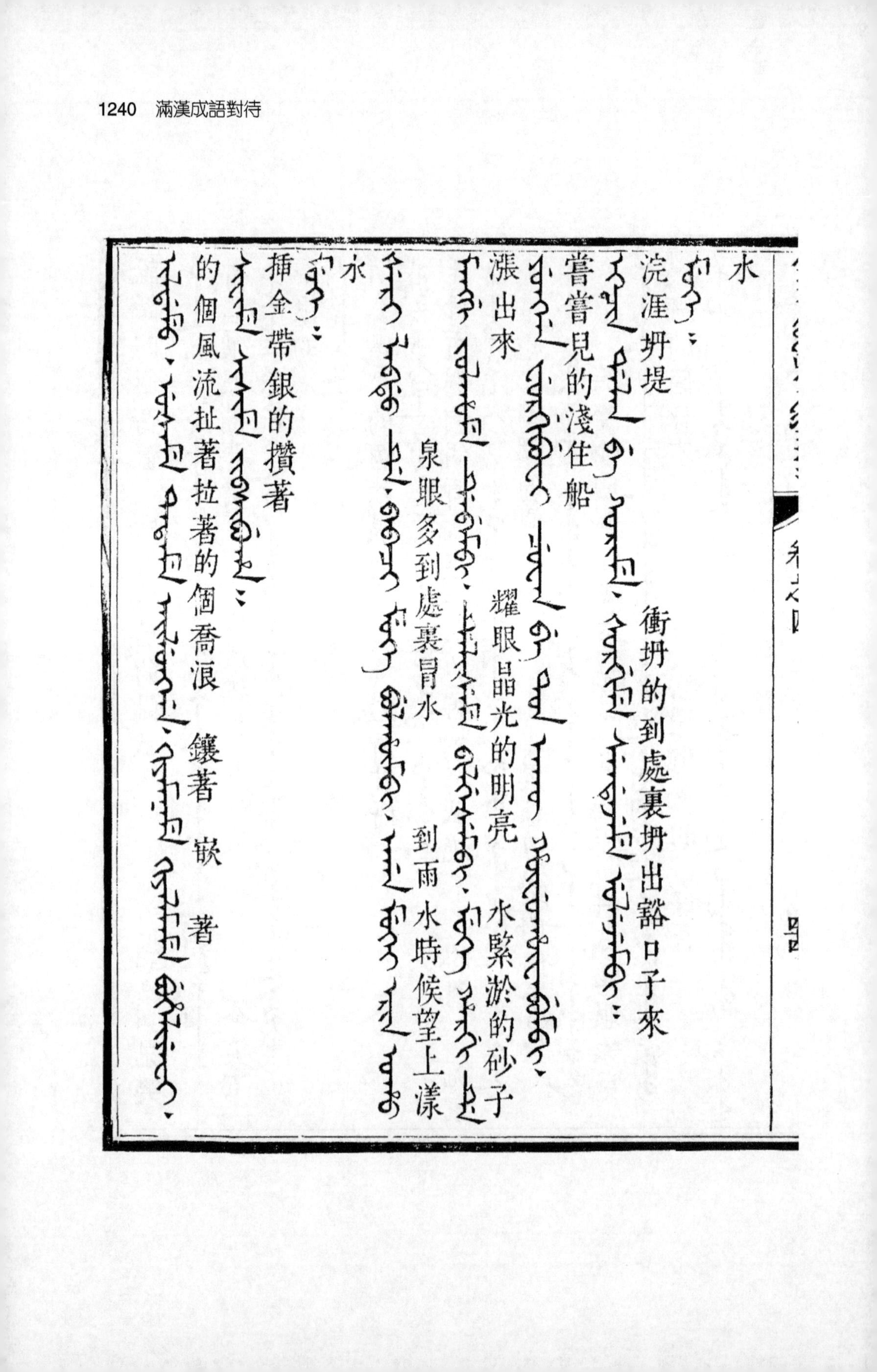

水

浣涯坍堤

衝坍的到處裏坍出豁口子來

嘗嘗見的淺住船

漲出來

耀眼晶光的明亮

水緊淤的砂子

泉眼多到處裏冒水

到雨水時候望上漾

水

揷金帶銀的攢著

的個風流拉著拉著的個喬淚

鑲著 嵌 著

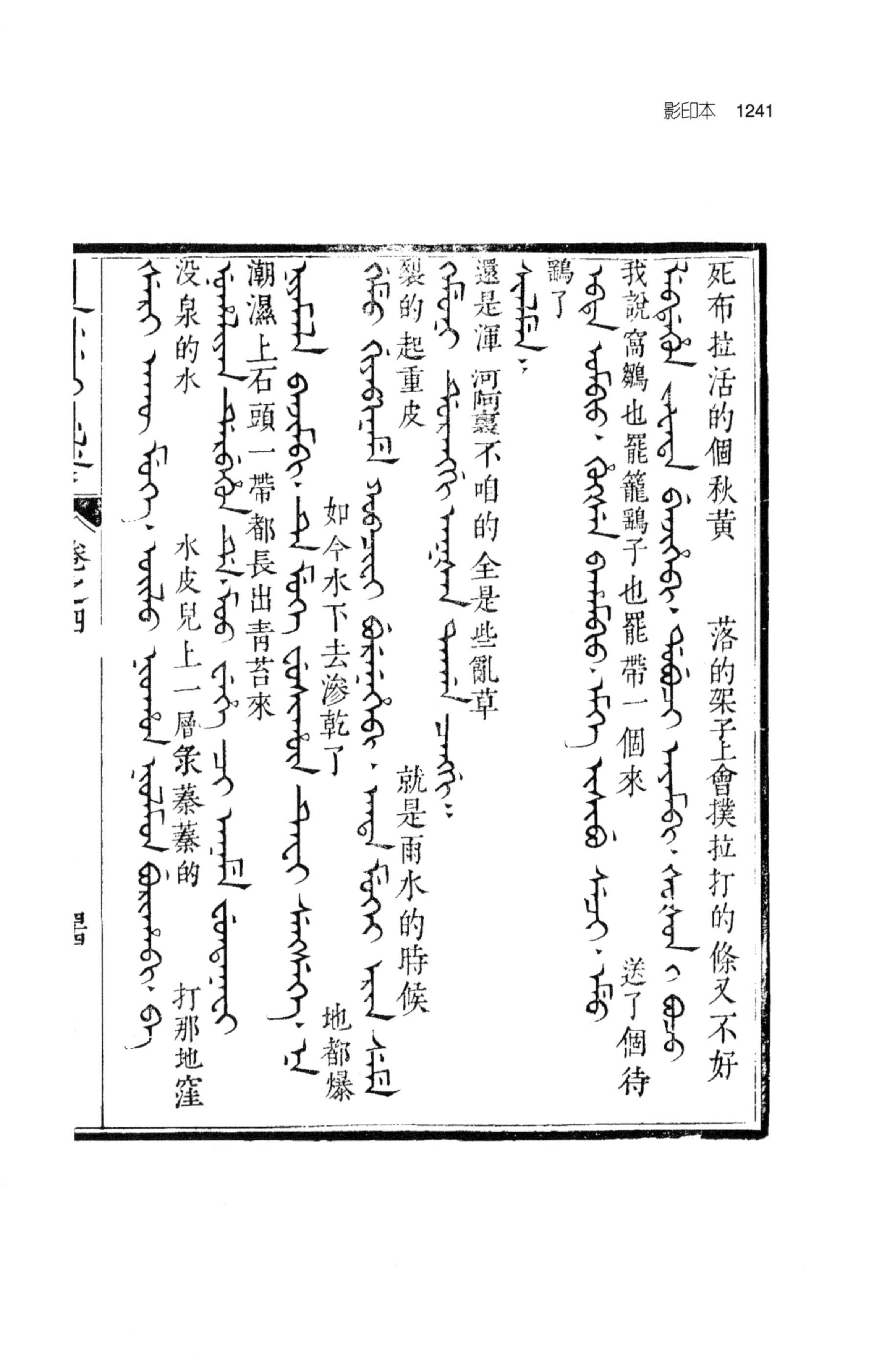

死布拉活的個秋黃　落的架子上會撲拉打的條又不好

我說窩鷄也罷籠鷄子也罷帶一個來　送了個待

鷄了

還是渾 河阿囊不咱的全是些亂草

裂的起重皮　就是雨水的時候

如今水下去滲乾了　地都爆

潮濕上石頭一帶都長出青苔來

沒泉的水　水皮兒上一層彔蓁蓁的　打那地窪

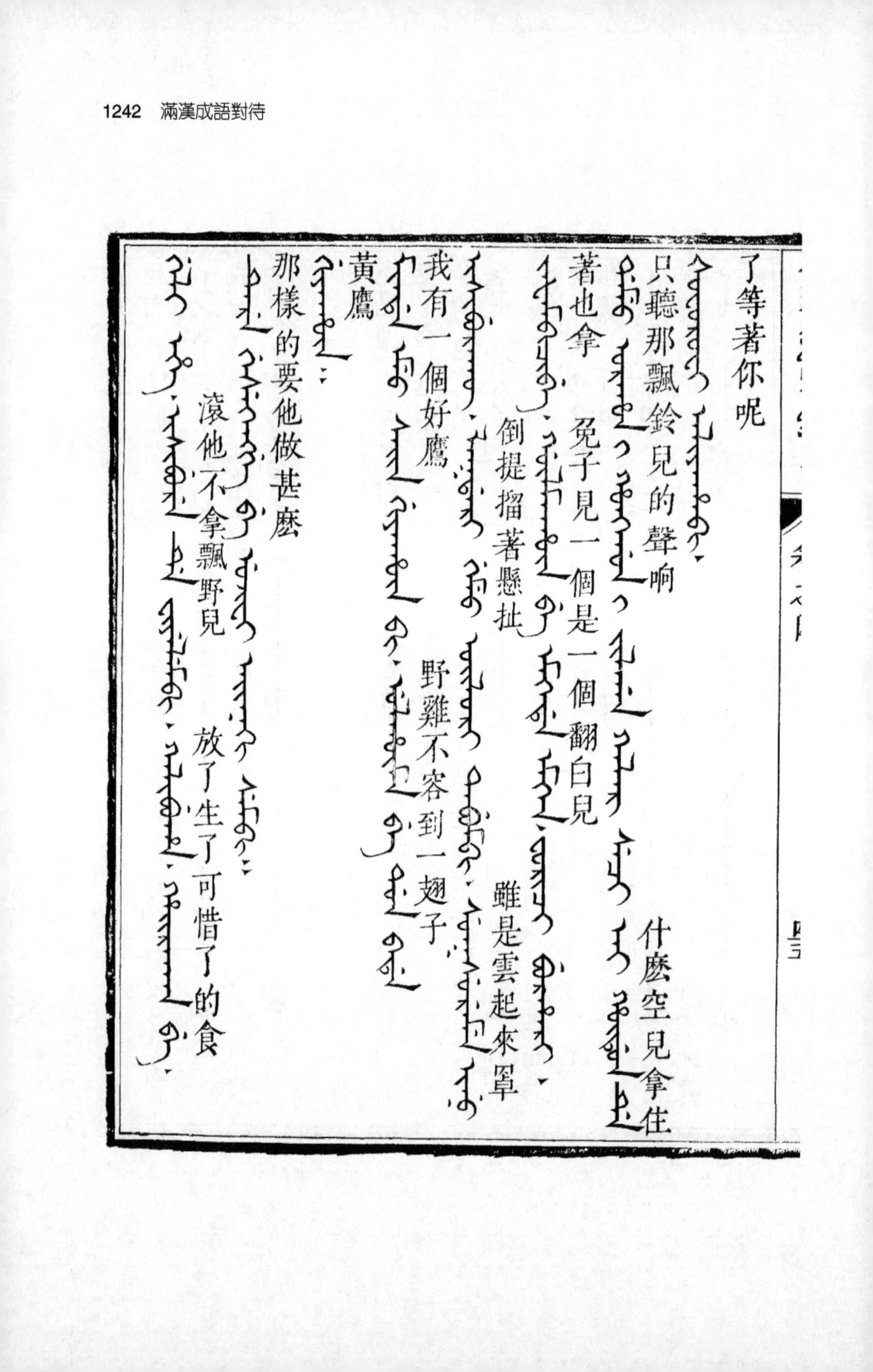

了等著你呢

只聽那飄鈴兒的聲响　什麽空兒拿住

著也拿　兔子見一個是一個翻白兒

倒提搯著懸扯　雖是雲起來罩

我有一個好鷹　野雞不容到一翅子

黄鷹

那樣的要他做甚麽

滾他不拿飄野兒　放了生了可惜了的食

人耐得苦不耐閑

後頭略鬆一鬆兒老家兒的話有信

養慣了你望著誰這們撒嬌兒　得了話的濟

還自巴怪自巴哥兒你是多儹個來著那們嬌生愛

自在不受用的上那裏有個覺來因爲那麼著我

皺牛似的　蓋著枝楞著　那個不

面子硬又是個漿的裏子　鋪的棉花厚

被

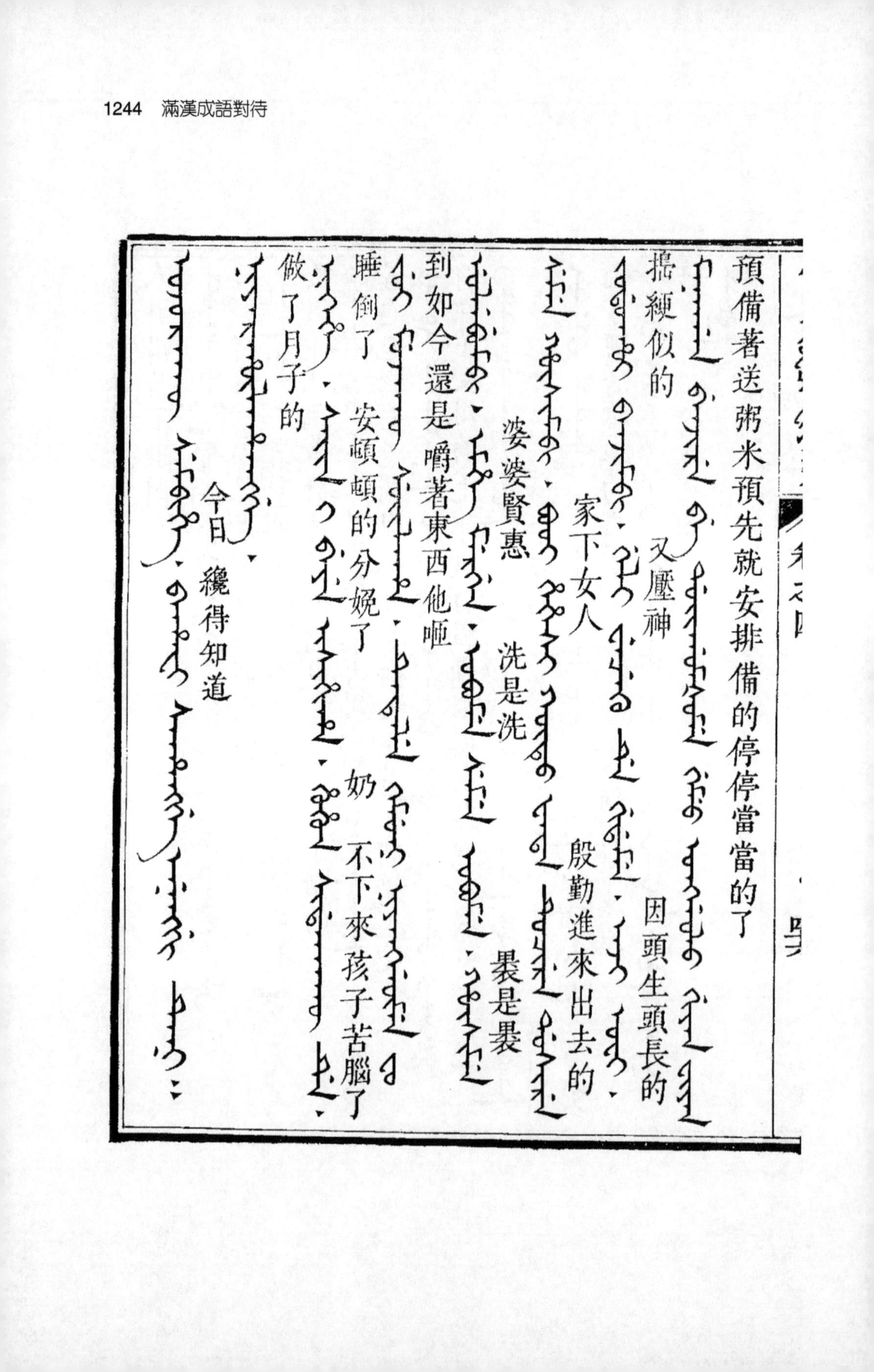

預備著送粥米預先就安排備的停停當當的了

搗縗似的　又壓神　因頭生頭長的

家下女人　殷勤進來出去的

婆婆賢惠　洗是洗　褁是褁

到如今還是嚼著東西他啞

睡倒了　安頓頓的分娩了　奶　不下來孩子苦腦了

做了月子的

今日　纔得知道

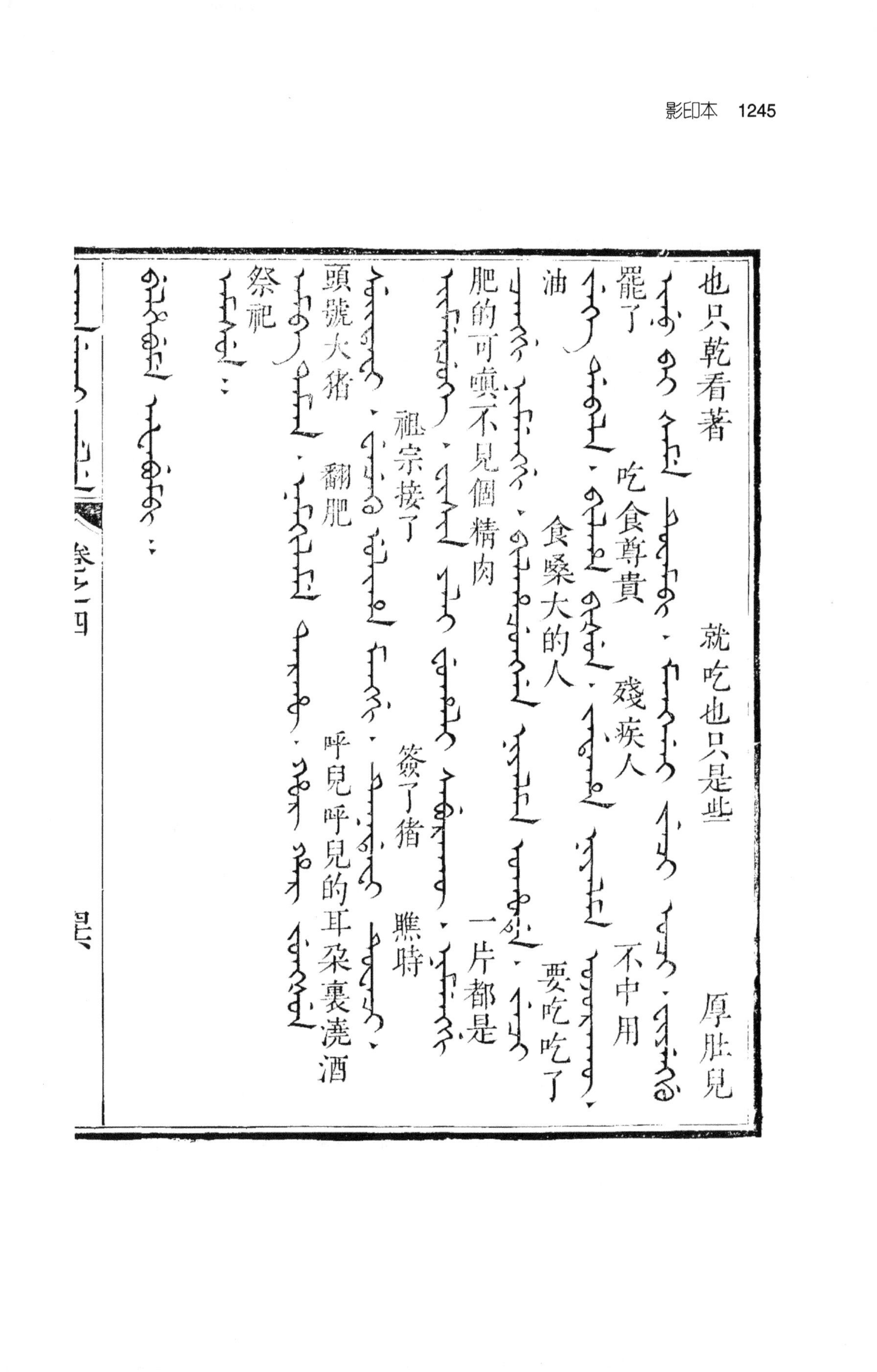

祭祀

頭號大猪　翻肥　呼兒呼兒的耳朵裏澆酒

祖宗接了　簽了猪　瞧時

肥的可嗔不見個精肉　一片都是

油　食桑大的人　要吃吃了

罷了　吃食尊貴　殘疾人　不中用

也只乾看著　就吃也只是些　厚肚兒

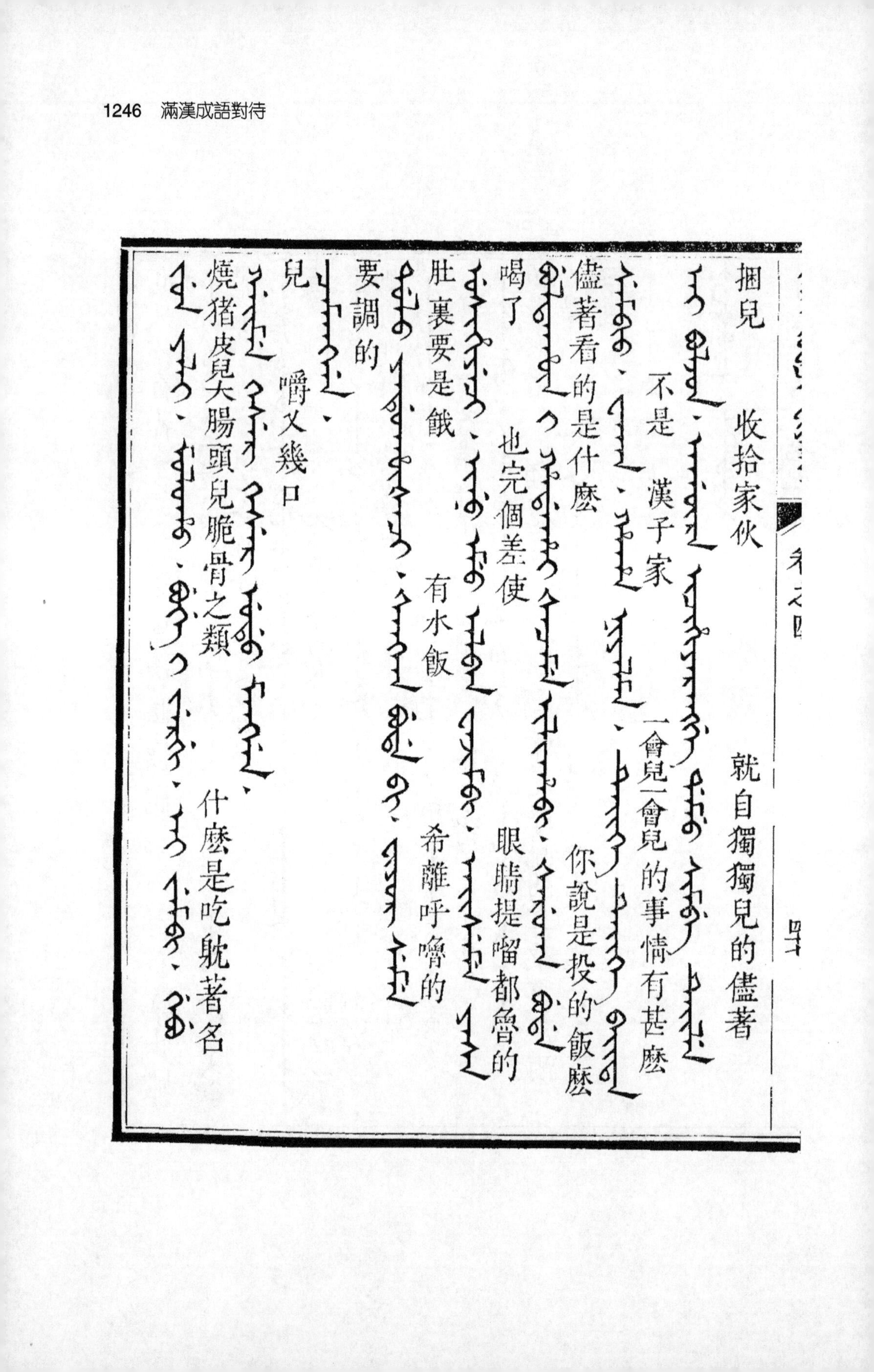

捆兒 收拾家伙 就自獨獨兒的儘著

不是 漢子家 一會兒一會兒的事情有甚麽

儘著看的是什麽 你說是投的飯麽

喝了 也完個差使 眼睛提嚕都嚕的

肚裏要是餓 有水飯 希離呼嚕的

要調的

兒 嚼又幾口

燒猪皮兒大腸頭兒脆骨之類 什麽是吃躭著名

心寒的

我不餐他

飛的快

每遭兒出去 不著四五十拳

飄了可惜了的

遮住了你可望那裏尋去

也該籠的時候子了

林木茂盛了

不理論

鷂子狠扣食 不住的撲拉

飛禽

等著你呢

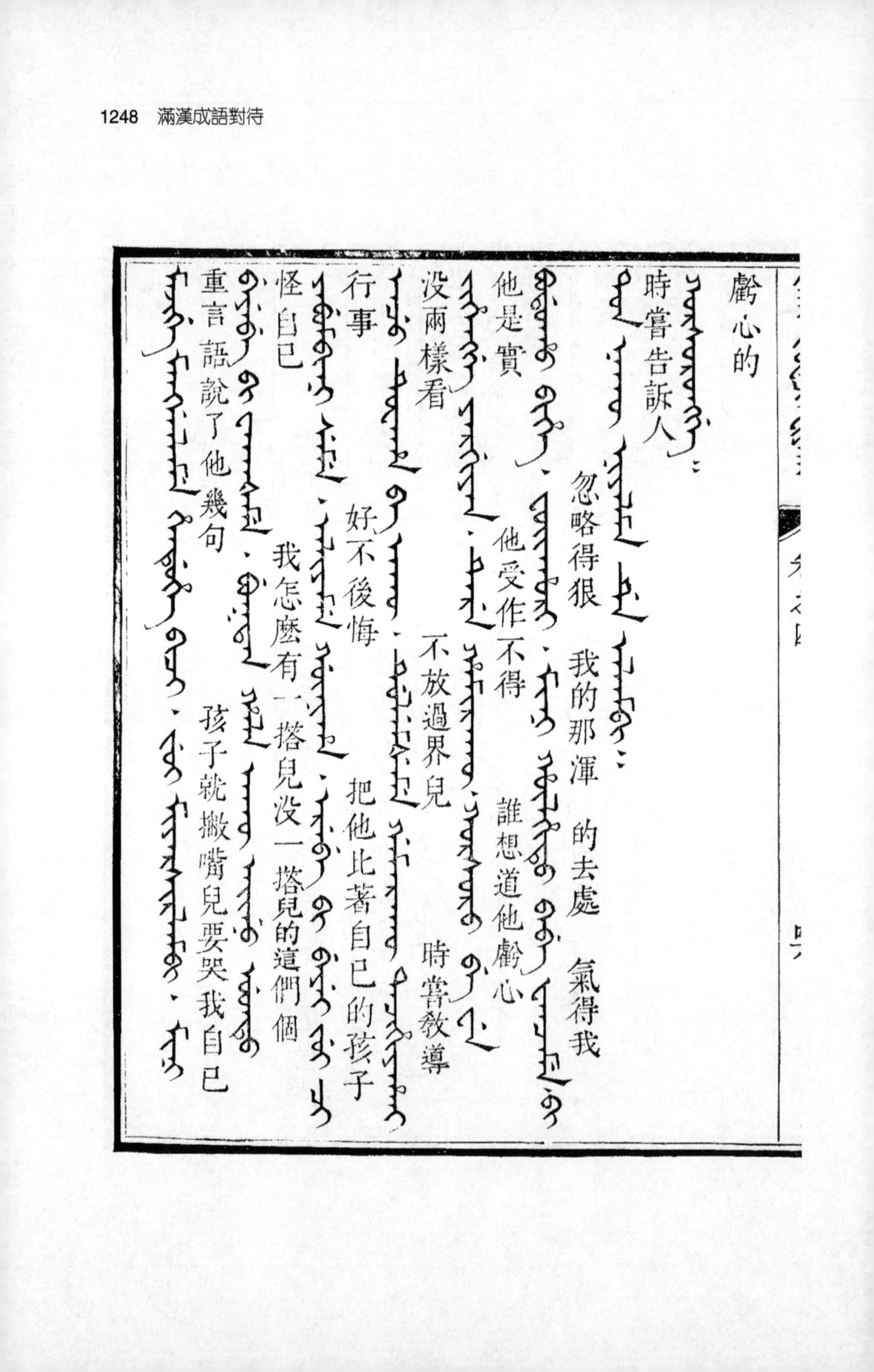

虧心的

時嘗告訴人

忽略得狠 我的那渾 的去處 氣得我

他是實 他受作不得 誰想道他虧心

沒兩樣看 不放過界兒 時嘗教導

行事 好不後悔 把他比著自已的孩子

怪自已 我怎麼有一搭兒沒一搭兒的這們個

重言語說了他幾句 孩子就撅嘴兒要哭我自已

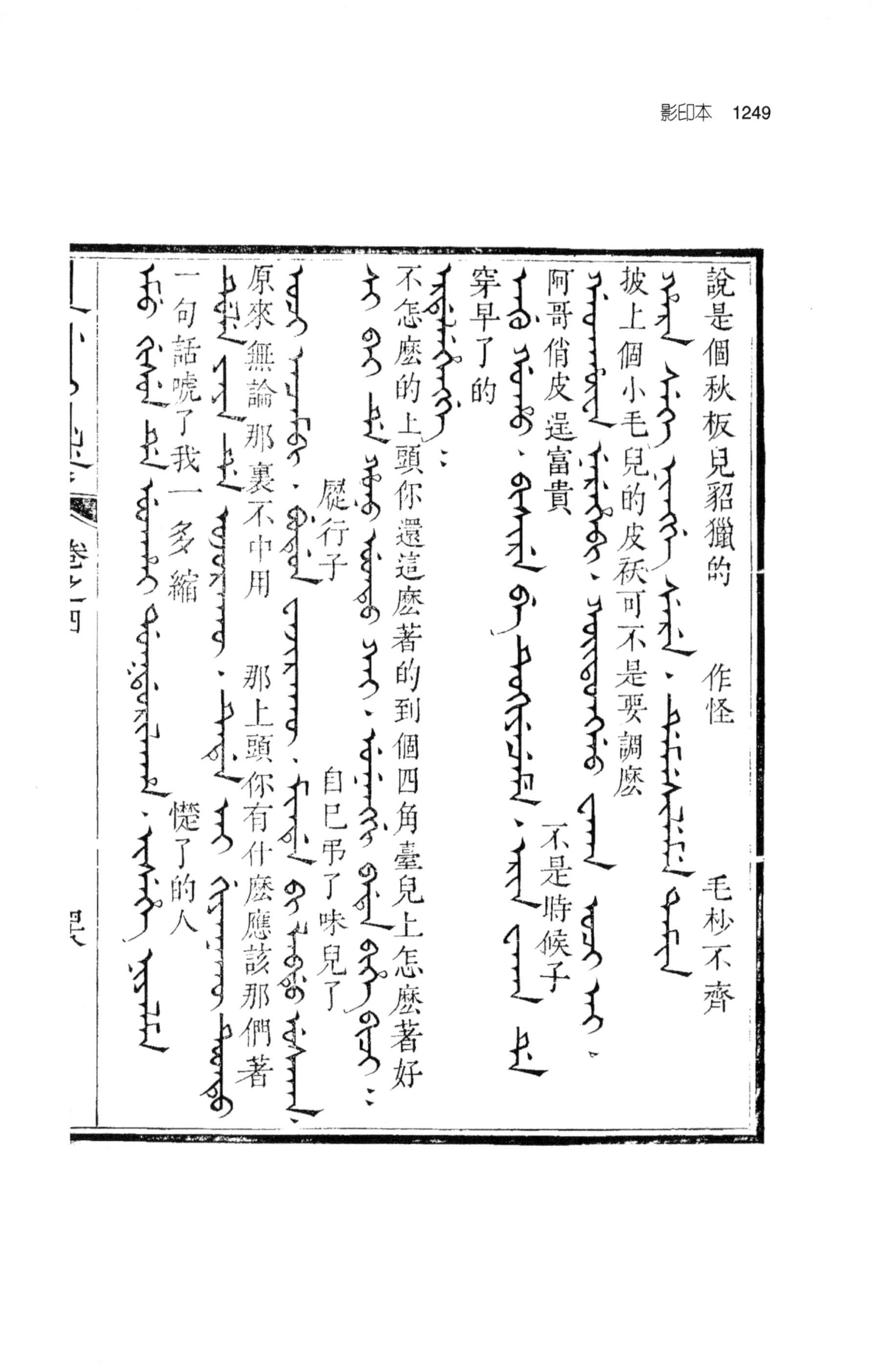

說是個秋板兒貂獺的 作怪 毛杪不齊

披上個小毛兒的皮袄可不是要調麼

阿哥俏皮逞富貴 不是時候子

穿早了的

不怎麼的上頭你還這麼著的到個四角臺兒上怎麼著好

屣行子 自巳弔了味兒了

原來無論那裏不中用 那上頭你有什麼應該那們著

一句話唬了我一多縮 憷了的人

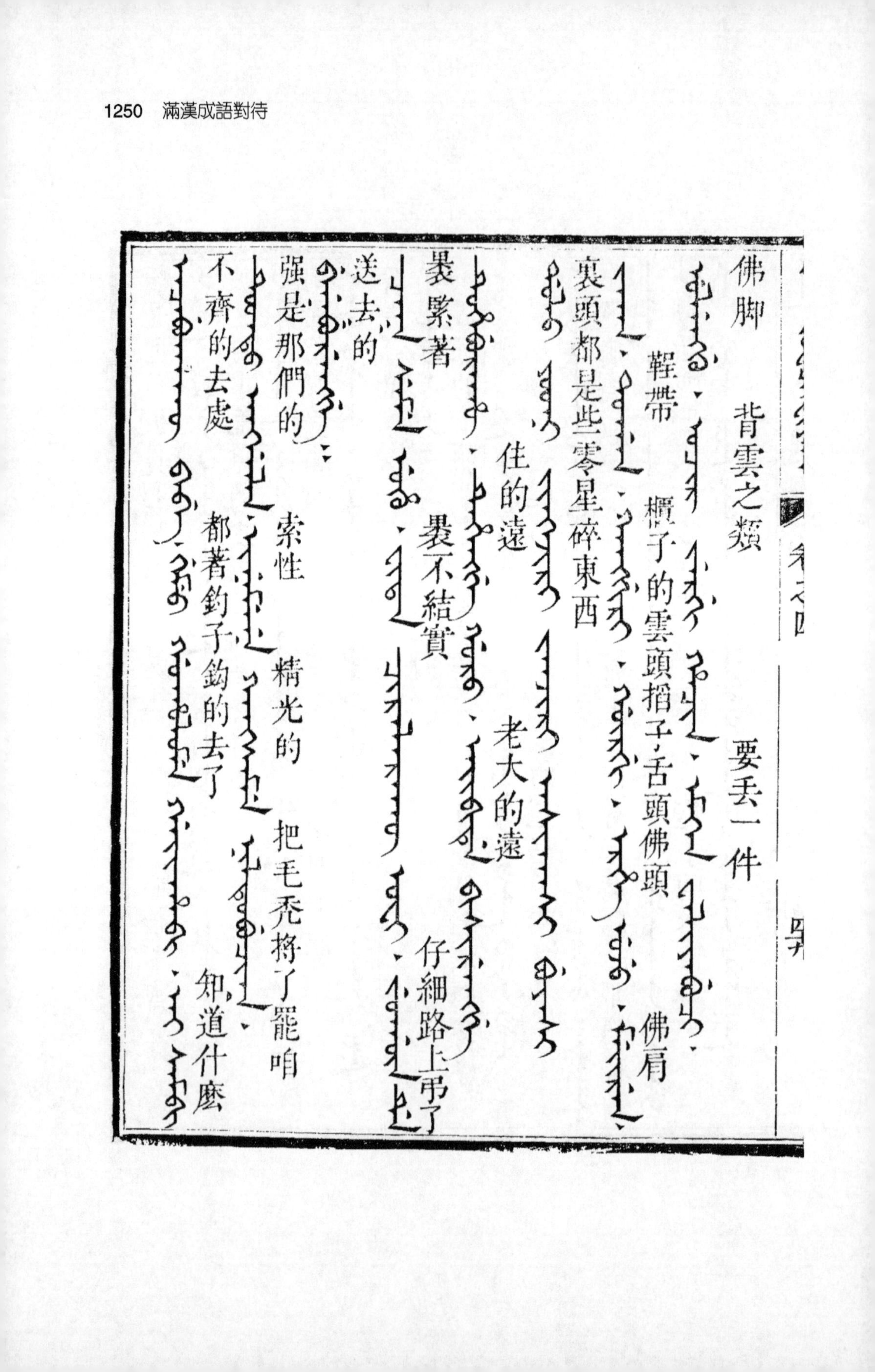

佛脚　背雲之類　要丟一件

鞓帶　櫃子的雲頭搯子、舌頭佛頭　佛肩

裹頭都是些零星碎東西

住的遠　老大的遠

褁緊著　褁不結實　仔細路上弔了

送去的

强是那們的　索性　精光的　把毛秃捋了罷咱

不齊的去處　都著釣子鈎的去了　知道什麼

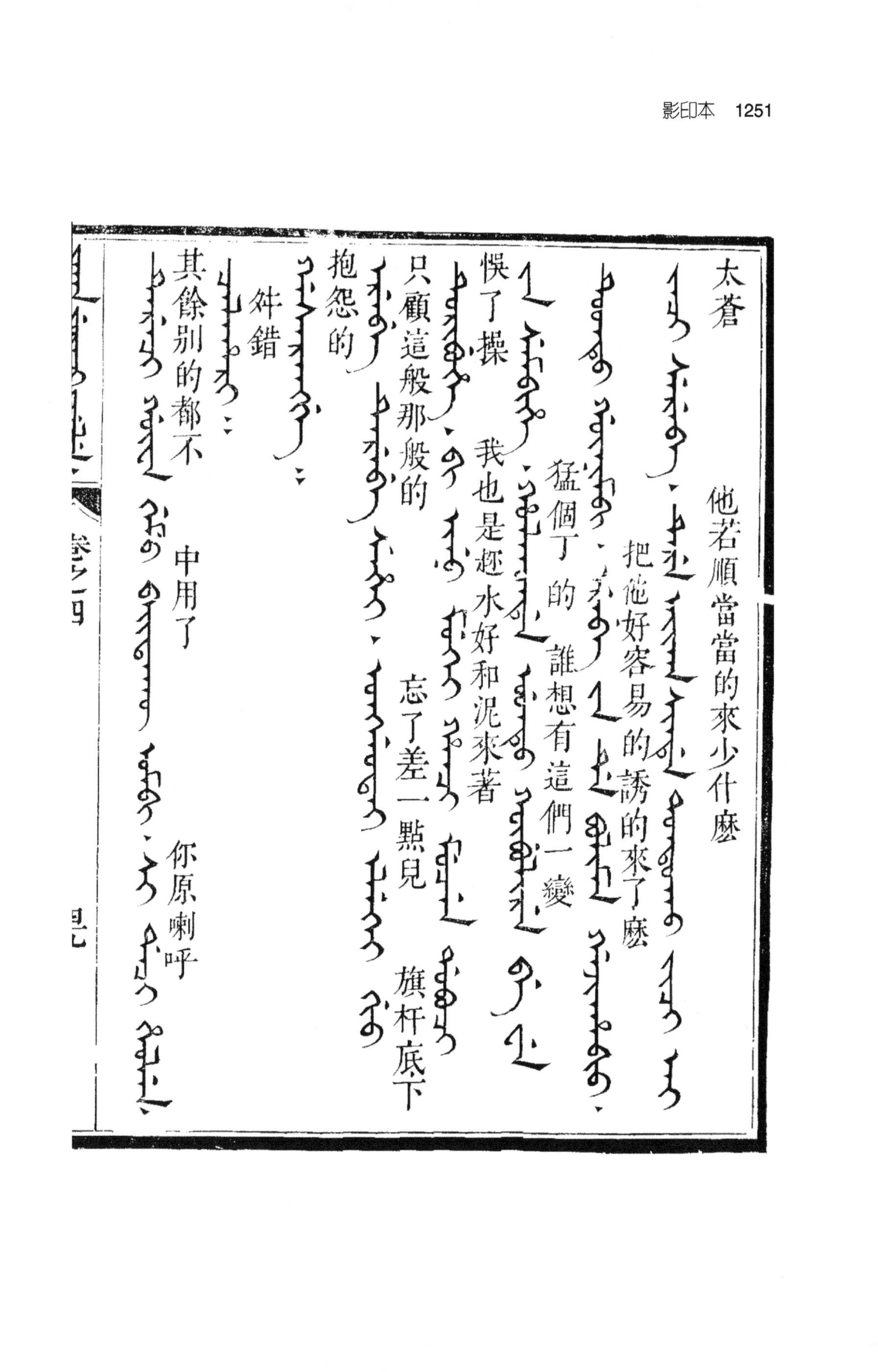

太蒼 他若順當當的來少什麼

把他好容易的誘的來了麼

猛個丁的 誰想有這們一變

悞了操 我也是趔水好和泥來著

只顧這般那般的 忘了差一點兒 旗杆底下

抱怨的

舛錯

其餘別的都不 中用了 你原喇呼

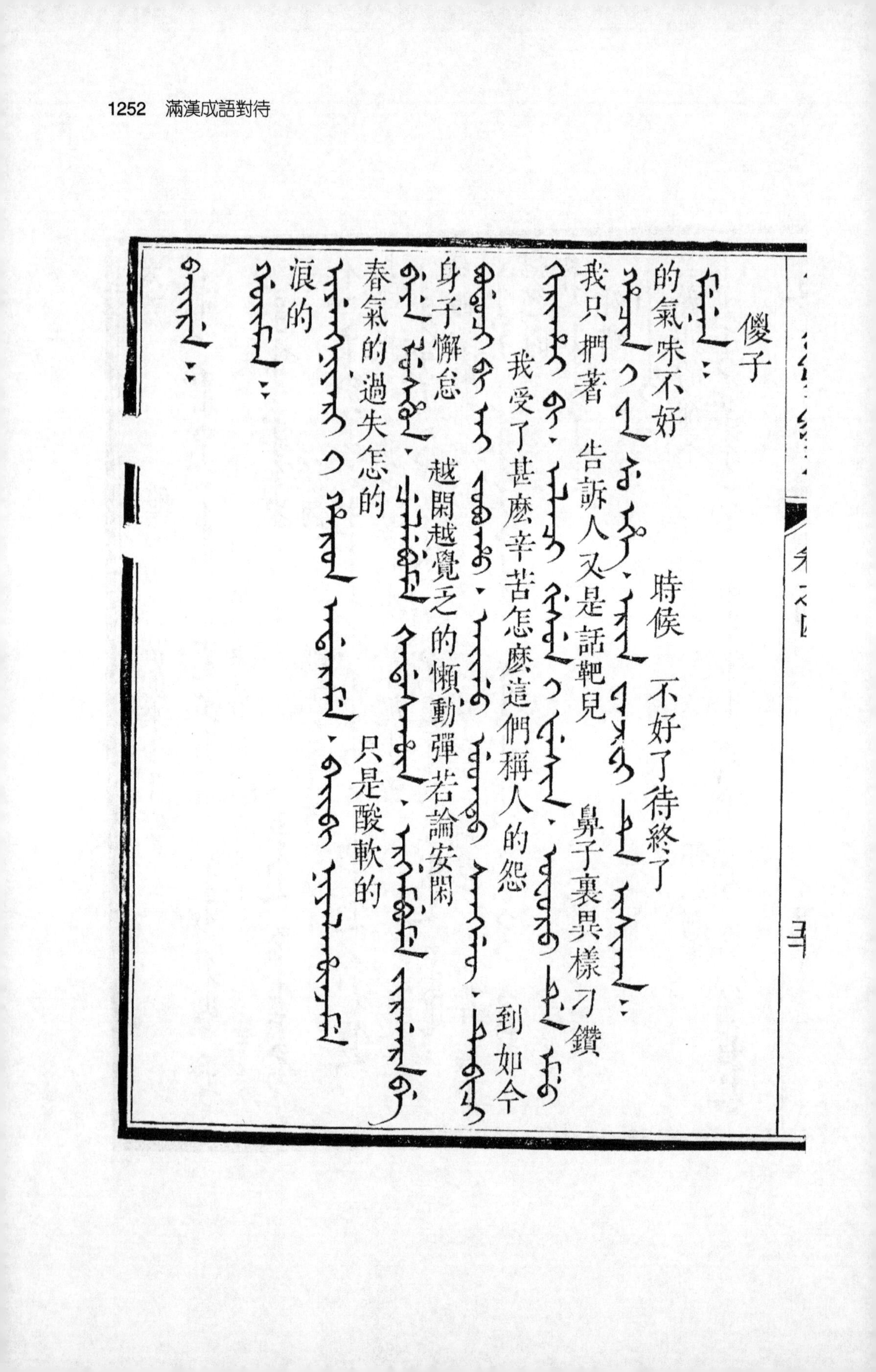

傻子

的氣味不好 時候 不好了待終了

我只捫著 告訴人又是話靶兒 鼻子裏異樣刁鑽

我受了甚麼辛苦怎麼這們稱人的怨 到如今

身子懈怠 越閑越覺之的懶動彈若論安閑

春氣的過失怎的 只是酸軟的

浧的

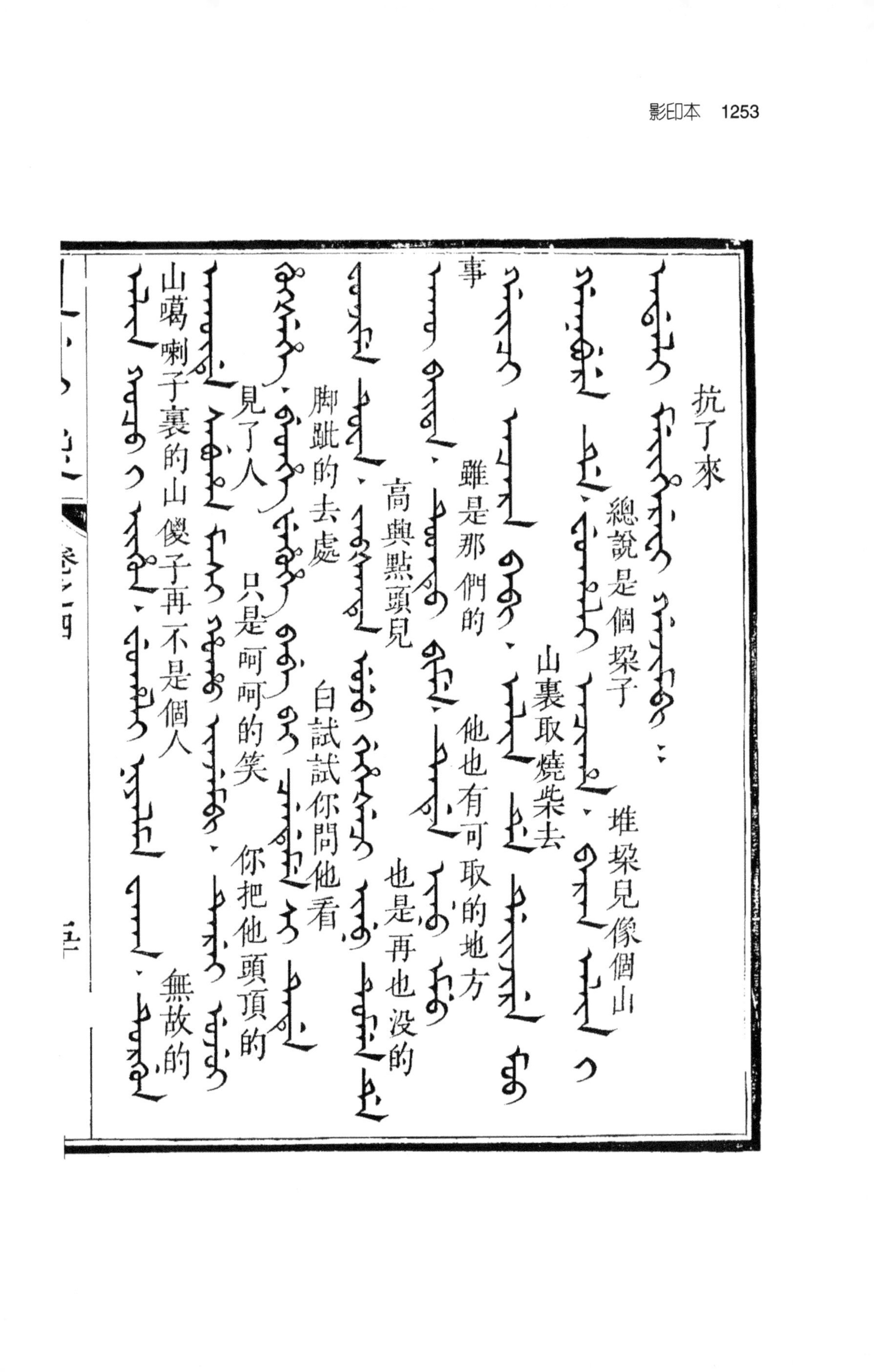

山噶喇子裏的山傻子再不是個人
無故的
見了人
只是呵呵的笑
你把他頭頂的
腳跐的去處
白試試你問他看
高與點頭兒
也是再也沒的
事
雖是那們的
他也有可取的地方
山裏取燒柴去
總說是個梁子
堆梁兒像個山
抗了來

差使　做下個肩搭兒　嘮大話

坐跟了　要樣　又没個抗挑的

靴子不著主跟子　踹的都

靴　鞦子的扯拉兒扯的褲帶兒上

用皮褲　腰裏圍著個寬帶子

緊身兒　嫌厚棉褲皺不舒服

來不來的穿上個朧袄　還不彀　加上個

不彀入的

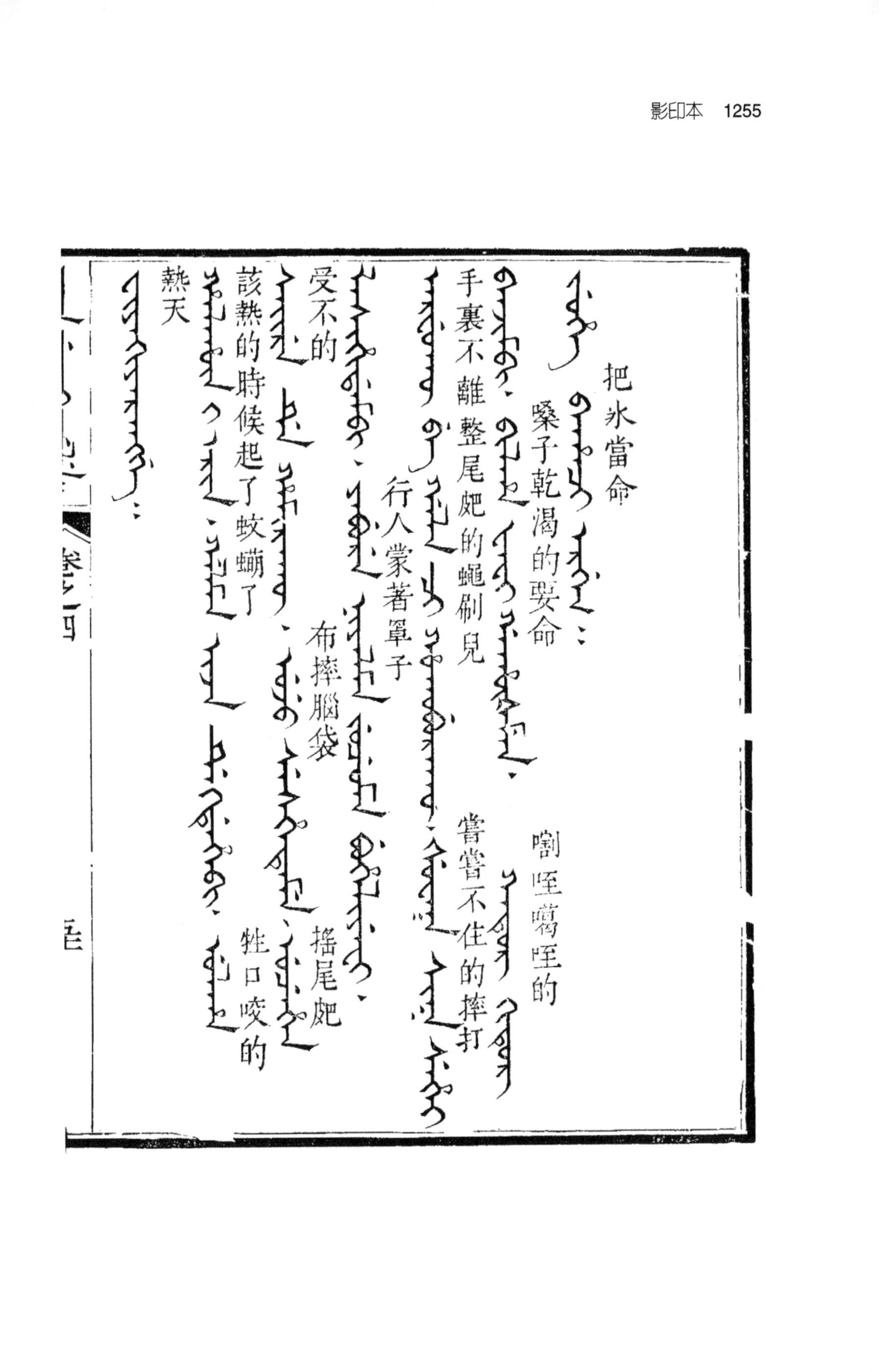

把氷當命

嗓子乾渴的要命

⿰口割咥嚮咥的

手裏不離整尾爬的蠅刷兒

嘗嘗不住的摔打

行人嘗著罩子

受不的

布摔腦袋

搖尾爬

該熱的時候起了蚊蝻了

牲口咬的

熱天

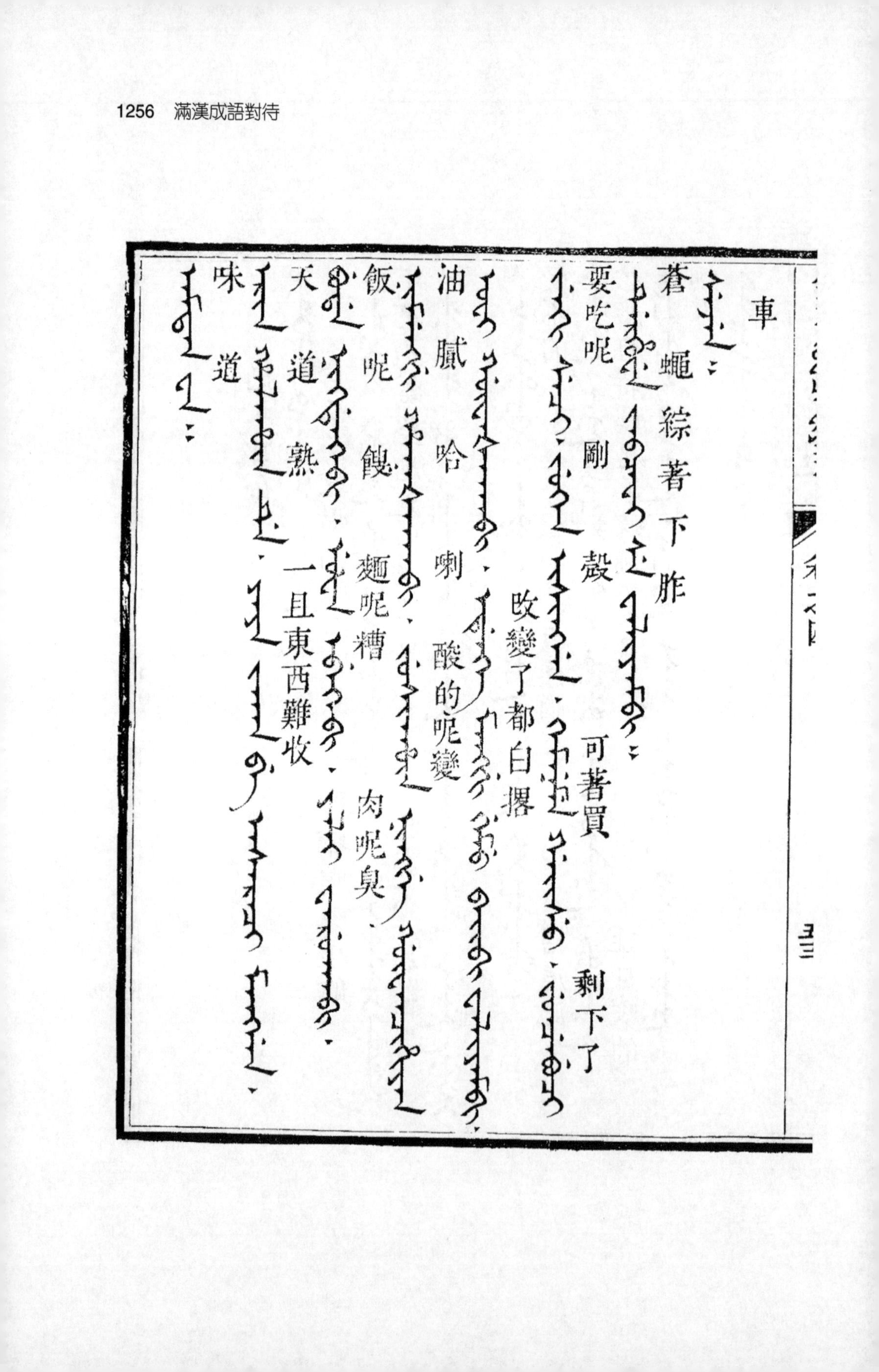

車

蒼蠅綜著下胙

要吃呢剛彀 可著買 剩下了

改變了都白撂

油膩哈喇 酸的呢變

飯呢餿 麵呢糟 肉呢臭

天道熟 一旦東西難收

味道

稍子大了奪酒的味道

酒

大冷天

直赶了去了

車輪轉不　轉

拖床子似的

敎他別出去

降著不肯依

也不理論

發作了他會給你個轅輕

大雪裏

你看不見麼一點不敎人說牛奔兒說了他

你們䠞裝的

眼都瞎了

轅重了

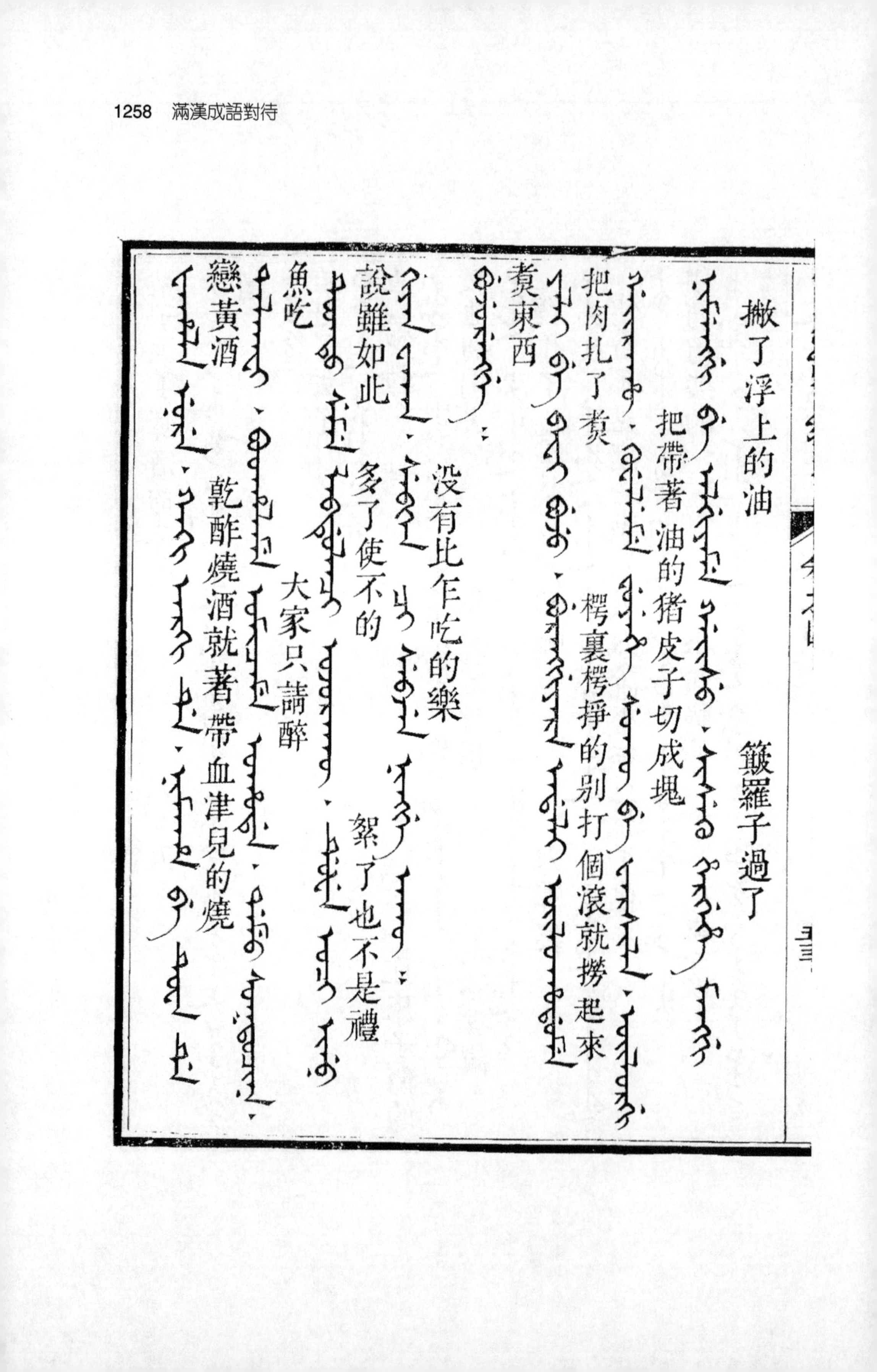

撇了浮上的油

簸羅子過了

把帶著油的猪皮子切成塊

把肉扎了煑

楞裏楞掙的别打個滚就撈起來

煑東西

没有比乍吃的樂

說雖如此

多了使不的

絮了也不是禮

魚吃

大家只請醉

乾酢燒酒就著帶血津兒的燒

戀黃酒

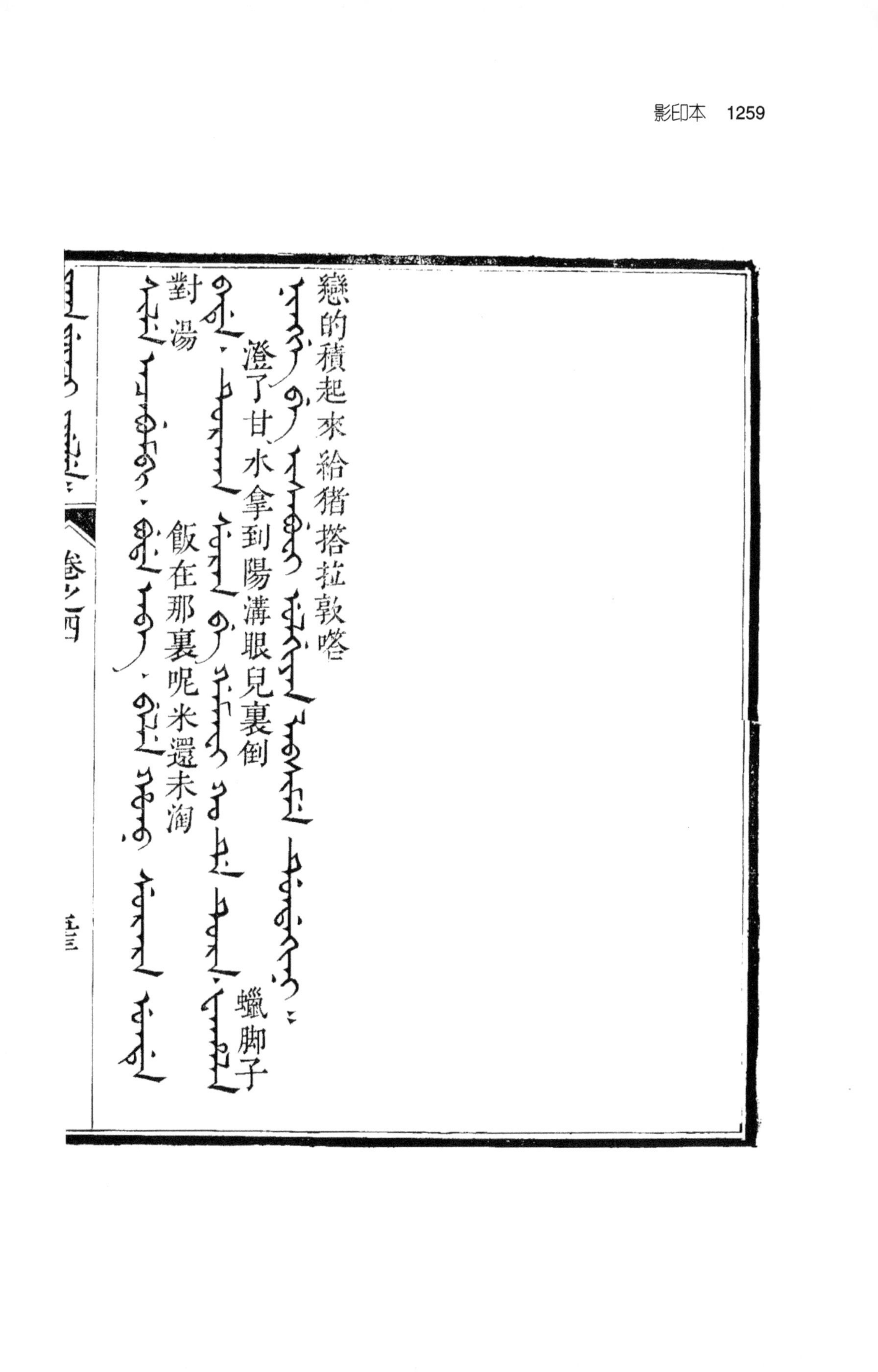

戀的積起來給猪搭拉敦噠

澄了甘水拿到陽溝眼兒裏倒

蠟脚子

對湯

飯在那裏呢米還未淘

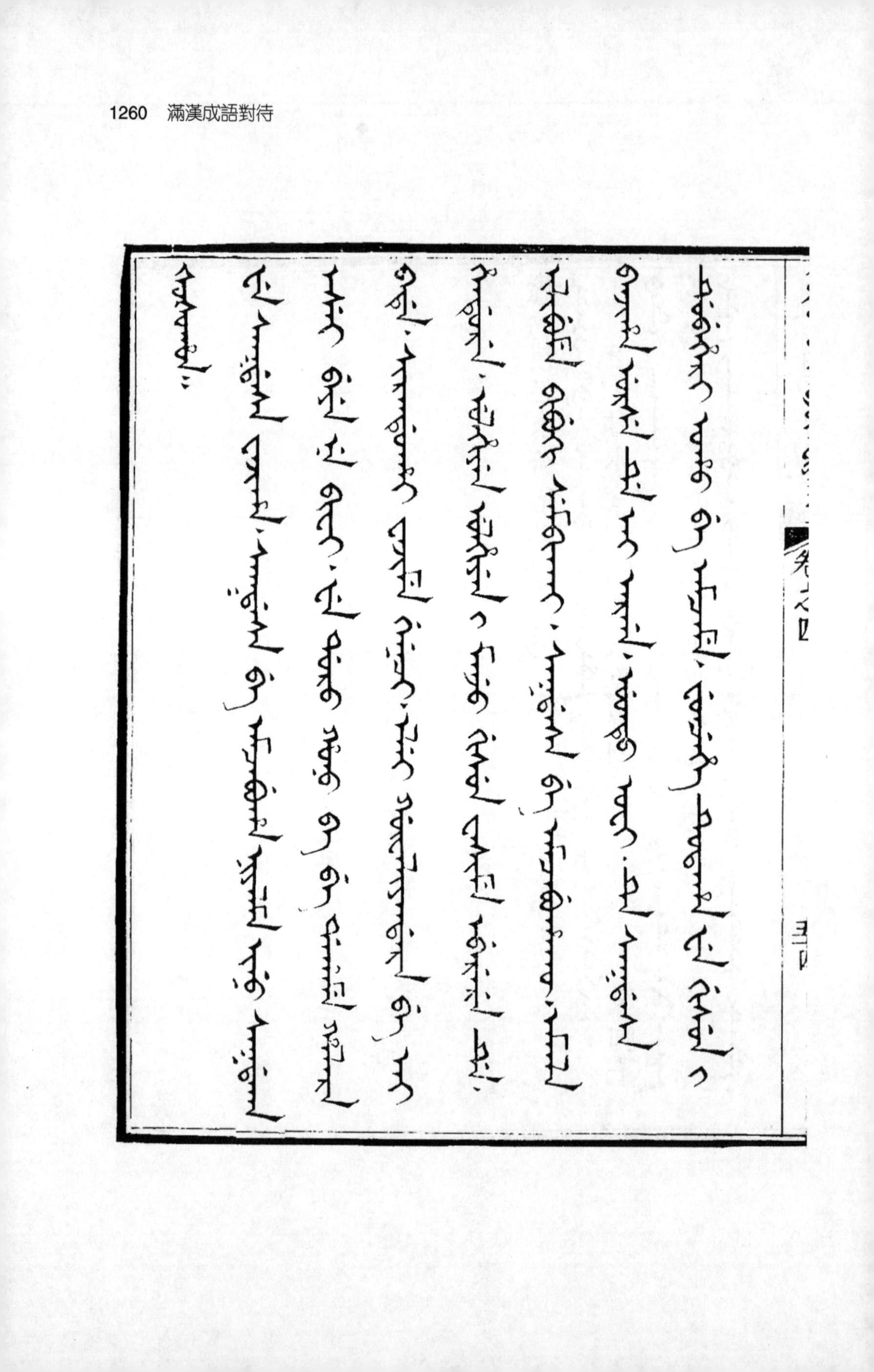

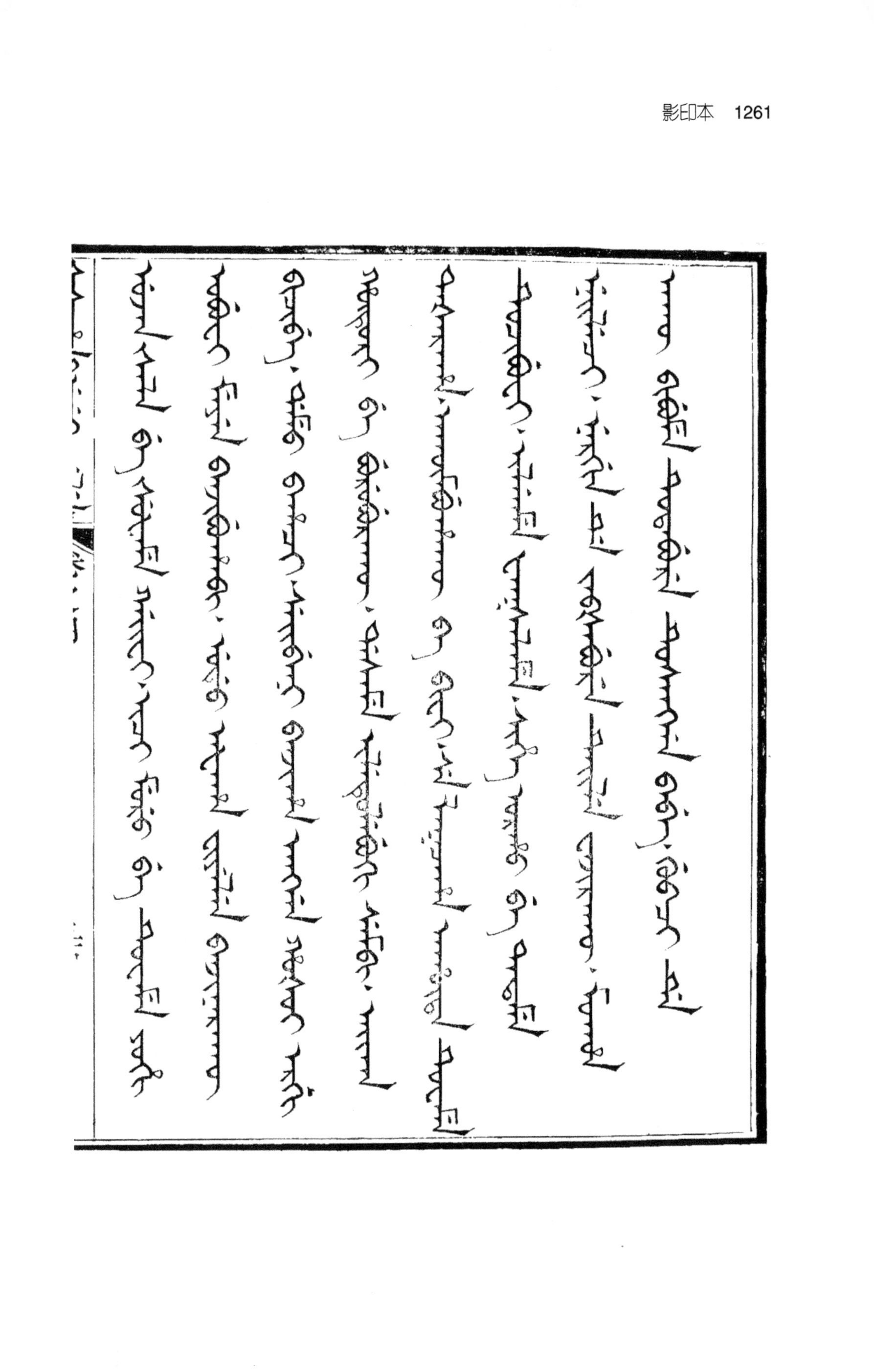

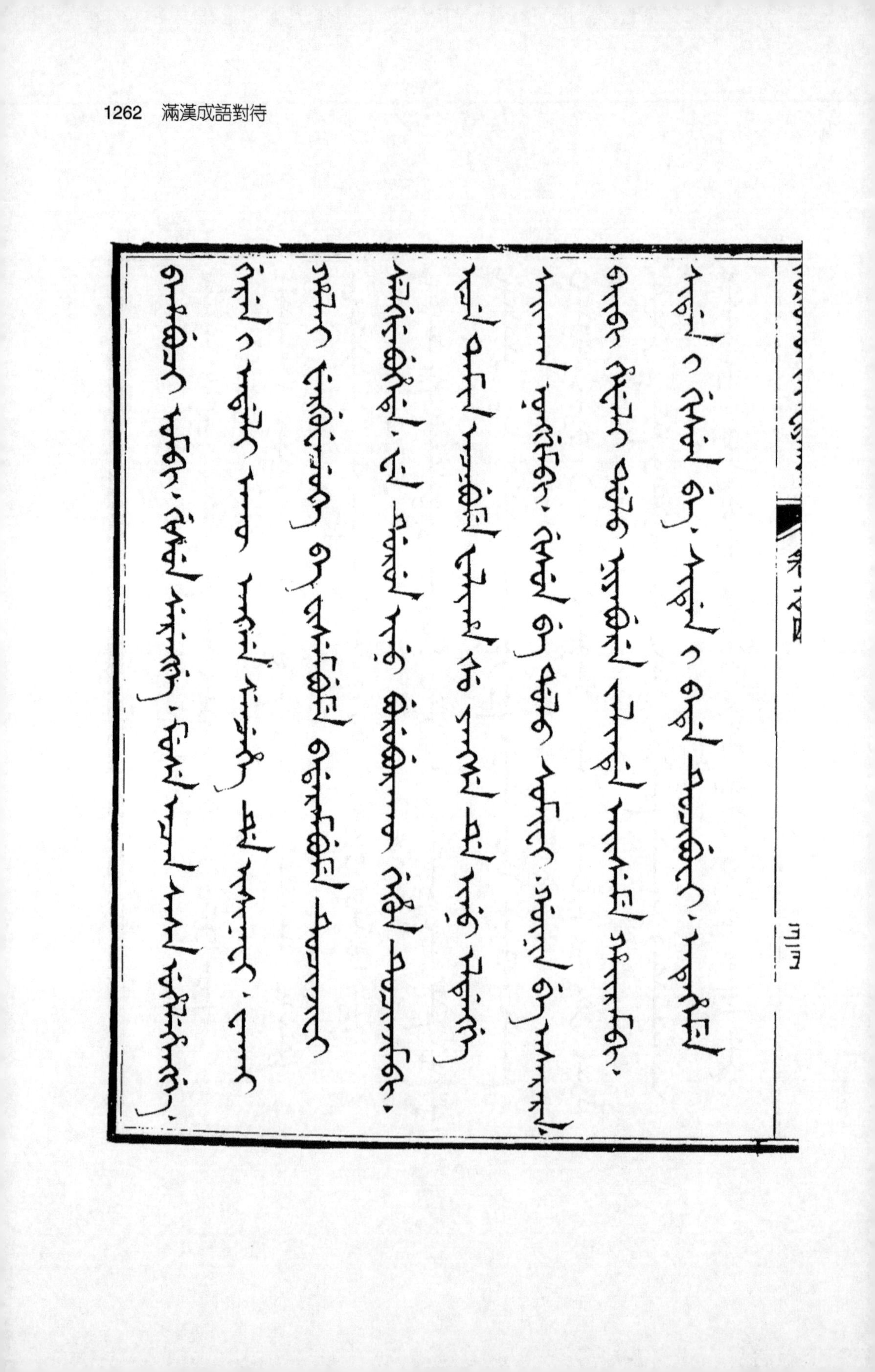

[illegible]

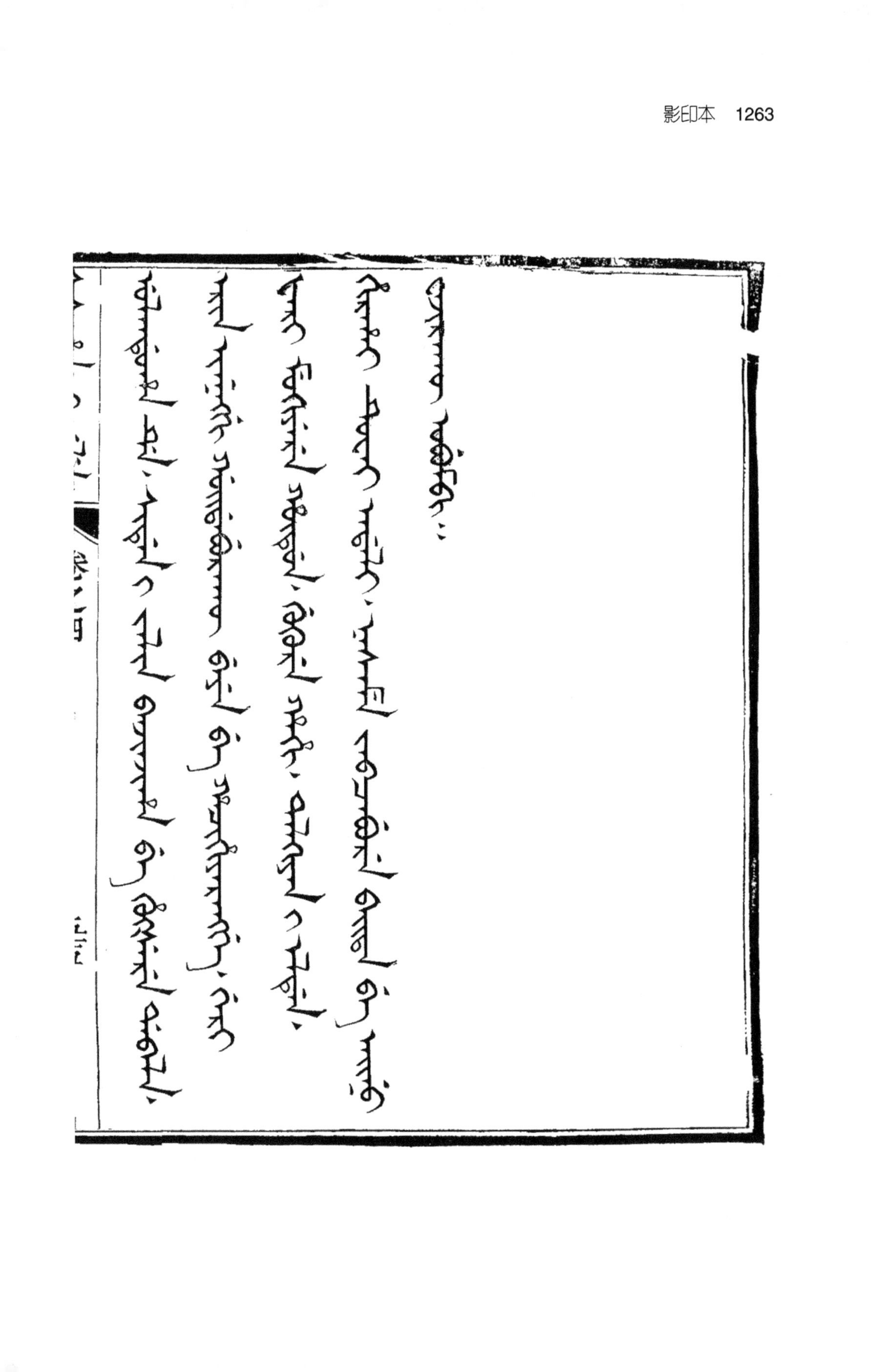

“早期北京話珍本典籍校釋與研究”叢書總目録

早期北京話珍稀文獻集成

（一）日本北京話教科書匯編

《燕京婦語》等八種
華語跬步
亞細亞言語集
北京風土編·北京事情·北京風俗問答
伊蘇普喻言·今古奇觀·搜奇新編
四聲聯珠
官話指南·改訂官話指南
京華事略·北京紀聞

（二）朝鮮日據時期漢語會話書匯編

改正增補漢語獨學
高等官話華語精選
速修漢語自通
速修漢語大成
中語大全
修正獨習漢語指南
官話華語教範
無先生速修中國語自通
官話標準：短期速修中國語自通
“内鮮滿”最速成中國語自通

（三）西人北京話教科書匯編

尋津録
語言自邇集
官話類編
華語入門
漢英北京官話詞彙
漢語口語初級讀本·北京兒歌
北京話語音讀本
語言自邇集（第二版）
言語聲片
華英文義津逮
北京官話初階

（四）清代滿漢合璧文獻萃編

清文啓蒙

清話問答四十條

一百條·清語易言

清文指要

續編兼漢清文指要

庸言知旨

滿漢成語對待

清文接字·字法舉一歌

重刻清文虛字指南編

（五）清代官話正音文獻

正音撮要

正音咀華

（六）十全福

（七）清末民初京味兒小説書系

新鮮滋味

過新年

小額

北京

春阿氏

花鞋成老

評講聊齋

講演聊齋

（八）清末民初京味兒時評書系

益世餘譚——民國初年北京生活百態

益世餘墨——民國初年北京生活百態

早期北京話研究書系

早期北京話語法演變專題研究

早期北京話語氣詞研究

晚清民國時期南北官話語法差異研究

基於清後期至民國初期北京話文獻語料的個案研究

高本漢《北京話語音讀本》整理與研究

北京話語音演變研究

文化語言學視域下的北京地名研究

語言自邇集——19世紀中期的北京話（第二版）

清末民初北京話語詞彙釋